갈대 속의 영원

갈대 속의 영원

저항하고 꿈꾸고 연결하는 발명품, 책의 모험

이레네 바예호 지음　이경민 옮김

El Infinito en un Junco

반비

사랑하는 어머니께

2   로마의 길   **319**

프롤로그

신비로운 한 무리의 사람들이 말을 타고 그리스의 길을 달린다. 농부들이 농지에서 혹은 오두막집 앞에서 그들을 바라보며 불안해한다. 그들은 군인, 용병, 노예 장사꾼처럼 위험한 사람만이 여행을 한다는 사실을 경험을 통해 알고 있다. 농부들은 얼굴을 찌푸리고 투덜거리면서 그들이 지평선 너머로 사라질 때까지 지켜본다. 그들은 무장한 외지인을 싫어한다.

기수들은 마을 사람들의 시선에도 개의치 않고 길을 재촉한다. 몇 달 동안 산을 오르고 협로를 헤치고 계곡을 가로지르고 강을 건너고 섬과 섬을 항해했다. 낯선 임무를 수행하기 시작한 순간부터 그들의 근육과 지구력은 강고해졌다. 과업을 수행하려면 끊임없이 지속되는 전쟁의 세계에서 잔혹한 땅을 헤쳐나가야 한다. 그들은 아주 특별한 사냥감을 찾는 사냥꾼이다. 그 사냥감은 소리도 내지 않으며 아주 교활하여 흔적도 발자국도 남기지 않는다.

이 불길한 밀사들이 어느 항구의 주점에 앉아 포도주에 구운 문어를 먹으며 떠들다가 낯선 이들과 함께 취해버리면(이들은 현명하기에 절대 그럴 리 없다.), 자신들의 위대한 모험 이야기를 떠벌릴지도 모른다. 그들은 페스트가 휩쓸고 간 땅에도 들어갔다. 불길에 무너진 마을을 관통하고 전투태세를 갖춘 용병들과 반란군의 잔인함과 파괴된 뜨거운 잿더미를 목도했다. 아직은 광대한 지역을 담아낸 지도가 없었기에 그들은 길을 잃었고 작열하는 태양과 폭풍우 속을 며칠이고 방황하며 나아갔다. 그들은 더러운 물을 마시고 가혹한 설사를 견뎌야 했다. 비가 오면 마차와 노새가 물웅덩이에 빠졌다. 절규하며 맹세의 기도를 올리고 무릎을 꿇고 대지에 입 맞췄다. 숙영지를 찾지 못한 밤이면 망토만 걸친 채 전갈로부터 자신을 보호해야 했다. 무자비한 빈대의 공격을 받았으며 길을 막아설지도 모르는 산적에 공포를 느껴야 했다. 엄청난 고독 속에서 말을 달리면서, 그들은 도적 떼가 어느 굽이진 길에 숨죽이고 숨어 있다가 그들을 덮친 뒤 냉혈한처럼 살해하고 가방을 훔치고 그들의 뜨거운 시신을 덤불 속에 내던지는 상상을 할 때면 온몸이 얼어붙었다.

공포는 필연이었다. 이집트 왕은 그들이 바다 건너편으로 향하는 임무를 완수할 수 있도록 엄청난 자금을 내어줬다. 당시는 알렉산드로스 대왕이 죽은 지 수십 년이 지난 때였으니 큰돈을 지니고 여행한다는 것은 단지 위험할 뿐 아니라 자살행위나 마찬가지였다. 비록 도적들의 비수, 전염병, 조난으로 임무에 실패할 수도 있었지만, 파라오는 집요하게 나일강의 경계를 넘어 전방위로 대리인을 보냈다. 그는 비밀 사냥꾼들이 미지의 위험에 맞서 자신을 위한 사냥감을 가져오기를 열정적이고 초조하고 목이 타도록 기대하고 있었다.

오두막집 문 앞에 앉아 있는 농부들, 용병들과 도적들이 그 이방인 기수들이 찾고 있는 것이 무엇인지 알았다면 놀라서 눈이 휘둥그레지고 입이 떡 벌어졌을 것이다.

책. 그들은 책을 찾고 있었다.

그건 이집트 궁정의 은밀한 비밀이었다. 상하 이집트의 군주는 당시의 가장 강한 권력자로서 알렉산드리아 도서관에 세상의 모든 책을 채워 넣기 위해서라면 자신의 목숨도(왕들이 늘 그렇듯이 다른 사람들의 목숨도) 내줬을 것이다. 그는 유사 이래 모든 작가의 모든 작품을 모을 절대적이고 완벽한 도서관을 꿈꿨다.

*　*　*

나는 새로운 책의 문턱을 넘어가며 쓴 첫 문장에 늘 만족하지 못한다. 여러 도서관을 둘러보며 노트가 흥분된 메모로 가득할 때, 합리적인 구실은커녕 말도 안 되는 구실조차 없으면서 마냥 기다려야 할 때, 나는 며칠을 질질 끌며 소심해진다. 그럴 땐 내 능력 밖이라는 느낌이 든다. 어조, 유머 감각, 시적 표현, 리듬, 미사여구. 모든 게 거기에 달려 있다. 내가 써나갈 글들이 글을 시작하려고 골라둔 표현들의 묘판에서 태어나려고 애쓰는 게 어슴푸레 보인다. 그런데 어떻게 그게 가능할까? 이젠 의심이 짐이 돼버린다. 나는 책을 쓸 때마다 출발점으로, 첫 경험을 할 때마다 느끼는 거친 감정으로 돌아간다. 마르그리트 뒤라스는 글쓰기란 우리가 글을 쓴 뒤에 무엇을 썼는지 발견하려고 애쓰는 일이라고 한다. 마치 발밑에 있는 바닥이 금이 가는 걸 느끼듯이 말이다.

사실 글을 쓰는 일은 어떻게 해야 할지 모른 채 시작하는 여타의 일들과 다를 게 없다. 외국어를 배우는 일, 운전을 하는 일, 어머니가 되는 일, 그리고 살아가는 일처럼 말이다.

그 모든 의심과 고뇌 끝에, 지연과 핑계 끝에 7월 어느 날 오후 하얀 종이가 주는 고독과 마주했다. 나는 사냥감을 잡으려고 매복한 수수께끼 같은 사냥꾼들의 이야기로 글쓰기를 시작하기로 마음먹었다. 마치 내가 그들이 된 것 같았다. 그들의 인내, 극기심, 잃어버린 시간, 완만함, 추적의 아드레날린이 좋았다. 수년 동안 연구하면서 문헌을 찾고 자료를 수집하며 역사적 사료들을 이해하려고 했다. 하지만 증거가 있는 실제 역사는 너무나도 놀라웠고, 그 역사는 나의 꿈을 침범하고 나도 모르는 사이에 하나의 이야기가 되고 있었다. 폭력적이고 격렬한 고대 유럽의 길을 따라 책을 찾는 자들의 피부 속으로 들어가고 싶은 욕망이 생겼다. 그들의 여행을 글로 쓰면 어떨까? 충분히 가능한 일이었다. 그런데 상상의 근육과 실제 자료의 골격은 어떻게 드러내야 할까?

이 출발점은 보물을 찾는 솔로몬 왕의 여행이나 잃어버린 성궤처럼 환상으로 보일 수도 있지만, 자료에 따르면 이집트 왕들의 과대망상 속에 실제로 존재했다. 기원전 3세기에 벌어진 그 일은 아마도 거대한 도서관에 세상의 모든 책을 모으는 꿈을 현실화할 수 있었던 마지막이자 유일한 기회였을 것이다. 오늘날 그 이야기는 보르헤스의 추상적이면서 매혹적인 이야기 혹은 그의 에로틱하고 위대한 환상처럼 보일 수도 있을 것이다.

알렉산드리아 시대에는 책을 사고파는 국제적 시장이 존재하지 않았다. 오랜 문화생활이 누적된 도시에서 책을 사는 일은 가능했지만 청년기 알렉산드리아에서는 아직 책을 살 수 없었다. 자료에 따르면 왕들은 자신의 컬렉션을 갖추려고 절대 권력을 휘둘렀다. 그들은 살 수 없는 책은 몰수했다. 탐나는 책을 손에 넣으려면 목을 자르거나 수확물을 쓸어버려야만 했던 때도 나라의 숭고함이 사소한 양심의 가책보다 중요하다며 명을 내렸다.

그들은 목적을 달성하기 위해 사기를 치기도 했다. 프톨레마이오스 3세는 연극이 공연된 때부터 아테네에 보관되어 있던 아이스킬로스, 소포클레스, 에우리피데스의 작품 정본을 욕심냈다. 파라오의 대사들은 세밀한 필사를 하여 사본을 만들겠다며 책을 빌려달라고 요청했다. 아테네는 터무니없게도 15달란트에 달하는 은을 보증금으로 요구했는데, 지금 같으면 수백만 달러에 해당하는 금액이었다. 이집트인들은 돈을 지불하고 경의를 표하며 고마움을 전했고, 열두 달이 지나기 전에 되돌려주겠다고, 원본을 온전한 상태로 되돌려주지 못한다면 잔혹한 저주를 받을 것이라고 엄숙히 맹세했다. 한데 이집트는 보증금을 포기하고 책을 수중에 넣어버렸다. 아테네의 지도자들은 그 쓰린 사태를 견뎌야 했다. 페리클레스 시대의 자존심의 수도는 지금의 석유와도 같은 곡물 시장을 지배한 이집트에 상대도 되지 않는 지방 도시로 전락하고 말았다.

알렉산드리아는 이집트의 핵심 항구였고 새로운 삶의 중심지였다. 늘 그렇듯이 경제적 지배력에는 한계가 없다. 어디에서 오든 상관없이 도서관의 수도에 온 모든 배는 즉각 등록해야 했다. 세관원들은 글로 쓰인 것이라면 무엇이든 새로운 파피루스에 복사한 뒤, 사본을 돌려주고 원본을 취했다. 이렇게 얻은 책들은 '배에서 찾은 자산'으로 등록되어 도서관의 책장에 비치되었다.

세상의 정점에 있을 때는 과도한 호의란 없다. 프톨레마이오스 2세는 세상 모든 나라의 통치자에게 사신을 보냈다고 한다. 그는 편지를 보내 자신의 컬렉션을 위해 시인, 작가, 웅변가, 철학자, 의사, 예언자, 역사가가 쓴 책을 아우르는 모든 작품을 보내라고 했다.

심지어 (이 이야기의 도입부에 해당하는데) 이집트의 왕들은 가방을 가득 채워 위험한 육로와 바다로 사람을 보내면서 최대한 많은 책을 구매하고 가장 오래된 사본을 찾으라는 명을 내렸다. 책에 대한 애호와 거기 걸린 돈은 악당들과 위조자들의 주의를 끌었다. 이들은 값비싼 위조 텍스트를 넘기고, 파피루스를 오래된 것처럼 조작하고, 양을 늘리려고 여러 작품을 하나의 작품에 엮어 넣었으며 뛰어난 솜씨로 별의별 조작을 다 했다. 유머 감각이 있던 어떤 학자는 프톨레마이오스의 탐욕을 유혹하려고 작품을 조작하여 계산적으로 사기 치는 걸 즐겼다. 제목이 그럴듯했다. 오늘날에도 손쉽게 상업화할 수 있었으리라. 예컨대 "투키디데스가 말하지 않은 것들"이라는 책 제목은 투키디데스를 카프카나 조이스로 바꿔도 그럴싸한 제목이었다. 그 위조자가 작가가 말하지 않은 비밀과 그럴듯한 기억들을 손에 들고 도서관에 나타났을 때 일어날 일을 상상해보라.

사기일 가능성이 있음에도 불구하고 도서관의 구매 담당자는 가치 있는 책을 버렸다는 혐의로 파라오의 화를 사지 않을까 두려워했다. 왕은 군인들의 퍼레이드를 보며 자부심을 느끼듯이 도서관의 컬렉션을 때때로 살펴봤다. 그는 도서관을 책임지던 데메트리오스 (Demetrius)에게 책이 몇 권이나 있는지 물어보곤 했다. 데메트리오스는 해야 할 일을 했다. "폐하, 20만 권이 있습니다. 곧 50만 권을 채우도록 하겠습니다." 알렉산드리아의 책에 대한 갈구는 열정적인 광기가 되고 있었다.

* * *

나는 책을 구하기 쉬운 시대에 태어났다. 우리 집만 하더라도 어디에나 책이 있다. 일이 많을 때는, 나의 방문을 견뎌주는 여러 도서관에서 십수 권을 대출받아서 의자나 바닥에 탑처럼 쌓아두곤 했다. 지붕 모양으로 책을 펼쳐 엎어두기도 했다. 이제는 두 살배기 아들이 책장을 찢을까 봐 소파의 머리받침에 쌓아두기도 하는데 쉬려고 소파에 앉으면 책등이 목덜미에 닿는다. 우리 도시의 임대료로 책값을 환산한다면 이 책들은 상당히 비싼 세입자가 될 것이다. 하지만 홍합처럼 입을 딱 다문, 풀로 붙여 만든 낡고 작은 책에서 두꺼운 사진첩에 이르기까지 모든 책은 집의 분위기를 좋게 만든다.

알렉산드리아 도서관의 책장을 채우려는 노력과 여정과 노고의 역사는 이국적 정취로 흥미진진함을 선사할 것이다. 향신료를 찾아 인도로 가려던 경이로운 항해처럼 낯선 사건들과 모험이 펼쳐질 것이다. 우리가 사는 세상에선 책이 너무 평범하고 새로운 기술적 아우라가 없기에 곧 사라질 것이라는 예언이 넘쳐난다. 책이 전자책으로 대체되며 사라질 것이고, 여가를 즐길 수 있는 방법이 너무 많아 책이 파멸할 것이라고 예언하는 기사들을 읽으면 서글퍼진다. 서점이 문을 닫고 사람들이 도서관을 찾지 않을 것이라는 묵시록으로 우리가 한 시대의 끝자락에 당도했다고 예언하는 사람들도 있다. 그들은 머지않아 책이 민속학 박물관의 선사시대 전시관 옆에 진열될 것이라고 말하는 것 같다. 상상으로 그려진 그 이미지들과 더불어 나는 끝없이 진열된 나의 책들과 레코드판들을 바라본다. 다정한 구세계가 사라질 것인가를 자문하면서 말이다.

정말 그럴까?

책은 시간의 시험을 뛰어넘으며 장거리 주자임을 입증했다. 우리가 혁명의 꿈에서 혹은 파국적 악몽에서 깨어날 때마다 책은 거기에 있었다. 움베르토 에코가 지적하듯이 책은 숟가락, 망치, 바퀴, 가위와 같은 범주에 속한다. 한번 창조된 이후로 그보다 나은 게 등장하지 않았다.

물론 현란해진 테크놀로지는 책의 오랜 왕정을 종식시키기에 충분한 힘이 있다. 그러나 우리는 사진이나 오래된 자료나 과거의 일처럼 빠른 속도로 늙어가고 케케묵은 것으로 변해가는 것들을 그리워한다. 그 첫 번째가 카세트테이프에서 흘러나오는 노래였고 그다음은 VHS 영화 테이프였다. 우리는 기술발전으로 인해 유행이 지나버린 것들을 모으려고 힘겹게 노력하고 있다. DVD가 나타났을 때 우리는 정보를 저장하는 문제를 영원히 해결했다고 믿었다. 하지만 다른 형식의 더 작은 디스크가 나타나면서 새로운 기기를 사야 했다. 흥미롭게도 우리는 10세기 전에 끈기 있게 필사한 원고를 읽을 수는 있지만, 우리가 소멸의 박물관 같은 다락방에 예전 컴퓨터나 재생기기를 보관

16

하고 있지 않은 한, 몇 해 전까지 쓰던 플로피 디스크나 비디오테이프는 더 이상 재생할 수 없다.

책은 오래전에 역사가 기록하지 못한 어느 전쟁에서 우리와 동맹을 맺었다. 우리는 귀중한 창조물이면서 한 줌의 공기 같은 말을 지켜내고자 투쟁했다. 혼돈에 의미를 부여하고 혼돈 속에서 살아남기 위해 발명한 픽션들을, 무지라는 견고한 바위를 거세게 긁어대는, 진실일 수도 거짓일 수도 있는 늘 잠정적인 지식을 말이다.

나는 그렇게 이 연구에 빠져들었다. 처음에는 무수히 많은 질문이 떠올랐다. 책은 언제 발명되었을까? 책이 널리 전파하려는, 혹은 책을 없애려는 비밀스러운 노력의 역사는 무엇일까? 그 길에서 사라진 것들과 구원받은 것들은 무엇인가? 그중 몇몇은 어떻게 고전이 되었는가? 시간의 이빨, 불의 손톱, 물의 독이 얼마나 많은 책을 앗아갔는가? 얼마나 많은 책이 분노로 인해 불탔으며 어떤 책이 열정적으로 필사되었는가? 그것들은 동일한 책이었을까?

이 이야기는 책 사냥꾼의 모험을 이어가려는 노력이다. 이 이야기가 잃어버린 원고, 알려지지 않은 역사와 사라지기 직전의 목소리를 추구하는 여행의 불가능한 동반자가 된다면 좋겠다. 어쩌면 그 탐험가들은 과대망상에 사로잡힌 왕들에게 봉헌하는 관료에 지나지 않았을 수도 있다. 어쩌면 자신들이 하는 과업의 중대함을 몰랐을 수도 있고 그 일을 부조리하다고 생각했을 수도 있다. 노천에서 밤을 보내며 모닥불이 꺼져갈 때면 어느 미친놈의 꿈 때문에 목숨을 걸고 있다고 중얼거렸을 수도 있다. 그들은 분명 누비아의 사막에서 폭동을 진압하거나 나일강의 화물선을 검색하는 일처럼 출세할 가능성이 높은 임무를 맡기를 희망했을 것이다. 하지만 흩어진 보물 조각 같은 세상의 모든 책의 흔적을 찾았을 때, 그들은 그 일이 무엇인지도 모른 채 이 세계의 토대를 세우고 있었다.

1   미래를 상상한 그리스

즐거움과 책의 도시

| 1 |

어느 상인의 젊은 부인이 지루함에 홀로 잠을 자고 있다. 열 달 전 상인이 지중해의 코스섬에서 이집트를 향해 출항한 뒤로 나일강의 나라에선 편지 한 통 오지 않았다. 그녀는 열일곱 살이며 아직 출산 경험이 없다. 그녀는 성숙한 여자로서 사람들의 험담을 피해 집을 나가지는 않았지만 무슨 일이든 일어나주길 기대하며 단조로운 삶에 지루해했다. 할 일도 많지 않았다. 처음에는 여종들에게 횡포를 부리는 일을 즐겼으나 하루를 보내기에는 충분하지 않았다. 그래서 그녀는 다른 여자들의 방문을 기꺼워했다. 누가 노크를 하든 그건 중요치 않았다. 무거운 시간을 가벼이 할 기분전환이 절실했다.

한 여종이 노파 길리데가 왔다고 전한다. 여인은 잠시 그녀와 시간을 보내기로 한다. 그녀의 오랜 유모인 길리데는 낯가죽이 두꺼워 외설적인 이야기를 재밌게 하는 여자다.

"길리데 유모! 몇 달간 찾아오지도 않다니요."

"내가 멀리 살잖니. 게다가 이젠 파리보다 나약하잖아."

"그래요, 그래요." 여인이 말한다. "그래도 아직 사내 하나쯤은 품을 힘이 있으시잖아요."

"놀리기는!" 길리데가 대답한다. "그건 너희처럼 젊은 여자들이나 그렇지."

노파가 음흉한 미소를 지으며 교활한 서두를 시작으로 마침내 하고 싶었던 얘기를 꺼낸다. 올림픽에서 두 번이나 상을 받은 힘세고 잘생긴 청년이 상인의 여자에게 눈독을 들여 그녀와 연인이 되려고 안달이 났다는 것이다.

"화내지 말고 그의 제안을 들어보렴. 몸속에 열정의 충동이 가득한 사람이야. 그와 한번 즐겨보렴. 여기서 의자나 데우고 앉아 있을 거야?" 길리데가 유혹하며 묻는다. "깨달을 때가 되면 이미 늙어서 잿가루가 네 성성한 몸을 집어삼키고 난 뒤야."

"조용히 해요, 조용……."

"그런데 네 남편은 이집트에서 뭐 하는 게냐? 편지도 안 쓰고, 널 잊은 건지. 분명 다른 술잔으로 입술을 적셨을 게야."

길리데는 여인의 마지막 저항을 꺾으려고 이집트에서, 특히 알렉산드리아에서 배운망덕한 남편에게 제공될 모든 것을 교묘하게 묘사한다. 부, 언제나 온화하고 육감적인 기후, 경기장, 볼거리, 한 무리의 철학자들, 책들, 황금, 포도주, 하늘의 빛나는 별 같은 젊고 매혹적인 여자들.

여기까지 나는 일상생활의 풍취가 물씬 풍기는 기원전 3세기의 그리스 단막극 도입부를 자유롭게 번역했다. 이 작품처럼 짧은 작품은 각색되어 독서의 대상이 될 수는 있었지만 무대에서 공연되지는 않았다. 해학적이고 때로는 피카레스크적인 이런 작품들은 매 맞는 노예와 잔인한 주인, 뚜쟁이, 성장기의 자식 때문에 절망의 끝에 선 어머니, 혹은 성적으로 불만족스러워하는 여인네 등이 등장하는 무법 세계의 창문을 열어준다. 길리데는 문학사에 등장하는 최초의 뚜쟁이 중 하나다. 그녀는 전문적인 뚜쟁이로 사업 수완이 좋고 의심의 여지 없이 대상의 약점을 조준한다. 바로 늙어간다는 데 대한 두려움 말이다. 하지만 그녀의 잔인한 능력에도 불구하고 길리데는 실패하고 만다. 두 사람의 대화는 여인의 정감 어린 욕설로 끝난다. 그녀는 부재한 남편에게 충실하다. 혹은 통정의 위험을 무릅쓰지 않는 것일 수도 있다. 여인은, "머리가 어떻게 되셨어요?"라고 물으며 포도주 한 잔으로 그녀를 위로해준다.

유머와 신선한 어조를 담고 있는 이 작품은 흥미롭다. 당대의 보통 사람들이 품었던 알렉산드리아의 비전이 발견되기 때문이다. 그곳이 즐거움과 책의 도시, 섹스와 말(言)의 수도였다는 사실 말이다.

| 2 |

알렉산드리아의 전설은 계속 퍼져나갔다. 길리데와 유혹받은 여인의 대화가 쓰이고 2세기가 지나 알렉산드리아는 모든 시대를 통틀어 가장 에로틱한 신화의 한 장면을 연출하게 된다. 바로 클레오파트라와 마르쿠스 안토니우스의 사랑 이야기다.

지중해 대제국의 중심이 된 로마가 아직 구불구불하고 어두운 진흙투성이 길의 미로였을 때 마르쿠스 안토니우스는 알렉산드리아에 처음 발을 디뎠다. 그는 이내 황홀한 도시를 목격했다. 그곳에는 궁전, 사원, 넓은 대로와 기념비가 장대하게 빛나고 있었다. 로마인들은 자신의 군사력을 믿었고 자신들이 미래의 주인이라고 생각했다. 하지만 황금빛 과거와 몰락하는 호화로움이 풍기는 매혹에 대항할 수는 없었다. 자긍심과 전술적 계산이 결합하여 로마의 강력한 장군과 이집트의 마지막 여왕이 정치적, 성적 동맹을 이뤄내자 전통적인 로마인들은 충격에 빠졌다. 심지어 마르쿠스 안토니우스가 제국의 수도를 로마에서 알렉산드리아로 옮기려 한다는 소문까지 돌았다. 만약 로마제국의 지휘권을 둘러싼 전쟁에서 이 연인들이 승리했다면 오늘날 여행자들은 콜로세움과 포룸을 갖춘 '영원한 도시'에서 사진을 찍고자 이집트로 갔을 것이다.

알렉산드리아라는 도시가 그렇듯이, 클레오파트라는 문화와 관능미가 결합한 존재였다. 그리스의 역사가 플루타르코스는 사실 클레오파트라가 엄청나게 아름다운 여인은 아니었다고 말한다. 사람들이 그녀를 보려고 가던 길을 멈출 정도는 아니었다는 것이다. 대신 그녀는 매력적이고 지적이고 말솜씨가 뛰어났다. 그녀의 목소리는 너무나도 달콤하여 그녀의 말을 들은 모든 이들을 자극했다. 플루타르코스는 뒤이어 이렇게 말한다. 그녀의 언어는 무수한 현이 있는 악기의 언어와도 같았다. 그녀는 통역사 없이도 에티오피아인, 히브리인, 아랍인, 시리아인, 메디아인, 심지어 갓난아이와도 이야기할 수 있었다. 영악하고 똑똑하여 국내외의 권력 싸움에서 수 차례의 공격을 물리쳤다. 비록 결정적 전투에선 패하고 말았지만 말이다. 그녀의 문제는 여태까지 사람들이 그녀에 대해 적대적인 입장에서만 얘기했다는 것이다.

이 격렬한 이야기에서 책은 중요한 역할을 한다. 세상을 지배하려는 순간이 도래할 즈음, 마르쿠스 안토니우스는 커다란 선물로 클레오파트라를 현혹하고자 했다. 그는 금이나 보석이나 향연에는 클레오파트라가 눈 깜짝하지 않을 것이라는 걸 알고 있었다. 그런 것들이야 매일 헤프게 썼으니 말이다. 한번은 술 취한 새벽, 도발적인 표정을 지으며 엄청난 크기의 진주를 식초에 녹여 마셔버린 적도 있었다. 그래서 그는 클레오파트라가 지루한 표정으로 무시하지 않을 만한 선물을 선택했다. 도서관에 비치할 20만 권의 책을 그녀의 발아래 가져다 놓은 것이다. 알렉산드리아에서 책은 열정의 연료였다.

20세기에 사망한 두 작가가 알렉산드리아 신화에 고색을 더해가며 그 도시의 비밀로 우리를 안내하는 가이드가 되었다. 콘스탄티노스 카바피스(Konstantinos Petrou Kavafis)는 그리스 출신의 공무원으로, 당시 영국의 식민지였던 이집트 공공사업부의 재해 관련 부서에서 일했다. 그는 밤이면 세계주의를 표방하는 사람들과 국제적으로 방종한 삶이 난무하는 즐거움의 세계에 빠졌다. 그는 알렉산드리아의 미로 같은 매음굴을 손바닥처럼 훤히 알고 있었다. 그의 표현에 따르면 그곳은 "모두가 금기시하고 멸시하는" 동성애를 해결할 유일한 피난처였다. 카바피스는 고전에 열광하는 독자이자 비밀스러운 시인이었다.

이타카, 트로이, 아테네, 비잔티움에 살고 있는 실존 혹은 가상 인물들이 그의 시를 통해 되살아났다. 자신의 개인적인 측면을 다룬 다른 시들은 아이러니와 허풍을 섞어가며 원숙기의 경험을 파헤친다. 청춘에 대한 향수, 즐거움의 습득, 흘러가는 시간에 대한 불안 같은 것들 말이다. 사실 이렇게 주제를 구분하는 건 억지스러운 면이 있다.

그가 읽고 상상한 과거는 자신의 기억만큼이나 감동적이었다. 그는 알렉산드리아를 배회하면서 현실의 도시 아래에서 숨 쉬고 있는 보이지 않는 도시를 봤다. 위대한 도서관은 사라졌지만 그 메아리와 속삭임과 불평이 대기 속에서 진동하고 있었다. 카바피스에게 그 거대한 환영의 도시는 거주할 수 있는 차가운 길들이 되었고 그 길을 따라 괴롭고 쓸쓸한 산 자들이 배회했다.

로런스 더럴(Lawrence Durrell)의 『알렉산드리아 사중주』에 등장하는 인물인 저스틴, 달리, 발타자르는 끊임없이 카바피스의 「도시의 늙은 시인」을 불러낸다. 제 나라의 기후와 청교도주의에 컥컥대던 영국인 중 하나이던 더럴은 이 4부작 소설을 통해 알렉산드리아 신화의 문학적이고 에로틱한 울림을 확장했다. 더럴은 2차 세계대전이라는 혼란의 시기에 그곳에 갔다. 당시 영국군이 점령하고 있던 이집트는 첩보와 음모, 그리고 늘 그렇듯 쾌락의 둥지였다. 그는 알렉산드리아가 일깨운 물리적 느낌과 색채를 가장 잘 묘사한 작가였다. 압도적인 고요함과 여름날의 드높은 하늘, 불타는 나날들, 반짝이는 푸른 바다, 방파제, 주황빛 해안. 때로는 신기루처럼 사라지는 알렉산드리아의 마레오티스 호수. 항구와 호수 사이의 물 사이로 난 무수한 길과 그 길에 몰려든 먼지와 걸인과 파리들. 야자수, 고급 호텔, 대마, 만취. 정전기를 품은 건조한 공기. 라임과 바이올렛 색의 석양. 다섯 민족, 다섯 언어, 다양한 종교, 기름진 물 위로 정박한 다섯 척 배의 반사광. 더럴은 알렉산드리아에서 육신이 깨어나 감옥의 창살을 느낀다고 썼다.

2차 세계대전은 알렉산드리아를 파괴했다. 『알렉산드리아 사중주』 마지막 권에서 클레어는 우수에 젖은 풍경을 묘사한다. 공룡의

뼈 같은 해안에 좌초된 탱크들, 화석화된 숲의 쓰러진 나무 같은 거대한 포신들, 지뢰 사이에서 길을 잃은 베두인족 사람들. 언제나 문란하던 도시가 이제 거대한 공용 변기가 된 것 같다, 그는 이렇게 끝맺었다. 더럴은 1952년 이후 알렉산드리아로 돌아가지 않았다. 중동에서 한 시대의 마감을 알린 수에즈전쟁 이후로 유대인과 그리스인들은 그곳을 떠났다. 알렉산드리아에 다녀온 여행자들은 내게 세계주의적이고 감각적인 그 도시가 책 속의 기억으로 이주했다고 말한다.

온 세상도
그에겐 충분하지 않았다

| **3** |

알렉산드리아라는 이름의 도시는 하나가 아니다. 튀르키예에서 인더스강까지 알렉산드로스의 원정길을 따라 수많은 도시가 그 이름을 쓰고 있다. 애초의 이름이 다양한 언어로 변형되어 쓰였으며 아직도 그 흔적이 남아 있다. 알렉산드레타(튀르키예의 이스켄데룬), 카르마니아의 알렉산드리아(현재 이란의 케르만), 마르기아나의 알렉산드리아(투르크메니스탄에 있는 현재의 메르브), 세상의 끝을 의미하는 알렉산드리아 에스카테(현재의 타지키스탄의 후잔트), 알렉산드리아 부케팔로스(알렉산드로스가 어렸을 때부터 함께 했던 말(馬)을 기념하여 세운 도시로, 파키스탄의 잘랄푸르) 등이 그렇다. 아프가니스탄 전쟁으로 익숙해진 또 다른 고대 알렉산드리아들도 있다. 바그람, 헤라트, 칸다하르드.

플루타르코스에 따르면 알렉산드로스는 일흔 개의 도시를 세웠다고 한다. 그는 공공화장실 문이나 벽에 제 이름을 쓰고 싶어 하는 어린애처럼 자신이 지나는 곳마다 "내가 여기 있었다.", "내가 여기서 승리했다."라고 기록하고 싶어 했다. 지도가 정복자의 기억을 남기기 위한 거대한 벽이었던 셈이다.

2만 5000킬로미터를 원정할 능력이 되던 알렉산드로스를 추동한 것, 그 넘치는 에너지의 원천은 명성과 존경에 대한 그의 갈증이었다. 그는 영웅들의 전설을 깊게 믿고 있었으며, 심지어 전설 속 영웅들과 살고 그들과 경쟁했다. 그는 그리스 신화에 등장하는 가장 강력한 전사인 아킬레우스에 집착했다. 스승 아리스토텔레스가 호메로스의 시를 가르쳤을 때, 그는 아킬레우스를 닮아가는 꿈을 꿨다. 오늘날 아이들이 운동선수를 우상으로 여기듯이 그는 아킬레우스에 열광했다. 알렉산드로스는 늘 베개 밑에 단검을 넣어두고 『일리아스』를 품에 안은 채 잠들었다고 한다. 그런 이미지는 우리를 미소 짓게 한다. 그림책을 침대에 펼쳐두고 잠든 채 열광적인 함성 속에서 경기에 승리하는 꿈을 꾸는 아이를 떠올리게 하니 말이다.

알렉산드로스는 억제하지 못한 환상을 현실로 만들었다. 아나톨리아에서 페르시아, 이집트, 중앙아시아, 인도에 이르기까지 8년 만에 이뤄낸 정복의 역사는 그를 최고의 전쟁 영웅으로 만들었다. 그에 비하면 10년간 한 도시를 포위하여 싸우다 죽은 아킬레우스는 평범할 정도다.

이집트의 알렉산드리아는 문학적 꿈, 바로 호메로스의 속삭임에서 태어났다. 잠에 빠져 있던 알렉산드로스는 백발의 노인이 다가오는 걸 느꼈다. 그 낯선 이가 곁에 다가와 『오디세이아』의 시구를 낭송했는데, 이집트 해안 가까이 파도 소리에 둘러싸인 파로스라는 섬에 관한 이야기였다. 그 섬은 실제로 존재했다. 지중해와 나일강이 만나는 삼각주 인근에 있었다. 알렉산드로스는 당시의 논리에 따라 자신의 꿈을 전조라고 생각하고 그곳에 운명의 도시를 세웠다.

그가 보기에 아름다운 곳이었다. 모래의 사막이 물의 사막을 만나는 곳이자, 고독하고 거대하고 급변하며 바람이 조각품을 남기는 곳이었다. 그는 거의 직각에 가까운 형태의 도시 외관을 밀가루로 그려내면서 어디에 광장을 세울 것인지, 어떤 사원을 세울 것인지, 성벽의 둘레는 어떻게 할 것인지 구상했다. 시간이 흐르며 작은 파로스섬은 삼각주에 편입되어 긴 방파제와 이어졌고 세계 7대 불가사의를 품게 되었다.

도시를 건설하기 시작했을 때도 알렉산드로스는 그리스인, 유대인, 그리고 주변 마을에 오랫동안 살아온 목동들을 남겨두고 여행을 계속했다. 이집트 태생의 사람들은 당시의 식민 논리에 따라 하층 도시민으로 편입되었다.

알렉산드로스는 살아서는 그 도시로 돌아오지 못했다. 떠난 지 10년이 채 지나지 않아 주검이 되어 돌아왔다. 기원전 331년 알렉산드리아를 건설했을 때, 그의 나이는 겨우 스물넷이었고 스스로를 무적이라고 생각했다.

| ۴ |

그는 젊었고 누그러뜨릴 수 없는 열망을 지닌 사람이었다. 이집트로 향하면서 페르시아 왕의 군대를 상대로 두 번이나 승리했다. 튀르키예와 시리아를 손에 넣으며 페르시아의 멍에로부터 자유로워졌음을 선포했다. 그리고 팔레스타인과 페니키아를 정복했다. 티레와 가자

를 제외한 모든 도시가 저항하지 않고 굴복했다. 마침내 티레와 가자가 일곱 달의 포위 끝에 함락되자 알렉산드로스는 잔인한 벌을 내렸다. 최후까지 남은 생존자들은 해안선을 따라 십자가에 못 박혔으며 바다를 곁에 두고 2000명이 줄지어 죽음의 고통을 느꼈다. 아이들과 여자는 노예로 팔았다. 알렉산드로스는 가자의 통치자를 『일리아스』의 헥토르처럼 수레에 매달아 죽을 때까지 나뒹굴게 했다. 그는 분명 자신이 서사시를 살고 있다고 믿으며 흡족해했을 것이다. 알렉산드로스는 이처럼 전설적인 잔인함과 상징과 몸짓을 모방했다.

때로는 패자를 관대하게 대하는 것이 훨씬 영웅적이라고 생각했다. 페르시아 다리우스 왕의 가족을 붙잡았을 때는 여자들을 존중하여 인질로 삼지 않았다. 아무 불편함 없이 그녀들이 살던 곳에 머물 수 있게 해줬고 옷과 보석을 지켜주라고 명했다. 또 전투에서 죽은 자들을 매장할 수 있게 허락했다.

다리우스의 왕좌에서 그는 금, 은, 석고로 된 잔을 목격했고 향기로운 몰약과 향수 냄새를 맡았으며 양탄자, 테이블, 진열장을 비롯해 그가 태어난 마케도니아의 궁정에서는 볼 수 없었던 장식을 보았다. 그는 이렇게 말했다고 한다. "보아하니, 통치한다는 건 이런 것이군" 뒤이어 그는 다리우스의 소장품 중에서 가장 값비싸고 독특한 보물 상자를 마주하게 되었다. "여기에는 얼마나 값어치가 나가는 물건을 보관해야 할까?" 그가 물었다. 주변 사람들은 그에게 돈, 보석, 향수, 향신료, 전리품을 들먹였다. 그러나 알렉산드로스는 고개를 저으며 잠시 생각에 잠기더니 누구도 예상치 못한 것을 상자에 보관하라고 명했다. 바로 『일리아스』였다.

그는 전투에서 패하는 일이 없었다. 그는 늘 특권을 버리고 힘겨운 전투에 임했다. 아버지로부터 마케도니아의 왕좌를 물려받은 지 채 6년도 지나지 않아 스물다섯의 나이로 당시 가장 강력한 군대를 괴멸하고 페르시아 제국의 보물을 수중에 넣었다. 그는 만족하지 못했다. 카스피해까지 진격했다. 지금의 아프가니스탄, 투르크메니스탄, 우즈베키스탄을 관통했고 파로파미사다이의 눈 쌓인 산맥과 유사 지역을 건너 현재의 아무다리야강인 옥수스강에 이르렀다. 그는 그 어떤 그리스인도 밟지 못했던 사마르칸트와 펀자브로 나아갔다. 그쯤 되자 화려한 승리는 사라지고 줄기찬 게릴라전에 조금씩 지쳐가고 있었다.

그의 강박을 묘사할 수 있는 그리스어가 있다면 바로 포토스라는 말일 것이다. 그것은 부재한 것 혹은 닿을 수 없는 것에 대한 욕망이며 결코 진정되지 않기에 상처를 주는 욕망이다. 그것은 짝사랑하는 자들의 불안이기도 하고 결투에서 오는 초조함이기도 하며 사랑하는 사람이 죽었을 때 느끼는 그리움이기도 하다. 지루함과 평범함을 벗어나 언제나 더 멀리 가려는 그의 욕심에는 쉼이 없었다. 서른 살도 채 되지 않아 그는 세상이 자기에게 충분치 않을까 봐 걱정했다. 만약 그가 세상의 모든 땅을 정복했다면 그는 무엇을 했을까?

아리스토텔레스는 세상의 끝이 파로파미사다이산맥 너머에 있을 것이라고 가르쳤고 알렉산드로스는 그 끝에 이르고자 했다. 세상의 끝을 보려는 생각이 자석처럼 그를 이끌었다. 스승이 말한 대양에 다다를 수 있을까? 그 대양의 물은 폭포처럼 끝없는 심연으로 떨어지고 있을까? 그 끝에선 두꺼운 안개와 하얀 바닥이 보일까?

하지만 알렉산드로스의 부하들은 몬순 기후의 비에 병들고 불만에 가득 차 인도에서 더 나아가기를 거부했다. 그때 갠지스강 너머에 거대한 왕국이 있다는 소식이 들려왔다. 세상은 끝날 기미가 보이지 않았다.

이에 한 병사가 모두를 대표하여 알렉산드로스에게 불만을 전했다. 그들은 젊은 왕의 명에 따라 최소 75만 명의 아시아인을 도륙하며 수천 킬로미터를 달려왔으며 전투에서 쓰러진 뛰어난 동료들을 매장해야 했다. 그들은 배고픔과 얼음장 같은 추위와 갈증과 사막 횡단을 견뎌야 했다. 많은 이가 알 수 없는 병에 걸려 참호에서 죽거나 심각한 장애를 얻었다. 얼마 되지 않는 생존자들의 힘은 젊었을 때의 힘에 미치지 못했다. 말들은 다리를 다쳐 절룩거렸으며 보급용 수레는 몬순 기후로 인한 진흙 길에 막혀버렸다. 허리띠의 버클은 부식됐고 습기 탓에 음식물이 썩고 있었으며 벌써 수년째 구멍 난 신발을 신고 있었다. 그들은 집으로 돌아가 이젠 그들을 기억조차 하지 못할 아내와 아이들을 껴안고 싶었다. 그들은 고향이 그리웠다. 만약 알렉산드로스가 원정을 계속하기로 결정했다면 마케도니아인들은 남아나지 못했을 것이다.

병사들의 불만을 전해 들은 알렉산드로스는 화가 치밀어 『일리아스』의 아킬레우스처럼 천막으로 쳐들어가 부하들을 위협했다. 심리전이 시작됐다. 병사들은 처음엔 침묵을 지켰으나 이성을 잃었다고 왕을 야유하기에 이르렀다. 가장 화려한 청춘 시절을 바친 그들은 굴복할 이유가 없었다.

긴장은 이틀간 지속됐다. 이후, 가공할 군대는 조국을 향해 방향을 틀었다. 결국 알렉산드로스는 한 전투에서 패했다.

마케도니아 친구

| 6 |

프톨레마이오스는 알렉산드로스의 절친이자 원정의 동반자였다. 그의 출신은 이집트와는 큰 관계가 없었다. 그는 고귀한 가문에서 태어났으나 마케도니아에서는 빛을 보지 못했으므로, 자신이 나일강이 흐르는 풍요로운 나라의 파라오가 되리라고는 생각지 못했다. 그는 이집트의 언어와 관습과 복잡한 관료제를 알지도 못한 채 마흔이 다 되어 처음으로 이집트 땅을 밟았다. 하지만 알렉산드로스의 정복과 그 정복이 낳은 엄청난 결과는 그 어떤 분석가도 예상하지 못한 역사적 사건이었다.

마케도니아인들은 자긍심을 지닌 사람들이었으나 외부에서는 자신들을 하찮은 부족사회로 치부한다는 것을 알고 있었다. 그들은 그리스의 속주였으며 아테네인이나 스파르타인의 혈통 아래에 위치해 있었다. 마케도니아인들은 전통적 군주제를 유지하고 있던 반면에 고대 그리스 도시국가들은 대부분 훨씬 복합적인 통치 형태를 경험하고 있었다. 게다가 마케도니아인들은 여타 민족이 이해하기 힘든 방언을 사용했다. 마케도니아의 왕이 올림픽에 참가하려면 면밀한 투표를 거쳐야 허가가 났다. 마지못해 그리스의 일부로 받아들여졌던 것이다. 세상 사람들에게 마케도니아는 존재하지 않았다. 역사가 증명하듯, 당시에 동양은 문명의 중심이었고 서양은 야만인이 사는 어둠의 땅이었다. 지리적 편견과 직관이 담긴 지도에서 마케도니아는 문명 세계의 변방에 위치해 있었다. 그러니 이집트 왕이 될 사람의 조국이 지도에서 어디에 있는지 아는 이집트인은 거의 없었을 것이다.

알렉산드로스는 그러한 멸시에 종지부를 찍었다. 그는 너무나도 막강한 인물이었기에 모든 그리스인이 그를 그리스인으로 받아들였다. 실제로 그리스인들은 그를 민족의 상징으로 바꿔놓았다. 그리스가 수 세기 동안 오스만튀르크의 지배를 받고 있을 때 그리스인들은 외부의 억압으로부터 조국을 해방시키기 위해 위대한 영웅 알렉산드로스를 전설로 만들었다.

나폴레옹 역시 유럽을 정복해감에 따라 코르시카의 지방 사람에서 프랑스인으로 변모했다. 전쟁에서의 승리는 누구도 막을 수 없는 여권이 되었다.

프톨레마이오스는 늘 알렉산드로스의 곁에 있었다. 마케도니아 궁정에서는 왕자의 심복이었으며, 전광석화 같은 정복 전쟁에서도 알렉산드로스와 함께했다. 그는 알렉산드로스의 헤타이로이 정예 기병대이자 경호수비대의 일원이었다. 갠지스강에서 소요가 벌어진 후, 그는 귀환의 고통을 목격하게 된다. 예상을 뛰어넘는 비참함이었다. 그들은 말라리아, 이질, 호랑이, 뱀과 벌레의 독을 견뎌내야 했다. 인도의 반역자들은 습한 열대기후로 쇠약해진 군대를 공격했다. 겨울이

왔을 때 인도로 진군했던 군인들은 4분의 1밖에 남지 않게 되었다.

그토록 많은 승리와 고통과 죽음을 겪고 난 기원전 324년 봄은 따스했다. 프톨레마이오스와 생존한 군인들은 현재 이란의 남동부에 위치한 수사에서 잠시 휴식을 취했다. 예측 불가능한 성품의 알렉산드로스는 그곳에서 성대한 파티를 열기로 결정했는데, 그 파티에는 집단혼이 포함되어 있었다. 축제는 닷새 동안 지속되었고 여든 명의 장군들과 근친자들이 페르시아 상류층 여자들(소녀들이었을 것이다.)과 혼인했다. 알렉산드로스는 일부다처제를 허용하는 마케도니아의 관습에 따라 다리우스의 장녀와 동방의 한 권력자의 딸을 부인으로 맞았다. 그는 극적이고 아주 계산된 행동 속에서 그 의례를 전 군대로 확장했다. 그리하여 1만 명의 군인이 동방의 여인과 결혼함으로써 지참금을 챙길 수 있었다. 그는 다시없을 수준의 혼혈에 기여했다. 알렉산드로스의 머릿속엔 혼혈 제국이라는 아이디어가 끓어오르고 있었다.

프톨레마이오스 역시 수사의 집단혼에 참여했다. 그는 페르시아 제국의 속주를 다스리던 부유한 사트라프의 딸과 결혼했다. 그는 대부분의 참모들이 그러했듯 그저 자신이 세운 무공에 대한 훈장이나 닷새간의 축제를 더 선호했을지도 모른다. 보통 알렉산드로스의 부하들은 얼마 전에 전장에서 도륙한 페르시아인들과 우호 관계를 형성하거나 친족 관계가 되는 걸 원치 않았다. 그로 인해 새로운 제국에서는 민족주의와 문화적 혼혈 사이에서 긴장이 발생할 조짐이 나타나고 있었다.

알렉산드로스에겐 자신의 비전을 완수할 시간이 없었다. 그는 이듬해 여름 초입에 바빌로니아에서 고열에 시달리다 서른둘의 나이로 죽었다.

앤서니 홉킨스가 연기한 말년의 프톨레마이오스는 알렉산드리아에서 자신의 기억을 기록하면서 자기를 따라다니며 괴롭히던 비밀을 고백한다. 알렉산드로스의 죽음이 자연사가 아니라는 것, 다른 부하들과 함께 알렉산드로스를 독살했다는 것이다. 올리버 스톤 감독의 2004년 영화 「알렉산더」에서 프톨레마이오스는 의심스러운 남자로, 그리스인 맥베스로, 알렉산드로스의 명에 충성을 다하는 전사로, 그리고 알렉산드로스의 살인자로 등장한다. 영화의 대단원에서 프톨레마이오스는 가면을 벗고 음험한 얼굴을 드러낸다. 정말로 그랬을까? 아니면 영화 「JFK」에서 그랬듯이 올리버 스톤은 그저 살해된 지도자에 대한 매혹과 음모론에 끌렸던 것은 아닐까.

기원전 323년, 알렉산드로스가 이끌던 마케도니아 병사들은 분명히 앙심을 품은 채 초조해했을 것이다. 당시 병사들의 상당수는 이란인이거나 인도인이었다. 알렉산드로스는 '야만인'의 입대를 허락했으며 심지어 그중 몇몇은 귀족의 반열에 올라 엘리트 부대에 들어가기까지 했다. 그는 호메로스적 찬미에 사로잡혀 인종에 상관없이 뛰어난 자를 뽑고자 했다. 알렉산드로스의 오랜 동료들은 이런 정책을 공격하고 저주했다. 하지만 과연 그것이 깊은 충성심을 버리고 자신들의 왕을 제거하는 엄청난 위험을 감수하기에 충분한 이유였을까?

우리는 (말라리아나 단순한 감기 같은) 전염병이 초인간적인 노력으로 싸운 아홉 곳의 전투에서 입은 부상과 체력 고갈로 쇠약해진 알렉산드로스를 죽였는지, 아니면 알렉산드로스가 살해되었는지 결코 확신할 수 없다. 당시 그의 급작스러운 죽음은 왕의 후계자들이 권력 투쟁을 하며 서로에게 암살의 책임을 떠넘기며 아무 근심 없이 사용할 수 있는 손쉬운 무기가 되었다. 독살당했다는 소문이 순식간에 퍼져나갔다. 이것이 그의 죽음에 대한 가장 극적이고 충격적인 버전이었다. 비난과 후계 문제에 대한 관심 속에서 역사가들은 그 수수께끼를 풀지 못했다. 다만 모든 가설의 이해관계만 따질 뿐이었다.

충직한 친구일 수도 있고 배신자일 수도 있는 프톨레마이오스는 어스름이 내린 대지 속에 묻혀버렸다.

| **8** |

프로도와 샘, 두 호빗이 모르도르의 험한 산에 있는 키리스 웅골의 계단에 도착했다. 그들은 두려움을 이겨내려고 예기치 못한 자신들의 모험 이야기를 한다. J. R. R. 톨킨이 쓴 『반지의 제왕』 2부인 『두 개의 탑』 마지막 부분에 일어나는 일이다. 샘 와이즈가 세상에서 가장 즐거워하는 일은 맛있는 음식과 위대한 이야기이다. 그는 이렇게 말한다. "언젠가 우리가 노래나 전설에 나오지 않을까요? 우리가 거기에 발을 담그고 있으니까요. 사람들이 우리 이야기를 불 옆에서 들려줄 수도 있고 책으로 읽어줄 수도 있겠죠. 오랜 세월이 흐른 뒤에 말이에요. 그러면 사람들은 이렇게 말할 거예요. '내가 제일 좋아하는 얘기야!'"

그것이 알렉산드로스의 꿈이었다. 자신의 전설을 갖는 것. 기억에 영원히 남을 수 있게 책에 기록되는 것. 그는 그렇게 했다. 그의 짧은 생은 동서양에서 신화로 남았다. 코란과 성서에도 그에 대한 이야기가 남아 있다. 그가 죽은 뒤 수 세기 동안 알렉산드리아에서는 그의 환상적인 여행과 모험 이야기가 만들어졌으며 그리스어로 쓰였다가 나중에는 라틴어와 시리아어를 비롯해 10여 개 언어로 번역되었다. 우리는 그의 이야기를 소설 『알렉산드로스』로 알고 있으며, 이 이야기는 현재까지 다양한 버전으로 이어지고 있다. 몇몇 연구자들은 이 이야기를 종교서를 제외하면 전근대 시대에 가장 많이 읽힌 작품으로 간주한다.

2세기에 로마인들은 그의 이름에 '마그누스(위대한)'라는 칭호를 붙였다. 반면에 조로아스터교의 추종자들은 그를 '악인 알렉산드로스'로 불렀다. 그들은 페르세폴리스의 궁전에 불을 놓아 왕의 도서관을 불태운 알렉산드로스를 결코 용서하지 않았다. 불타버린 책 중에는 조로아스터교인들의 경전인 아베스타가 있었다. 그로 인해 아베스타는 조로아스터교도들의 기억에 근거하여 다시 쓰였다.

알렉산드로스의 명암과 모순을 연구한 고대 역사가들의 평가는 상이하다. 아리아노스는 그에게 열광했으며, 쿠르티우스 루푸스는 그의 어두운 면을 드러냈고, 플루타르코스는 그 두 가지 측면 모두를 거부하지 못했다. 이 역사가들은 환상적인 방식으로 알렉산드로스의 이야기를 기록했다. 알렉산드로스의 전기는 위대한 이야기의 냄새를 맡는 작가들의 본능에 이끌려 픽션으로 미끄러졌다. 로마 시대의 어느 여행자이자 지리학자는, 알렉산드로스에 관해 쓰는 사람들은 늘 진실보다는 경이로움을 선호한다고 지적한 바 있다.

현대 역사가들의 비전은 각자의 관념과 자기가 속한 시대에 따라 다르게 나타난다. 20세기 초만 하더라도 영웅들은 건재했다. 2차 세계대전, 홀로코스트, 핵무기, 탈식민화를 거치면서 우리는 훨씬 회의적으로 변했다. 이제는 알렉산드로스를 소파에 눕혀놓고 그의 과대망상, 잔인함, 희생자들에 대한 냉담함을 분석하는 작가들도 있다. 또 혹자들은 그를 아돌프 히틀러와 비교하기도 한다. 이런 논쟁은 새로운 감수성이 생겨남에 따라 계속되고 있다.

그러나 내가 매료되는 지점은 대중문화에서 그가 먼 시대의 화석으로 치부되지 않고 있다는 것이다. 예기치 않은 장소에서 알렉산드로스에 열광하는 사람들을 만난 적이 있는데, 그들은 전투 중인 알렉산드로스 부대의 움직임을 순식간에 냅킨에 스케치할 수 있을 정도였다. 그의 이름이 붙은 음악도 여전히 들려온다. 카에타누 벨로주는 앨범 「리브로」에 「알렉산드로스(Alexandre)」라는 곡을 수록했으며, 영국의 록 밴드 아이언 메이든의 전설적인 명곡의 제목은 「알렉산드로스 대왕(Alexander the Great)」이다. 이 헤비메탈 곡에 대한 열의는 거의 성스러울 정도다. 런던 레이턴에서 결성된 아이언 메이든은 이 곡을 절대 라이브로 부르지 않는다. 팬들 사이에서는 그 곡이 마지막 공연에서 연주될 것이라는 루머가 돈다. 세계 여러 곳에서 많은 이가 그 전사를 기리기 위해 아들의 이름을 알렉산드로스(아랍 문화권에서는 '시칸다르')로 짓는다. 해마다 티셔츠, 넥타이, 핸드폰 케이스, 비디오게임 등에 수백만 개의 초상이 인쇄되고 있다.

불멸의 사냥꾼 알렉산드로스는 자신이 꿈꾸던 전설을 널리 퍼트렸다. 그렇지만 톨킨이 말하듯 내게 불 옆에 앉아 들려주고 싶은 이야기가 뭐냐고 묻는다면, 나는 승리와 여행이 아니라 알렉산드리아 도서관에 얽힌 특별한 모험을 선택할 것이다.

| **9** |

바빌로니아의 한 서기가 점성술에 대한 글이 담긴 작은 서판에 "왕은 죽었다."라고 썼다. 운 좋게도 그 서판이 거의 원본 그대로 우리 손에 들어왔다. 기원전 323년 6월 10일 자로 기록되어 있었고 위기의 시대가 도래할 것임을 점치려고 별자리를 읽어낼 필요도 없었다. 알렉산드로스의 두 후계자는 연약했다. 사람들은 이복형제를 반푼이 취급했고 아들은 아직 록사네의 배 속에 있었다. 역사와 군주제에 정통한 바빌로니아의 서기는 알렉산드로스가 죽던 날, 혼란스럽고 잔인한 전쟁이 연속되리라는 것을 예감했을 것이다. 많은 사람이 이를 걱정했으며 실제로 그렇게 되었다.

곧 피의 전쟁이 시작됐다. 록사네는 자기 아들의 경쟁상대를 제거하기 위해 알렉산드로스의 다른 두 부인을 살해했다. 마케도니아의 막강한 장군들은 서로에게 전쟁을 선포했다. 수년간 지속된 학살로 모든 왕실 가족이 죽어 나갔다. 알렉산드로스의 이복형제, 어머니, 록사네가 죽었고 열두 살도 되지 않은 그의 아들도 죽었다. 그러는 사이 제국은 해체되고 있었다. 알렉산드로스의 충복이던 셀레우코스는 마케도니아의 경쟁자와 싸우려고 인도에서 정복한 땅을 그 지역 수장에게 전투 코끼리 500마리를 받고 팔아버렸다. 용병들은 수십 년 동안 가장 높은 보수를 제안한 입찰자를 따랐다. 수년에 걸친 잔혹한 전투와 복수가 지나자 세 명의 수장이 남았다. 아시아의 셀레우코스, 마케도니아의 안티고노스, 그리고 이집트의 프톨레마이오스. 이들 중 잔혹한 죽음을 맞지 않은 자는 프톨레마이오스뿐이다.

프톨레마이오스는 이집트에 자리를 잡고 남은 생을 그곳에서 보냈다. 그는 왕위를 유지하기 위해 오랜 동료들에 맞서 수십 년 동안 피의 전쟁을 해야 했다. 그리고 마케도니아에 내전이 생겼을 때는 자신이 통치하는 나라가 얼마나 큰지 확인하고 싶어 했다. 이집트의 모든 것은 경이로웠다. 피라미드, 따오기, 모래 폭풍, 모래 언덕의 결, 질주하는 낙타, 동물의 머리를 한 낯선 신상들, 거세된 사내들, 가발과 민머리를 한 사람들, 축제에 몰린 엄청난 인파, 죽이면 죄가 되는 성스러운 고양이, 상형문자, 궁전의 의전, 초인간적 사원들, 사제들의 엄청난 권력, 삼각주를 쓸며 바다로 흘러 들어가는 검고 질척한 나일강, 악어, 죽은 것들의 뼈로 풍요로워지는 평야, 맥주, 하마, 파괴적인 시간만이 살아남는 사막, 시체의 방부처리, 미라, 의식화된 삶, 과거에 대한 사랑, 죽음에 대한 숭배.

프톨레마이오스는 방향을 잃은 채 고립되었다고 느꼈을 것이다. 이집트의 언어를 이해하지 못했고 의식에도 익숙하지 않았으며 신하들이 자기를 비웃는다고 의심했다. 그러나 그는 알렉산드로스로부터 과감함을 배운 사람이었다. 그대가 상징을 이해하지 못한다면 새로운 상징을 창조하라. 이집트가 유구한 역사로 위협한다면 과거가 없는 유일한 도시인 알렉산드리아로 수도를 옮기라. 그리고 그곳을 지중해에서 가장 중요한 중심지로 만들라. 신하들이 새로운 변화를 믿지 못하면 모든 사유와 과학이 너의 땅에 모이게 하라.

　프톨레마이오스는 엄청난 풍요를 알렉산드리아 도서관과 박물관에 투자했다.

심연의 칼날 위의 균형:
알렉산드리아 도서관과 박물관

| **10** |

비록 명백한 증거는 없으나, 나는 알렉산드로스가 보편적인 도서관을 세우려고 했다고 생각한다. 알렉산드로스의 야망의 크기에 비례한 그 계획은 총체화에 대한 갈증을 보여준다. 그가 공포한 첫 번째 칙령은 "지구는 나의 것이다."였다. 세상의 모든 책을 모으는 일은 세상을 소유하는 또 다른 상징적, 정신적, 평화적 형식이었다.

책 수집가의 열정은 여행자의 열정과 비슷하다. 모든 도서관은 여행이며, 모든 책은 유효 기간이 없는 여권이다. 역사가들에 따르면 그는 아프리카를 가든 아시아를 가든 늘 『일리아스』를 가지고 다니면서 조언과 통찰력을 구했다. 독서는 마치 나침반처럼 그에게 미지의 길을 열어주었다.

혼돈의 세상에서 책을 입수하는 일은 심연의 칼날 위에서 균형을 잡는 것과 마찬가지다. 발터 베냐민은 「나의 서재 공개」라는 에세이에서 다음과 같은 결론에 도달한다. "낡은 세계를 새로이 하는 것. 이것은 새로운 사물을 얻는 일에 자극받은 수집가가 가장 깊이 느끼는 욕망이다." 알렉산드리아의 도서관은 마술적 백과사전으로서 고대의 지식과 픽션을 모았다. 그것들이 흩어지고 사라지는 걸 막기 위해서 말이다. 그리고 그곳은 미래를 향해 나아가는 새로운 공간으로 이해되었다.

기존의 도서관들은 개인 소유였으며 주인의 입맛에 맞게 특화되어 있었다. 학교나 전문 집단에 속해 있던 도서관도 자신들의 필요를 충족할 수단에 지나지 않았다. 초기 도서관인 현재 이라크의 아슈르바니팔 도서관은 왕이 사용했다. 그러나 다채롭고 완벽한 알렉산드리아 도서관에는 당시까지 알려진 모든 지역에서 쓰인 모든 주제의 책이 있었다. 도서관의 문은 국적과 상관없이 지식을 갈구하는 모든 이들과 문학적 영감을 가진 모든 이들에게 개방되었다. 그런 부류의 도서관으로서는 첫 사례였다. 이곳은 당대에 존재하던 거의 모든 책을 소장하고 있었다.

알렉산드로스는 혼혈 제국을 꿈꿨다. 역사가 디오도로스에 따르면, 세 명의 외국인 여자와 결혼해 반(半)야만인 자식들을 거느린 이 젊은 왕은 그곳 사람들을 유럽과 아시아로 이주시켜서 우정과 혈연관계로 맺어진 두 대륙의 공동체를 건설하고자 했다. 그러나 그의 갑작스러운 죽음으로 폭력과 우의적 욕망이 뒤섞인 이민정책은 실현되지 못했다.

도서관은 광대한 외부세계에 문을 열었다. 타 언어권의 중요한 작품들은 그리스어로 번역되어 소장되었다. 어느 비잔틴의 저술가는 당대에 관해 이렇게 썼다. "모든 도시의 현자를 모았다. 그들은 자신의 고유 언어뿐만 아니라 그리스어에도 능통했다. 그룹마다 해당하는 언어가 주어졌으며 그렇게 번역이 진행되었다." 그곳에서 『70인역』으로 알려진 유대인의 『토라』가 그리스어로 번역되었다. 조로아스터교의 고대 이란어로 쓰인 200만 개가 넘는 시구의 번역은 수 세기가 지나서도 기념비적인 일로 기억되었다. 이집트의 사제 마네토는 도서관을 위해 신화 시대부터 알렉산드로스의 정복까지 파라오의 계보와 그들의 위업에 관해 썼다. 그는 이집트의 역사를 그리스어로 쓰려고 수십 개의 사원에 보관된 원본 자료를 찾아내고 발췌했다. 이중언어를 쓰고 설형문자에 능통한 사제 베로수스는 바빌로니아의 전통을 그리스어로 썼다. 도서관에는 인도 북동쪽 갠지스 강가에 있는 파탈리푸트라라는 도시에 머물던 그리스의 대사가 쓴 인도 연구서도 있었다. 그토록 광범위한 번역이 이뤄진 건 유사 이래 처음이었다.

알렉산드로스는 보편성과 지식에 대한 의욕과 융화에 대한 독특한 열망으로 자신의 가장 중요한 꿈이던 도서관을 현실화했다. 알렉산드리아 도서관에는 경계가 없었다. 그곳엔 그리스인, 유대인, 이집트인, 이란인, 인도인의 언어가 평화롭게 공존했다. 그 정신적 영토는 그들 모두가 환대받는 유일한 공간이었을 것이다.

| **11** |

보르헤스도 책의 총체화에 빠져 있었다. 그의 단편 「바벨의 도서관」은 경이로운 도서관, 언어와 꿈으로 이뤄진 미로를 우리에게 선사한다. 그러나 우리는 이내 그 공간이 불안하다는 것을 알게 된다. 그곳에서 우리는 우리의 환상이 어떻게 악몽이 되는지, 어떻게 현시대

47

의 두려움에 대한 신탁으로 변하는지 경험하게 된다.

보르헤스에 따르면, 우주(다른 사람들은 도서관이라 부르는)는 언제나 존재했던 일종의 괴물 같은 벌집이다. 그 공간은 나선형의 계단으로 연결된 똑같은 육각형으로 이뤄진 무한한 회랑이다. 그 육각형의 방들에는 램프와 선반과 책이 있다. 층계참 좌우로 두 개의 방이 있는데, 하나는 서서 잠을 자는 곳이고 다른 하나는 용변을 보는 곳이다. 필요한 모든 것은 빛, 독서, 화장실로 수렴된다. 복도에는 낯선 관리자가 사는데, 그들 중 한 명인 서술자는 그들을 불완전한 사서라고 한다. 이들은 각자 무한한 기하학적 회로의 일정 부분을 담당하고 있다.

도서관의 책은 스물세 개의 문자와 마침표와 쉼표로 구성된 모든 조합, 혹은 기억하고 있거나 망각해버린 모든 언어로 표현하고 상상할 수 있는 모든 것을 담고 있다. 그로 인해 서술자는 어느 선반의 어느 곳에는 당신의 죽음의 연대기가 있다고 말한다. 심지어 미래에 관한 아주 세밀한 이야기부터 대천사의 자서전과 도서관의 진짜 카탈로그, 그리고 수천, 수만의 거짓 카탈로그까지 있다. 벌집에 거주하는 자들은 우리와 마찬가지로 제한적인 삶을 산다. 그들은 많아야 두 가지 언어를 할 줄 알고 그들의 생은 짧다. 따라서 누군가가 자기가 찾는 책을 거대한 터널에서 찾아내기란, 아니 그저 그가 이해할 수 있는 책을 찾아내기조차 통계적으로 불가능에 가깝다.

이것은 엄청난 패러독스다. 책을 찾는 자들, 신비주의자들, 광적인 파괴자들, 자살한 사서들, 순례자들, 우상 숭배자들, 그리고 광인들이 그 육각형 벌집을 배회한다. 그러나 누구도 책을 읽지 못한다. 어마어마하게 많은 책 속에서 독서의 기쁨은 사라져버린다. 모든 에너지가 찾기와 해독에 소모된다.

이 이야기는 성서적이고 장서가적인 신화에서 출발한 아이러니한 이야기로 이해할 수도 있을 것이며 조반니 바티스타 피라네시(Giovanni Battista Piranesi)의 감옥이나 에셔의 끝없는 계단에서 영감을 얻은 건축물을 연상케 할 수도 있을 것이다. 그렇지만 오늘날의 독자에게 바벨의 도서관은 가상세계, 즉 검색 알고리즘에 따라 나타나는 엄청난 정보와 텍스트의 네트워크에서 우리를 미로 속 환영처럼 헤매게 만드는 거만한 인터넷에 대한 예언적 알레고리이다.

보르헤스는 놀라운 시대착오 속에서 현재 세계를 예언한다. 그의 단편은 동시대적 직관을 담고 있다. 우리가 웹이라고 부르는 전자 네트워크는 도서관의 기능을 복제한 것이다. 인터넷이 만들어진 근원에는 세계적인 대화를 가능하게 하려는 꿈이 담겨 있었다. 그리하여 말을 위한 노정과 길과 허공의 경로를 만들어내야 했다. 모든 텍스트는 레퍼런스, 즉 접속을 필요로 했고, 그 접속을 통해 독자는 세계 어디서든 어떤 컴퓨터를 통해서든 텍스트를 찾을 수 있게 되었다. 웹의 개념을 고안한 영국의 컴퓨터 과학자 팀 버너스리(Tim Berners-Lee)는 공공도서관의 질서정연하고 접근성이 뛰어난 공간에서 영감을 얻었다. 그는 도서관의 구조를 모방해 모든 자료에 주소를 부여하고 다른 컴퓨터로부터의 접근을 허용했다. URL은 도서관의 등록번호처럼 작동한다. 이후 버너스리는 우리가 http로 알고 있는 하이퍼텍스트의 이동 프로토콜을 고안했다. http는 우리가 도서관에서 원하는 책을 찾으려고 사서에게 써내는 요청서에 해당한다. 도서관이 광대하게 증강되어 방사된 것이 바로 인터넷이다.

알렉산드리아 도서관에 들어가는 경험은 내가 처음으로 인터넷을 경험했을 때의 느낌과 비슷할 것이라고 상상한다. 놀라움과 방대한 공간이 주는 아찔함. 알렉산드리아의 항구에 내려서 서둘러 책의 저장고로 발걸음을 옮기는 여행자, 도서관 현관에서부터 어렴풋이 나타나기 시작하는 풍요로움에 아찔함을 느끼는 여행자가 되는 상상을 해본다. 이 시대 사람이라면 누구든 같은 생각일 것이다. 이토록 많은 정보는, 이토록 많은 지식은, 공포와 삶의 즐거움을 경험하게 해주는 이토록 많은 이야기는 그 어디에도 없었다.

| 12 |

도서관이 아직 존재하지 않았던 때로 돌아가 보자. 이집트의 수도에 대한 프톨레마이오스의 호언장담은 절망적인 현실에 부딪혔다. 생긴 지 20여 년이 지났지만 알렉산드리아는 여전히 건설 중인 작은 도시였다. 그곳엔 군인, 어부, 혼돈과 교활한 장사치에 맞서 싸우는 소수의 관료, 범죄자, 모험가, 새로운 땅에서 기회를 엿보는 사기꾼 들이 살고 있었다. 그리스 건축가가 도안한 직선 도로들은 지저분하고 오물 냄새를 풍겼다. 노예들의 등에는 채찍질의 흔적이 선명했다. 폭력과 에너지와 약탈이 난무한 서부의 분위기를 풍겼다. 수 세기 후 나폴레옹과 에르빈 로멜의 부대를 괴롭힌 치명적 동풍인 캄신은 봄이 오는 도시를 뒤흔들었다. 먼 곳에서는 캄신이 하늘 속의 핏자국처럼 보였다. 캄신이 다가오면 어둠이 빛을 가리고 모래가 엄청난 먼지 장막을 일으키며 집의 틈 사이를 비집고 들어오고, 목과 코를 말리고, 눈

을 파고들며, 광기와 절망과 범죄를 야기한다. 거센 회오리가 몇 시간 동안 지속되다가 하늘의 소요를 동반하면서 바다 위에서 사라진다.

프톨레마이오스는 그곳에 궁정을 세우고, 아무것도 없는 변방의 황무지로 당대 최고의 과학자와 작가를 데려오기로 결정했다.

열광적인 작업이 시작됐다. 그는 나일강과 마리우트 호수와 바다를 연결하는 수로를 건설하고 대규모 항구를 구상했다. 방파제로 둘러싸인 바다 옆에 궁전을 세우라고 명하고, 포위됐을 때를 대비하여 거대한 성채를 건설하고 소수만 접근할 수 있는 소규모 도시와 왕의 거처를 세우도록 했다.

그는 자신의 꿈을 실현하려고 엄청난 돈을 소모했다. 프톨레마이오스는 알렉산드로스 제국의 가장 풍요로운 곳을 차지하고 있었다. 이집트는 풍요의 동의어였다. 나일 강변의 옥토에서는 엄청난 곡물이 생산되었는데 곡물은 오늘날의 석유처럼 당대의 시장을 지배할 수 있는 상품이었다. 더욱이 이집트는 당시에 글을 쓰는 데 사용하던 파피루스를 수출하고 있었다.

파피루스는 나일강에 뿌리내리고 있었다. 성인 남성의 팔뚝 굵기에, 3미터에서 6미터까지 자랐다. 서민들은 파피루스의 유연한 섬유로 밧줄, 자리, 샌들, 광주리를 만들었다. 고대의 기록에 따르면, 모세의 어머니가 역청과 나뭇진을 바른 파피루스 바구니에 어린 모세를 실어 나일강에 흘려보냈다고 한다. 기원전 3000년경, 이집트인들은 파피루스로 글을 쓸 수 있는 종이를 만들 수 있다는 걸 발견했고, 기원전 1000년에는 그 발견이 근동까지 알려졌다. 수 세기에 걸쳐 히브리인, 그리스인, 로마인이 파피루스 두루마리에 글을 썼다. 지중해 사회의 문자 해독률이 높아지자 문제가 복잡해졌다. 갈수록 파피루스의 수요가 늘면서 가격이 뛴 것이다. 파피루스는 이집트 밖에서는 흔치 않은 식물이었다. 그러다 보니 오늘날 핸드폰에 들어가는 콜탄처럼 파피루스는 전략적 자산으로 변했다. 아프리카, 아시아, 유럽으로 파피루스를 보급하는 시장도 생겨났다. 이집트의 왕들은 파피루스의 유통을 독점했는데, 이집트어 전문가들에 따르면 파피루스라는 말은 파라오에서 유래했다고 한다.

파라오가 관리하는 작업장의 어느 아침을 상상해보자. 왕의 명을 받은 작업자들이 파피루스를 자르러 새벽에 강변으로 간다. 그들의 발걸음 소리에 잠자던 새들이 깨어나 갈대밭 위로 날아오른다. 사람들이 신선한 아침에 일을 시작하여 정오가 되자 작업장에는 파피루스 짚단이 쌓인다. 정확한 손놀림으로 파피루스의 껍질을 벗기고 30~40센티미터 길이로 줄기를 자른다. 평평한 테이블에 세로로 첫 겹을 놓고 뒤이어 가로로 다음 겹을 놓는다. 그리고 포개진 두 겹의 파피루스를 나무망치로 두들겨 천연 풀이 되는 수액이 나오게 한다. 이후 경석이나 조개로 표면을 부드럽게 한다. 마지막으로 파피루스 조각의 끝을 밀가루와 물로 만든 풀로 이어 붙인다. 그리하여 둘둘 말아서 보관할 수 있는 긴 종이를 만들어낸다. 보통은 스무 개의 파피루스 조각을 이어 붙이는데, 서기가 글을 쓰면서 틀어지지 않게 표면이 부드러워질 때까지 조심스럽게 다듬는다. 상인들은 파피루스 갈대가 아니라 바로 그 두루마리를 판다. 서신을 쓰거나 서류를 작성해야 하는 사람들은 필요한 만큼 잘라서 사용한다. 두루마리의 폭은 13~30센티미터, 길이는 보통 3.2~3.6미터이다. 하지만 길이는 우리가 보는 책이 그렇듯이 천차만별이다. 예컨대 대영박물관에 있는 해리스 파피루스는 길이가 42미터에 달한다.

파피루스 두루마리는 엄청난 진보였다. 수 세기에 걸쳐 돌과 흙과 나무와 금속을 이용해 쓰여오던 언어가 마침내 제대로 된 재료에 자리를 잡은 것이다. 역사상 최초의 책은 언어가 수생식물의 줄기에 자리를 틀면서 탄생했다. 무겁고 경직된 과거의 재료에 비해 책은 처음부터 가볍고 유연하여 여행과 모험에도 적합했다. 펜과 잉크로 쓰인 긴 텍스트를 품은 파피루스 두루마리는 장차 건설될 알렉산드리아 도서관에 도착할 책의 단면이었다.

| 13 |

알렉산드로스 휘하의 장군들은 그가 죽은 뒤에도 그에게 혼을 빼앗긴 상태였다. 그들은 그의 무훈과 복장, 그가 사용하던 모자부터 고개를 숙이는 방식까지 따라 했다. 알렉산드로스가 그랬듯이 연회를 열었으며 동전에 그의 얼굴을 찍어냈다. 헤타이로이 기병대 중 하나는 알렉산드로스를 닮고자 손질하지 않은 긴 머리를 치렁치렁 기르고 다녔다. 에우메네스 장군은 알렉산드로스가 꿈에 나타나 얘기를 주고받았다고 주장했다. 프톨레마이오스는 자기가 알렉산드로스와 이복 형제라는 소문을 퍼트렸다. 심지어 경쟁 관계에 있던 후계자들은 죽은 왕의 왕장과 왕좌가 주재하는 캠프에 결집하기도 했다. 그들은 여전히 죽은 왕이 자신들을 이끌고 있다고 느꼈다.

모두가 알렉산드로스를 그리워했으며 그의 환영을 마음에 품었다. 하지만 그들은 자신들이 물려받은 세계적인 제국을 파괴하고, 가까운 친인척을 하나씩 제거하고, 그들을 뭉치게 했던 충성심을 배신하기도 했다. 이런 종류의 사랑에 관하여 오스카 와일드는 『레딩 감옥의 노래』에서 이렇게 말한다. "사람은 자신이 사랑한 것을 죽인다."

프톨레마이오스는 알렉산드로스를 기리는 일에 교활하게 앞장섰다. 그중 가장 주목할 만한 일은 죽은 젊은 왕의 시신을 차지한 것이었다. 그는 알렉산드로스의 시신이 지닌 무한한 상징적 가치를 누구보다 잘 알고 있었다.

기원전 322년 가을, 알렉산드로스를 고향에 매장하기 위한 행렬이 바빌로니아에서 마케도니아로 출발했다. 꿀과 향신료를 바른 알렉산드로스의 시신이 황금 관에 안치되어 장례용 수레로 옮겨졌다. 기록에 따르면 명주 천으로 만든 천막에 자줏빛 커튼, 술 장식, 황금 조각상, 자수와 더불어 왕관이 놓인 채 애처롭게 출발했다고 한다. 행렬을 이끈 사람은 프톨레마이오스의 친구였다. 프톨레마이오스는 그의 도움으로 행렬을 다마스쿠스로 우회시킨 뒤 군대를 이끌고 나타나 관을 탈취했다. 마케도니아에 알렉산드로스의 무덤을 준비해둔 페르디카스 사령관은 관을 탈취당했다는 소식에 이를 갈고 이집트를 공격했다. 그러나 참담한 전투를 벌인 그는 부하들에게 암살되었다. 프톨레마이오스는 전투에서 승리했다. 그는 시신을 알렉산드리아로 옮기고 능에 안치하여 모스크바에 있는 레닌의 영묘처럼 대중에게 공개했다. 묘는 시신을 구경하려는 여행자들을 불러들였다. 로마의 초대 황제인 아우구스투스도 알렉산드로스의 시신을 봤다. 그는 석관의 유리 덮개에 꽃장식을 올리고 시신을 만질 수 있게 해달라고 청했다. 미라에 입 맞추는 행위는 위험이 따르는데, 아우구스투스를 험담하던 사람들은 그가 입을 맞추다가 알렉산드로스의 코를 부러뜨렸다고 수군거렸다. 석관은 알렉산드리아를 뒤흔든 반란으로 파괴되었다. 소문은 무성하지만, 고고학자들은 영묘의 흔적을 찾지 못했다. 혹자는 그의 시신이 세계주의자 알렉산드로스에 걸맞은 최후를 맞았다고 생각한다.(갈기갈기 찢겨 수천 조각의 부적이 되어 그가 정복한 드넓은 세계에 뿌려졌다고 말이다.)

전해지는 말에 따르면, 아우구스투스가 알렉산드로스의 묘에서 경의를 표하고 있을 때 그에게 프톨레마이오스의 묘도 보고 싶냐고 물었다고 한다. 그러자 아우구스투스가 "나는 죽은 자를 보러 온 게 아니라 왕을 보러 왔다."라고 대답했다고 한다. 그의 대답은 알렉산드로스 이후의 계승자들이 받은 평가를 응축적으로 보여준다. 모두가 알렉산드로스의 계승자들을 하찮은 무리로, 전설의 부록 정도로 평가했다. 그들에겐 알렉산드로스 같은 카리스마가 없었다. 오직 죽은 자와 혈통이 같아야만 진정 존경받을 수 있었다. 그래서 그들은 어떻게든 알렉산드로스를 흉내 냈던 것이다. 오늘날 철저하게 엘비스 프레슬리를 흉내 내는 사람들처럼, 알렉산드로스와 자신을 헷갈리게 하려고 말이다.

그러한 아날로지 속에서 프톨레마이오스 왕은 알렉산드로스의 스승이 아리스토텔레스였듯이, 아리스토텔레스가 자기 자식들의 스승이 되기를 바랐다. 하지만 아리스토텔레스는 기원전 322년 제자이던 알렉산드로스가 죽고 몇 달 후에 세상을 떠났다. 낙담한 프톨레마이오스는 아테네에 있는 아리스토텔레스의 리케이온에 사신을 보내

큰돈을 주고 당대 가장 뛰어난 현자를 알렉산드리아로 데려오려 했다. 두 사람이 제안을 받아들였다. 한 명은 왕자들을 교육할 터였고 다른 사람은 위대한 도서관을 조직할 터였다.

책을 수집하고 정리하는 일을 맡은 사람은 데메트리오스였다. 그는 당시까지 존재하지 않았던 사서라는 업무를 창안했다. 그는 젊은 시절에 지배자에 헌신하고 지적인 일을 할 준비가 된 사람으로서 아리스토텔레스학파의 학생이었다가 10년 정도 정치에 몸담았다. 그는 아테네에서 합리적인 시스템이 적용된 최초의 도서관, 즉 '독자'라는 별칭이 있던 아리스토텔레스의 도서관을 알고 있었다. 아리스토텔레스는 200여 권의 연구서에서 세계의 구조를 발견하고 그 구조를 물리학, 생물학, 천문학, 논리학, 윤리학, 미학, 수사학, 정치학, 형이상학으로 분리했다. 데메트리오스는 스승의 도서관과 분류 시스템 속에서 책을 소유한다는 것이 외줄 위에서 균형을 잡는 것임을 이해해야 했다. 즉 우주에 흩어진 조각들을 모으고 총화하기 위한 노력이 필요하다는 것, 혼돈에 맞서 조화로운 건축을 이뤄내야 한다는 것, 그것이 모래로 만든 조각품이라는 것, 그리고 망각에 맞서 우리가 지켜내고 있는 은신처이자 세상의 기억이며 시간의 해일에 맞선 장벽이라는 것을 말이다.

데메트리오스는 아리스토텔레스의 사상적 모델을 이집트에 이식했다. 당시 서구 학문에서 아리스토텔레스의 사상은 아방가르드였다. 그래서 아리스토텔레스가 도서관 만드는 법을 알렉산드리아에 전수했다고들 한다. 그렇다고 이 말을 곧이곧대로 이해해선 안 된다. 아리스토텔레스는 나일강의 나라에 가본 적이 없으니 말이다. 그의 영향력은 정치적 소요를 피해 젊은 도시로 간 제자를 통해 간접적으로 발휘됐다. 그러나 데메트리오스는 그 선한 의도에도 불구하고 프톨레마이오스 궁정의 음모에 무릎 꿇고 만다. 그는 음모를 꾸민 죄로 체포된다. 하지만 그가 알렉산드리아에서 행한 일은 오랫동안 흔적을 남겼다. 데메트리오스 덕분에 도서관을 지키는 환영, 책에 열광하던 아리스토텔레스의 환영이 그곳에 남아 있게 된 것이다.

| 14 |

데메트리오스는 주기적으로 자신이 맡은 일이 어떻게 진행되는지 프톨레마이오스에게 알려야 했다. 그가 쓴 서신에는 이런 내용이 있다. "데메트리오스가 위대한 제왕께 고합니다. 아직 부족한 책을 수집하여 도서관을 완성하고 망실된 책들을 정확히 복원하라는 폐하의 명에 따라 소신의 일을 철저히 수행하고 있으며 이제 폐하께 설명책임을 하고자 합니다."

그가 맡은 일은 간단하지 않았다. 멀리 여행하지 않고 그리스어로 된 책을 찾기란 거의 불가능했다. 사원, 궁전, 저택에는 두루마리가 많이 있었으나 어디까지나 이집트 내에서였다. 더욱이 프톨레마이오스가 신하들의 언어를 배울 리 만무했다. 자료에 따르면 다국어를 할 수 있었던 마지막 파라오 혈통 클레오파트라만이 파라오의 언어를 말하고 읽을 줄 알았다고 한다.

데메트리오스는 그리스어로 된 책을 모으기 위해 대리인들에게 큰 가방과 칼을 들려 아나톨리아 반도와 에게해의 섬과 그리스로 보냈다. 앞서 말했듯이 당시에 알렉산드리아 항구에 정박한 모든 배는 세관의 철저한 수색을 받았고 발견된 모든 텍스트는 압수됐다. 몰수되거나 구매된 두루마리는 보관소로 보내졌으며 데메트리오스의 조수들이 그 두루마리를 확인하고 목록을 작성했다. 그렇게 얻은 책들은 표지도 책등도 없는 파피루스 두루마리였다. 뒤표지도 끈도 없었기에 권위 있는 작품인지는 의문이었다. 단번에 내용을 파악하기는 어려웠을뿐더러 열 권이 넘는 책을 빈번히 검토한다는 것은 그지없이 귀찮은 일이었다. 도서관으로서는 해결해야 할 난관이었다. 그러나 그 해결책은 불완전했다. 책들을 서고에 배치하기 전에 두루마리의 끝에 (아주 쉽게 떨어져 나가는) 작은 표지를 달아두었는데, 거기에 저자, 작품명, 출처를 표기했다.

한번은 왕이 도서관에 방문했을 때 데메트리오스가 유대인의 법전을 포함하자고 제안했다. 왕은 수락하며 "문제 될 게 있나?"라고 물었다. 데메트리오스는 "번역을 해야 합니다. 히브리어로 쓰여 있으니까요."라고 대답했다.

예루살렘에서조차 히브리어를 이해하는 사람은 소수였다. 예루살렘 사람들은 대부분 훗날 예수가 설교할 때 사용한 아람어를 썼다. 그래서 알렉산드리아의 한 구역을 차지하고 있던 강력한 유대인들이 그들의 성스러운 텍스트를 그리스어로 번역했다. 하지만 번역은 더뎠고, 부분적으로 이뤄질 수밖에 없었다. 정통파 신도들이 그러한 변화에 반대했기 때문이다. 이 문제는 당시 유대교회에서 뜨거운 논쟁거리가 되었다. 그건 마치 기독교인에게는 더 이상 라틴어로 미사를 드리지 않는 것이나 마찬가지였다. 따라서 도서관의 책임자가 온전하고 완벽한 유대교 율법서의 번역본을 가지려면 번역을 일임해야 했다.

전승에 따르면 데메트리오스는 예루살렘의 제사장이던 엘르아살에게 서신을 보낼 수 있도록 승인을 요청했다. 그리고 프톨레마이오스의 이름으로 법률서에 조예가 깊으며 그리스어로 번역할 수 있는 사람을 알렉산드리아로 보내달라고 요청했다. 엘르아살은 선물과 편지에 기꺼이 화답했다. 시나이의 모래바람을 뚫고 한 달 만에 부족마다 여섯 명씩 총 일흔두 명의 히브리인 학자들이 이집트에 도착했다. 유대 율법에 정통한 그들은 아주 평화롭고 고요한 파로섬에 기거했다. 데메트리오스는 일에 진척이 있는지 확인하려고 자주 방문했다. 그들은 72일 만에 모세오경을 번역하고 예루살렘으로 돌아갔다고 전해진다. 이 그리스어 성서가 우리가 알고 있는 『70인역』이다.

아리스테아스라는 사람이 이 이야기를 전하면서 자기가 그 일에 참여했다고 주장했다. 물론 우리는 그게 위조라는 걸 알고 있지만, 그 허구적인 이야기에도 현실적인 면은 있다. 세상은 변하고 있었고 알렉산드리아는 세상의 거울이었다. 그리스어는 새로운 언어로 변모하고 있었다. 그 언어는 에우리피데스와 플라톤의 언어가 아니라 휴가철에 공항이나 호텔에서 들을 수 있는, 발음이 이상한 영어 같은 코이네 그리스어(Koine Greek)였다. 마케도니아의 왕들은 정치적 지배와 문화적 우월성의 상징으로 모든 제국에서 그리스어를 쓰길 바랐다. 그러나 알렉산드로스와 아리스토텔레스의 보편성은 자긍심에 넘치는 극단적 애국주의자들의 정신에 스며들었다. 그들은 새로운 신민을 통치하려면 그들을 이해해야 할 필요가 있음을 알고 있었다. 그런 관점에서 그들의 책, 특히 영혼의 지도라 할 수 있는 그들의 종교적인 텍스트를 번역하는 데 지적, 경제적 노력을 기울여야 했다. 알렉산드리아 도서관은 과거와 과거의 유산을 모으기 위한 곳만은 아니었던 것이다. 그곳은 오늘날 우리가 말하는 세계화 사회의 전초기지였다.

| **15** |

그 원시적 세계화가 바로 헬레니즘이다. 공통된 관습, 신앙, 삶의 방식이 알렉산드로스가 정복한 아나톨리아에서 펀자브까지 뿌리내리기 시작했다. 저 멀리 리비아나 자와섬에서도 그리스 건축물을 모방했다. 그리스어는 아시아인, 아프리카인과 소통하는 데 쓰였다. 플루타르코스에 따르면 바빌로니아에서도 호메로스를 읽었으며 (오늘날 파키스탄, 아프가니스탄, 이란으로 분리된) 페르시아, 수사, 게드로시아의 아이들이 소포클레스와 에우리피데스의 비극을 노래했다고 한다. 상업, 교육, 혼혈의 길을 따라 괄목할 만한 문화적 유사성을 경험하기 시작했다. 유럽에서 인도로 가는 풍경에는 유사한 모습의 도시들이 흩어져 있었다.(거리가 직각 그리드를 형성하는 도시 계획에 따라 광장, 극장, 경기장, 그리스어로 된 비문, 사원이 배치된다.) 그것이 당대 제국 특유의 기호이다. 오늘날 세상을 획일화하는 코카콜라, 맥도날드, 번쩍이는 광고들, 중심상가, 할리우드 영화관, 애플 제품 등과 마찬가지로 말이다.

우리 시대와 마찬가지로 당대에도 강력한 불만의 조류가 있었다. 정복된 지역 사람들은 침략자들의 식민화에 저항했다. 하지만 새로운 세계화 사회를 거부하고 귀족적 독립의 시대를, 잃어버린 과거의 순수함을 그리워하는 성난 그리스인도 있었다. 한순간에 불결한 외국인이 사방에 나타났다. 확장된 영토에선 이주가 성행하고 동양에서 온 노예와의 경쟁으로 벌 수 있는 돈은 줄어들었다. 그로 인해 타자에 대한 두려움이 커져갔다. 이집트 문법학자 아피온은 알렉산드리아 왕궁 근처의 가장 좋은 곳에 자리 잡은 유대인들에 대해 불평했다. 프톨레마이오스 시대에 이집트를 방문한 헤카타이오스는 유대인의 배외 감정을 한탄했다. 때때로 공동체 간의 폭력적인 충돌도 발생했다. 역사가 디오도로스는 이집트인에게 성스러운 동물인 고양이를 죽였다는 이유로 한 무리의 성난 이집트인들이 외국인을 죽인 일도 있었다고 기록한다.

그런 변화는 불안을 야기했다. 수 세기에 걸쳐 작은 도시에 살던 그리스인들은 갑자기 거대한 왕국에 병합된 느낌을 받았다. 그들은 유대가 끊긴 채 다른 곳으로 이주한 것 같았으며 너무나도 거대한 우주에서 닿을 수 없는 권력의 지배를 받으며 사는 것 같았다. 그리하여 개인주의가 성행하고 고독은 커져갔다.

갑작스러운 변화에 대한 놀라움과 불안 사이에서 경련하던 헬레니즘 문명에 상반된 충동이 나타났다. 찰스 디킨스의 말처럼, "최고의 시절이자 최악의 시절이었다." 회의주의와 종교적 맹신, 호기심과 편견, 관용과 배척이 동시에 발생했다. 자신을 세계인으로 생각하는 사람도 있었지만 민족주의에 함몰된 사람도 있었다. 다양한 사상들이 경계를 넘어 전파되면서 쉽게 뒤섞였다. 그리하여 절충주의가 나타났다. 헬레니즘 시대와 로마 시대를 가로지르는 스토아 철학은 평정과 금욕과 내적 강화를 통해 번뇌를 벗어날 수 있다고 가르쳤다. 마치 불교 신자들이 행하던 수행처럼 말이다.

과거의 이상이 파괴됐다고 느낀 그리스인들은 옛 시절에 깊은 향수를 느끼며 오래전의 영웅적 이야기를 패러디했다. 알렉산드로스가 『일리아스』를 손에 들고 세계를 정복했다는 이야기를 두고, 어느 무명 시인은 쥐들의 왕자인 프시카르팍스('빵 부스러기 도둑')의 부대와 개구리의 왕인 피지그나토스('부은 볼')의 부대가 전투하는 내용을 다룬 『개구리와 쥐의 전투(Batrachomyomachia)』라는 희극적 서사시를 만들어냈다. 신과 신화에 대한 믿음은 불경함과 무질서와 비탄을 뒤로 남기며 사라져갔다. 수십 년 후, 아폴로니오스는 알렉산드리아 도서관에 향수를 느끼며 이아손과 아르고호 원정대의 모험에 관한 시로 고대 서사시를 찬양했다. 이러한 긴장은 클린트 이스트우드의 「용서받지 못한 자」와 타란티노의 「장고: 분노의 추적자」가 보여주는, 서부극에 대한 우상 파괴적이고 아이러니한 웃음 사이에서 빚어지는 긴장과도 같다.

| **16** |

프톨레마이오스는 자신의 목적을 달성했다. 로마가 집어삼키기 전까지 알렉산드리아는 경계를 넘어선 문명의 중심이었다. 또 경제의 중심이기도 했다. 세계의 불가사의 중 하나인 알렉산드리아 등대는 오늘날 뉴욕의 세계무역센터와 같은 상징이었다.

알렉산드리아 남부에는 엄청난 곡창지대가 지평선 너머로 펼쳐져 있었다. 그곳에는 나일강에 젖은 충적토가 평야를 형성하며 풍요로운 수확을 약속했다. 무수히 많은 곡식 자루가 수로를 따라 부두로 옮겨졌다. 이집트의 배들은 곡식을 가득 싣고 배고픔 속에서 초조하게 기다리고 있던 주요 항구도시를 향해 출항했다. 고대에 형성된 중심 도시들은 곡창지대와는 거리가 멀었다. 하지만 알렉산드리아에선 음식이 모자라지 않았다. 음식은 곧 안정을 의미했으며 권력의 필수 요건이었다. 이집트인들이 가격을 올리거나 공급을 줄이면 한 나라 전체가 폭력과 소요 사태에 빠질 수 있었다.

알렉산드리아는 젊고 강력한 도시였지만 그 안에는 과거에 대한 향수가 꿈틀거렸다. 왕은 자기도 알지 못하는 지난날을 그리워했다. 그는 아테네의 황금시대, 페리클레스의 격정적 시대, 철학자들, 위대한 역사가들, 연극, 소피스트, 담론, '그리스 학파'를 선언하던 자긍심의 도시에 모여든 뛰어난 자들의 회합을 그리워했다. 수 세기 동안 그리스 북쪽에 자리한 야만적 마케도니아인들은 아테네에서 들려오는 소식에 열광했다. 그들은 에우리피데스가 노년을 보낼 수 있도록 초대했으며 아리스토텔레스를 궁정에 불러들였다. 그리스인들은 마케도니아인들에게 희망이었다. 그들은 아테네의 정교함을 모방함으로써 교양인이 되고자 했으며 그리스인보다 못하다는 평판을 지우려 했다. 그들의 주변부적 시선은 그리스의 신화를 더욱 확장했다.

이런 얘기를 하다 보니 조르조 바사니의 소설에 나오는 핀치콘티니의 정원이 떠오른다. 나는 『핀치콘티니가의 정원』을 여러 번 읽었다. 애장서다. 페라라의 부유한 유대인의 저택에는 정원과 테니스 코트와 높은 성벽이 있다. 이 저택은 누구나 들어가 보고 싶은 곳이지만 막상 들어가면 불안한 이방인으로 느끼게 되는 곳이다. 아무리 사랑하더라도 그곳에 계속 머물지는 못한다. 오직 여름 한 철에 그곳에 들어가 테니스 경기를 즐기고 정원을 향유하고 욕망의 그물에 걸릴 수 있지만, 문은 다시 닫혀버린다. 그리고 그 공간은 영원히 우수의 공간으로 남는다. 우리는 살면서 어느 순간엔가 밖에서 그 정원을 염탐해본 경험이 있을 것이다. 프톨레마이오스에게 아테네는 그런 곳이었다. 그는 닿을 수 없는 도시에 대한 기억으로 알렉산드리아 박물관을 세웠다.

그리스인에게 박물관은 영감의 여신이자 기억의 딸인 뮤즈를 위한 성스러운 공간이었다. 플라톤과 아리스토텔레스가 각각 세운 학교인 아카데메이아와 리케이온은 뮤즈를 위해 봉헌된 작은 숲에 자리하고 있었다. 사유와 교육은 아홉 뮤즈에 대한 메타포적 활동이었기 때문이다. 프톨레마이오스의 박물관은 거기서 더 나아갔다. 그곳은 헬레니즘의 야심 찬 기획 중 하나로 오늘날의 대학이나 연구센터의 초기 버전과도 같았으며 당대의 뛰어난 작가, 시인, 과학자, 철학자를 불러들였다. 그렇게 선택받은 자들은 물질적 걱정에서 해방되어 평생 사유하고 창조하는 데 에너지를 쏟아부을 수 있었다. 프톨레마이오스는 급료와 주택을 제공하는 한편 호화로운 식당에 자리를 마련해줬다. 또 세금을 면제해줬는데, 이는 엄청난 세금을 거둬들이던 당시 상황에서 가장 좋은 선물이었을 것이다.

수 세기 동안 박물관은 프톨레마이오스의 바람처럼 걸출한 학자를 보유하게 되었다. 기하학을 체계적으로 정리한 수학자 에우클레이데스(Eukleides), 당대의 가장 뛰어난 물리학자 스트라톤(Straton), 천문학자 아리스타르코스(Aristarchos), 지구의 둘레를 계산한 에라토스테네스(Eratosthenes), 해부학의 선구자 헤로필로스(Herophilos), 유체정역학을 연구한 아르키메데스(Archimedes), 최고(最古)의 문법서를 쓴 디오니시오스 트락스(Dionysios Thrax), 시인 칼리마코스(Callimachos)와 아폴로니오스(Apollonios)가 그렇다. 알렉산드리아에서는 태양중심설 같은 혁명적 이론이 탄생했다. 이 이론은 16세기가 되어 코페르니쿠스와 갈릴레오에 의해 부활했다. 시체 해부에 대한 금기가 깨지면서 의학도 발전했다. 삼각법, 문법, 원고 보관법 같은 새로운 지식도 발전했다. 더불어 문헌학이 날개를 달았다. 그리고 아르키메데스의 나선식 펌프처럼 아직도 활용되고 있는 위대한 발견도 있었다. 와트(James Watt)의 마력보다 16세기나 앞서서 알렉산드리아의 헤론(Heron)은 증기기관을 고안했다. 비록 그때는 인형과 장난감을 작동시키는 데 쓰이긴 했지만, 로봇과 자동장치의 선례라고 할 수 있다.

도서관은 현자들이 모인 도시의 정수였다. 한 공간에 당대 최고의 학자들을 모으기 위해 의도적인 노력을 기울인 경우는 역사상 찾아보기 어렵다. 그들은 선대 학자들에 비해 훨씬 많은 책과 과거의 지식을 접할 수 있었다.

박물관과 도서관은 궁정의 일부로 성벽으로 둘러싸여 있었다. 초기 전문 연구가들의 삶은 견고한 공간 속에 고립되어 있었다. 그들의 일상은 강연회와 강의와 토론으로 채워져 있었지만, 무엇보다 연구가 우선이었다. 도서관장은 왕의 자녀들을 가르치는 스승이기도 했다. 해가 저물면 모두 한자리에서 저녁 식사를 했으며 때로는 프톨레마이오스가 그 자리에 참석하여 그들의 대화와 토론을 듣기도 했다. 프톨레마이오스는 자신만의 아테네를 갖게 됐다고 생각했을 것이다.

당대의 어느 풍자 작가는 박물관에서 모든 근심을 내려놓고 기후불순으로부터 보호받던 조용한 학자들의 관습에 관해 들려준다. "사람 많은 이집트 땅은 책에 낙서하고 뮤즈들의 새장 속에서 서로를 쪼아대는 많은 현자들을 살찌우고 있다." 더불어 망자가 된 시인의 입을 통해 박물관의 학자들에게 서로 앙심을 품지 말라고 충고하는 시도 있다. 사실 서로를 쪼아대는 일은 속세를 벗어나 조용한 삶을 사는 현자들 사이에서 흔한 일이었다. 사료에 따르면 그들 사이의 불화, 질투, 경쟁심, 악담이 성행했다고 한다. 이 시대의 대학에서 그런 사소하지만 끝없는 다툼이 벌어지지 않기를 바랄 따름이다.

| **17** |

이 시대에는 세상에서 가장 높은 마천루를 세우려고 경쟁한다. 당시의 알렉산드리아도 그런 싸움을 했다. 알렉산드리아의 파로스 등대는 여러 세기 동안 세상에서 가장 높은 건물이었다. 시드니의 오페라 하우스나 빌바오의 구겐하임 미술관처럼 그 등대는 자부심의 엠블럼이자 통치자들의 욕망이 깃든 꿈이었다. 더욱이 그 등대는 과학의 황금시대를 나타내는 상징이 되었다.

애초에 파로스(Faro)는 나일강의 삼각주를 가리키는 말이었다. 알렉산드로스가 도시를 세우기로 결정한 곳이다. 발트해에도 파로(Fårö)로 불린 섬이 있다. 잉마르 베리만이 영화 「창문을 통해 어렴풋이」(1961)를 촬영한 곳으로, 그는 감독 생활을 접은 뒤 그곳에서 은자처럼 살았다. 하지만 지명의 어원이 무엇인지는 명확하지 않다. 어쨌든 알렉산드리아의 등대(파로)는 지리적 명칭에서 온 것이고, 그리스의 유산으로 우리는 아직도 그 말을 쓰고 있다.

등대를 건설하기에 앞서 프톨레마이오스는 그리스인 기술자에게 파로스섬과 부두 사이 1킬로미터가 넘는 거리를 제방을 쌓아 연결하라고 명했다. 이로써 항구는 상인들의 배가 정박할 곳과 함대가 정박할 곳으로 나뉘었다. 그리고 그 중앙에 하얀색의 거대한 탑을 세웠다. 중세 시대에 그 탑을 본 아랍인들은 세 개의 구조(사각형, 팔각형, 원기둥)가 경사면으로 연결되어 있었다고 전한다. 120미터 높이의 꼭대기에는 낮에 햇빛을 반사하는 거울과 밤에 빛을 발하는 불꽃이 있었다고 한다. 고요한 어둠 속에서 노예들은 불을 꺼뜨리지 않기 위해 연료를 가지고 탑을 올랐을 것이다.

등대의 거울은 전설이 되었다. 당시 렌즈는 고도의 기술을 요했으며 세상과 시선을 변화시키는 놀라운 물체였다. 박물관의 과학자들 중에는 광학 전문가들도 있었으며 그들의 지휘에 따라 거대한 거울을 만들었다. 정확히 어떻게 제조되었는지는 알 수 없지만 수 세기 후 아랍인들의 말에 따르면 그 거울을 통해 알렉산드리아로 항해하는 배를 먼 거리에서도 감시할 수 있었다고 한다. 또 등대 꼭대기에서는 거울에 비친 콘스탄티노폴리스를 볼 수 있었다고 전해진다. 과장된 면이 있긴 하지만, 그런 증언들을 고려하면 이 등대에서 먼바다와 별을 관찰할 수 있는 망원경의 선례를 찾을 수도 있을 것이다.

파로스 등대는 고대의 7대 불가사의 중 하나다. 이 등대는 알렉산드리아가 되고자 했던 것을 상징한다. 바로 도시-등대, 즉 모든 좌표의 중심축, 세계의 중심, 모든 항해의 방향을 지휘하는 신호 말이다. 그리고 비록 10세기부터 14세기까지 연이어 발생한 지진으로 무너지긴 했지만, 분명 이 등대는 그 이후에 세워진 등대의 건축적 모델이 되었다.

어찌 보면 도서관도 등대와 같은 의미를 지녔다고 할 수 있으나 아쉽게도 우리의 상상력을 키워줄 글을 남겨준 작가는 없다. 남아 있는 자료에서도 공간에 대한 세부 사항, 방과 정원의 배치, 분위기 등에 관한 정보는 어두운 거울에 반사된 듯 부정확하다.

| **18** |

독서는 표정, 태도, 대상, 공간, 재료, 움직임, 빛의 변화를 포함한 일종의 제의적 행위다. 우리의 선조들이 어떻게 독서했는지 상상하려면, 독서라는 내밀한 의식에 진입하는 그 시대의 정황적 그물을 알아야 한다.

두루마리 책을 다루는 건 요즘 책의 페이지를 다루는 것과 다르다. 두루마리를 펼치면 종대로 왼쪽에서 오른쪽으로 쓰인 텍스트 뭉치들이 연이어 눈앞에 나타난다. 독자가 이를 읽어가면서 새로운 글을 보려면 오른손으로 두루마리를 펼쳐가고 왼손으로는 읽은 부분의 두루마리를 말아야 한다. 휴지기와 리듬을 요하는 느린 춤과 같다. 독서를 마치면 두루마리는 정반대로 말려 있게 되기 때문에 다음 독자를 위해 두루마리를 되감아둬야 한다. 그런 행위를 하며 독서에 열중하고 있는 사람을 재현한 도자기나 동상이나 부조가 있다. 서서 읽거나 앉아서 무릎에 책을 놓고 읽는 형상이다. 두 손이 바쁘다. 한 손으로는 두루마리를 펼칠 수 없기 때문이다. 그들이 글을 읽을 때 보이는 몸짓은 우리와 사뭇 다르다. 등을 살짝 구부리며 몸을 웅크린 채 독자는 잠시 자신의 세계를 벗어나 눈동자의 움직임에 따라 여행을 시작한다.

알렉산드리아 도서관은 그런 여행자를 무수히 받아들였으나 그들이 어떤 공간에서 독서를 했는지는 알 길이 없다. 남은 자료가 거의 없는 데다 그마저도 부정확하다. 그러니 어림짐작만 할 수 있을 따름이다. 결정적인 정보를 남긴 사람은 지금의 튀르키예에서 태어난 지리학자 스트라본(Strabon)이다. 그는 기원전 24년, 자신이 하던 역사 연구를 완성하기 위해 로마에서 알렉산드리아로 건너갔다. 그는 알렉산드리아로 진입하면서 등대, 제방, 항구, 바둑판 모양의 거리, 마리우트 호수, 나일강의 수로들을 보게 됐다. 그는 박물관이 거대한 궁전의 일부였다고 기록한다. 궁전은 수 세기에 걸쳐 확장됐다. 스트라본에 따르면 모든 왕들이 각자 새로운 건축물을 세우면서 궁전이 도시의 3분의 1을 차지하게 됐다고 한다. 그 드넓은 성채에서 스트라본은 분주한 소우주를 목격했다. 그는 이어서 박물관과 알렉산드로스의 묘를 묘사하기 시작한다. 하지만 도서관에 대한 기록은 없다.

스트라본에 따르면, "박물관은 아리스토텔레스학파의 리케이온(지붕이 덮여 있고 기둥으로 장식된 회랑), 좌석이 갖춰진 반원형의 노천 건축물, 현자들이 식사하던 대강당을 포함하고 있다. 그들은 공동생활을 한다. 사제가 있는데 그가 박물관장이다. 과거에는 군주가 관장을 임명했는데 이젠 아우구스투스가 임명한다."

이게 전부다.

도서관은 어디 있었을까? 도서관이 우리 눈앞에 있어도 알아보지 못할 수도 있다. 몇몇 전문가들은 스트라본이 도서관에서 연구를 했음에도 불구하고 도서관을 언급하지 않은 이유는 도서관이 독립적 건물이 아니었기 때문이라고 한다. 박물관의 커다란 회랑 벽을 따라 열려 있는 공간 전체가 도서관일 수도 있다. 그곳에 배치된 책장에 두루마리 책들이 놓여 있었을 수도 있다. 자주 찾지 않는 도서나 진귀한 도서는 별실에 관리했을 수도 있다.

이것이 그리스 도서관에 대한 가장 그럴듯한 가정이다. 도서관이 방이 아니라 책장으로 이뤄졌다는 가정 말이다. 독자를 위한 편의시설이 없으니, 수도원의 회랑과 아주 유사한 밝은 주랑 현관에서 연구했을 것이다. 만약 정말로 그랬다면 알렉산드리아 도서관의 독자들은 책을 집어 들고 반원형의 노천 건축물에 자리를 잡았을 것이다. 혹은 자기가 머무는 방에 가거나 조각상과 기둥 사이를 천천히 걸으며 독서를 즐겼을 것이다. 그리고 그런 식으로 발명과 기억의 길을 통행했을 것이다.

| **19** |

우리 시대에 가장 매혹적인 건축물은 연구를 위한 개방적 공간인 도서관이다. 한스 샤로운(Hans Scharoun)과 에트가어 비스니브스키(Edgar Wisniewski)가 설계한 베를린 주립도서관을 떠올려보자. 그곳에서 빔 벤데르스는 「베를린 천사의 시」의 한 장면을 찍었다. 카메라가 넓은 열람실을 지나 계단을 따라 올라간 뒤 공연장의 특별석처럼 튀어나온 곳에서 드넓은 내부를 내려다보는 장면이 있다. 평행하게 정렬된 책장 사이로 사람들이 책을 들고 서 있다. 또는 의자에 앉아 다양

한 표정을 지으며 책에 집중하고 있다(턱을 받치고 있는 사람, 주먹으로 얼굴을 받치고 있는 사람, 손가락 사이를 프로펠러처럼 돌고 있는 볼펜 등).

한 무리의 천사들이 1980년대 옷차림을 하고 아무도 모르게 도서관에 들어간다. 브루노 간츠는 넓고 짙은 외투에 목을 덮는 스웨터를 입고 머리를 뒤로 묶었다. 사람은 그들을 볼 수 없기에 천사들은 자유롭게 사람들에게 다가가서 옆에 앉기도 하고 어깨에 손을 올리기도 한다. 또 누군가 읽고 있는 책을 엿보기도 한다. 어느 학생의 볼펜을 만지기도 하고 그 작은 물체에서 나오는 모든 말의 미스터리를 가늠해보기도 한다. 그들은 언어에 빠져 있는 사람들의 시선과 얼굴을 흥미롭게 관찰한다. 그들은 사람들이 그 순간에 무엇을 느끼고 있는지, 왜 책이 그들을 몰입하게 하는지 알고자 한다.

천사들은 사람의 생각을 들을 수 있는 능력이 있다. 아무도 소리 내어 말하지 않지만 그들은 사람들이 속삭이는 말들을 포착한다. 독서는 내적 소통을, 고독의 울림을 만들어낸다. 천사들에게는 놀랍고도 초자연적인 기적 같은 일이다. 사람들의 머릿속에는 독서를 통해 읽은 문장들이 아카펠라나 기도처럼 울려 퍼진다.

영화의 이 장면처럼, 알렉산드리아 도서관은 중얼거리는 말로 가득했을 것이다. 고대에는 눈으로 문자를 인식하면 그 문자를 읽으며 텍스트의 리듬을 탔다. 발로는 메트로놈처럼 바닥을 두드렸다. 읽기는 듣기였다. 다른 방식으로 읽을 수 있다고 생각한 사람은 얼마 되지 않았다.

이 글을 읽고 있는 당신을 생각해보자. 지금 책을 펼쳐 손에 들고 있는 당신은 신비로운 행동을 하고 있다. 물론 습관이 돼서 스스로

하는 일에 놀라지 않을 것이다. 당신은 지금 당신을 둘러싸고 있는 세계로부터 독립적인 생각을 하고 있으며, 당신에게 의미가 있는 글의 흐름을 침묵 속에서 따라가고 있다. 당신은 어느 방에 있을 것이며, 그곳에서 보이지 않는 사람이, 다시 말해 오직 당신만 볼 수 있는 환영 (바로 내가 쓴 글이라는 환영)이 당신에게 말을 걸고 있다. 그곳에서 시간은 당신의 호기심 혹은 지루함에 달려 있다. 당신은 영화 장면과 유사한 현실을 창조하고 있다. 그 현실은 오직 당신에게 의존적인 현실이다. 당신은 언제든 이 문장에서 눈을 떼고 외부 세계로 들어가 활동할 수 있다. 그러나 그러기 전에는 당신이 선택한 현실의 가장자리에 머물게 된다. 이 모든 일에는 마술적 아우라가 있다.

독서가 늘 그렇지는 않았다. 사실 글이 생겨난 이후부터 중세 시대까지 독서는 자신이나 타인을 위해 큰 소리로 읽는 행위였다. 작가는 글을 쓰며 문장을 읽음으로써 음악성을 유지했다. 책은 지금처럼 머릿속으로 부르는 노래가 아니라 입술을 떼며 큰 소리로 울리는 멜로디였다. 독자는 성대를 울리는 해석자였다. 글로 쓰인 텍스트는 아주 기본적인 악보로 간주됐다. 그래서 글자는 연이어서 등장하며, 구분이나 마침표가 없었다.(글자를 이해하려면 발음을 해야 했다.) 책을 읽을 때는 증인이 있는 경우가 허다했다. 독서는 공개적으로 이뤄지는 경우가 많았고 사람들이 좋아하는 이야기는 입에서 입으로 전해졌다. 따라서 도서관의 주랑 현관이 조용했을 것이라고 생각하면 안 된다. 오히려 늘 책 읽는 소리가 들렸다. 아주 예외적인 경우가 아니면, 고대의 독자들은 텍스트의 환영이나 사상을 마음대로 읽거나, 원할 때면 아무 때고 사색을 위해 멈추거나, 취사 선별하거나, 자기의 세계를 창조

72

하는 자유를 지금만큼 누리지 못했다. 우리가 누리고 있는 이 개인적 자유, 즉 독립적 사유에 대한 정복은 시간이 지나면서 조금씩 성취된 것이다.

아마도 그렇기에 우리처럼 읽게 된 초기 사람들, 다시 말해 침묵 속에서 작가와 말 없는 대화를 하게 된 사람들은 놀라움을 금치 못했을 것이다. 4세기에 아우구스티누스는 암브로시우스 주교가 이런 방식으로 글을 읽는 걸 보고 호기심을 느꼈으며 이 사실을 『고백록』에 기록했다. 누군가 자기 앞에서 그런 행동을 하는 걸 처음 봤다고 한다. 그는 주교가 보통 사람이 아니라고 느꼈다. 이렇게 기록하고 있다. "책을 읽는 그의 눈이 페이지를 훑어가며 글을 이해해갔다. 하지만 입은 꾹 다물고 있었다." 아우구스티누스는 주교가 물리적으로 가까이 있으면서도 실은 자기 옆에 없다는 사실을 깨달았다. 그에게 주교는 다른 세계로 달아나 있으며 움직이지도 않은 채 찾을 수 없는 곳을 여행하고 있는 것으로 보였다. 그 장면은 당황스러웠으며 동시에 그를 매료시켰다.

따라서 당신은 아주 특별한 독자로서 혁신자들의 혈통을 물려받은 것이다. 침묵 속에서 이루어지는, 당신과 나의 자유롭고 비밀스러운 대화는 엄청난 발명품이다.

| 20 |

프톨레마이오스는 죽으면서 불확실성을 해결해뒀으며 이로써 그 후손이 10대에 이르렀다. 그리하여 그가 이룩한 가문은 로마가 이집

트를 병합하기 전까지 거의 300년 동안 유지됐다. 그 가문의 열네 명의 왕은 모두 프톨레마이오스로 불렸으며 고대 작가들이 그들을 하나씩 구분하는 경우는 드물었다. 왕조는 300년을 유지하면서 흡혈귀 같은 단일 권력의 환영을 유지하고 있었다.

도서관과 박물관의 황금시대는 첫 번째에서 네 번째 프톨레마이오스의 통치 기간에 해당한다. 그들은 궁정의 싸움과 음모 속에서도 현자들의 지식을 즐겼다. 프톨레마이오스 1세는 자신이 경험한 모험을 역사에 기록하고자 알렉산드로스의 정복에 대한 연대기를 썼다. 프톨레마이오스 2세는 동물학에 지대한 관심을 보였다. 프톨레마이오스 3세는 문학에 조예가 깊었고 프톨레마이오스 4세는 극작가로도 활동했다. 그 이후로 학문에 대한 열정이 조금씩 사그라지면서 알렉산드리아는 균열을 보이기 시작했다. 프톨레마이오스 10세 때는 경제적 어려움에 봉착했다. 군인들에게 급여를 주려고 알렉산드로스의 황금 관을 석고나 돌로 된 관으로 바꿔야 했다. 그는 황금을 녹여 금화를 만듦으로써 경제적 위기에서 탈출했다. 그러나 알렉산드리아 사람들은 신성모독적 행위를 용서하지 않았다. 그 한 줌의 금화 때문에 그는 머잖아 망명 중에 살해되고 만다.

호시절은 수십 년 동안 이어졌고 책은 계속해서 알렉산드리아로 유입되고 있었다. 프톨레마이오스 3세는 궁전 밖에 있던 세라피스 신전에 두 번째 도서관인 세라페움(Serapeum)을 세웠다. 알렉산드리아 도서관이 학자들을 위한 것이었다면 두 번째 도서관은 모두를 위한 것이었다. 그곳이 파괴되기 직전에 그곳을 다녀온 한 수사학자는 이렇게 말했다. "세라페움의 책들은 모든 도시민이 사유할 수 있는 조건을 만들어줬다." 아마도 이 두 번째 도서관이 부유한 자, 가난한 자, 엘리트, 불우한 자, 자유인, 노예를 가리지 않고 모두에게 개방된 최초의 공공도서관일 것이다.

두 번째 도서관은 알렉산드리아 도서관의 사본으로 채워졌다. 박물관에는 각지에서 도착한 두루마리 책들이 유입됐고 현자들은 그것들을 연구하고 비교하고 수정함으로써 최종판을 만들었다. 이 최종판의 사본은 두 번째 도서관에 비치되었다.

세라페움은 도시와 바다가 내려다보이는 둔덕 위에 세워진 작은 아크로폴리스였다. 기념비적인 계단을 따라가면 금세 정상에 오를 수 있었다. 지붕이 덮인 긴 회랑이 둘러싸고 있었고 그 회랑을 따라 대중에게 개방된 작은 방들이 있었다. 책은 그곳에 있었다. 첫 번째 도서관이 그렇듯 독립적인 건물이 아니었다.

비잔틴 시인인 트제트제스(Ioannes Tzetzes)에 따르면 세라페움에는 4만 2800권의 두루마리 책이 있었다고 한다. 두 도서관에 소장된 책이 얼마나 되는지 알 수 있다면 좋으련만, 그건 역사가들과 연구자들의 숙제가 돼버렸다. 당시에 세상의 책이 몇 권이나 됐을까? 고대 작가들의 말을 신뢰하기는 어려울 것 같다. 작가마다 그 양이 너무나도 차이 나기 때문이다. 오늘날 정부가 계산한 시위 참가자 수와 조직위원회가 계산한 참가 수에 차이가 나듯이 말이다. 어쨌든 그 수치를 잠깐 살펴보자. 에피파네스(Epiphanes)는 알렉산드리아 도서관에 5만 4800개의 두루마리가 있었다고 하고, 아리스테아스는 20만 권, 트제트제스는 49만 권, 아울루스 겔리우스(Aulus Gellius)와 암미아누스 마르켈리누스(Ammianus Marcellinus)는 70만 권이라고 한다.

한 가지 확실한 건 계산의 단위가 두루마리라는 것이다. 이 계산법에는 문제가 있을 수밖에 없다. 동일한 제목의 책들도 있을 것이고 대부분의 작품이 여러 개의 두루마리를 차지하고 있었을 것이기 때문이다. 또 두루마리 책의 양도 계속 바뀌었을 것이다. 새로 입수된 책도 있고 화재나 사고나 분실로 없어진 책도 있었을 테니 말이다.

고대 도서관은 목록을 활용하지도, 기술적 도움을 받지도 못했기 때문에 그 수량을 정확히 알 수 없다. 혹은 수량에 대해 그다지 신경 쓰지 않았을 수도 있다. 어쩌면 오늘날까지 알려진 수량은 알렉산드리아 도서관에 대한 환각이 투영된 결과일지도 모른다. 어쨌거나 세상의 모든 책을 모으려는 꿈같은 욕망은 전설이 되었다.

불과 통로의 역사

| **21** |

나는 수백만 권의 책이 있는 도시에서 내 삶의 가장 기묘한 시기를 보냈다. 도서관에서 영감을 얻은 것 같은 그 도시는 과거에 존재하는 것 같았다.

옥스퍼드에서의 첫날이 기억난다. 나는 연구장학금을 받고 있다는 데 자긍심을 느끼며 신분증을 준비해 보들리언 도서관에 들어가 몇 시간 동안 책을 살펴보는 즐거움을 만끽하고 싶었다. 그런데 현관에서 직원이 나를 막아서더니, 내 설명을 듣고는 별도의 사무실로 데려갔다. 마치 내 태도가 의심스럽다는 것처럼, 나의 불명확한 의도가 관광객과 학생들에게 폐가 될 수도 있다는 것처럼 말이다. 나는 한 대머리 남자와 책상을 사이에 두고 앉았다. 그는 눈도 마주치지 않은 채 정중하게 질문했고 나는 그가 요구한 서류를 보여주며 최대한 살갑게 대답했다. 긴 침묵의 시간이 흘렀고, 그 사이 그는 데이터베이스에 내 정보를 입력한 뒤 나에게 선서를 해야 한다고 말했다. 그러면서 여러 언어로 작성된 작은 카드를 나에게 건네면서 그 내용을 읽으라고 했다. 나는 그렇게 했다. 규정을 준수하겠다고 선서했다. 책을 훔치지도 손상하지도 훼손하지도 않겠다는 선서였다. 도서관에서 불을 사용하거나 화재를 유발하여 책들이 불꽃 속에서 재가 되는 것을 악마처럼 구경하지도 않겠다고 말이다. 미국행 비행기를 타면 입국신고서에서 대통령을 습격하지 않기로 약속하겠느냐고 물어보듯이, 경계 지대에선 늘 이런 일을 겪게 마련이다.

선서만으로는 부족했다. 가방에 든 내용물을 검사받아야 했고 금속탐지 장치를 지나야 했다. 그러는 사이 도난을 방지하기 위해 책을 책장이나 책상에 연결해뒀던 중세 시대 도서관이 떠올랐다. 그리고 나는 도둑에 맞서기 위해 도서관에 붙여놓은 저주의 말들을 상기했다. 알베르토 망겔(Alberto Manguel)의 『독서의 역사』에 보면, 바르셀로나의 산페드로데라스푸에야스 수도원 도서관에 다음과 같은 위협적인 말이 있다고 한다. "책을 훔치는 자, 또는 책을 빌렸다가 주인에게 돌려주지 않는 자, 독사가 손을 물어뜯을 것이다. 그리하여 온몸이 마비될 것이다. 고통에 넋을 잃고 자비를 청하며 절규할 것이며 죽는 순간까지 고통에서 벗어나지 못할 것이다. 책벌레가 내장을 갉아먹을 것이며 끝없이 후회할 것이다. 그리하여 마침내 영원히 벌 받으며 지옥의 불길이 영원토록 집어삼킬 것이다."

그렇게 나는 첫날 출입증을 받았다. 하지만 나중에 알고 보니 가장 낮은 수준의 출입증이었다. 들어갈 수는 있었지만 일정한 시간과 장소에만 출입할 수 있었다. 책과 잡지를 볼 수는 있었지만 대출은 어려웠다. 나는 학문적 삶에 온전히 참여하지 못하고 구경만 할 수 있었다. 머잖아 나는 영국 작가 루이스 캐럴이 옥스퍼드에서 26년간 강의

했다는 사실을 알아냈다. 그제야 내가 엄청난 착각을 했다는 걸 알았다. 『이상한 나라의 앨리스』는 그야말로 사실주의 작품이었다. 사실 그 작품은 내가 도착한 이후 몇 주간의 경험을 온전히 묘사하고 있었다. 매혹적인 곳은 닫힌 문틈으로 구경할 수 있었고 그곳에 들어가려면 마술적인 약이 필요했다. 내 머리는 천정에 부딪혔다. 집이 비좁아서 팔을 창밖으로, 발을 굴뚝 밖으로 내밀고 싶었다. 터널들, 간판들, 광인들의 간식, 파악하기 어려운 논리의 대화들. 그리고 뭔지 모를 예의범절에 몰두하는 시대착오적 인물들까지.

또 옥스퍼드에서는 관계(우정, 협동과정이나 표절, 봉건적 예속, 성적 관계 등)가 주기적이며 그 리듬이 학사력에 맞춰져 있다는 것도 알게 됐다. 나는 학기 중간에 입학하는 실수를 범했다. 학생들은 이미 적응을 마치고 필요한 것을 해결한 상태였다. 내가 머물던 칼뱅주의적 집도 맘에 들지 않았다. 옥스퍼드라는 도시가 그렇듯 내가 사는 집의 규칙도 달갑지 않았다. 수도원 같은 귀가 시간도 그랬다. 오후 7시가 되면 공동으로 사용하는 부엌은 그지없이 처량했다. 그곳엔 여덟 개의 냉장고가 줄지어 있었고 그중 하나엔 책등에 있는 분류기호처럼 내 방 번호가 붙어 있었다. 심지어 달걀을 넣는 용기도 공평하게 나뉘어 있었다. 타인의 영역을 침범하거나 타인의 음식을 먹지 못하도록 모든 것이 제자리에 배치되어 있었다. 나는 저녁을 먹으러 내려가고, 공동으로 쓰는 쓰레기통에 쓰레기를 버리고, 양탄자가 깔린 작은 방으로 돌아왔다.

나는 얘기를 나누고 싶어서 말을 구걸하기 시작했다. 첫 번째 장소는 내가 주로 머물던 새클러 도서관이었다. 나는 그곳의 유쾌하고 (술 때문에) 얼굴이 빨개진 경비원이 믿을 만하다고 생각했다. 또 애슈몰린 박물관 경비원의 회의주의적인 눈에 이끌려 말을 걸기도 했다. 그들에게 도시의 비밀이나 도서관의 숨겨진 속사정이나 주변의 수많은 미스터리에 관해 물었다. 그렇게 해서 나는 흥미로운 이야기를 들을 수 있게 되었다.

나는 책을 빌리는 신비로운 절차를 설명해달라고 했다. 도서관 사서들이 내 요청서를 받으면 하루 이틀 뒤, 정확히 한 시간 동안 책을 읽을 수 있는 독서실을 배정해준다. 만약에 주말이 끼어 있다면 삼사 일은 기다려야 할 수도 있었다. "그런데 책은 어디에 있죠?" 내가 물었다. 그랬더니 그들은 도시 속의 도시를 얘기해줬다.

보들리언 도서관 사서들은 매일 1000권의 새로운 책을 받는다고 한다. 그들은 그날 그 책들을 정리해야 한다. 내일이면 무자비한 1000권의 책이 또 오기 때문이다. 그렇게 매년 약 10만 권의 책과 20만 권의 잡지가 입고된다. 다시 말해 매년 3킬로미터의 책장이 늘어난다. 그리고 규정상 단 한 쪽도 없어져선 안 됐다. 20세기 초, 도서관은 밀려드는 책에 포화 상태가 됐다. 당시에는 지하에 책 보관소를 짓기 시작했으며 도시 아래로 책을 운반할 수 있는 터널을 뚫었다. 냉전 시대, 핵 공격에 대비한 은신처가 유행할 때 그 지하의 미로는 신화처럼 여겨졌다고 한다. 하지만 엄청난 양의 책으로 지하실이 들어차고 하수 시설의 위협을 받는 상태가 됐다. 그렇게 되자 책을 도시 밖의 다른 곳으로 보내기 시작했다. 버려진 광산이나 산업용 창고로 말이다. 그래서 운송을 담당하는 사서도 있다고 한다. 물론 형광색 옷을 입은 중장비 기사처럼 보이지만 말이다.

그런 종류의 대화로 옥스퍼드와 화해할 수 있었다. 혼자서 산책할 때면 내 발밑으로 책이 옮겨지는 소리가 들리는 듯했다. 습하고 비밀스러운 터널 속에 있는 책들이 어린 시절 보던 「프래글 록」에 나오는 인형이나 영화 「언더그라운드」의 인물처럼 느껴지기도 했다. 나는 긴장과 경계를 풀었다. 옥스퍼드의 유별남에는 이유가 있음을 받아들였다. 나는 외지인이라는 주변부적 위치에서 편안하고 자유로워졌다. 그리고 적응하기 힘든 것들에 인내심을 갖고 적응해갔다.

매일 아침 안개 속에서 길을 걸을 때면 하늘을 나는 양탄자처럼 도시 전체가 책의 바다 위에 떠 있는 것 같은 느낌이었다.

| 22 |

어느 비 오는 날 아침, 친해진 경비원이 자기가 일하는 애슈몰린 박물관이 근대적 의미에서의 첫 공공박물관일 거라고 설명해줬다. 그 얘기를 더 듣고 싶었다. 나는 뭔가가 시작된 장소가 좋다. 최초의 일이 벌어진 곳 말이다.

아주 단순한 사건이어서 당시에는 중요하게 생각하지 않았을 수도 있다. 1677년 일라이어스 애슈몰이 자신의 소장품(고대 시대 동전, 조판, 지질학적 샘플, 박제된 동물 등)을 옥스퍼드시에 헌납했다. 이로써 그의 소장품은 그의 자손들이 물려받을 수 있는 개인 소유가 아니라 학생들과 모든 이의 것이 되었다.

보수적 사회였던 당시에는 그런 혁신적 행위가 훌륭한 평판을 얻기 어려웠기에, 이는 복원된 전통으로 위장됐다. 과거의 영광을 되살리고자 하는 욕망은 전례가 없던 애쉬몰의 공적 기증을 '박물관'으로 이름했다. 알렉산드리아와 옥스퍼드 사이에 상상의 축을 생성하는 행위였다. 도서관은 이미 있었다. 그러니 그에 걸맞은 박물관이 필요했다. 과거를 복원하기 위해 그들은 뭔가 다른 것을, 즉 오래된 개념과 현대적인 야심의 혼합물을 창조했다. 그리하여 유럽에서는 알렉산드리아 도서관을 모델로 한 현자들의 공동체가 아니라 전시의 공간으로서 박물관이라는 개념이 자리 잡게 된다.

1759년 대영박물관이 개장했다. 프랑스에서는 1793년 국민의회가 루브르궁을 몰수하여 박물관을 만들었다. 그건 아주 급진적인 사건이었다. 혁명 국민의회는 '과거'가 상류층의 소유라는 생각을 없애고자 했다. 과거는 더 이상 귀족들의 전유물이 아니었다. 프랑스 혁명은 특권계급으로부터 역사를 탈취했다. 그리하여 19세기 말 유럽에서는 오래된 물건, 거장들의 그림, 도서의 초판본이나 육필 원고 전시를 보러 가는 게 유행이 되기에 이르렀다. 이 유행은 대서양을 건너 미국으로 이어졌다. 1870년 일군의 사업가들이 뉴욕에 메트로폴리탄 미술관을 개관했다. 뉴욕 현대미술관은 최초의 사립 현대미술관이 되었다. 미국의 사업가 솔로몬 R. 구겐하임과 그의 후손들은 재단을 설립하여 현대미술을 지원하는 일을 지속하고 있으며 오늘날 관광과 부동산 사업을 유지하고 있다. 알렉산드리아의 유산은 일라이어스 애쉬몰의 기발한 결정으로 강력한 그물망을 형성하게 됐다. 박물관은 '21세기의 성당'이라 불린다.

여기에는 매혹적인 역설이 숨어 있다. 우리 모두가 과거를 사랑할 수 있게 되었다는 건 참으로 혁명적인 일이라는 것이다.

메소포타미아, 시리아, 소아시아, 페르시아 같은 근동의 가장 오래된 도서관에도 도둑이나 책을 훼손하는 자를 저주하는 말이 있다.

"태블릿을 훔치거나 우격다짐으로 가져가거나 노예를 시켜 도둑질하는 자는 샤마쉬가 눈을 뽑고 나부와 니사바가 귀를 멀게 할 것이며 나부가 육신을 물로 만들어버릴 것이다."

"태블릿을 훼손하거나 물에 넣거나 볼 수 없게 지우는 자는 천상과 지상의 신들과 여신들의 무자비한 저주를 받을 것이며 이름과 가문이 이 땅에서 사라질 것이고 육신은 개의 먹이가 될 것이다."

이 소름 끼치는 경고를 읽는 것만으로도 책이 얼마나 중요했는지 짐작할 수 있을 것이다. 당시에는 책이 상업적으로 유통되지 않았기에 책을 얻으려면 직접 사본을 만들어야 했다. 전문적인 필사가가 존재했던 이유이기도 하다. 그게 아니라면 적을 괴멸하고 전쟁의 전리품으로 책을 취해야 했다.

5000년 전에 발명된 책이 사실상 현재의 책의 선조다. 점토로 된 태블릿 말이다. 메소포타미아의 강 연안에는 파피루스가 없었으며 돌과 나무와 가죽에 비해 점토는 풍부했다. 그래서 수메르인들은 흙에 글을 쓰기 시작했다. 그들은 약 20센티미터 길이의 사각형 점토 반죽에 글을 썼는데 오늘날의 우리가 쓰는 태블릿과 비슷한 크기였다. 그리고 부드러운 점토에 조각하듯이 글을 쓰는 기술을 발전시켰다. 물은 점토 위에 쓰인 글자를 지워버렸지만 불은 도자기를 만드는 가마와 같은 효과를 낳으며 태블릿을 오래 유지해주었다. 고고학자들이 발견한 대부분의 태블릿들이 화재의 불길 덕에 보존된 것들이다. 그렇게 책은 생존의 역사를 숨기고 있다. 메소포타미아와 미케네의 화재, 이집트의 쓰레기장, 베수비오산의 화산 폭발 등, 드물긴 하지만 파괴적 힘이 책을 구한 경우도 있다.

초기 도서관들은 벽에 책장을 기대어 두고 태블릿을 세로로 보관한 작은 공간이었다. 실제로 고대 근동 지역 전문가들은 그곳을 '문서보관소'로 부른다. 그곳엔 송장, 인도 통지서, 영수증, 재고 목록, 결혼증명서, 이혼 합의서, 판결문, 법규 등이 보관되어 있었다. 그리고 아주 낮은 비율로 시와 종교적 찬송가가 포함되기도 했다. 지금의 튀르키예에 해당하는 히타이트 제국의 수도 하투샤의 궁전을 발굴할 때 다양한 종류의 표본들이 나왔는데 발기부전 환자를 위해 암송하는 기도문이 발견되기도 했다.

고대 메소포타미아 남부의 도시인 니푸르에서도 그랬듯이, 하투사스의 도서관에선 장서 목록이 적힌 태블릿이 발견됐다. 아직 제목을 붙이던 때가 아니었기 때문에 각 태블릿에 첫 줄과 간략한 내용이 적혀 있었다. 책이 산발적으로 흩어지는 걸 막으려고 각 태블릿에는 번호를 달아뒀다. 저자가 있거나 부수적인 내용이 적힌 것도 있었다. 이로 미루어볼 때 기원전 13세기에 도서관이 성장하기 시작했으며, 독자들이 태블릿이 정리된 책장을 한눈에 알아볼 수 없을 정도로 책이 많았음을 알 수 있다. 또 보관 중이던 책의 분류 단위에 대한 의식이 있었다는 의미이기도 하다. 장서 목록은 단순 부속물이 아니라 도서관의 개념이자 연결점이며 정점이다.

근동의 도서관은 대중에 개방되지 않았다. 배움을 위해 텍스트를 필요로 하는 소수의 엘리트를 위한 것이었으며 왕들의 특권이었다. 기원전 12세기 고대 아시리아의 마지막 왕인 아슈르바니팔은 프톨레마이오스보다 앞서 책을 수집했다. 그는 자신의 '명상과 독서'를 위해 아슈르바니팔 도서관을 세웠다. 그는 특별한 재능을 지녔으며 글재주가 뛰어났다. 그는 이렇게 썼다. "나의 선임 왕들 중에 배우려는 사람은 없었다." 고고학자들은 그의 도서관에서 약 3만 개의 태블릿을 발굴했다. 예언, 종교, 마술, 근동에서 가장 유명한 문학 작품 등이 뒤섞여 발굴됐다. 그중 5000개만이 문학과 관련된 내용이었다.

아슈르바니팔 왕의 도서관은 알렉산드리아 도서관과 가장 가까운 선례이지만, 알렉산드리아 도서관의 보편성을 지니고 있지는 않았다. 그곳은 제의와 의례를 위해 쓰이는 문서와 자료를 모아둔 곳이었다. 문학 작품들도 실용적인 목적에서 비치됐는데, 아슈르바니팔이 자기 민족의 토대가 되는 신화들을 알고자 했기 때문이다. 어쨌거나 근동의 도서관은 예외 없이 사라졌으며 기억에서 잊히고 말았다. 그곳의 책은 무너진 도시와 함께 사막의 모래 속에 묻혔다. 발굴된 글은 해독이 불가능했다. 여행자들이 아케메네스 제국의 무너진 도시에서 발견한 쐐기문자는 창이나 문에 달던 단순한 장식으로 치부되었다. 수 세기가 지나서야 연구자들이 그 흔적들을 발굴하여 잃어버린 언어를 해독하기 시작했다.

반면에 아테네, 알렉산드리아, 로마의 책들은 결코 잊히지 않았다. 그 책들은 수 세기에 걸쳐 신화, 전설, 철학, 과학, 법학에 관한 대화를 유지해오고 있다. 우리는 부지불식간에 그 대화에 참여하고 있는지도 모른다.

2부

이집트에도 알렉산드리아 도서관의 선조가 있었으나 명확하게 남아 있지는 않다. 파라오가 지배하던 시기에는 개별 도서관이나 사원에 귀속된 도서관이 있었다고 하는데, 그에 관한 정보는 빈약하다. 자료에 따르면 행정적 자료를 보관하는 장소도 있었고 종교적인 텍스트를 보관하면서 사본을 만들고 해석한 곳도 있었다. 이집트의 도서관을 다룬 더 정확한 자료는 그리스 여행자 아브데라의 헤카타이오스의 기록인데, 그는 프톨레마이오스 1세 시대에 테베에 있는 아문의 사원을 방문했다. 그는 미로 같은 방들, 정원, 복도, 여러 개의 방을 돌던 이국적인 경험을 묘사했다. 지붕이 있는 회랑에서 성스러운 도서관을 마주쳤는데, 거기에는 '영혼을 돌보는 곳'이라고 쓰여 있었다. 도서관을 영혼을 치유하는 곳이라고 밝힌 아름다운 문구를 제외하고는 이집트의 도서관에 관한 내용은 거의 찾아볼 수가 없다.

쐐기문자와 마찬가지로 상형문자는 1000년이 넘도록 망각된 글자였다. 무슨 일이 있었던 걸까? 어떻게 그 기나긴 과거는 이해할 수 없는 그림으로 전락하고 말았을까? 사실 이집트에서는 왕족을 비롯한 소수의 권력자와 서기 등 극소수만 글을 읽고 쓸 수 있었다. 고대에 서기가 되려면 수백, 수천 가지의 기호를 사용할 줄 알아야 했다. 배움의 속도는 더뎠고 일부 부유층에게만 허락되었으며 오늘날의 MBA처럼 독점적 교육기관에서 행해졌다. 그렇게 키워진 율법학자들 중에서 왕국의 행정가와 사제가 선출되었고 나중엔 그들이 왕좌를 두고 싸웠으며 자신의 가치 기준과 결정을 주입하려고 했다. 먼 옛날 이집트의 텍스트이지만 이상하게도 친숙한 다음 사례를 보자. 부유한 두아헤티는 서기 교육에 비싼 학비를 내고 있다며 아들인 페피에게 이렇게 훈계한다. "책을 열심히 읽어라. 일하고 있는 대장장이를 봤는데, 그의 손이 악어의 발과 같더구나. 이발사는 오후 늦게까지 면도를 하면서 면도할 사람을 찾아 거리를 헤매고 있었다. …… 갈대를 자르는 자는 삼각주에 들어가 모기에 물어뜯기고 파리에 죽어가면서 제 팔의 힘을 초과하는 노동을 하고 있었다. …… 감독관으로부터 자유로운 직업은 서기밖에 없다. 서기가 바로 감독관이다. 네가 글을 쓸 줄안다면 내가 언급한 직업 중에 최고의 직업을 갖게 될 것이다. 그러니 품위 있는 사람이 되어라."

페피가 아버지의 충고를 진중히 받아들여 이집트의 엘리트 사회에 진입하기 위해 열심히 공부했는지는 알 길이 없다. 그가 주먹이 세기로 유명한 스승들의 가르침을 견뎌냈다면 특권적인 서기의 자리에 올랐을 것이다. 그랬다면 그는 다양한 붓, 팔레트, 안료 통, 안료를 섞을 수 있는 거북의 등껍질을 갖추고 다리 위에 작은 판자를 놓고(당시에는 책상을 쓰지 않았다.) 그 위에 파피루스를 올리고 글을 썼을 것이다.

한편 이집트 문명이 무너지던 시기의 마지막 서기들에 대한 이야기는 전해오고 있다. 서기 380년 로마 황제 테오도시우스 1세의 칙령으로 기독교가 제국의 종교가 되면서 로마 제국 내의 이교도가 금지되었다. 그리하여 고대 신들의 사원은 문을 닫았다. 하지만 나일강과 이집트의 남쪽에 있는 필라이섬에 있는 사원은 예외였다. 복잡한 문자의 비밀을 알고 있는 일군의 사제들이 그곳으로 피신했다. 하지만 지식을 전파하는 건 금지되어 있었다. 그들 중 하나였던 에스메트아

홈(Esmet-Akhom)은 한 번도 쓰인 적 없는 상형문자를 사원의 벽에 남겨뒀는데, 마지막 말이 "영원히 영원토록"이다. 몇 년 뒤 유스티니아누스 1세가 군대를 보냈다. 사제들은 저항했지만 사원은 결국 폐쇄됐다. 이집트는 1000년 전부터 함께하던 그들의 오랜 신들을 땅에 묻어야 했다. 신들과 더불어 그들의 유구한 문화와 언어도 묻히고 말았다. 한 세대 만에 모든 것이 사라졌다. 그리고 그 언어의 열쇠를 재발견하기까지는 14세기가 걸렸다.

19세기 초에 이르러서야 이집트의 상형문자 해독이 시작됐다. 유럽의 뛰어난 동양학자들은 서로를 견제하며 잃어버린 언어를 복원하는 데 도전했다. 흥분과 서스펜스의 시기이자 영광에 대한 질투와 목마름의 시기였다. 그 경쟁은 1799년 7월, 알렉산드리아에서 48킬로미터 떨어진 곳에서 시작됐다. 그전 해인 1798년, 알렉산드로스의 길을 꿈꾸던 나폴레옹은 영국군에 맞서기 위해 이집트 사막으로 군대를 이끌고 갔다. 원정은 실패했지만, 이는 유럽인들이 고대 이집트를 사랑하게 된 계기가 되었다. 프랑스인들이 로제타라고 부르는 알 라시드 항구 근처에서 성채를 건설하던 한 군인이 비문이 적힌 석비를 발견했다. 땅에 박힌 돌에 삽이 부딪쳤을 때 그 군인은 아마 욕설을 내뱉었으리라. 굉장한 것을 발견했다고는 생각지도 못했을 것이다. 그런데 그것이 바로 훗날 로제타석으로 알려진 석비였다.

이 기념비적인 석비는 고대 이집트 석비로, 프톨레마이오스 5세가 법령을 세 가지 언어(신성문자, 민중문자, 고대 그리스어)로 번역하여 새기라고 명한 것이었다. 오늘날 우리가 자치 법령을 세 개의 공용어[저자가 살고 있는 사라고사가 속한 아라곤주(州)는 카스티야어, 아라곤어, 카탈루냐어를 공용어로 하고 있다.─옮긴이)로 출판하듯이 말이다. 로제타에 근무하던 공병 장교는 그것이 대단한 발견이라는 것을 알고 760킬로그램에 달하는 석비를 카이로의 이집트 연구소로 옮겼다. 프랑스 원정군과 함께한 학자들이 세운 연구소였다. 그들은 탁본을 떠서 연구자들에게 배포했다. 석비는 넬슨 제독이 나폴레옹 군을 이집트에서 몰아낸 뒤 대영박물관으로 옮겨졌다.

그때가 1802년이었다. 그때부터 학자들의 경쟁이 시작됐다.

미지의 언어를 해독하려는 사람은 언어의 혼돈 상태에 빠지게 된다. 의미를 이해할 수 있는 길잡이도 없는 상태에서 수수께끼 같은 문장을 다뤄야 한다면 해독은 거의 불가능하다. 하지만 알고 있는 언어로 번역되어 있다면 길을 잃지 않는다. 미개척 영토의 지도를 손에 쥐고 있는 셈이니 말이다. 언어학자들은 로제타석의 그리스어가 고대 이집트의 잃어버린 언어를 이해할 수 있게 해줄 것으로 직관했다. 그리고 해독의 모험은 암호 해독법에 대한 관심을 불러일으켰다. 19세기 말에서 20세기 초에 발표된 에드거 앨런 포의 단편 「황금 벌레」와 코넌 도일의 「춤추는 사람 그림」이 그런 상상력의 영향을 받은 작품들이다.

19세기 초, 언어학자들은 석비가 온전한 상태가 아니었기 때문에 이집트 문자의 수수께끼를 해독하는 데 어려움을 겪었다. 석비의 첫 부분인 신성문자의 일부와 그리스어의 마지막 부분이 깨져 있었기 때문에, 두 언어의 완전한 번역은 거의 불가능해 보였다. 하지만 1820년대 들어 마케도니아 왕들의 이름이 열쇠가 되면서 번역이 이뤄지기 시작했다. 신성문자에는 전문가들이 '카르투슈'라고 부르는 둥근 테두리가 있는 단어들이 있었는데, 그것이 파라오의 이름이라는 것을 추측해낸 것이 첫걸음이었다. 영국의 토머스 영(Thomas Young)은 프톨레마이오스의 이름을 해독했고 프랑스의 장프랑수아 샹폴리옹(Jean-François Champollion)은 클레오파트라의 이름을 밝혀냈다. 이에 힘입어 샹폴리옹은 자신이 알고 있던 콥트어와 수수께끼 같은 이집트어 사이의 유사성을 발견했다. 샹폴리옹은 이를 토대로 번역을 진행하면서 신성문자 사전과 이집트어 문법을 정리했으나, 얼마 후 가난과 추위와 지나친 연구로 마흔한 살의 나이에 죽고 말았다.

프톨레마이오스의 이름은 자물쇠를 푸는 열쇠였다. 그렇게 수 세기에 걸쳐 비밀에 싸여 있던 파피루스와 이집트의 석비가 다시금 말하기 시작했다.

인류의 언어가 사라지는 걸 막기 위해 로제타 프로젝트가 진행되고 있다. 로제타 프로젝트에 참여하고 있는 언어학자, 고고학자, 공학자 들은 샌프란시스코에 본부를 두고 니켈을 주원료로 삼은 디스크를 통해 한 가지 언어를 1000개의 언어로 번역할 수 있는 장치를 고안해냈다. 그 1000가지 언어 중에 한 언어를 기억하고 있는 마지막 사람이 죽는다고 하더라도 번역을 통해 잃어버린 소리와 의미를 파악할 수 있게 됐다. 이 디스크는 일종의 보편적 로제타석이며, 되돌릴 수 없는 언어의 망각에 대한 저항이다.

책의 피부

| **25** |

인쇄술이 발명되기 전에는 모든 책이 유일본이었다. 사본을 만들려면 문자를 하나씩 그대로 옮겨 쓰는 인고의 작업을 해야 했다. 사본이 있는 책들은 아주 극소수였으며 특정 텍스트가 완전히 사라질 수도 있다는 건 실제적인 위협이었다. 고대에는 하나밖에 없는 판본이 언제든 벌레나 습기에 파괴될 수 있었다. 습기와 벌레가 책을 파먹으면 하나의 목소리가 영원히 사라졌다.

실제로 그런 일이 부지기수로 발생했다. 당시에는 책이 쉽게 파손됐다. 모든 책이 보존되기보다는 손상될 확률이 높았다. 보존 기간은 우연과 사고와 책에 대한 소유자의 애정과 책의 재료가 무엇인지에 달려 있었다. 책은 쉽게 부서지는 재료로 만들어졌다. 책의 발명은 책의 물질적 측면(내구성, 가격, 저항성, 무게)을 개선하기 위한 시간과의 전투의 역사다. 책이 개선될수록 언어의 생명에 대한 기대 수명은 길어졌다.

돌은 영구적이었다. 우리가 현판이나 비석에 글을 새기듯 고대인들도 돌에 글자를 새겼다. 그러나 메타포적 책만이 돌에 새겨질 수 있었다. 거의 800킬로그램에 달하는 로제타석은 기념비이지 소지품이 아니다. 책은 이동이 가능해야 하며 쓰고 읽는 사람과 인접성을 지녀야 하고 가방에 넣을 수 있어야 한다.

책에 가장 가까운 선례는 태블릿이었다. 앞서 메소포타미아의 점토로 만든 책을 언급했는데, 현재의 시리아, 이라크, 이란, 요르단, 레바논, 이스라엘, 튀르키예, 크레타, 그리스에 해당하는 지역에서 점토판을 서력기원 초까지 사용했다. 점토판은 햇빛에 말리면 벽돌처럼 단단해졌다. 표면이 젖으면 글자를 지우고 다시 쓸 수도 있었다. 점토판을 굽는 경우는 드물었다. 구운 뒤에는 새로 글을 쓸 수 없었기 때문이었다. 점토판은 습기를 피하기 위해 나무로 만든 책장이나 버드나무로 만든 바구니나 항아리에 넣어 보관했다. 가격이 싸고 가벼웠으나 쉽게 부서졌다.

신용카드나 핸드폰 크기부터 30~35센티미터 정도까지 되는 점토판이 지금까지 전해지고 있다. 양면에 글을 쓸 수 있었으나 많은 양의 글을 넣기는 어려웠다. 이건 심각한 결점이었다. 여러 점토판에 한 작품을 써둔 경우, 점토판이 유실되어 이야기의 일부분이 사라질 가능성이 농후했기 때문이다.

유럽에서는 나무나 금속이나 상아를 이용했다. 표면에 초를 바른 후 금속이나 뼈로 된 도구로 글을 썼다. 그 도구의 반대편 끝은 주걱 형태였는데, 이는 잘못 적은 글자를 지우는 데 사용했다. 이렇게 초를 활용한 판들이 대부분의 고대 편지나 원고에 이용됐다. 아이들은 이 판을 이용해 글쓰기를 익혔다.

태블릿은 보통 사각이었다. 특정적이고 균형 잡힌 사각형은 야릇한 기쁨을 준다. 대부분의 유리창, 진열창, 화면, 사진, 그림이 사각형이다. 책도 여러 실험을 거친 뒤 사각형으로 특정됐다.

파피루스 두루마리는 책의 역사에서 놀라운 발전을 의미했다. 유대인, 그리스인, 로마인은 두루마리를 자신들의 고유한 문화적 요소로 고려했다. 태블릿과 비교하여 파피루스는 얇고 가벼우며 탄력적이었다. 또 말아서 사용하기 때문에 많은 양의 텍스트를 작은 공간에 저장할 수 있었다. 보통 크기의 두루마리면 그리스 비극이나 플라톤의 짧은 대화나 복음문을 모두 넣을 수 있었다. 사유와 상상력의 작품을 보존하는 데 있어 엄청난 발전이었다. 그렇게 파피루스 두루마리는 태블릿을 부차적인 것으로 격하시켰다. 이제 태블릿은 프린터에서 잘못 나온 폐지 같은 신세였다.

하지만 파피루스도 결점이 있었다. 이집트의 건조한 기후에서는 그 색과 탄력성이 유지됐지만 유럽의 습기는 종이의 색을 어둡게 하고 쉽게 찢어지게 했다. 파피루스 종이는 여러 번에 걸쳐 젖었다 마르면 종이로 쓸 수 없었다. 고대에는 중요한 파피루스 두루마리를 항아리나 나무 상자 혹은 가죽 가방에 보관했다. 더욱이 파피루스 종이는 가로로 엮인 앞면만 사용할 수 있었다. 세로로 엮인 뒷면은 붓의 진행 방향을 방해했다. 그리고 빛과 마찰을 피해 글이 쓰인 쪽으로 말아서 보관해야 했다.

파피루스 책은 가볍고 아름답고 들고 다닐 수 있었지만 민감한 물체였다. 자주 펼쳐 읽다 보면 닳아졌다. 추위와 비는 종이를 파괴했다. 식물성 재질이라서 벌레에 약했으며 쉽게 불에 타버렸다.

앞서 말했듯이 두루마리는 이집트에서만 생산됐다. 그리고 무슬림이 지배하던 12세기까지 중요한 수출품이었다. 이집트의 왕들은 시장에 유통되는 여덟 종류의 파피루스의 가격을 결정했다. 현재의 원유 수출국처럼 압력과 사보타주를 마음대로 행사했다.

그로 인해 기원전 2세기에 예기치 못한 결과가 초래됐다. 지금의 튀르키예 페르가몬에 있던 경쟁 도서관을 시샘하던 프톨레마이오스 5세가 그 도서관에 악영향을 줄 대책을 강구했다. 헬레니즘 시대의 왕이던 에우메네스 2세가 세운 도서관이었다. 그 도서관도 뛰어난 지식인을 불러모았으며 알렉산드리아 도서관에 버금가는 현자들의 공동체를 만들고자 했다. 에우메네스 2세는 알렉산드리아의 빛을 지우고자 했으며 이집트의 정치 권력을 거부했다. 이미 자신들의 절정기가 지났다는 것을 알고 있던 프톨레마이오스 5세는 그런 도전에 분노했다. 그는 왕실의 자긍심을 상징하는 알렉산드리아 도서관을 모욕하는 행위를 견딜 수 없었다. 프톨레마이오스 5세는 당시에 에우메네스 왕의 보호를 받으며 페르가몬으로 옮겨가려고 한 비잔티움 출신 사서 아리스토파네스(Aristophanes)를 배신과 절도 혐의로 감옥에 넣어 버렸다.

그 외에도 에우메네스에 대한 프톨레마이오스의 공격은 본능적이었다. 그는 파피루스 공급을 중단함으로써 경쟁 도서관을 굴복시키고자 했다. 그 결과는 파괴적일 수밖에 없었다. 그러나 프톨레마이오스의 복수는 실패했다. 공급 차단은 오히려 에우메네스를 불멸의 인물로 만드는 결과를 초래했다. 페르가몬에선 가죽에 글을 쓰는 고대 동양의 기술(당시까지는 부차적이고 지역적이었던)을 완성해가고 있었던 것이다. 그리하여 그 도시의 이름을 딴 '양피지(pergaména charta)'가 탄생했다. 수 세기 후, 양피지는 책의 미래를 바꿀 터였다. 양피지는 송아지, 산양, 양의 가죽을 활용해 만들어졌다. 기술자들은 석회를 넣은 물에 가죽을 담가 몇 주 동안 표백 과정을 거친 뒤 나무틀에 펼쳐서 말렸다. 그런 뒤 하얀 표면과 원하는 두께를 얻기 위해 가죽을 문질렀다. 그 긴 과정을 거치면 양면을 사용할 수 있는, 부드럽고 얇으며 오래 쓸 수 있는 양피지를 얻을 수 있었다.

이탈리아의 저술가 바스코 프라톨리니(Vasco Pratolini)는 문학이란 가죽에 글을 쓰는 일이라고 했다. 비록 양피지라고 명시하지는 않았지만, 그 이미지는 완벽하다. 새로운 재료가 생산되면서 책은 언어가 입혀진 몸, 가죽에 쓰인 생각이 되었다.

| 26 |

우리의 피부는 종이와 마찬가지다. 몸은 하나의 책이다. 시간은 제역사를 얼굴에, 팔에, 배에, 성기에, 다리에 써 내려간다. 세상에 나온 인간의 배에는 커다란 O, 배꼽이 있다. 그 이후 다른 문자들이 천천히 나타난다. 손금. 마침표 같은 주근깨. 의사들이 살을 갈랐다가 꿰맨 뒤에 남는 흔적들. 시간이 흐르면서 상처, 주름, 몸의 반점, 혈관의 모양 등이 하나의 삶을 이야기하는 단어들을 엮어간다.

시인 안나 아흐마토바(Anna Akhmatova)의 『레퀴엠』에는 레닌그라드의 감옥 앞에 길게 줄을 선 여인들의 묘사가 나온다. 아흐마토바는 너무나도 불행한 시인이었다. 첫 남편은 총살당했고 두 번째 남편은

굴라크 수용소에서 노동에 시달리다 죽음을 맞았다. 그의 외아들은 여러 번 체포된 끝에 10년간 옥고를 치렀다. 어느 날 아흐마토바는 거울 속에서 여읜 얼굴과 고통이 얼굴에 남긴 주름을 보면서 메소포타미아의 오래된 태블릿의 이미지를 떠올렸다. 그리고 다음과 같은 슬픈 시구를 남겼다. "이제 나는 어떻게 고통이 내 볼에 거친 쐐기꼴의 페이지를 그려내는지 이해하게 됐다." 나 또한 고통으로 얼굴이 갈기갈기 갈라진 점토판 같은 사람들을 봤다. 아흐마토바의 시를 읽은 뒤로는 고통스럽게 살아온 사람들의 얼굴에서 아시리아의 태블릿이 떠오르곤 한다.

하지만 시간만이 피부에 글을 쓰는 건 아니다. 자신의 몸을 양피지 삼아 그림을 그리고 글자를 새겨 넣는 사람들도 있다. 나는 시도해보지 않았지만 자신의 몸에 글을 남기려는 충동은 이해할 수 있다. 예전에 잠시 함께 살던 소녀가 처음으로 문신을 했던 때가 생각난다. 문신을 덮고 있던 거즈를 벗겨내자 빨개진 팔에 새겨진 글자가 나타났다. 근육을 움직이자 그 글자도 함께 움직였다. 글자들이 맥박치고 땀과 피를 흘릴 것만 같았다. 그야말로 살아 있는 책이었다.

나는 사람들이 피부로 된 자신의 책에 무엇을 쓰는지 궁금했다. 한번은 타투이스트를 만나 그의 직업에 관해 얘기를 나눈 적이 있다. 대부분 특정인이나 사건을 영원히 기억하고 싶은 마음에 문신을 한다고 했다. 문제는 우리가 말하는 '영원히'가 너무나도 짧으며, 통계적으로 봤을 때 후회하는 사람이 많다는 것이다. 긍정적인 표현이나 노래 가사나 시를 새기는 사람도 있다고 했다. 그것이 상투적인 문구나 잘못된 번역 혹은 별 의미 없는 글일지라도, 몸에 새기고 나면 자신이 유일하고 특별하며 아름답고 충만한 삶을 살고 있다고 느낀다고 한다. 문신은 마술적인 생각의 잔존이자 말이 지닌 아우라에 대한 믿음인 것 같다.

살아 있는 양피지는 단순한 메타포가 아니다. 인간의 피부는 글로 쓰인 메시지다. 인간의 몸은 정보를 전달하는 숨겨진 수단이 되기도 한다. 역사가 헤로도토스는 고대의 문신, 음모, 스파이와 관련된 실화에 기초하여 흥미로운 이야기를 들려준다. 정치적 혼란기에 히스티아이오스라는 아테네 출신 장군이 사위이자 밀레토스의 폭군이던 아리스타고라스를 꼬드겨 페르시아 제국에 대항한 반란을 일으키고자 했다. 두 사람의 목숨이 걸린 위험한 음모였다. 그러나 아리스타고라스에게 보낼 전령은 튀르키예의 밀레토스에 도착하기 전에 검문을 받아야 했다. 발각되면 고문받다 죽을 수도 있는 편지를 어떻게 보낼 것인가? 장군은 기막힌 아이디어를 냈다. 노예 중 가장 충직한 자를 골라 머리를 민 뒤 문신을 새겼다. 그리고 머리가 다시 길어나기를 기다렸다. 메시지 내용은 "히스티아이오스가 아리스타고라스에게: 이오니아여, 반란을 일으키라."였다. 노예의 머리가 다시 길어지자 히스티아이오스는 밀레토스에 그 노예를 보냈다. 노예는 음모에 관해 전혀 몰랐다. 다만 아리스타고라스의 집에서 머리를 밀고 민머리를 보여주라는 명을 받았을 따름이다. 전령은 냉전 시대 스파이처럼 검문에 걸리지 않고 목적지에 도착하여 머리를 깎았다. 그리하여 계획이 실행됐다. 그는 자신의 머리에 무슨 말이 쓰여 있는지 알 길이 없었다.

피부와 말은 크리스토퍼 놀런이 감독한 영화 「메멘토」의 핵심이다. 주인공 레너드는 트라우마로 인해 단기 기억상실증에 걸린 인물이다. 그는 최근에 벌어진 사건을 기억하지 못한다. 기억이 흔적도 없이 사라지기 때문이다. 아침에 일어나면 전날에 대한 기억도, 지난달에 대한 기억도 없다. 그는 정신적 충격을 안겨준 비극적 사건 이후의 모든 시간을 기억하지 못한다. 기억상실증에도 불구하고 레너드는 자신의 부인을 강간하고 살해한 범인을 찾으려고 애쓴다. 그는 음모와 조작과 함정에 빠지지 않으려고 자기만의 시스템을 만드는데, 자신에 대한 필수 정보를 손, 팔, 가슴에 문신으로 남기는 것이다. 기억상실로 인한 정체성의 위기를 문신을 통해 극복하고 자신의 목적을 인식하게 된다. 진실은 인물들의 거짓말 속에서 흩어져버리고 우리는 레너드를 의심하기에 이른다. 이 영화는 주인공의 정신세계처럼 조각난 퍼즐 구조로 되어 있다. 또 간접적으로, 이 영화는 기억의 확장이자 시간과 장소에 대한 유일한 증인(불완전하고 모호하지만 대체할 수 없는)인 책의 본질에 대한 성찰이기도 하다.

27

나는 한 달에 몇 번이고 지노리가에 있는 메디치 리카르디 궁전의 뒷문을 들락거렸다. 외벽은 피렌체의 전형적인 바닐라 색이었다. 리카르디 도서관의 숨 막히는 바로크적 공격에 맞서기에 앞서 궁전과 정원의 순박함을 들이마셔야 했다. 그리고 리카르디 도서관에서 처음으로 양피지 원고를 볼 수 있었다.

열람실에서 공부하면서 내게 필요한 자료에 대한 세부 사항들을 정리할 수 있었다. 사실 필사본이 내 연구에 필수는 아니었지만, 도서관 책임자들 앞에서는 최대한 학문적 성실함을 보였다. 사실 내 목적은 전적으로 쾌락주의적이었다. 나는 필사본을 직접 만져보며 파수꾼들이 지키고 있는 그 유산의 관능적 즐거움을 경험해보고 싶었다. 특권 계급을 위해 태어난 예술작품을 만지는 게 몹시 흥분됐다. 피렌체에 살면서 임대료를 내려고 빠듯한 생활을 하던 내게는 짜릿한 일탈이었다. 14세기 페트라르카(Petrarca)를 만났던 그 짧은 순간을 결코 잊지 못할 것이다. 소중한 필사본을 보기 위해 도서관에 가방을 맡기고 종이 한 장과 연필 한 자루를 챙기고 장갑을 끼고 보물 파수꾼들의 감시를 받으며, 나는 즐거운 고통을 느끼는 것 같았다.

거의 한 시간가량 필사본을 살펴보는 즐거움을 만끽했으며 노트에는 감각적 인상을 즐거이 적어뒀다. 페이지를 넘길 때마다 필사본이 우지직거렸다. 그 책의 속삭임이 매 시대마다 달랐을 것이라고 생각했다. 필사본이 지닌 아름다움과 전문가가 쓴 글자의 일관성에 놀라지 않을 수 없었다. 나는 시간의 얼굴들, 주근깨투성이인 할아버지의 손처럼 누런 얼룩이 남은 페이지들을 확인했다.

아마도 내가 이 책을 쓰게 된 충동도 부드러운 화톳불처럼 속삭이는 페트라르카의 책에서 비롯한 것 같다. 뒤이어 다른 필사본도 확인했다. 하지만 기억은 늘 첫 번째 경험에 매달려 있게 마련이다.

나는 필사본을 어루만지며 이 경이로운 양피지가 언젠가 목이 잘린 가축의 가죽이라는 생각이 떠올랐다. 가축들은 단 몇 주 만에 초지와 생명에서 성스러운 종이로 변할 수 있었다. 중세 시대에는 수도원이 소, 양, 돼지, 염소 등의 가죽을 구매했다. 인간의 피부처럼 동물의 가죽도 나이와 종에 따라 차이가 났다. 새끼 양의 가죽은 여섯 살

먹은 염소의 가죽보다 매끈했다. 유독 손상이 많이 된 소가죽도 있었는데, 소가 나무껍질에 비벼대길 좋아했거나 벌레에 물렸기 때문이었다. 이런 모든 특성은 기술자의 솜씨에 따라 결과가 달라졌다. 털을 벗기고 살코기를 발라내려면 가죽을 넓게 펼쳐두고 굴곡진 칼로 위에서 아래로 조심스럽게 깎아내야 했다. 가죽을 엄청난 장력의 틀에 펼쳐둔 상태에서 작업하기 때문에 너무 깊게 잘라내거나 실수를 하면 작은 구멍이 테니스공만큼 커질 수도 있었다. 필경사들은 원재료의 결점을 수선해야 할 때도 있었는데, 때로는 그들의 재능 덕에 필사본이 더욱 아름다워진 경우도 있었다. 양피지에 구멍이 나 있으면, 다음 쪽에 등장하는 인물의 머리가 그 구멍을 통해 보일 수 있게 만들기도 했다. 어느 스웨덴 수도원의 승려는 양피지의 갈라진 틈을 격자 모양으로 바느질해두기도 했다.

장갑을 끼고 두 손에 양피지를 들던 그 순간, 인간의 잔인함이 떠올랐다. 오늘날 좋은 품질의 가죽옷을 만들려고 새끼 바다표범을 몽둥이로 내리쳐 죽이듯이 중세에도 가장 비싼 필사본은 극도의 잔학함을 요구했다. 비단처럼 부드럽고 아주 하얀 가죽으로 만든 아름다운 양피지가 있는데, 바로 '송아지 가죽'이다. 갓 태어난 새끼나 어미의 배 속에서 유산된 태아의 가죽이다. 과거의 말이 이 시대까지 이를 수 있도록 수 세기 동안 피 흘린 동물들을 생각했다. 정교한 작업을 통해 만들어진 양피지 속에는 상처받은 가죽과 그들이 흘린 피가 숨겨져 있다. 우리는 진보와 아름다움이 고통과 폭력을 수반한다는 사실을 종종 망각한다. 인간의 그런 모순적 행동 속에서 무수한 책들이 사랑과 선과 동정에 대한 현자들의 말을 세계로 퍼트리는 데 활용됐다.

좋은 필사본을 만들려면 한 무리의 가축이 소요될 수도 있었다. 오늘날처럼 책이 많이 출판됐다면 가축이 남아나지 못했을 것이다. 역사가 피터 왓슨(Peter Watson)의 계산에 따르면, 가죽 한 장의 크기를 0.5제곱미터로 가정하고 150쪽의 책을 만들려면 열 마리에서 열두 마리의 가축이 필요했다. 또 다른 전문가에 따르면 구텐베르크 성경을 만드는 데 100장의 가죽이 필요했다고 한다. 따라서 책을 보존하는 유일한 방법이었던 양피지 사본을 만드는 데는 엄청난 비용이 소요됐다. 그러니 책을 소유한다는 건 오랫동안 귀족과 종교인들의 절대적인 특권이었다. 한 서기는 13세기 성경에 재료의 결핍을 한탄하며 이렇게 말했다. "아, 하늘이 양피지고 바다가 잉크라면 좋았을 것을."

| 28 |

나는 1년간 피렌체에서 살았다. 매일 무수히 많은 관광객을 피하려 애쓰며 노트북을 들고 일하러 갔다. 미소를 지으며 사진을 찍는 사람들을 피해 다녔다. 박물관 앞에는 늘 긴 줄이 늘어서 있었다. 길거리에 앉아 포장된 음식을 먹는 사람들도 있었다. 가이드들은 마이크를 들고 별의별 언어로 얘기하며 관광객들을 이끌었다. 때로는 스타를 기다리는 팬들처럼 한 무리의 관광객이 길을 막아버리는 때도 있었다. 모두 핸드폰을 들고 다녔고 거리는 늘 소란스러웠다. 말이 끄는 마차에 길을 내줘야 할 때도 있었다. 땀 냄새, 오물 냄새, 커피 냄새, 토마토소스 냄새가 진동했다. 그 축제 같은 분위기 속에서 일하러 간다는 건 참 오묘했다. 대학 건물에 다다라 멀리서 「게르니카」 벽화가 보이면 제시간에 지하철역에서 나온 사람처럼 안도의 숨을 쉬었다.

피렌체에서 평화롭게 감상하는 것도 가능하다. 하지만 그러려면 찾아 나서야 한다. 12월 어느 날 아침 산마르코 국립미술관에서 그럴 기회를 얻었다. 1층에는 조용한 방문객이 두어 명 있었지만 2층에는 나 혼자였다. 맑은 분위기에서 수도사들의 방을 하나씩 둘러봤다. 그곳은 프라 안젤리코(Fra Angelico)가 순박한 사람들, 순결한 사람들, 희망을 품고 사는 사람들, 온화한 사람들, 천진한 사람들에 대한 사랑을 표현한 듯한 프레스코화를 그린 곳이다. 그리고 코시모 데 메디치(Cosimo de' Medici)가 은행 지점을 유럽으로 확장하고 재산을 불리면서 범한 과오들을 고해성사한 곳이기도 했다. 이 거상의 승방은 크기가 두 배였다. 힘 있는 자들은 속죄하는 데도 다른 사람보다 더 큰 안락함이 필요한 모양이다.

넓은 복도를 따라가다가 아주 독특한 곳을 발견했다. 전문가들에 따르면 그곳이 최초의 근대 도서관이라고 한다. 르네상스 인본주의자이던 니콜로 데 니콜리(Niccolò de' Niccoli)가 "공동의 선을 위해, 모두를 위해, 모든 이에게 개방된 곳에 보관될 수 있도록, 그리하여 교육에 목마른 사람들이 옥토에서 수확하듯 풍요로운 배움의 과실을 얻을 수 있도록" 자신의 책을 유증한 곳이었다. 도서관은 코시모 데 메디치의 지원으로 세워졌다. 설계는 건축가 미켈로초(Michelozzo di Bartolomeo Michelozzi)가 맡았다. 그는 어두운 방들과 중세의 책들을 새로운 시대에 맞게 개선했다. 자연 채광이 잘되고 연구와 대화가 용이하도록 넓은 방으로 만들었다. 자료에 따르면 도서관의 원래 모습은 이러했다. 두 개의 기둥이 떠받치고 있는 아케이드가 있었고 창문은 양쪽으로

나 있었으며 바닥은 청명한 색이고 벽은 고요함을 느낄 수 있는 물빛이었으며 책장에는 책이 가득했고 책을 읽고 글을 쓰고 사본을 만드는 사제와 방문객을 위해 삼나무로 만든 일흔네 개의 의자가 있었다. 그곳은 니콜로 데 니콜리의 꿈이 현실이 된 곳이었다. 400권에 이르는 그의 필사본은 피렌체 사람은 물론이고 외지인에게도 개방되었다. 1444년에 개관한 이 도서관이 유럽 최초의 도서관이다.

나는 그 긴 방을 천천히 걸었다. 탁자는 사라지고 그 자리에 필사본을 전시하고 있었다. 이젠 박물관으로 변한 르네상스의 공간에 책을 읽으러 오는 이는 없지만 그 분위기는 느낄 수 있었다. 어쩌면 산사람들을 피해 외떨어진 공간을 좋아하는 환영들이 그곳에 찾아왔는지도 모른다.

탐정의 작업

| **29** |

하나의 텍스트를 온전히 옮겨 적기란 참으로 어려운 일이다. 같은 일을 반복해야 하는, 진이 빠지는 작업이다. 필경사는 텍스트의 일부를 읽고 기억해뒀다가 아름다운 서체로 옮겨 적은 뒤 정확히 자기가 멈췄던 부분으로 되돌아가야 한다. 훌륭한 필경사가 되려면 엄청난 집중력이 필요하다. 아주 숙련된 사람도 오독, 피로에 의한 부주의, 무의식적 번역, 곡해, 단어의 대체, 생략 등의 실수를 저지른다. 사실 필경사의 능력은 실수의 문제에 달려 있다. 이름 모를 필경사라 해도 우리는 그가 저지른 실수를 통해 그가 어디서 태어났으며 문화적 수준과 정신적 재능이 어느 정도이고 취미가 무엇인지 알 수 있다. 삭제하거나 대체한 언어에 그의 심리가 그대로 드러나기 때문이다.

모든 사본에는 오류가 있다. 따라서 사본에 대한 사본은 모델로 삼은 텍스트의 오류에 새로운 오류를 더할 수밖에 없다. 필경사의 사본은 원본과 동일하지 않다. 오직 기계만이 동일한 텍스트를 만든다. 사본이 많을수록 다양한 버전이 탄생한다. 이는 마치 하나의 이야기가 입에서 입으로 옮겨지다가 결국엔 원래와는 다른 이야기가 되는 격이다.

책을 수집하려는 왕들의 경쟁 속에서 알렉산드리아는 전례 없는 책의 보고가 되었다. 그 도서관에는 같은 제목의 작품이 많았다. 특히 호메로스의 작품이 그랬다. 박물관의 현자들은 서로 다른 판본의 책들을 구매하여 그 차이를 찾아냈다. 그들은 사본의 변화 과정을 통해 원래의 메시지가 슬그머니 바뀌었다는 것을 알아차렸다. 저자가 의도한 의미를 파악하기 어려울 때도 있었고, 판본에 따라서 서로 다른 의미로 기록되기도 했다. 현자들은 텍스트가 수 세기에 걸친 사람의 실수로 부지불식간에 침식되어 갈수록 이해하기 어려워질 것이며 결국엔 의미를 상실할 것이라는 걸 알고 있었다.

도서관의 파수꾼들은 텍스트의 원본을 재구성할 모든 판본의 책을 사러 출정했다. 그들은 상실된 언어와 의미를 채울 수 있는 화석들을 찾아다녔다. 그들의 노력으로 연구 방법이 진일보했으며 이로써 원전비평이 촉진됐다. 알렉산드리아의 문헌학자들은 가장 가치 있다고 평가되는 문학 작품들의 표본을 편찬했다. 그리고 그 새로운 판본은 다음 사본의 모체가 되었으며 대중에 공개되고 도서 시장에서도 판매됐다. 오늘날 우리가 읽고 번역하는 판본들은 알렉산드리아 탐색자들의 자손이다.

텍스트 복원과 더불어 뮤즈의 새장으로 불린 알렉산드리아 도서관은 무수한 학식과 논문과 연구서를 생산했다. 당시의 동시대인들은 그들의 엄청난 노력을 존경하면서도 현자들을 조롱했다. 그 조롱과 농담의 중심에 있었던 인물은 디디무스(Didymus)였다. 그는

3000~4000편에 이르는 독연(獨演)을 출판한 인물로 기원전 1세기에 알렉산드리아 도서관에서 연구에 집중했다. 디디무스는 로마 내전으로 뒤숭숭하던 때에도 주석과 해설집을 써나갔다. 그에게는 별명이 둘 있었다. 하나는 '청동 내장'이었는데 금속으로 된 내장이 필요하다고 할 정도로 많은 글을 썼기 때문이었다. 다른 하나는 '책을 망각하는 자'였는데, 자신이 말한 것과 쓴 것이 모순될 때가 있었기 때문이었다. 그의 아들 아피온이 아버지의 과업을 물려받았는데 티베리우스 황제는 그들을 '세상의 탬버린'으로 불렀다고 한다. 알렉산드리아의 문헌학자들은 역사상 처음으로 문학 작품보다 많은 문헌 목록을 생산해냈다.

수수께끼이자 낙조로서의 호메로스

| **30** |

    알렉산드리아 도서관은 서사시에서 조리법에 이르기까지 모든 책을 모았다. 그 언어의 바다 한복판에서 학자들은 어떤 작가와 작품에 자신의 노력을 쏟아부을지 선택해야 했다. 그리스 문학의 위대한 주인공에 대해서는 논할 필요조차 없었다. 그렇게 알렉산드리아는 호메로스의 수도로 변모했다.

    호메로스는 수수께끼 같은 인물이다. 그는 '눈먼 시인'이라는 별명(호메로스는 '보지 못하는 사람'이라는 의미다.)으로 알려져 있지만 그의 일대기에 관해서는 알려진 바가 거의 없다. 그리스인들도 그에 대해 아는 바가 없었으며 그를 어느 시기에 위치시켜야 할지 알지 못했다. 헤로도토스는 "우리 시대 4세기 전"이라고 말함으로써 호메로스를 기원전 9세기 인물로 추측하고 있다. 그러나 트로이전쟁이 발발한 기원전 12세기의 인물로 보는 견해도 있다. 『일리아스』와 『오디세이아』를 남긴 호메로스에 대한 기억은 불확정적이다.

    당시의 모든 사람은 『일리아스』와 『오디세이아』를 알고 있었다. 글을 읽을 수 있는 사람들은 학교에서 호메로스를 배웠으며 그 외의 사람들은 아킬레우스와 율리시스의 모험을 생생한 목소리로 들을 수 있었다. 오늘날 튀르키예에 해당하는 아나톨리아 반도에서 인도의 관문에 이르기까지, 헬레니즘 세계에서 '그리스인'이라는 정체성은 출생이나 인종의 문제가 아니라 오히려 호메로스에 대한 사랑과 관련되어 있었다. 마케도니아 정복자들은 새로운 문화적 요소를 주입했으며, 정복지 사람들은 언어, 연극, 체육(사내들은 알몸으로 운동을 했다.), 육상, 심포지엄(술을 마시기 위한 회합)과 호메로스를 받아들여야 했다.

성스러운 책이 없던 세계에서 『일리아스』와 『오디세이아』는 성서에 가까웠다. 호메로스에 열광하던 그리스인 작가들, 예술가들, 철학자들은 종교적 감시를 받지 않고 자유롭게 호메로스의 작품 세계를 비판하고 탐험하고 확장할 수 있었다. 아이스킬로스는 자신의 비극이 "호메로스의 위대한 연회에 있는 작은 빵조각"에 지나지 않는다고 말할 정도였다. 플라톤은 호메로스를 공격하며 그를 이상 국가에서 내쳤다. 마케도니아의 철학자 조일로스(Zoilos)가 알렉산드리아에 와서 호메로스를 비판하는 발표회를 열려고 하자 프톨레마이오스가 직접 그 자리에 참석하여 "부친 살해 혐의"를 씌울 정도였다. 아킬레우스와 율리시스의 서사시에 무관심한 사람은 없었다. 이집트에서 발견된 파피루스에는 『일리아스』가 고대에 가장 많이 읽힌 책이라고 기록되어 있으며 그리스-이집트 시대 미라의 석관에서 호메로스의 시구가 발견되기도 했다. 영원으로 가는 길에 호메로스의 시구와 함께하고자 했던 것이다.

호메로스의 작품은 대중이 즐기는 대상이었을 뿐만 아니라 대중의 꿈과 신화가 표현되어 있는 책이기도 했다. 인간은 오래전부터 세대와 세대를 거치며 역사적 사건을 얘기해왔으며 모든 세대의 기억 속에 흔적을 남겨왔다. 우리는 역사적 사건들을 전설화하는 경향이 있다. 21세기에 영웅적 무훈을 창작한다는 건 언뜻 원시적이라고 여겨질 수도 있다. 그러나 실은 그렇지 않다. 모든 문명은 과거의 전설에 자긍심을 느끼기 위해 영웅을 신성화한다. 그런 신화적 세계를 만들어낸 마지막 국가는 미국일 것이다. 미국의 서부극은 오늘날의 전 지구화된 세계를 향한 환각을 만들어냈다. 존 포드의 「리버티 밸런스를 쏜 사나이」(1962)는 역사의 신화화에 관해 고찰한다. 이 영화에 등장하는 신문기자는 이렇게 결론짓는다. "여긴 서부입니다. 서부에서는 전설이 사실이 되면, 전설을 인쇄합니다." 그리운 시절(원주민 말살의 시대, 내전, 골드러시, 카우보이들의 권력, 무법의 도시, 라이플총에 대한 상찬, 그리고 노예제)이 실제로는 영광스럽지 않았다는 건 중요치 않다. 헬레니즘 시대의 위대한 사건인 트로이전쟁에 관해서도 마찬가지로 말할 수 있을 것이다. 하지만 한 편의 영화가 먼지투성이 서부의 풍경, 경계 지대, 개척 정신, 정복에 대한 열망으로 우리를 뒤흔들듯 호메로스는 전장과 베테랑들의 귀환에 관한 이야기로 그리스인들을 열광하게 했다.

뛰어난 서부극이 그렇듯이, 호메로스는 단순한 애국적 팸플릿 이상이다. 그의 서사시는 귀족정치의 부정함에 반하거나 의문을 제기하지 않고 귀족정치의 세계를 재현하는 동시에, 당대 역사의 명암을 잘 포착하고 있다. 우리는 호메로스의 작품에서 두 가지 심리 상태를 보게 된다. 그러나 『오디세이아』가 『일리아스』보다 훨씬 근대적이다.

『일리아스』는 명성과 명예를 추구하는 한 영웅의 이야기다. 아킬레우스는 자국에 남아 영광은 없지만 길고 조용히 살 수도 있었고 트로이로 가는 배에 올라 영광스러운 죽음을 맞을 수도 있었다. 그는 선택해야 했고 돌아오지 못할 것이라는 예언에도 불구하고 결국 전쟁에 참여한다. 아킬레우스는 이상과 용맹함과 우수에 차 있고 스스로를 진지하게 생각하는 가문에 속해 있다. 알렉산드로스는 어린 시절부터 그를 닮고자 했으며 『일리아스』로부터 영감을 얻었다.

잔인한 전장에서 젊은이들이 죽어가자 그 아버지들이 아들보다 오래 살게 된다. 어느 날 밤 트로이의 왕은 죽어버린 아들의 시신을 돌려받으려고 적진으로 들어간다. 왕의 아들을 죽인 아킬레우스는 자신의 아버지를 떠올리며 왕을 동정한다. 승자와 패자가 함께 우는 이 장면은 감동적이다. 그리고 두 사람은 죽은 자를 묻을 권리를 공유한다. 전쟁의 참상 속에서 순간적으로 빛을 발하는 인간성을 보여주는 장면이다. 그러나 우리는 그 휴전 상태가 한순간에 지나지 않음을 알고 있다. 전쟁은 계속되고 아킬레우스는 전투 중에 죽음을 맞는다. 트로이는 파괴되고 여인들은 노예가 된다. 『일리아스』는 그렇게 심연의 끝에서 종결된다.

아킬레우스는 가혹하고 비극적인 세계에 사는 전통적 전사다. 반면 제임스 조이스를 매료시킨 떠돌이 율리시스는 예측할 수 없는 환상적인 모험을 떠난다. 그 모험은 때로는 에로틱하고 때로는 기괴하다. 『일리아스』와 『오디세이아』의 영웅들은 서로 반대되는 기질로 존재의 시험과 우연에 맞선다. 율리시스는 불완전하면서도 즐거움과 새큼달큼한 맛을 주는 삶을 격렬히 살아가려는 인물이다. 그는 모든 여행자, 탐험가, 뱃사람, 해적의 모델이 되었다. 그는 가정과 아내를 그리워하면서도 기꺼이 자신의 길을 나아간다. 『오디세이아』는 향수를 문학적으로 재현한 첫 번째 작품이자 항해와 모험의 정신이 깃든 작품이다. 배가 님프 칼립소의 섬에 당도했을 때, 율리시스는 그곳에 7년을 머문다.

제비꽃이 만발한 천국 같은 작은 에덴동산에서 불멸과 영원한 젊음을 만끽하며 님프와의 사랑을 향유한다. 하지만 수년간의 즐거움은 오히려 그를 불행하게 만든다. 단조로운 삶에 지쳐 자신의 삶을 그리워하며 바닷가에서 눈물을 흘린다. 율리시스는 칼립소를 떠나겠다고 마음먹지만 칼립소는 이렇게 말한다. "율리시스, 그대가 태어난 곳으로 돌아가고 싶다는 거죠? 운명이 당신을 얼마나 슬프게 할지 알고 있다면, 나와 이곳에 남아서 영원히 함께 살아요. 나의 자태가 당신의 아내보다 못할 리 없어요. 그 어떤 여자도 여신의 몸과 얼굴의 상대가 되지 않으니까요."

늙지도 병들지도 않고 불행도 없으며 전립선의 문제나 치매도 없이 완전한 님프와 영원토록 살 수 있다는 건 엄청난 유혹이다. 율리시스는 이렇게 대답한다. "여신이여, 화내지 말아요. 페넬로페가 그대보다 못하다는 건 잘 알고 있습니다. 그렇다 하더라도 나는 나의 집으로 돌아가고 싶어요. 혹여 어느 신이 포도주처럼 붉은 바다로 나를 힘들게 하더라도 나는 인내하며 버틸 겁니다. 나는 이미 파도와 전쟁 속에서 고통받아왔습니다." 율리시스가 그녀를 떠나기로 결정한 뒤 해가 지며 황혼이 찾아오고 둘은 사랑을 나눈다. 닷새 후 율리시스는 닻을 올리고 바람에 배를 맡긴 채 섬을 떠난다.

율리시스는 아킬레우스와 달리 위대하고 유일무이한 운명을 꿈꾸지 않는다. 그는 신이 될 수 있었으나 노쇠한 아버지와 성장한 아들, 그리고 나이 든 아내 페넬로페를 만나러 이타카로 돌아간다. 율리시스는 인위적인 행복보다는 진실한 슬픔을 원하는 인물이다. 칼립소가 그에게 제안한 선물은 일종의 신기루이자, 환각을 일으키는 약이 만들어낸 꿈, 혹은 평행현실에 가깝다. 율리시스의 결정은 아킬레우스를 움직인 명예라는 코드와는 거리가 먼 새로운 지혜를 보여준다. 순박하고 불완전하고 순간적인 인간의 삶이 더욱 살아볼 만한 가치가 있다는 지혜다. 젊음은 흩어지고 육신이 말라가며 힘을 잃어갈지라도 말이다.

잃어버린 구전의 세계:
소리의 융단

서구 문학의 첫 번째 말은 '분노'다. 『일리아스』의 첫 구절이 그 말로 시작한다. 이로써 우리는 급작스럽게 분노로 빠져든다. 아킬레우스의 분노를 시작으로 우리는 에우리피데스, 셰익스피어, 콘래드, 포크너, 가르시아 로르카, 후안 룰포의 영토에 들어가게 된다.

호메로스는 시작이자 끝이다. 사실 호메로스는 망각 속에 잠겨버린 빙산의 일각이다. 그의 이름을 여러 세계문학 작가들 옆에 나란히 쓴다는 것은 비교할 수 없는 두 세계를 뒤섞는 일이다. 『일리아스』와 『오디세이아』는 글쓰기가 보편화된 지금과는 다른 시대에 태어났다. 당시의 언어는 (표정, 분위기, 단순한 모방처럼) 순간적인 것이었다. 호메로스의 표현처럼 "날개 같은 말"의 시대였기에 바람에 흩어지는 말을 기억에 가둬야 했다.

호메로스는 원저자라는 개념이 희박하던 때에 두 작품의 저자로 남았다. 구전의 시대에 시인들은 대중 앞에서 시를 읊었다. 당시에는 노인들이 화톳불 옆에서 선조들과 영웅들의 이야기를 들려줬다. 시는 사회의 것이자 모두의 것이었지 특정인의 소유가 아니었다. 모든 시는 전통적 노래와 신화를 자유로이 활용할 수 있었고 그 신화와 노래들을 수정하고 새로운 색조와 인물과 모험과 다른 사람으로부터 들은 시구를 더할 수 있었다. 모든 이야기의 뒤에는 '저작권'이 없었던 무수히 많은 시인이 있었다. 구전이 지속되던 긴 세월 동안 그리스 시인들은 최종적이고 결정적인 판본 없이 시를 변화시키고 확장하면서 세대와 세대를 거쳐 이어져갔다.

글을 읽지 못하는 시인들은 수백 편의 작품을 남겼지만 그 작품들은 이미 사라졌다. 그중에는 고대 작가의 그림자가 드리운 것도 있다. 트로이전쟁과 관련된 서사시 모음인 『서사시권(Epikos Kyklos)』을 비롯해 오이디푸스가 태어난 그리스 테베에 관한 서사시도 있었다. 에티오피아에서 태어난 전사 멤논에 관한 서사시는 『일리아스』와 『오디세이아』보다 앞선다. 따라서 고대의 시에 대한 추정이 정확하다면, 유럽에 알려진 가장 오래된 무훈시는 놀랍게도 흑인 영웅의 업적 이야기가 된다.

구전 시대의 음유시인은 큰 축제나 귀족들의 연회에서 활동했다. 그들이 대중 앞에서 자신의 레퍼토리를 읊는 것은 자신의 작품을 '출판'하는 행위였다. 『일리아스』와 『오디세이아』는 글자도 글쓰기도 모르기 때문에 아직 문학이라고 할 수 없는 그 이야기를 그들이 어떻게 노래했는지 확인할 수 있는 정보를 제공한다. 우리는 두 작품을 통해 그리스 서사시인의 삶과 직업에 접근할 수 있다. 인류학자들은 구전 서사시가 (출판이나 새로운 소통 기술과 공존하며) 아직도 존재하는 다른 문화권에 관해서도 연구했다. 우리에겐 과거의 낯선 방문자처럼 느껴지겠지만 구전문학은 여전히 사라지지 않고 있으며 지구상의 어느 지역에선 위태로운 현재의 삶과 새로운 전쟁을 이야기하는 데 쓰이고 있다. 민속학자들이 1941년 독일 공수부대가 크레타를 공격한 사건을 이야기하는 크레타 출신 음유시인의 노래를 녹음한 적도 있다.

기원전 10세기 어느 저택의 일상생활로 들어가 보자. 연회가 열리고 분위기를 돋우기 위해 떠돌이 시인을 부른다. 걸인들이 자리한 입구에서 시인이 초대를 기다린다. 연회장에서는 지역 유지들이 턱수염 아래로 기름방울을 흘리며 구운 고기에 술을 마시고 있다. 그들이 음유시인을 쳐다보자 시인은 자신의 낡고 지저분한 옷을 부끄러워한다. 시인은 악기를 조율하며 노래를 준비한다. 그는 이야기꾼이며 어릴 때부터 그 일을 해왔다. 시인은 홀로 앉아 줄을 켜며 맑은 목소리로 모험과 전투를 열정적으로 노래하며 사람들을 마술로 초대한다. 사람들은 머리를 끄덕거리며 발로 리듬을 따라간다. 그리고 이내 노래에 빠져든다. 노래가 그들의 마음을 파고들며 그들을 웃음 짓게 한다. 노래는 듣는 사람을 빨아들이고 매료시킨다. 이 점에서는 고대 그리스인이나 현재를 사는 어느 슬라브 마을 사람이나 마찬가지다.

시인의 일은 단지 노래에 국한되지 않는다. 그는 속임수의 귀재다. 연회장에서 노래하기에 앞서 그는 가문에 대한 정보를 받는다. 일가의 이름과 특별함을 알아낸 뒤 전설적 영웅의 이야기에 삽입한다. 고객의 동향 사람들이 승리하는 일화도 끼워 넣는다. 연회장의 분위기에 따라 이야기를 늘이거나 줄이기도 한다. 청중이 호화로운 걸 좋아하면 전사의 갑옷과 말의 장식, 공주들의 보석 등에 대한 묘사로 장식한다. 시인은 휴지기와 서스펜스를 활용한다. 그는 아주 계산적으로 중요한 순간에 이야기를 끊는다. 그리하여 다음 날에도 자기를 초대하게 만든다. 이야기는 초대자의 관심이 줄어들 때까지 며칠 밤이고 지속된다. 떠날 때가 되면 떠돌이 시인은 새로운 안식처를 찾아 길을 나선다.

구전의 시대에 문학은 순간의 예술이었다. 구술은 그 자체로 유일한 것이었다. 재즈 음악가가 악보 없이 즉흥적으로 연주하는 것과 마찬가지로 음유시인은 자신이 배운 노래를 임의로 수정한다. 같은 시를 노래하거나 같은 전설을 서술하더라도 앞서 했던 것과 동일하지 않다. 그들은 시구를 살아 있는 언어로 활용할 줄 안다. 그들은 수백 가지 신화를 알고 있었으며 준비된 문장의 저장고를 지니고 있었다. 그래서 그들의 노래는 늘 정확하면서도 늘 달랐다. 그러나 새로운 작품을 창작하진 않았다. 시인들은 과거의 유산을 사랑했으며 전통적 판본을 아름답다고 생각했기에 창작할 이유가 없었다. 당시에는 예술적 독창성의 권위가 없던 시대였다. 개성의 표현은 글쓰기의 시대에 속한다.

음유시인이 제대로 일하려면 엄청난 기억력이 필요했다. 구전 전통 학문의 창시자인 밀먼 패리(Milman Parry)와 서사문학자 앨버트 로드(Albert B. Lord)의 뒤를 이은 슬로베니아의 민족학자 마티야 무르코(Matija Murko)는 20세기 초 보스니아의 무슬림 음유시인이 서른 개에서 마흔 개의 노래를 기억하고 있었다고 확인했다. 100개에서 150개의 노래를 암기하는 사람도 있었다. 그 노래들은 그리스 시처럼 낭송하는 데 일고여덟 시간 정도 걸렸으며 온전히 다 부르려면 며칠 밤이 걸렸다. 몇 살 때부터 노래를 부르기 시작했냐는 무르코의 물음에 그들은 아버지의 팔에 안겨 있을 때부터 악기를 다뤘으며 여덟 살에 노래를 시작했다고 답했다. 스토리텔링의 모차르트라고 할 수 있는 뛰어난 아이들이 존재한 것이다. 어떤 이는 열 살에 가족과 카페에 가곤 했는데 그곳에서 모든 노래를 배웠다고 한다. 그는 자기가 들은 이야기를 반복할 수 있을 때까지 잠을 잘 수 없었으며, 잠이 들면 이미 기억에 저장되어 있었다고 한다. 가수들은 동료 가수들의 노래를 듣기 위해 몇 시간을 여행하기도 했다. 그들은 단 한 번만 듣고도(술에 취해 있다면 두 번 정도 듣고) 충분히 따라 부를 수 있었다. 시의 유산은 그렇게 존속되었다.

그리스에서도 마찬가지였을 것이다. 서사시를 읊는 시인들은 과거에 대한 기억을 보존하고 있었다. 그들은 어릴 때부터 두 개의 세계, 즉 현실 세계와 전설의 세계에서 성장했다. 시인들은 시를 낭송하며 과거로 옮겨가는 느낌이었을 것이다. 글씨를 사용하지 않던, 따라서 역사가 없는 시대에 시인들은 뼈와 살로 된 살아 있는 책이었다. 그들은 모든 경험, 축적된 지식과 삶이 망각에 빠지지 않도록 붙드는 존재였다.

| **32** |

기원전 8세기 후반에 새로운 발명품이 세상을 조용히 바꾸고 있었다. 기억, 언어, 창작 행위, 사고방식, 저작권 문제, 지식과 과거를 변화시킬 혁명이었다. 변화는 더뎠지만 혁신적이었다. 알파벳이 나온 이상, 과거로 회귀는 불가능했다.

초기 독자와 작가 들은 선구자들이었다. 구전의 세계는 저항했다.(그 저항은 오늘날까지 이어지고 있다.) 많은 그리스인은 노래로 부르는 말을 선호했다. 그들은 혁신을 달갑지 않게 생각했다. 지금과 달리 고대인들은 새로운 것이 진보보다는 퇴화를 야기할 것이라고 믿었다. 이런 불신은 상당히 오래 지속되었다. 모든 위대한 전진(글, 인쇄, 인터넷 등)은 묵시론적 저주에 맞서야 했다. 바퀴를 퇴보적 수단으로 인식하고 죽을 때까지 등에 짐을 싣고 옮기는 걸 선호한 사람들도 있었을 것이다.

그러나 새로운 발명품에 저항하기란 쉽지 않았다. 모든 사회는 지속되기를, 그리고 기억되기를 바란다. 글을 쓰는 행위는 사람의 기억을 연장하고 과거가 영원히 사라지는 걸 막아낼 수 있었다.

당시에도 시는 여전히 시인의 입을 통해 태어나고 여행했다. 그러나 몇몇 시인들이 문자를 배우고 미래를 위한 여권처럼 파피루스에 옮겨 적기 시작했다. 어쩌면 그 무모한 행위가 함축하고 있는 의미를 인지한 시인도 있었을 것이다. 시를 글로 쓴다는 것은 텍스트를 영원히 움직이지 못하게 하는 행위였다. 말은 책에서 결정체가 되어버린다. 그들은 여러 버전 중에서 가장 아름다운 버전을 골라야 했다. 당시까지만 하더라도 노래는 성장하고 변화하는 살아 있는 조직이었다. 그러나 글은 그 노래를 석화할 터였다. 따라서 하나의 버전을 골라낸다는 것은 나머지 버전을 희생하는 것이었으며 동시에 최종 버전을 파괴와 망각으로부터 지켜내는 일이었다.

그 대담한 글쓰기로 인해 두 작품이 오늘날에 이르고 있다. 지금 우리가 소설처럼 읽고 있는 『일리아스』의 1만 5000행과 『오디세이아』

의 1만 2000행은 구전의 시대와 새로운 시대의 경계에 있는 작품이다. 분명 유려한 낭송 실력을 지닌 어느 시인이 글을 알게 되면서 구전되던 여러 노래를 하나로 엮어냈을 것이다. 두 세계의 문턱에 있던 그가 호메로스였을까? 알 수 없는 일이다. 연구자마다 호메로스의 정체를 다르게 파악한다. 어떤 이는 글을 모르는 고대의 시인이라고 하고, 어떤 이는 『일리아스』와 『오디세이아』의 결정판을 만든 작가라 하고, 또 어떤 이는 두 작품을 마지막으로 수정한 사람이라고 한다. 필사본에 자신의 이름을 넣은 필경사라고 주장하는 사람도 있고 책이라는 발명품에 미혹된 편집자라고 주장하는 사람도 있다. 우리의 문화에 초월적인 영향을 준 작가가 환영일 수도 있다는 건 정말 놀라운 일이다.

호메로스의 수수께끼를 풀기란 불가능하다. 호메로스의 그림자는 어스름한 대지에서 사라져버렸다. 그 점에서 『일리아스』와 『오디세이아』는 더욱 매력적이다. 두 작품은 구전의 시대, 잃어버린 말의 시대에 접근할 수 있도록 해주는 예외적 작품이다.

| 33 |

이 책을 읽는 독자도 구전의 세계에 살아본 경험이 있다. 아직 말을 하지 못하는 아이 때부터 읽는 방법을 배울 때까지 말은 오직 소리로만 존재한다. 여기저기서 말 없는 문자들을 보겠지만 어린아이에겐 아무런 의미가 없다. 세상을 통제하는 어른들은 읽고 쓸 줄 안다. 어린아이는 문자를 몰라도 전혀 문제 되지 않는다. 말이면 충분하니 말이다. 생애 처음으로 들은 이야기들은 달팽이관을 통해 들어간다.

눈은 아직 들을 줄 모른다. 나중에 학교에 가면 그제야 공, 동그라미, 글자, 어절을 배우게 된다. 그리하여 구전에서 글자의 시기로 옮겨가게 된다.

어머니는 침대맡에 앉아서 매일 밤 책을 읽어주셨다. 어머니는 시를 낭송하는 사람이었고 나는 거기 매료된 청중이었다. 장소, 시간, 표정, 고요함은 늘 같았다. 일종의 친근한 의례였다. 어머니가 읽기를 마친 곳을 찾으며 줄거리를 이야기해주려고 앞서 읽었던 곳으로 되돌아가면 부드러운 바람 같은 이야기가 그날의 모든 걱정과 밤의 두려움을 없애줬다. 독서의 시간은 내게 작고 잠정적인 천국과 같았다. 나는 훗날 모든 천국은 그렇게 소박하고 일시적이라는 걸 이해했다.

어머니의 목소리. 나는 어머니의 목소리를 들으며 상상의 나래를 폈다. 뱃머리에 부딪히는 물소리, 눈을 밟는 소리, 칼이 부딪치는 소리, 화살이 날아가는 소리, 미지의 걸음 소리, 늑대의 울음소리, 문밖에서 들리는 속삭임. 어머니와 나는 서로 다른 장소에, 서로 다른 차원에 있으면서도 하나가 된 듯했다. 침실의 시계가 반 시간 동안 째깍대는 사이에 수년에 이르는 이야기가 흘러갔으며 많은 사람과 친구와 염탐꾼이 우리를 둘러싸고 있었다.

그 시절, 나는 유치를 하나씩 갈고 있었다. 어머니가 이야기를 들려주는 동안 나는 손가락으로 유치를 흔들어보곤 했다. 치아가 흔들리면서 갈수록 거세게 춤추는 듯했다. 그러다가 마침내 피가 나면서 이가 빠지면 나는 이를 손바닥에 놓고 바라보았다. 나의 유년은 그렇게 사라지고 있었고 이야기를 들을 수 있는 시절은 끝나가고 있었다. 그때는 알지 못했다.

아주 흥미진진한 사건에 이르면(추적, 임박한 살인 사건이나 발견, 배신의 징후 등) 어머니는 헛기침하곤 했다. 이제 그만 읽겠다는 신호였다. "이제 더 읽을 수가 없겠구나." 그럴 때면 나는 "안 돼, 안 돼, 더 읽어줘요."라며 졸라대곤 했다. "엄마 피곤해." "조금만 더, 제발." 그렇게 작은 희극이 끝나면 어머니는 계속해서 책을 읽어주기 시작했다. 어머니가 날 놀리고 있다는 걸 알았지만, 나는 늘 어머니의 행동에 놀랐다. 마침내 독서를 그만둬야 할 때가 오면 어머니는 책을 덮고 내게 뽀뽀를 하고 날 어둠 속에 남겨둔 채 아이들에게 금지된 비밀스러운 밤의 세계로 들어가셨다. 책은 협탁 위에 놓여 있었고 나는 책의 세계에서 쫓겨났다. 유콘의 캠프, 미시시피강, 샤토 디프, 벤보 제독의 집, 혼령의 산, 미시오네스 밀림, 마라카이보의 호수, 베냐 크리크의 동네, 오데사, 벤티밀리아, 네프스키 거리, 바라타리아섬, 모르도르 경계에 사는 쉴로브의 동굴, 바스커빌 저택 근처 황무지, 니즈니노브고로드, 들어가면 돌아올 수 없는 성, 셔우드 숲, 잉골슈타트의 해부학 실험실, 나무 위의 남작, 바오밥나무, 이본 드 갈레의 비밀스러운 집, 페이긴의 은신처, 이타카섬에서 쫓겨났다. 내가 책을 펼쳐도 아무짝에도 쓸모가 없었다. 그저 거미의 발 같은 선들만 보였으니 말이다. 어머니의 목소리 없이는 마술이 현실로 변하지 않았다. 읽는다는 건 주술과도 같았다. 책 속에 있는 이상한 검은 벌레를 읽어내야 했다. 그 벌레들은 거대한 개미 같았다.

우리는 구전이 원시적이고 퇴화적이며 부족적이라고 이해한다. 오늘날 한 나라의 발전과 비문해율을 고려했을 때 유사 이전의 시대를 뒤처진 세계이자 소멸된 세계로 이해하는 건 이상하지 않을 것이다. 그러나 알고 보면 그렇지도 않다. 적어도 필연적으로 그런 것은 아니다. 예컨대 페루의 잉카 문명은 문자 없이도 거대한 제국을 형성했으며 고유한 예술과 거대한 건축물을 창조했다.(물론 잉카에는 키푸라는 결승문자(結繩文字)가 존재했다.) 지금도 그 문명을 보고자 무수한 여행자들이 안데스의 쿠스코와 마추픽추를 찾는다.

물론 문자의 결핍은 문화적 단점이었다. 구전 사회가 복잡해질수록 망각의 위험성은 높아졌다. 사람들은 법률과 신앙과 기술적 지식, 즉 자신들의 정체성을 지켜낼 필요가 있었다. 그들이 성취한 것이 전달되지 않는다면 매 세대마다 처음부터 새로 시작해야 한다. 사람들은 공기처럼 가볍고 즉시 사라져버리는 소리의 시스템을 통해서만 소통했다. 시간 속에서 항구성은 오직 그들의 연약한 기억에 의존할 수밖에 없었다. 그래서 그들은 기억력을 최대한으로 확장해야 했다. 그들은 자신의 한계와 싸우는 기억의 선수들이었다.

영속성을 위한 노력 속에서 그들은 운율적 언어가 훨씬 기억하기 쉽다는 사실을 알게 됐다. 그리고 그 발견을 통해 시가 탄생했다. 낭송할 때, 말의 멜로디는 텍스트가 바뀌지 않고 반복되도록 도와준다. 실수를 저지르면 음악적 연속성이 깨지기 때문이다. 그렇기에 우리는 세월이 흐른 지금도, 너무나도 많은 것을 망각했지만, 어릴 적 학교에서 배운 시를 명확하게 기억할 수 있다.

그리스 신화에서 뮤즈가 여신 므네모시네(Mnemosyne)의 딸들이라는 것은 우연이 아니다.(므네모시네라는 이름에서 '기억술(mnemonics)'이라는 말이 파생한다.) 당시에는 (모든 시대가 그렇지만) 기억하는 능력 없이는 창조가 불가능했다. 엄청난 차이에도 불구하고 구전 시대 음유시인과 포스트모던 시대 작가의 공통점이 있다면, 그것은 자신의 작품을 하나의 또 다른 버전으로, 향수로, 번역으로, 과거의 재활용으로 이해한다는 것이다.

리듬은 기억을 위한 단순한 동맹이 아니다. 리듬은 즐거움(박자와 장단과 반복에 어우러지는 춤, 음악, 성(性))의 촉매제다. 언어 또한 무한한 리듬의 가능성을 담보하고 있다. 그리스의 서사시는 6보격인데, 장음절과 단음절을 섞어가며 독특한 리듬을 만들어낸다. 반면 히브리어로 된 시는 구문론적 리듬을 선호한다. "범사에 기한이 있고 천하만사가 다 때가 있나니, 날 때가 있고 죽을 때가 있으며 심을 때가 있고 심은 것을 뽑을 때가 있으며, 죽일 때가 있고 치료할 때가 있으며 헐 때가 있고 세울 때가 있으며……." 『전도서』 3장의 이 구절은 노래다. 미국의 음악가 피트 시거(Pete Seeger)는 『전도서』에서 영감을 받아 1965년 「돌고, 돌고, 돌고(모든 것은 때가 있다)(Turn! Turn! Turn!(To Everything There is a Season))」를 발표했다. 시에서 기원한 리듬의 즐거움은 오늘날의 문화에도 이어지고 있다.

언어의 음악성에는 또 다른 전략이 있다. 구전 시들은 사색이 아니라 행위를 통해, 이야기를 통해 가르침을 준다. 추상적 문장은 문자언어의 특징이다. 구전 시인들은 청중에게 "거짓말은 믿음을 약화한다."

처럼 매력 없는 표현을 하지 않았을 것이다. 그들은 양치기 소년 이야기에 나오는 "늑대가 나타났다!" 같은 표현을 선호했을 것이다. 구전의 시대에는 늘 모험이 있고, 인물들은 오류를 범하고 고통받는다. 이런 이야기를 통해 시인들은 공동체에 교훈을 건넨다. 경험은 의미를 획득하고 이야기(전설, 단편, 우화, 사건, 농담, 수수께끼, 회상 등)로 전개되었다. 구전의 공상적 세계는 생동과 움직임으로 가득한 이야기를 상상했다. 산 자와 죽은 자, 인간과 신, 육신과 환영이 만나고 천상과 지상과 지옥이 결합하며 영원회귀의 길을 열었다. 전통적 이야기들은 자연이 서사의 즐거움과 현기증에 합류하길 바라는 것마냥 동물, 강, 나무, 달, 눈 등을 의인화했다. 아직도 아동문학은 동물과 아이들의 즐거운 공생을 통해 고대의 즐거움을 유지하고 있다.

영국의 고전주의자 에릭 A. 헤블록(Eric A. Havelock)에 따르면 그리스인들에게 『일리아스』와 『오디세이아』는 대중적으로 전해진 지식을 집대성한 구전 백과사전과 같았다. 그들은 트로이전쟁의 신화와 그리스 정복자들의 귀환을 열정적으로 노래했다. 줄거리, 극적인 흥미, 모험은 대중의 관심을 끌기에 충분했다. 이야기 속에는 짧은 가르침이 내재해 있었다. 낭송을 듣다 보면 항해와 농업에 대한 개념을 배울 수 있었으며, 배를 건조하거나 집을 건축하는 과정, 회의를 소집하기 위한 규칙들, 집단적 결정을 하는 방법, 전투 준비 과정, 매장 방식 등을 이해할 수 있었다. 또 전장에 나선 전사의 태도, 사제에게 말하는 방식, 도전을 알리고 치욕을 만회하는 방식, 가정에서의 태도, 신이 인간에게 기대하는 바, 법률, 관습, 명예에 관해서도 배울 수 있었다. 호메로스의 작품에는 반역적이고 보헤미안적인 한 개인이 아닌, 그리스인의 집단적 목소리가 담겨 있다.

그 가르침 속에는 고대의 지혜도 있지만 억압적 이데올로기도 포함되어 있다. 『오디세이아』 1권에서 텔레마코스가 어머니인 페넬로페에게 이렇게 말한다. "어머니께서는 집 안으로 드시어 베틀이든 물레든 어머니 자신의 일을 돌보시고 하녀들에게도 가서 일하도록 시키세요. 연설은 남자들, 그중에서도 특히 제가 염려할 일이에요. 이 집에서는 제가 주인이니까요." 자신을 남자로 느끼기 시작한 무뚝뚝한 아들은 어머니에게 물레를 돌리라며 집안의 지배권을 차지하려 한다. 시인은 율리시스의 젊은 아들의 입을 통해 남성의 지배권을 승인한다. 그리스인에게 말은 남성의 소유, 남성의 특권이었다. 『일리아스』에서도 제우스가 어느 연회에서 아내 헤라가 자신의 의도를 알아내려 하자 "입 다무시오."라는 말로 공개적으로 힐책한다. 이런 표현과 행위를 통해 호메로스의 인물들은 가정에서 처신하는 방식에 대한 일종의 모델을 제공한다.

나아가 『일리아스』는 말의 문제와 관련된 계급적 차별을 보여준다. 『일리아스』에 나오는 유일한 평민 출신 병사이자 전쟁에 나간 그리스인 중 가장 못생겼다고 묘사된 테르시테스가 장군들의 회의에 끼어들려고 하자 율리시스가 그를 홀(笏)로 내리치며 "얌전히 앉아서 너보다 더 훌륭한 사람들의 말이나 듣도록 해라."라고 호통친다. 그런데도 떠들어대기 좋아하는 테르시테스는 아가멤논의 욕심을 비난한다. "아트레우스의 아들이여, 무엇이 모자라서 불만이시오? 그대의 막사들은 청동으로 가득 차 있고, 그대의 막사에는 우리 아카이아인들이 도시를 함락할 적마다 고르고 골라 맨 먼저 그대에게 바친 여인들이 많지 않소. …… 하나 아카이아인들의 아들들을 불행으로 인도한다는 것은 그들의 지휘자 된 자에게는 어울리지 않는 일이오." 이 말에 군인들이 박수 치고 환호하고 크게 웃자 율리시스가 그를 심하게 꾸짖는다. "홀로 그의 등과 어깨를 치자 그는 몸을 웅크리며 눈물을 뚝뚝 흘렸고 그의 등에는 황금 홀에 맞아 매 자국이 벌겋게 솟아올랐다. 그는 겁에 질려 자리에 앉았고 아픔을 이기지 못하여 당황한 얼굴로 눈물을 닦았다."

우리는 호메로스의 작품을 읽으면서 가부장적인 귀족정치가 그 작품을 지배하고 있음을 인식해야 한다. 물론 호메로스는 그에 대해 문제를 제기하지 않는다. 시인이 전통의 파수꾼인 시대에 자유롭고 파계적인 이야기를 할 수 있는 가능성은 크지 않다. 반역자들, 반항아들, 굴욕을 당하고 억울한 사람들, 침묵을 지키는 여성들, 매 맞는 사람들, 못생긴 테르시테스들의 목소리를 담은 작가가 나타나려면, 문자와 책이 발명될 때까지 기다려야 했다.

| 35 |

잃어버린 세계에서 온 우리가, 그 세계가 사라지고 나서야 그곳을 엿볼 수 있다는 게 얼마나 역설적인가. 우리가 지닌 구전성의 이미지는 책에서 시작한다. 우리는 움직이지 않는 문자를 통해서 구전을 이해한다. 한번 쓰인 서사는 말의 유동성, 유연성, 즉흥성, 언어적 특징을 영원히 상실하고 만다. 구전성을 구원하고자 한 일이 구전성의 죽음을 가져온 것이다.

우리 문화의 구전성은 시간의 경계 너머로 완전히 사라지지 않고, 비록 상처 입었지만 여전히 매혹적인 채로 남아 있다. 우리는 신화, 우화, 전설, 민요, 전통적 이야기로부터 구전성의 먼 메아리를 들을 수 있다. 변형되고 개작되고 재해석된 구전성을 『일리아스』와 『오디세이아』, 그리스 비극, 『토라』, 구약성서, 『라마야나』, 『에다』, 『천일야화』에서 찾아볼 수 있다. 바로 그 이야기들, 문자언어라는 낯선 나라에 온 문학적 망명자들이 우리 문화의 근간을 이루고 있다.

헤블록에 따르면, 뮤즈가 글쓰기를 배우면서 엄청난 변화가 찾아왔다. 새로운 텍스트들은 무한히 다양해질 수 있었다. 왜냐하면 기억의 주체가 없었기 때문이다. 지식의 저장고는 독점적 청각에서 물질적 자료로 변했으며, 따라서 무한히 확장될 수 있었다. 그리하여 문학은 사방으로 확장되는 자유를 누리게 되었으며 기억에 의존할 필요가 없어졌다. 주제와 관점도 자유로워졌다. 전통적 형식과 아이디어에 유착된 구전성과 달리, 문자로 된 글은 독자에게 미지의 지평을 열어줬다. 독자가 고요한 상태에서 새로운 아이디어를 흡수하고 사색할 시간을 얻게 되었기 때문이다. 책에는 기발한 주장, 개인적 목소리, 전통에 대한 도전이 담겼다.

구전성이 사라지자 언어는 건축적 개편을 경험했다. 문장은 새로운 논리 구조로 형성됐으며 어휘는 훨씬 추상적으로 변했다. 또 문학은 시의 규율에서 벗어나게 됐다. 프랑스 극작가 몰리에르의 서민귀족이 어느 날 불현듯 자신도 모르는 사이에 40년간 산문으로 글을 썼다는 사실을 알게 되듯, 그리스 작가들도 인물들이 굳이 6보격으로 말할 필요가 없다는 걸 깨달았다.

산문은 사건과 논리의 세계를 보여주는 놀라운 매개물이 되었다. 혁신적인 표현들은 사유의 공간을 확장했다. 그로 인해 관점도 확장됐고, 이는 역사와 철학과 과학의 출발점이 되었다. 아리스토텔레스는 자신의 지적 작업을 가리키는 말로 '테오리아(theōria, 이론(theory)의 어원)'라는 단어를 사용했는데, 이 말은 그리스어로 뭔가를 바라보는 행위, 즉 관조를 의미한다. 세계를 생각하는 일은 책과 독서를 통해 가능하다. 다시 말해, 급류처럼 흘러가는 말을 들어서가 아니라 말을 보고 그 말을 천천히 숙고할 때 가능하다는 것이다.

이런 변화는 아주 더디게 진행됐다. 우리는 새로운 발명품이 과거의 것을 순식간에 제거한다고 상상하지만, 그 과정은 광속이 아니라 종유석이 만들어지는 속도처럼 더디다. 종유석 끝으로 물방울들이 미끄러지며 석회 성분을 남기듯, 문자는 새로운 의식과 정신을 키워나갔다. 고대 그리스에서 구전성이 사라진 시기는 기원전 8세기에서 기원전 4세기경이다. 상당량의 책을 축적한 아리스토텔레스는 엄밀한 의미에서 유럽 최초의 지식인이었다.

사실 구전성과 문자언어는 서로 대체되는 문제가 아니라 연장선이었다고 보는 것이 타당할 것이다. 그런 점에서 그리스의 학교에서 아이들이 『일리아스』와 『오디세이아』 읽기를 배웠다는 건 역설적이다. 호메로스는 언제나 교육의 중심에 있었다. 구전의 시대에도 그랬듯이, 그는 재론의 여지가 없는 스승이었다. 한편 위대한 이야기꾼과 유능한 연설가들이 계속해서 그리스인들을 현혹했다는 데도 의심의 여지가 없다. 수사학에 대한 그들의 열정이 보여주듯 말이다. 그리스의 정치 권력은 보통 능변가의 손에 쥐어졌다. 그리스에는 중세처럼 힘만

세고 멍청한 봉건 영주와 글을 쓸 줄 아는 박식한 지식인 사이의 뚜렷한 구분이 존재하지 않았다. 그리스인들은 표현의 기지를 드러내는 웅변술에 열광했다. 그래서 고대의 전형적인 희극에서 그리스인들은 뻐기길 좋아하고 수다스러우며 작신거리는 사람으로 그려져 있다. 그들이 어찌나 말을 사랑하고 토론에 열광했던지, 그리스를 정복한 로마인들은 그들을 대책 없는 수다쟁이로 생각했다.

우리는 아직도 그리스 비극의 코러스, 핀다로스의 합창시, 헤로도토스의 이야기, 플라톤의 대화편을 구어로 들을 수 있다. 동시에 이 모든 작품은 문자적 요소와 사적인 의식을 소유하고 있다. 완전한 단절도 일방적인 지속성도 없다. 심지어 아주 새로운 문학적 도전도 늘 과거의 무수한 텍스트의 파편들을 포함하고 있다.

소크라테스는 새로운 것과 낡은 것을 혼합한 인물이었다. 공예가 같은 소크라테스는 철학적 대화를 나누기 위해 아테네의 광장과 작업장과 경기장을 평생토록 돌아다녔다. 나돌아다니기를 좋아하고 가정에는 신경 쓰지 않았던 소크라테스는 부인 크산티페와의 관계도 좋지 않았으며 괴짜로 유명했다. 대화를 좋아했던 그는 자신의 가르침을 글로 쓰기를 늘 거부했다. 그는 책이 생각의 대화를 방해한다고 생각했다. 글로 쓰인 말은 독자의 질문에 대답할 줄 모르기 때문이다. 그는 자신이 창백하고 할쭉한 작가들보다는 야외에서 활동하는 옛 음유시인에 가깝다고 느꼈을 것이다. 그러나 소크라테스를 유혹한 철학의 뮤즈는 글의 딸이었다. 전통적인 세계에서 키가 작고 납작코에 배불뚝이였던 소크라테스처럼 서민 가정에서 태어나고 외모가 보잘것없는 사람은 대중 앞에서 연설할 권리가 없었을 것이며, 테르시테스와 같은 운명에 처했을 것이다. 하지만 소크라테스 시대 아테네의 귀족들은 그를 물리치지 않고 그의 철학적 활동을 존중했다.

글을 쓰지 않은 위대한 철학자가 소크라테스만은 아니다. 피타고라스, 디오게네스, 부처, 예수도 구술을 선택했다. 물론 그들은 읽고 쓸 줄 알았다. 요한복음에는 예수가 그 유명한 구절인 "너희 중에 죄 없는 자가 먼저 돌로 치라."라며 몸을 굽혀 손가락으로 땅에 글을 썼다는 이야기가 나온다. 요한은 예수가 땅에 무슨 내용을 썼는지는 말하지 않지만(앞서 말한 구절을 썼을 수도 있다.) 중요한 것은 우리가 그 장면을 읽고 있다는 것이다. 제자들은 스승이 하지 않았던 글쓰기의 과업을 떠맡았다. 그들의 글쓰기 덕분에 세상을 주유한 예수의 이미지가 지금까지 이어지고 있다. 비록 스승들의 가르침은 구술로 시작되었지만 책은 스승들의 메시지를 확장하는 결정적 매개체가 되었다.

글이라는 새로운 문명 속에서 구술은 말의 독점권을 상실했지만 사라지지 않고 오늘날에도 이르고 있다. 20세기까지도 글을 읽을 수 있는 사람은 소수였으며 아직도 수억 인구가 글을 읽지 못한다. 인류학자들이 지적하듯 노래와 신화의 목소리는 사라진 적이 없다. 하버드대학교의 연구자 밀먼 패리는 전간기에 호메로스의 서사시가 낭송되는 걸 확인하고 연구하기 위해 발칸반도를 여행했다. 그런데 놀랍게도 그 학문적 여행기는 고전풍의 새로운 서사시로 변모했다. 1933년, 글 모르는 어느 음유시인이 패리를 신화적 영웅처럼 묘사한 것이다. "아름다운 아메리카의 경계에서 매 한 마리가 많은 나라와 도시를 날아 우리 나라의 바닷가에 이르렀구나. 우리의 역사는 오래도록 그를 기억할 것이다." 또 다른 미국인 연구자이자 마추픽추가 알려지기

20년 전에 그곳을 방문했던 하이럼 빙엄(Hiram Bingham) 3세는 영화 속에서 채찍을 휘두르는 인디아나 존스로 재탄생했다. 그렇게 몇몇 대학교수들은 짧은 시기에 서사시의 영웅적 인물로 자리 잡았다.

역설적이게도 구술은 기술 발전의 덕을 봤다. 오랜 과거부터 인간의 목소리는 물리적으로 함께 있는 사람들에게만 전달될 수 있었다. 그런데 라디오와 전화기는 그 한계를 무너뜨렸다. 핸드폰, 인공위성, 전파를 통해 우리의 말은 지구 반대편까지 날아갈 수 있게 되었다.

영화도 무성영화에서 유성영화로 변했다. 무성영화가 상영되던 시절엔 변사가 등장하여 낭송자, 음유시인, 괴뢰사, 서술자 역할을 수행했다. 그들은 글을 모르는 사람들을 위해 영화에 삽입된 글자를 읽었다. 무성영화가 상영되던 초기에 그들의 역할은 처음 영화를 보는 사람들의 놀라움을 진정시키는 것이었다. 사람들은 어떻게 길거리와 공장과 기차와 도시와 세계가 스크린 위로 나올 수 있는지 이해하지 못했다. 해설자들은 움직이는 이미지들의 낯섦을 완화했다. 그들은 화면에 보이는 소리를 들려주기 위해 고동 소리, 딸랑이, 야자 껍데기 같은 것을 이용했으며 긴 막대기로 인물을 가리키기도 했다. 관객의 탄식에 화답하기도 하고 즉흥적으로 줄거리를 읊어주기도 했다. 그들은 소리가 없어 생기는 공허함을 채우기 위해 무대 안쪽에서 애써야 했다. 표현력이 풍부한 변사들은 영화 광고에 나오기도 했는데, 많은 관객이 영화보다는 흥미로운 변사의 말을 들으러 오곤 했기 때문이었다.

구로사와 헤이고는 스타의 반열에 오른, 일본 무성영화의 유명한 변사였다. 사람들은 그의 말을 들으러 영화관에 갔다. 헤이고는 화가가 되고 싶어 하던 동생 아키라를 도쿄의 영화계에 끌어들였다.

1930년 즈음 유성영화가 도입되자 그는 일자리를 잃었다. 명성은 사라지고 그는 잊혔다. 헤이고는 1933년 자살했다. 형의 목소리를 통해 영화를 사랑하게 된 아키라는 평생 영화감독으로 활동했다.

| 36 |

과거의 목소리에 관해 쓰는 사이, 최근 소식이 전해졌다. 그 뉴스에 "그게 가능해?"라는 의문과 "그럴 때도 됐지."라는 반응이 넘쳐난다. 신문과 라디오에서는 전문가들의 의견이 분분하다. 반응이 쉼 없이 나오고 있다. 트위터에서는 전대미문의 소식이 돈다. 스웨덴 한림원이 밥 딜런을 노벨문학상 수상자로 선정했다는 것이다.

열성적인 팬들은 문학계가 문학적 위계와 지적 허영이라는 한계를 마침내 넘어섰다고 축하하고 있다. 반면 그 소식에 성난 사람들은 노벨상 위원회의 허위적 전위주의를 불신하고 있다. 사실 그들에겐 작가의 개념을 확장하거나 탈신성화할 의도가 없고, 이번 결정이 단순한 기회주의이며 대중적 반향에 대한 목마름에 기인한다고 의심한다. 흥분한 사람들은 이번 결정을 공허하다고 치부하면서 이런 몰상식한 사건 뒤에 어떤 일이 벌어질지 자문한다. 밥 딜런 이후에는 텔레비전이나 영화 시나리오 작가, 만화가, 독연자, 비디오게임과 트랜스미디어 제작자, 트위터리안 들이 한림원의 성스러운 자리에 들어갈 것인가? 그들이 미래의 문화적 이익집단이 될까?

이 책을 쓰고 있는 나는 호메로스를 떠올린다. 호메로스를 뒤이은 무수히 많은 떠돌이 음유시인들 말이다. 그들은 궁전에서 부자들을 위해 노래하기도 했고 마을 광장에서 소박한 사람들을 위해서도 노래했다. 당시 시인은 등에 악기를 메고 닳아빠진 신발로 먼지 날리는 길을 걸으며 해가 지면 노래하는 사람들이었다. 방랑 예술가들, 뮤즈가 보낸 누더기를 걸친 사람들, 노래로 세상을 이야기한 보헤미안 현자들, 반은 지식인이고 반은 광대인 그들이 작가의 조상이다. 그들의 시는 산문보다 앞섰으며, 그들의 음악은 말 없는 독서보다 앞섰다.

구술성에 수여된 노벨상. 가장 오래된 것이 미래가 될 수도 있다.

| 37 |

어릴 때 나는 내가 가진 책들이 나를 위해 쓰인 유일한 것인 줄 알았다. 그때 부모님은 거인이었고 무엇이든 할 수 있었으며 시간이 나면 내게 들려줄 이야기를 창작하느라 바쁘다고 생각했다. 내가 침대에서 턱까지 이불을 덮고 어머니의 목소리로 맛보던 이야기들은 날 위해 존재한다고 생각했다. 어머니는 "더 들려주세요."라는 내 말에 세상에 단 하나뿐인 임무를 수행하셨다.

다 자란 지금도 책에 대한 내 감성은 자아도취적이다. 하나의 이야기가 나를 파고들 때, 그 말들이 비가 되어 나를 적실 때, 이야기가 고통스럽게 다가올 때, 책의 작가가 내 삶을 바꿔버렸다고 느껴질 때, 나는 그 책이 찾고 있던 독자가 바로 나라는 것을 다시금 믿게 된다.

누군가에게 그런 느낌을 받아본 적 있냐고 물어보진 않았다. 책과 관련된 나의 모든 경험은 내 어린 시절의 나라로 거슬러 올라간다. 거기에는 하나의 본질적인 모티브가 있다. 바로 큰 소리로 글을 읽으면서 문학을 접했다는 것. 그건 마치 문자라는 현재와 구술이라는 과거, 그 모든 시간이 만나는 교차로 같았다. 또 그것은 단 한 명의 관객이 있는 작은 연극이자 나를 자유롭게 해주는 기도와도 같았다. 누군가 책을 읽어주며 당신이 기뻐하길 바란다면, 그것은 사랑의 표현이자 삶이라는 전투 속에서의 휴전이다. 당신이 주의를 기울여 이야기를 듣는 동안 서술자와 책은 하나의 목소리로 용해된다. 밤의 어스름속에서 이야기를 들려주는 사람을 당신은 결코 잊을 수 없을 것이다.

한 여인이 어린 남자친구와 관능적인 만남을 가질 때마다 남자친구가 읽어주는 이야기를 듣는다. 나는 베른하르트 슐링크(Bernhard Schlink)의 『책 읽어주는 남자』에 묘사된 그 내용을 좋아한다. 모든 것은 소년이 그리스어 수업에서 번역한 『오디세이아』에서 시작된다. "책을 읽어줘." 그녀가 말한다. "넌 목소리가 예뻐, 꼬마야." 소년이 그녀에게 입맞춤하려 하자 그녀가 얼굴을 돌린다. "먼저 나에게 책을 읽어줘." 그날 이후로 그들은 만날 때마다 책을 읽는다. 소년이 이야기를 풀어가는 동안 한나는 웃고 화내고 탄식하며 주의 깊게 그의 얘기를 듣는다. 그렇게 몇 달 동안 실러, 괴테, 톨스토이, 디킨스의 책을 읽어가면서 소년은 서술의 기술을 익히게 된다. 여름이 오고 낮이 길어지자 독서의 시간도 길어진다. 무더운 어느 여름날 오후, 책 읽기가 끝나자 한나는 더 이상 책을 읽지 않기로 한다. 그것이 두 사람의 마지막만남이다. 며칠 후, 소년이 늘 가던 시간에 그녀 집에 도착하여 벨을 누르지만 집은 비어 있다. 아무 설명도 없이 그녀가 갑자기 사라진 것이다. 한나와 함께하지 못하는 소년은 수 년 동안 책을 읽지 못한다.

세월이 흘러 소년은 독일에서 법학을 공부하는 대학생이 되어 있다. 그는 우연히 옛 연인의 어두운 과거를 알게 된다. 그녀가 나치 수용소의 교도관이었던 것이다. 그녀는 그곳에서도 수감자들을 불러 며칠 밤이고 책을 읽게 한 뒤 죽음으로 가는 아우슈비츠행 기차에 그들을 실어 보냈다. 소년은 여러 정황상 그녀가 글을 읽지 못함을 눈치챈다. 작품은 시골 출신에 교육도 받지 못했으며 허드렛일만 하던 여성이 크라쿠프 인근의 여성 수용소에서 교도관으로 일하게 된 이야기를 들려준다. 이로써 때로는 잔인한 일을 저지른 한나의 침묵, 이해할수 없는 반작용, 독서에 대한 갈증, 소외, 감추려는 노력, 고립이 설명된다. 대학생이 된 소년의 사랑스럽던 과거의 기억은 증오가 된다. 하지만 그는 카세트테이프에 『오디세이아』를 녹음하여 감옥에 있는 그녀의 고독을 덜어주고자 한다. 한나의 재판이 진행되는 동안 그는 체호프, 카프카, 막스 프리슈, 테오도어 폰타네의 작품을 녹음하여 보내준다. 죄와 공포와 기억과 사랑에 얽힌 두 사람은 소리 내어 읽는 독서라는 과거의 안식처에서 삶을 견뎌낸다. 이는 셰에라자드가 잔혹한왕에게 이야기를 들려주는 『천일야화』를 떠올리게 한다. 2차 세계대전이라는 파국 속에서 상처받고 조난자가 된 소년과 한나는 면죄와치유와 평화를 찾아 과거의 이야기로 돌아간다.

알파벳의 평온한 혁명

| **38** |

21세기를 살고 있는 우리는 누구나 유년기에 읽기와 쓰기를 배운다고 생각한다. 읽기와 쓰기는 누구나 접근할 수 있는 것이라고 말이다. 우리 중에 한나처럼 글을 읽지 못하는 사람이 있을 것이라고는 생각지도 못한다.

하지만 통계청의 2016년 자료에 따르면 스페인 인구 중 67만 명이 글을 모른다. 나도 글을 모르는 사람을 한 명 알고 있다. 그는 길을 찾을 때도, 역에서 플랫폼을 찾을 때도, 전기료 고지서를 볼 때도, 투표용지를 볼 때도, 식당에서 음식을 주문할 때도 어려움을 겪었다. 그는 자신이 알고 있는 장소, 습관적인 일상 속에서만 불안을 덜 수 있었다. 다른 사람들처럼 일을 침착하게 해낼 수 없었다. 그러면서도 글을 모른다는 사실을 감추려고 애썼다. "안경을 집에 놓고 왔는데, 저것 좀 읽어줄래?" 그렇게 어쩔 수 없이 속이다 보니 사람들과의 관계가 소원해졌다. 나는 이런 무력감 속에서도 그가 수치를 당하지 않고 타인에게 도움을 청할 수 있도록 하는 사소한 거짓말의 레퍼토리를 기억하고 있다. 자신이 글을 모른다는 사실을 숨기려는 한 여자의 절망적인 강박을 그려낸 루스 렌들(Ruth Rendell)의 추리소설 『활자 잔혹극』에 기초를 둔 영화 「의식」에서, 감독 클로드 샤브롤은 반어적 이름을 지닌 주인공 소피(지혜)에게 가해지는 폭력을 드러내며 암묵적인 배제의 어두운 면을 포착한다.

우리는 그 어느 때보다 많은 것을 읽고 있다. 우리는 포스터, 라벨, 광고, 스크린, 자료에 둘러싸여 있다. 벽에 있는 낙서부터 화려한 광고에 이르기까지 길에는 말이 가득하다. 핸드폰에도 컴퓨터 모니터에도 글자들이 깜빡거린다. 다양한 형식의 텍스트가 반려동물처럼 집에 함께 살고 있다. 문자가 이토록 많은 적은 없었다. 우리는 일을 하거나 쉬는 시간에도 다양한 형태의 자판을 두드린다. 서류를 떼러 창구에서 신청서를 작성할 때, 누구도 글을 아느냐고 물어보지 않는다. 글을 쓸 수 있는 능력이 없다면 우리는 일상에서조차도 배제될 것이다.

스페인 시인인 아나 마리아 모익스(Ana María Moix)가 1970년대 라틴아메리카 소설의 붐을 이끌던 마리오 바르가스 요사, 가브리엘 가르시아 마르케스, 브라이스 에체니케(Bryce Echenique), 호세 도노소(José Donoso), 호르헤 에드워즈(Jorge Edwards)와 점심을 먹었다. 그들은 바르셀로나의 어느 식당에 들어갔는데, 주문을 적어서 종업원에게 건네야 했다. 그런데 그들은 술을 곁들이며 얘기를 나누는 데 여념이 없었고 주문은 신경도 쓰지 않았다. 먹는 일엔 관심 없고 수다만 떨고 있는 모습에 화가 난 주방장이 다가오더니 그들을 알아보지 못하고 이렇게 말했다. "여기 계신 분 중에 글을 쓸 줄 아는 분이 없나요?"

우리는 대부분이 글을 쓰고 읽을 줄 안다고 추정한다. 이런 상황이 오기까지는 수 세기가 걸렸다. 예전의 컴퓨터처럼, 애초에 글쓰기는 소수 전문가들의 것이었다. 문자는 계속해서 단순해지면서 지금처럼 많은 사람이 일상생활에서 활용하게 되었다. 컴퓨터의 상용화는 기껏 10년 정도밖에 걸리지 않았지만 문자가 지금처럼 쓰이기까지는 수천 년이 걸렸다.

약 6000년 전, 메소포타미아에 최초의 문자가 나타났다. 그 기원은 여전히 미스터리로 남아 있다. 세월이 흘러 이집트, 인도, 중국에서 문자가 생겨났다. 최근 이론에 따르면 문자 탄생은 소유물 목록을 작성해야 한다는 실용적 목적에 근원을 두고 있다고 한다. 이 가정대로라면 우리의 선조들은 문자 이전에 계산법을 먼저 이해했을 것이다. 문자는 소유물이 많은 자들, 통치권자들의 문제를 해결하기 위한 방법이었다. 구술의 형태로는 계산하기가 어려웠기 때문이다. 따라서 전설이나 이야기를 쓰는 건 그 뒤의 일이었을 것이다. 우리는 경제적이고도 상징적인 존재들이다. 우리는 목록 작성 같은 계산을 위한 문자를 만들어낸 뒤 이야기를 기록하기 시작했다.

첫 번째 기록은 도식적인 그림(소의 머리, 나무, 기름 항아리, 남자 등)이었다. 고대의 지주들은 이를 토대로 자신이 소유한 가축, 숲, 식료품, 노예의 목록을 기록했다. 처음에는 점토에 작은 인장을 찍다가 나중엔 펜으로 기록했다. 그림은 쉽게 이해하고 해독할 수 있도록 간결하고 동일해야 했다. 그 뒤엔 추상적인 생각을 그려냈다. 수메르의 원시적 서판에는 서로 교차하는 두 개의 선이 있는데 그건 적대성을 의미했고, 평행으로 그려진 두 개의 선은 친구를 의미했다. 오리와 함께 그려진 알은 풍족함을 의미했다. 나는 우리 선조들이 생각을 구체화하는 과정을 상상하는 걸 좋아한다. 예컨대 사랑, 증오, 공포, 실망, 희망을 구체화하는 일 말이다.

그런데 문제가 발생했다. 벼룩에서 구름에 이르기까지, 치통에서 죽음에 대한 두려움까지, 세상을 구체화하려면 너무나도 많은 그림이 필요했던 것이다. 그렇게 기호의 수는 계속해서 늘어났다. 그 해결책은 인간의 가장 뛰어난 천재성과 독창성과 간결함을 보여준다. 이제 더 이상 무한한 사물과 생각을 그리지 않고 아주 제한적인 말소리를 그리기 시작한 것이다. 그런 단순화를 거쳐 마침내 문자가 만들어졌다. 문자를 조합함으로써 인간은 가장 완벽하고 영구적인 언어의 악보를 만들어냈다. 그러나 문자가 그림을 완전히 제거해버린 것은 아니다. 우리가 쓰는 'D'는 어원적으로 '문'을 재현한 것이며, 'M'은 물의 움직임, 'N'은 뱀, 'O'는 눈을 재현한 것이다.

| **39** |

초기의 문자 체계는 상징의 미로였다. 상형문자와 표의문자처럼 그림 같은 문자와 음성기호 그리고 모호함을 해결해줄 기호들을 뒤섞어 썼다. 따라서 글쓰기를 배우려면 수천 개의 상징과 그 상징들의 조합을 알아야 했다. 특권적이고 비밀스러운 일을 수행하는 소수만이 그런 지식을 지닐 수 있었다. 귀족 출신 견습생들은 냉혹한 가르침을 견뎌내야 했다. 어느 이집트의 텍스트에 이런 구절이 있다. "소년의 귀는 등에 있으니, 등짝을 때리면 말을 듣는다!" 서기를 교육하는 학교에서 학생들은 수년간 매를 맞으며 교육을 받아야 했다. 어물거리는

건 허용되지 않았고 태도가 좋지 않은 학생은 감옥에 갇힐 수도 있었다. 하지만 그 잔혹한 교육의 과정을 견뎌내면 종교적 서열의 꼭대기에 오를 수 있었다. 스승들은 특권 계급을 형성했으며 때로는 글을 모르는 궁정 사람들의 권력보다 더욱 강력했다. 이런 교육 시스템의 결과로 글쓰기는 오직 안정적 권력에 복무했다.

알파벳의 발명은 장벽을 허물고 많은 사람이 글로 쓰인 사유에 접근할 수 있도록 문을 개방했다. 혁명은 셈족 사이에서 일어나기 시작했다. 이집트의 복잡한 문자 체계에서 출발하여 아주 단순한 형태에 이르게 된 것이다. 그들은 말의 기본 골격인 자음을 재현한 기호만을 유지했다. 알파벳의 가장 오래된 흔적은 상이집트의 테베와 아비도스 사이의 사막을 가로지르는 와디엘홀(공포의 계곡)의 고속도로 근처에 있는 바위벽에서 찾을 수 있다. 이 글은 기원전 1850년경에 쓰인 것으로, 시나이반도와 시리아-팔레스티나의 가나안 땅의 고대 알파벳과 관련되어 있다. 이후 기원전 1250년경 페니키아인들(비블로스, 티로, 시돈, 베이루트, 아슈켈론 등 해안 도시에 거주하던 가나안 땅의 사람들)이 스물두 개의 기호 체계를 갖추게 되었다. 그리하여 엄청난 기억과 오랜 교육을 요구하던 고대의 문자는 뒤안길에 남겨졌다. 수백 개의 상징을 활용하는 데 익숙한 이집트의 서기에게 고작 서른 개 이하의 문자를 조합하여 활용하는 언어는 조악하기 그지없었을 것이다. 아마 그는 이집트의 상형문자 중 팔을 들고 있는 남성에서 파생한 알파벳 'E'('그대가 와주어 기쁘다.'라는 시적 의미를 지니고 있다.)를 보고 눈살을 찌푸렸을 것이다. 반면 교활한 페니키아의 상인들에게 알파벳은 아주 우호적으로 작용했다. 단순화된 알파벳은 서기의 권력으로부터 상인들을 해방해주었으니 말이다. 덕분에 그들은 자신만의 장부를 만들고 교역할 수 있게 되었다.

알파벳의 발명은 상인에게 영향을 줬을 뿐만 아니라 많은 사람이 구술의 현혹에서 벗어나 글을 통해 전통적 역사에 접근할 수 있도록, 그래서 그 역사를 의심할 수 있도록 했다. 바로 거기에서 비판 정신과 글로 쓰인 문학이 태어났다. 혹자들은 자신의 감정에 대한, 종교적 불신에 대한, 삶의 비전에 대한 흔적을 남기기도 했다. 그리하여 책은 조금씩 개인적 표현의 매개체로 변해갔다. 이스라엘에서는 (서기나 사제가 아닌) 예언가들의 목소리가 성서를 침범하기도 했다. 그리스에서는 귀족 출신이 아닌 사람들이 세계를 설명하기 위한 해답을 찾아다니기도 했다. 비록 반역자들과 혁명가들은 예전처럼 탄압받기는 했지만, 그들의 사상은 살아남아 널리 퍼질 가능성이 농후해졌다. 알파벳 덕분에 잃어버린 몇몇 대의가 시간의 흐름 속에서 승리해갔다. 대부분의 텍스트가 왕과 지배층의 권력을 지속적으로 떠받치고 있었지만 억누를 수 없는 목소리들을 위한 균열도 벌어졌다. 전통은 안정적 견고함을 상실해갔고 새로운 사상이 낡은 사회 구조를 뒤흔들었다.

비블로스의 아히람 왕의 무덤에는 기원전 1000년경 페니키아인의 문자가 새겨진 비문이 있다. 비블로스는 파피루스 수출로 유명하던 도시였고 바로 그 도시의 이름에서 '바이블(성서)'이라는 말이 유래했다. 어쨌든 페니키아인들의 문자 체계에서 이후의 모든 알파벳 체계가 뻗어나갔다. 그 체계 중 가장 중요한 게 아람 사람들의 알파벳이었다. 바로 거기서 히브리어, 아랍어, 인도어의 알파벳이 유래했다. 그리스어와 스칸디나비아에서 지중해에 이르는 광대한 지역으로 확장된 라틴어 알파벳도 거기에서 유래했다.

| **4O** |

　그리스인들은 페니키아인들의 문자를 자유롭게 받아들였다. 그들은 그 발명품을 자신들의 필요에 따라 안착시켰으며 자신들이 사랑하는 구어 전통을 문어로 옮겼다. 그리스인들은 구어 전통과 문어를 모두 향유했다는 점에서 예외적이었다. 구어를 쓰는 많은 문화가 강요로 주입된 문어와의 충돌 속에서 무너졌기 때문이다. 인류학자들과 민족학자들은 식민화된 나라에서 문어를 향한 변화의 생생한 증거들을 발견할 수 있었다. 식민화된 나라에서 침략의 트라우마와 결합한 알파벳의 틈입은 폭력의 흔적을 드리우고 있다.

　나이지리아의 작가 치누아 아체베(Chinua Achebe)의 소설 『더 이상 평안은 없다』는 침략적 문자에 대한 갈등을 표현한 작품이다. 서구가 들어오고 자신들이 태어난 세계의 전멸을 본 후, 작중 인물들은 글쓰기에 매료되어 있다. 동시에 그들은 식민자들의 손에 있는 마술적 도구인 문자가 그들의 과거를 빼앗아버릴 것이라고 예감한다. 외국에서 유입된 문명은 영속할 수 있는 마법을 지닌 반면, 원주민 세계는 차츰 붕괴해간다. "백인들의 권력의 상징은 글이었다. 영국으로 떠나기 전에 오비는 글을 모르는 어느 친척으로부터 글의 미스터리에 대해 감격해하며 얘기하는 걸 들었다. 우리 나라 여자들은 예전엔 '울리'라는 진액으로 몸에 검은색으로 그림을 그려 넣었다. 예쁘지만 오래가지는 않았다. 기껏해야 2주 정도 유지됐다. 하지만 어른들은 결코 퇴색하지

142

않는 '울리'가 있다는 얘기를 하곤 했다. 물론 아무도 본 적은 없다. 오늘날 우리는 백인의 글에서 그걸 보고 있다. 현지 법원에 가서 20년 전, 혹은 그 이전에 쓰인 공증인의 장부를 보면 글자들이 마치 그 글을 쓴 날처럼 또렷하다. 오늘은 이렇고 어떤 날은 저렇다거나 올해는 이렇고 내년엔 저렇다고 하지 않는다. 책 속에서는 오늘 쓰인 오코예가 내일 오콩코가 되지 않는다. 성서에서 빌라도는 '내가 쓴 것은 변하지 않는다.'라고 말한다. 이것이 바로 결코 퇴색하지 않는 '울리'이다."

| 41 |

우리는 그의 이름이 무엇이며 어디서 태어났고 몇 살인지도 모른다. 나는 그 인물을 '그'라고 부르고자 한다. 그는 남성이다. 당시 그리스 여성들은 이동의 자유가 없었고 독립할 수도 없었다.

그는 기원전 8세기에 살았다. 그는 나의 세계를 바꿔버렸다. 나는 이 글을 쓰면서 경이로운 진보를 성취한 그의 지적 능력에 감사하고 있다. 물론 그는 자신이 발견한 것의 초월성을 인식하지 못했을 것이다. 그는 여행자였으며 아마도 섬사람이었을 것 같다. 그는 분명 그을린 얼굴의 페니키아 상인의 친구였다. 밤이면 상인들과 항구의 술집에 둘러앉아 탁자 위 오징어 요리에서 피어오르는 김 속에서 소금 냄새를 맡으며 술을 마시고 바다의 이야기를 들었을 것이다. 폭풍우를 헤치고 나아가는 배들, 산맥 같은 거대한 파도, 조난, 낯선 해안, 밤에 들려오는 신비로운 여성의 목소리. 하지만 그가 열광하는 건 보잘것없는 외모에 서사시도 없는 선원들이 가진 능력이었다. 그들은 그저 상인들일 뿐인데, 어떻게 그리 빨리 글을 쓸 수 있을까?

그리스인들은 크레타와 미케네가 번영할 때 문자를 알게 됐다. 그 문자는 아주 비밀스러웠으며 아주 복잡하여 소수만 사용했다. 침략과 약탈의 시대, 그 미로 같은 기호는 망각 속에 매장되어버렸다. 글을 쓸 수 있다는 것을 권력의 상징으로 이해한 그는 페니키아 상인들이 능숙하게 글을 쓰는 걸 보고 놀라지 않을 수 없었을 것이다. 그는 비밀을 알고 싶어서 안달이었다. 그리하여 글로 쓰인 말의 비밀을 해독하기로 마음먹었다.

그는 문자를 아는 상인들에게 사례를 하며 정보를 제공받았을 것이다. 섬(아마도 테라섬, 밀로스섬, 키프로스섬 등)이나 레바논의 해안(예컨대 그리스의 에비아섬 상인들이 페니키아인들과 거래를 하던 알미나 항구)에서였을 것이다. 그는 스승들로부터 스물두 개의 그림으로 무한히 많은 말을 만들어낼 수 있는 마법을 배웠다. 그는 그 대담한 발명품이 가진 가치를 알아봤고, 페니키아의 문자가 수수께끼 같다는 것도 눈치챘다. 음절이 자음으로만 구성되어 있었기 때문에 모음을 알아내야 했다. 페니키아인들은 사용의 용이성을 위해 음절의 정확성을 희생했다.

그는 페니키아의 문자를 모델로 삼아 그리스어를 위한 최초의 알파벳을 창안했다. 그는 페니키아의 열다섯 개 자음 기호를 유사한 형태로 바꿨다.(알레프(𐤀), 베트(𐤁), 기멜(𐤂)…… 등을 알파(α), 베타(β), 감마(γ)……등으로 바꿨다.) 그는 약한 자음들을 취해 다섯 개의 모음으로 활용했다. 그가 이룬 성취는 대단했다. 그 덕분에 개량된 알파벳이 유럽에 전파되었다. 페니키아인이 쓰는 문자의 장점과 새로운 변화를 모두 품은 개량이었다. 모음이 없어 추측에만 의존하던 독서가 훨씬 수월해졌다. mgnms cm sr lr st frs sn vcls처럼 모음 없이 읽는 걸 상상해보라. 예컨대 idea라는 말의 모음이 없다면 D만으로 단어의 정체를 파악해야 하고 aéreo라는 단어를 R만으로 파악해야 한다.

우리는 '그'가 누구인지 알 수 없다. 다만 그가 선물한 문자만 남아 있을 뿐이다. 정체를 파악할 수는 없지만 그가 존재했다는 사실은 분명하다. 연구자들은 그리스어 알파벳의 발명을 익명의 집단적 행위로 파악하지 않는다. 그것은 개인이 성취한 것이며 의도된 것이었으며 특정 장소와 특정 순간에 실현된 단일한 사건이었다. 그리스 역사에서 문자의 점진적인 발전의 증거는 찾을 수 없다. 또 중간 단계의 형태나 퇴화도 찾아볼 수 없다. 누군지는 알 수 없으나 어느 익명의 현자가, 페니키아 항해자들의 친구가, 우리 모두가 지금 쓰고 있는 미래의 문자를 만들어냈다.

| 42 |

알파벳 덕분에 글쓰기는 완전히 바뀌었다. 미케네가 부흥하던 시대에는 소수의 전문가와 서기가 궁정의 회계를 점토판에 기입했다. 당시에는 재산의 목록을 기록하는 게 유일한 글쓰기였다. 반면에 기원전 8세기 그리스에서는 완전히 다른 풍경이 펼쳐졌다. 알파벳이 발견된 첫 번째 유물은 사기나 돌로 만든 잔이었다. 도예공과 석공 들은 더 이상 회계나 소유물(노예, 동, 무기, 말, 기름, 목축 등)에 대해서 새기지 않았다. 대신 그들은 연회에 참여하여 춤추고 마시고 축하하는 사람들의 특별한 삶의 순간을 영원하게 만들었다.

기원전 750년에서 650년 사이에 만들어진 것으로 추정되는 스무 개의 유물이 남아 있다. 그중에서 가장 오래된 것은 아테네의 묘지에서 발견된 디필론 항아리(Dipylon amphora)이다. 알파벳이 새겨진 가장 오래된 이 유물엔 완벽하진 않지만 다음과 같은 문구가 적혀있다. "뛰어난 솜씨를 자랑하는 무용가는……" 이 단순한 문장으로 우리는 그리스인의 저택에서 열린 연회를 상상해볼 수 있을 것이다. 웃음과 놀이가 이어지고 그 안에서 춤 경연이 벌어진다. 그리고 술병이 경연의 상으로 수여된다. 호메로스는 『오디세이아』에서 이런 종류의 경연을 묘사했다. 경연은 연회에서 빈번했으며 그리스인에게 즐거운 삶의 일부였다. '솜씨'라는 말로 유추하자면 춤의 종류는 에로티시즘이 가득한 곡예에 가까웠을 것이다. 그러니 승자는 아주 젊었을 것이며 건장하고 재주넘기 같은 것을 잘했을 것이다. 승자는 그 행복한 날을 잊지 못하여 죽는 순간에 승리의 트로피와 함께 묻어 달라고 청했을 것이다. 그리고 27세기에 달하는 침묵의 세월이 흐른 뒤에야 아름다운 음악과 춤의 메아리를 품은 그 잔이 우리에게 발견되었다.

두 번째로 오래된 유물은 기원전 720년경의 것으로 그리스 세계의 서쪽 끝에 있는 이스키아섬의 묘지에서 발견됐다. 거기에는 이런 기록이 있다. "나는 네스토르의 감미로운 잔이다. 이 잔을 마시는 자는 미의 관을 쓴 아프로디테의 욕망의 포획물이 될 것이다." 이 문구는 『일리아스』에 대한 경의의 표현이다. 네스토르의 잔은 상인들과 항해자들의 세계에, 심지어 주변부의 섬에 호메로스의 존재가 알려져 있었음을 보여준다. 또 문자의 마술이 잔이나 사기그릇 같은 일상에 쓰이는 단순한 물건을 무덤까지 가져가게 하는 귀중한 물건으로 바꿨음을 의미한다. 새로운 시대의 시작이었다. 알파벳은 문어를 궁정의 창고 밖으로 끌어내 춤추고 마시게 하며 욕망에 굴복시켰다.

안갯속에서 나온 목소리들

| **43** |

글쓰기가 걸음마를 떼던 시대가 오자 구어는 무명이라는 안개를 내던졌다. 작가들은 자신의 이름이 기억되길, 자신의 이야기가 죽음을 이겨내길 바랐다. 우리는 그들이 누구인지 알고 있다. 그들은 망각에서 구원받기 위해 이름을 남겼다. 때로는 이야기의 틀을 깨고 일인칭으로 서술하기도 했는데, 『일리아스』와 『오디세이아』의 보이지 않는 서술자는 절대 허용하지 않던 일이었다.

우리는 그 변화를 기원전 700년경에 자신의 주요 작품을 발표한 헤시오도스(Hesiodos)에게서 발견할 수 있다. 그는 시의 구술성을 유지하면서도 새로운 요소, 즉 오늘날 우리가 팩션(autofiction)이라 부르는 요소를 가미했다. 저자이자 서술자이자 인물로 등장한 헤시오도스는 자신의 가족과 삶의 경험을 자세하게 묘사한다. 어쩌면 그를 유럽 최초의 개인이라 말할 수 있을 것이다. 문학적으로는 프랑스 작가 아니 에르노(Annie Ernaux)나 에마뉘엘 카레르(Emmanuel Carrère)의 먼 선조라 할 수도 있다. 헤시오도스에 따르면 아버지가 "풍요와 기쁨과 부가

148

아니라 빈곤함에서 빠져나오려고" 소아시아에서 보이오티아로 이주했다고 한다. 그의 가족은 아스크라라는 불결한 벽촌에 자리 잡았는데 "겨울엔 고약하고 여름엔 견디기 어려워 좋은 시절이 없는 척박한 마을"이었다고 한다.

헤시오도스는 어떻게 시인이 되었는지 밝힌다. 그는 가축과 바닥에서 잠을 자며 산에서 고독한 나날을 보내던 젊은 목동이었다. 여름에 초원을 돌아다니다 보면 시와 음악과 말이 가득한 상상의 세계가 펼쳐졌다. 그 세계는 천국 같으면서도 위험했다. 어느 날 헬리콘 산자락에 가축들이 풀을 뜯을 수 있게 풀어놨는데, 그때 하나의 비전이 출현했다. 아홉 뮤즈가 나타나 그에게 노래 한 곡을 가르쳐주고 재능을 하사하고 두 손에 월계수 가지를 놓아준 것이다. 그걸 받아들이자 그들이 이렇게 말했다. "우리는 진실 같은 거짓을 들려줄 수 있다. 그리고 우리가 원할 때면 언제든 진실을 말할 수도 있다." 거짓 없는 거짓, 그것이 허구에 대한 가장 오래된 생각 중의 하나였다. 나는 고요함과 가축 울음소리와 배설물에 둘러싸인 그 어린 시인을 떠올리기를 좋아한다. 마치 수 세기 후 스페인 시인 미겔 에르난데스(Miguel Hernández)가 말에 대한 자신의 강박을 밝히는 것처럼 말이다. 그는 말을 사랑하면서도 이 세상에서 말이 지닌 힘, 말이 잘못 쓰일 수도 있다는 사실에 두려워했다.

헤시오도스는 「일과 날」에서 과거의 공훈이 아니라 현재의 서사시를 노래한다. 그는 영웅주의가 아니라 어려운 조건에서의 생존을 위한 힘겨운 싸움을 이야기한다. 그는 씨뿌리기, 가지치기, 돼지 거세하기, 학의 울음소리, 이삭, 떡갈나무, 더러운 땅, 추운 밤에 몸을 따뜻하게 해주는 포도주를 노래한다. 그는 신화와 우화와 시골의 지혜를 들려준다. 그는 상속 문제를 두고 형제인 페르세스와 다투고 부의 분배를 놓고 가족 간의 싸움에 뛰어든다. 그게 탐욕스러워 보여도 개의치 않는다. 그는 땅의 가치를 아는 걸 자랑스러워하는 농부다. 그는 게으른 형제가 자신에게 소송을 건 것으로도 모자라 판관을 매수하려 한다고 이야기한다. 그리고 지방의 유지들과 재판관들의 탐욕을 비난하기 시작한다. 그중에는 "소시지를 집어삼키는 판관들"이라는 신랄한 비판도 있다. 그는 늘 힘 있는 자에게 우호적이고 가난한 농부를 약탈하여 자기 주머니를 채우는 권력 기관이 천벌을 받을 것이라고 위협한다. 그렇게 헤시오도스는 더 이상 귀족정치의 이상을 이야기하지 않는다. 그는 전쟁에서 모두의 노력으로 얻은 것을 아가멤논이 혼자 챙긴다며 비난한 못생긴 테르시테스의 후손이다.

당시의 많은 그리스인은 삶을 영위하기에 적당한 토지와 더 공평한 부의 분배를 원했다. 「일과 날」은 힘겨운 노동에 대한 정당한 가치와 타자에 대한 존중과 정의를 갈구하는 사람들의 이야기다. 알파벳의 시대는 헤시오도스가 쓴 저항의 글이 오래 유지될 수 있도록 해줬다. 왕들에 대한 비판에도 불구하고, 혹은 그 덕분에 그의 작품은 필수불가결한 책이 되었으며 나중엔 학교에서 쓰이게 됐다. 그리하여 아스크라의 작은 농장의 밭고랑 속에서 사회참여적 시의 계보가 시작된다.

| ۹۹ |

에릭 A. 헤블록에 따르면 알파벳은 초기에 사회적 위치가 정해지

지 않은 난입자였다. 엘리트들은 여전히 낭송을 했고, 문어는 더디고 부드럽게 확장되었다. 수 세기 동안 이야기들은 머릿속 백지에 기입되었다가 큰 소리로 낭송할 때 공개되었다. 아직 이야기는 구술을 통해 전달됐다. 글로 쓰인 버전은 단지 망각에 대비한 보험 같은 것이었다. 오래된 텍스트들은 언어적 악보처럼 사용됐으며 오직 전문가들(작가와 해석자)만이 텍스트를 읽고 활용했다. 말이 지닌 음악성은 시각적으로 보이는 것이 아니라 청각을 통해 대중에게 전달됐다.

기원전 6세기경, 산문이 태어남과 동시에 작가들은 기억에 의존하는 대신 태블릿이나 파피루스에 글자를 써넣음으로써 작품을 만들었다. 작가들은 직접 텍스트를 쓰거나 비서에게 말을 받아쓰게 했다. 사본이 거의 없었기에 유통되지도 않았다. 따라서 당시에는 책과 관련된 산업도 없었고 책이 판매되지도 않았다.

그러나 구술은 알파벳으로 변하기 시작했다. 한번 글로 옮겨지면 오선지의 음표처럼 단단히 묶였다. 문장의 멜로디는 영원히 동일하게 유지됐다. 임의적 급변이나 민첩함, 구술의 자유는 사라졌다. 고대 미케네 시대에 서사시인은 악기를 연주하며 즉흥적으로 영웅 전설을 이야기했다. 하지만 이제 글로 쓰인 책이 기억에 의존하여 지휘봉을 들고 리듬을 타며 시를 낭송하던 시인의 자리를 대체했다.

소크라테스의 시대에도 글로 쓰인 텍스트는 아직 일상적이지 않았다. 그들은 글을 구술의 대용품 정도로 생각했다. 기원전 5세기 아테네에서 책이 상업적으로 유통되기 시작했으나 독서가 이상한 일로 여겨지지 않았던 아리스토텔레스의 시대가 올 때까지 1세기를 더 기다려야 했다. 소크라테스는 책을 기억과 지식을 도와주는 수단으로 이해했지만 진정한 현자는 책을 믿지 않는다고 생각했다. 플라톤은 『파이드로스』에서 아테네 일리소스 강변의 플라타너스 아래에서 이뤄지는 파이드로스와 소크라테스의 대화를 통해 이 문제를 다룬다. 두 사람은 무더운 한낮에 매미 소리를 들으며 글쓰기의 모호함이 지닌 아름다움에 관해 대화한다.

소크라테스가 파이드로스에게 말하기를, 수 세기 전 주사위, 체커, 숫자, 기하학, 천문학, 문자를 창안한 이집트의 신 토트가 이집트의 왕을 찾아가 그 발명품들을 신하들에게 가르치라고 했다고 한다. 여기에 소크라테스의 말을 옮겨본다. "그러자 이집트 왕 타무스가 글쓰기가 어떤 효용이 있냐고 묻자, 토트가 대답했다. '왕이여, 이 지식은 이집트인들을 더욱 현명하게 할 것이다. 이것은 기억과 지혜의 묘약이다.' 그러자 타무스가 말했다. '토트 신이시여, 글의 아버지로서 그것의 장점을 말하시는군요. 글쓰기를 배우고 기억을 소홀히 하면 망각이 유발될 것입니다. 사람들은 책만을 신뢰하여 외부로부터 기억에 이르게 될 것입니다. 따라서 글이 인간에게 선사하는 것은 진리가 아니라 지혜의 외연입니다. 진정한 교육 없이 책을 이해하게 된다면 현자가 아니면서 현자라고 믿게 될 것입니다.'"

이집트의 신화를 들은 뒤, 파이드로스는 스승의 말에 동의한다. 소크라테스를 추종하던 사람들은 보통 그의 의견에 반기를 들지 않았다. 실제로 플라톤의 대화편에서는 제자들의 "그렇습니다, 소크라테스.", "알겠습니다, 소크라테스.", "옳으신 말씀입니다, 소크라테스."라는 표현이 부지기수로 나온다. 소크라테스는 대답자가 승복한 상황에서 마지막 일격을 가한다. "글로 쓰인 말은 제가 똑똑한 양 그대와 얘기하는 것 같지만, 더 알고 싶은 마음에 뭔가를 물어보면 글은 그저 했던 말을 되풀이할 따름이다. 책은 스스로를 변론할 능력이 없다."

소크라테스는 글로 인해 사람들이 스스로 숙고하는 노력을 하지 않을까 봐 염려했다. 그는 문자의 도움 탓에 지식을 텍스트에 위탁하게 될 것이라고, 그리하여 텍스트를 깊게 이해하려고 노력하지 않은 채 그것을 소유하는 데 만족하게 될 것이라고 생각했다. 그리되면 우리의 지울 수 없는 고유한 지혜가 타인의 부속물이 될 것이라고 생각했다. 그의 날카로운 지적은 아직도 유효하다. 지금 우리는 그리스가 알파벳을 수용하는 과정 못지않게 급진적인 변이를 겪고 있다. 인터넷이 기억과 지식의 메커니즘을 바꾸고 있는 것이다. 2011년 사회심리학 선구자인 대니얼 웨그너(Daniel Wegner)는 한 실험에서 지원자들의 기억력을 측정했다. 그들 중 절반은 보존할 데이터가 컴퓨터에 저장되어 있다는 걸 알고 있었고, 나머지 절반은 몰랐다. 그런데 정보가 컴퓨터에 기록되어 있다고 생각한 사람들은 정보를 익히려는 노력을 기울이지 않았다. 연구자들은 이런 기억의 이완 현상을 '구글 효과'로 부른다. 우리는 원 데이터가 아니라 그 데이터가 있는 위치를 기억하려고 한다. 우리가 자유롭게 사용할 수 있는 지식은 그 어느 때보다 많다. 그러나 이는 거의 대부분 우리의 기억 밖에 저장되어 있다. 데이터의 홍수 속에서 이런 질문을 해볼 수 있을 것이다. 지식은 어디에 있는가? 우리의 게으른 기억은 정보를 저장하는 게 아니라 정보를 찾을 수 있는 주소록이 되는 건 아닌가? 알고 보면 우리가 구술 시대의 기억력 뛰어난 선조들보다 무지한 건 아닌가?

플라톤은 책에 대한 스승의 평가절하를 근거로 글을 비판하고 있

는데, 우리가 그 비판을 그의 책을 통해 읽고 있다는 건 아이러니하지
않은가.

어떤 한계에도 불구하고, 우리가 기억력을 확장할 수 있는 유일한
가능성은 기술력이다. 이런 변화는 위험하면서도 매혹적이다. 우리의
정신과 인터넷을 분리하는 선은 갈수록 희미해지고 있다. 우리는 종
종 구글을 통해 모든 것을 알아낼 수 있다고 믿는다. 사람들이 모여
있을 때 대화 중에 나온 말을 스마트폰으로 확인하려는 사람이 있다.
수중에서 사냥하는 새가 재빨리 물속으로 들어가 살핀 다음 주둥이
로 물고기를 물고 나오듯, 우리는 신속하게 검색 결과를 찾아내 모든
의구심을 해결한다.

1980년대 이후에 시행된 실험을 통해 웨그너는 우리가 중요한 정
보를 어디서 찾을 수 있는지 기억하고 있다면 특정 지식을 기억해두
지 않더라도 정신적 영토의 경계를 확장한 것이라고 생각한다. 이것이
분산기억(transactive memory) 이론의 근간이다. 웨그너에 따르면 모든
걸 기억하는 사람은 없다. 우리는 타자의 기억, 책, 거대한 사이버 메
모리를 통해 정보를 저장한다.

알파벳은 인터넷보다 더 혁명적인 기술이었다. 알파벳은 처음으로
누구나 접근할 수 있는 확장된 공동의 기억(메모리)을 건설했다. 한 사
람의 기억에 완전한 지식과 완전한 문학이 저장될 순 없지만, 책은 모
든 이야기와 모든 지식을 우리에게 제공해주었다. 소크라테스가 예언

했듯이, 우리는 무식하면서 거만한 자가 되었다. 혹은 글자 덕분에 세상에 없던 크고 똑똑한 뇌를 갖게 되었다. 이와 같은 의견을 지닌 보르헤스는 이렇게 말한다. "인간이 창안한 다양한 도구 중 가장 뛰어난 것은 책이다. 나머지는 인간의 몸이 확장된 것이다. 현미경과 망원경은 시각의 확장이며, 전화는 목소리의 확장, 쟁기와 검은 팔의 확장이다. 그러나 책은 사뭇 다르다. 책은 기억과 상상력의 확장이다."

| 46 |

아테네 외곽에서 정오의 빛나는 햇살 아래 소크라테스가 파이드로스에게 말하길, 글로 쓰인 말은 죽은 기호이자 환영이며, 살아 있는 유일한 담론인 구술의 사생아라고 했다.

23세기 후에 태어난 독일 시인 프리드리히 횔덜린은 그 머나먼 과거로 여행하고자 하며 이렇게 썼다. "플라타너스 아래서, 꽃들 사이로 일리소스강이 흐르는 곳에서, 소크라테스가 사람들의 마음을 사로잡고 아스파시아가 도금양나무 사이를 산책하는 곳에서, 광장의 소란이 들리는 사이에 나의 플라톤이 낙원을 그려냈다."

누군가에게는 퇴락한 시간이 누군가에게는 향수의 시간이다. 횔덜린은 자신을 황량한 독일에 옮겨진 고대 아테네인이라고 생각했다. 그의 진짜 조국은 소크라테스가 진정한 지혜가 파괴되는 것에 반대하여 연설하던 그 황금 세기였다.

시인 횔덜린은 서른 살 즈음에 정신적 위기에 봉착한다. 그는 통제할 수 없는 분노와 불안을 겪으며 헛소리를 해댔다. 치유할 수 없는 병을 앓고 있다는 선고에 그의 가족들은 그를 병원에 입원시켰다. 1807년 여름, 횔덜린의 책 『히페리온』에 매료된 에른스트 치머라는 목공이 그를 방문하여 네카어강 옆에 있는 자신의 집으로 그를 데려간다. 횔덜린은 1843년 죽음을 맞이할 때까지 그곳에 살게 된다.

치머는 그를 보자마자 자신이 사랑하는 소설의 저자를 지켜주기로 결심했다. 말 없는 한 권의 책이 거의 40년 동안 횔덜린을 지켜주며 혈연관계보다 더 강력한 인연이 된 것이다. 글로 쓰인 말이 죽은 기호이자 환영이며 구술성의 사생아일지는 모르지만, 독자들은 글로 쓰인 말에 생명을 불어넣을 줄 안다. 이 이야기를 소크라테스에게 들려주면 좋으련만.

| **47** |

레이 브래드버리(Ray Bradbury)의 『화씨 451』은 책이 불타기 시작하는 온도를 제목으로 삼은 소설이다. 그는 미래파적 환상을 위해 (그다지 미래파적이라고 할 순 없지만) 제목을 그렇게 지었다.

작품은 독서가 금지된 어느 나라의 암흑기를 다루고 있다. 소방관들은 불을 끄는 일이 아니라 반역적 시민이 몰래 숨겨둔 책을 태우는 일에 종사한다. 정부는 모든 사람이 행복해야 한다고 포고한다. 책은 해로운 사상을 담고 있고, 독서는 우수를 야기할 위험성이 있는 것으로 간주된다. 사람들은 악의에 찬 생각을 퍼트리는 작가들로부터 보호되어야 한다.

반역자들은 추적의 대상이다. 그들은 도시 주변의 숲이나 길거리,

오염된 강변이나 버려진 기찻길로 도망친다. 그들은 유랑자로 행세하며 계속해서 떠돌아다닌다. 그들은 책을 모조리 외워 머릿속에 담아 다니기 때문에 누구도 그들이 책을 지녔으리라고 의심하지 않는다. "애초에 의도된 것은 아니었다. 사람마다 기억하고 싶은 책이 있어 그렇게 했을 따름이다. 우리는 하나씩 만나기 시작하여 함께 여행하고 이 조직을 만들고 계획을 세웠다. 우리는 아이들에게 구술을 통해 책을 전파할 것이다. 언젠가 전쟁이 끝나면 책은 다시 쓰일 것이다. 사람들은 한 명씩 자신이 알고 있는 것을 낭송할 것이고 또 다른 암흑의 시대가 올 때까지 책을 출판할 것이다. 암흑의 시대가 다시 오면 이 모든 과정을 되풀이해야 할 것이다." 이 도망자들은 그들이 사랑하는 것이 어떻게 파괴되었는지 목격하고 자신의 눈 속에 책을 간직한 채 기나긴 탈주의 길을 걷는다.

이 소설은 디스토피아를 그린 우화 같지만 꼭 그렇진 않다. 비슷한 일이 실제로 벌어진 적이 있기 때문이다. 기원전 213년, 그리스인들이 세상의 모든 책을 알렉산드리아에 모으려 했을 때, 중국의 진시황제는 의술, 농경, 예언에 관련한 책을 제외한 모든 책을 태우라고 명했다. 그는 역사가 자신으로부터 시작하길 바랐다. 과거를 제거하고자 했다. 그의 정적들이 과거의 황제들을 추종했기 때문이었다. 기록에 따르면 그 일은 무자비하게 진행됐다. "현재를 비방하기 위해 과거를 들먹거리는 자는 가족과 함께 멸할 것이다. 책을 숨기는 자는 연철로 낙인을 찍고 강제 노역을 할 것이다." 진시황제의 증오는 셀 수 없이 많은 책을 파괴했다. 유교에 관련된 책은 전멸했다. 진시황제의 신하들은 집을 수색하여 찾아낸 모든 책을 불태워버렸다. 이에 반발한

400명 이상의 학자들이 생매장되었다.

기원전 191년, 새로운 왕조가 등장하며 잃어버린 책들이 다시 쓰이게 됐다. 학자들이 엄청난 위험을 감수하고 비밀리에 책을 통째로 암기해둔 것이다.

다른 예도 있다. 알렉산드로스는 페르세폴리스를 점령하고 조로아스터교의 모든 책을 불살라버렸다. 하지만 책을 암기해둔 신도들에 의해 복원되었다. 레이 브래드버리가 스탈린이 지배하던 잔혹한 시기에 디스토피아적 환상을 상상하고 있었을 때, 러시아의 시인 안나 아흐마토바의 열한 명의 친구들은 작가에게 생길지 모르는 불행에 대비하여 작가가 써가고 있던 『레퀴엠』을 모두 암기해뒀다. 문어와 기억은 대척점에 있지 않다. 역사적으로 양자는 서로를 구해냈다. 문어는 과거를 보존했으며 기억은 사라진 책을 구원했다.

구술문화가 지배적이고 책이 얼마 없던 고대에는 독자가 작품을 암기하는 일이 낯설지 않았다. 음유시인들은 『일리아스』의 1만 5000행, 『오디세이아』의 1만 2000행을 낭송할 줄 알았다. 보통 사람들도 문학 텍스트를 정확히 낭송할 수 있었다. 신학자 아우구스티누스는 동료인 심플리키오스(Simplikios)가 키케로의 글과 베르길리우스의 모든 시를 앞에서 뒤로, 혹은 뒤에서 앞으로 암송할 수 있었다고 기록했다. 2세기에 안틸루스라는 로마 의사는 책을 암기하는 게 건강에 좋다고 했다. 그는 괴짜 같은 이론을 전개하면서, 이야기나 시나 대화를 암기하려고 노력하지 않는 사람들은 몸에서 해로운 물질을 제거하는 데 어려움을 겪는 반면, 긴 텍스트를 암기하여 낭송할 수 있는 사람은 호흡을 통해 그 물질을 문제없이 배출할 수 있다고 했다.

우리는 레이 브래드버리의 작품에 나오는 도망자들, 중국의 학자들, 조로아스터교의 신도들 혹은 안나 아흐마토바의 친구들처럼 부지불식간에 중요하다고 생각하는 부분을 암기하고 있을지도 모른다. 『화씨 451』의 한 인물은 "나는 플라톤의 『국가』이다."라고 말한다. "나는 마르쿠스 아우렐리우스이다." "헨리 데이비드 소로의 『월든』의 1장은 그린리버에 살고, 2장은 월로우팜에 산다." "스물일곱 명이 사는 작은 마을에는 버트런드 러셀의 모든 에세이가 살고 있는데, 사람들이 서로 나눠서 지니고 있다." 지저분한 머리에 손톱에 때가 낀 한 사람이 농담을 던진다. "절대 표지로 책을 판단하지 마."

모든 독자는 자신에게 흔적을 남긴 말을 비밀스러운 도서관에 담아두고 있다.

그림자 읽기

책은 자신의 독자를 창조해야 했으며, 독자를 창조한 책은 그리스인의 삶의 방식을 변화시켰다.

알파벳은 전사들의 세계에 뿌리내리기 시작했다. 귀족층 자녀들은 군사, 운동, 음악 교육을 받았다. 어릴 때는 가정교사의 교육을 받았다. 13세에서 18세까지의 청소년기에 접어들면 그들의 성인 연인으로부터 전쟁의 기술을 배웠다.(그리스에서 소년과 성인 남성 사이의 동성애는 교육적 기능을 수행했다.) 그리스 사회는 성인 전사와 청소년의 사랑을 허용했다. 그리스인은 에로틱한 긴장이 두 사람의 가치를 키운다고 생각했다. 전사는 자기가 좋아하는 소년 앞에서 빛을 발했으며, 소년은 자신을 매료시킨 특권적 전사의 반열에 오르고 싶어 했다. 도시국가들은 남성들의 클럽이었다. 남성은 전투적 영웅주의에 사로잡혀 서로 관찰하고 경쟁하고 사랑에 빠졌다. 전투를 거듭하는 사이사이 연회와 기마전과 사냥을 즐겼으며, 잔혹한 전쟁에서 자신의 이상적 기사도를 실천했다. 역사가 투키디데스는 길거리에서든 도시에서든 누구도 안전하지 않다고 생각했기 때문에 모든 그리스인이 무기를 소지하고 다녔다고 쓴다. 아테네인들은 집에서 무기를 풀어두고야 폭력성을 조금이나마 누그러뜨렸다고 한다.

기원전 6세기가 되면서 교육은 전적으로 군사와 체육에 함몰되지 않게 되었다. 그렇다고 군사 훈련이 사라진 것은 아니었다. 도시국가의 주민은 이웃 국가와 끊임없이 결투를 벌였으며 도시 경계 밖에 사는 사람들을 찔러 죽이곤 했다. 그러나 조금씩 글쓰기와 산술 교육이 제 영역을 넓혀가기 시작했다. 오직 스파르타 같은 몇몇 곳에서만 13년간 의무적으로 군 복무를 했다.

그리고 예기치 않은 일이 벌어졌다. 알파벳에 대한 열풍이 교육을 자신들만의 특권이라고 생각했던 귀족층을 넘어 널리 퍼져나간 것이다. 자존심 강한 귀족층은 아이들에게 글쓰기의 비밀을 가르치는 데 어떠한 대가라도 치를 준비가 되어 있는 사람들이 늘어나는 상황에 대응해야 했다. 그리하여 만들어진 것이 학교다. 이젠 지도자나 애호가를 통한 개인적인 배움으로는 모든 이들의 요구를 충족하기에 충분치 않았다. 개인 지도를 받는 사람은 소수에 불과하게 되었다. 갈수록 더 많은 귀족 출신이 아닌 자유민 청년들이 교육을 받고자 했으며, 그런 열망에서 교육을 위한 집단적 공간이 나타나기 시작했다.

그 시기를 정확히 파악하기 위해 증거를 찾아 고대 텍스트를 살펴봤더니 어느 텍스트에서 초기 학교의 존재를 발견할 수 있었다. 그리스의 아스티팔레아섬에서 발생한 범죄 사건을 다룬 텍스트였다. 지리학자 파우사니아스(Pausanias)는 『그리스 이야기』에서 기원전 492년 도데카니소스 제도에 사는 사람들을 경악하게 만든 살인 사건을 기록한다. 그 범죄는 2세기에도 섬사람들이 기억하고 있을 정도였으며 파우사니아스도 여행 중에 그 이야기를 들었다. 「볼링 포 콜럼바인」과 삼손의 전설이 교차하는 것 같은 음산한 이야기다. 세상에 대한 분노로 폭력을 자행하던 한 청년이 분노의 감정을 풀고자 어느 학교에 들어가 어린 학생들을 죽였다. "아스티팔레아의 투사 클레오메데스는 경기 중에 자신이 상대하던 에피다우로스의 이코를 죽였다. 올림픽 심판들은 그 잔인함 때문에 승리를 인정하지 않았다. 클레오메데스는 분노에 휩싸였다. 아스티팔레아로 돌아온 그는 예순 명의 학생이 있는 학교에 들어가 천장을 받치고 있던 기둥을 무너뜨려버렸다. 건물이 무너지면서 학생 전원이 사망했다."

결말은 비극적이지만 이 이야기는 기원전 5세기 초, 폭이 13킬로미터에 불과한 에게해의 작은 섬에도 예순 명에 이르는 학생이 있었다는 사실을 입증해준다. 다른 증거들도 있다. 그즈음 알파벳은 그리스인의 삶에 깊이 스며들고 있었다. 심지어 충격적인 범죄나 자연재해로 역사의 뒤안길로 버려진 작은 옛 마을에서도 말이다.

| **49** |

어머니는 내게 읽는 법을 가르치려 했지만 나는 그게 싫었다. 겁이 났기 때문이었다. 내가 다니던 학교에는 알바리토라는 아이가 있었는데 부모님이 선생님이어서 집에서 이미 읽는 법을 배웠다. 다른 친구들이 글자 카드를 보며 말을 더듬거리고 있을 때 그 친구는 완벽하게 글을 읽었다. 아이들은 그의 놀라운 재능을 견디지 못했다. 결국 안뜰

162

에서 보복전이 펼쳐지고 말았다. 아이들이 그를 쫓아가 소리쳤다. "눈이 네 개인 뚱뚱보야!" 아이들은 그의 가방을 짓밟았다. 그리고 손이 닿지 않는 무화과나무 가지에 외투를 던져버렸다. 알바리토는 학교의 불문율을 깬 것이었다. 그는 재능이 '너무' 뛰어났다. 그의 부모님은 알바리토를 다른 학교에 보내야 했다.

내겐 그럴 일이 없을 거라고 확신했다. 나는 다른 친구들을 앞서는 일이 없었다. 어머니는 밤이면 내게 책을 읽어주셨다. 밤에 행해지는 우리의 작은 연극은 위험할 일이 없었다. 사실 나는 글쓰기를 배우고 싶었다. 당시에 나는 읽기와 글쓰기가 동시에 이뤄진다는 사실을 몰랐다.

그러던 어느 날 내 손에 연필이 쥐어졌다. 손에 쥐기 쉽지 않았다. 연습이 필요했다. 나는 종이에 대고 연필이 빠지지 않도록 꼭 쥐었다. 하지만 가끔은 연필심이 부러지곤 했다. 그럴 때면 칼로 연필을 깎아야 했다. 친구들과 바닐라 색깔의 둥그런 테이블에 앉아 있던 내가 생각난다. 몸을 앞으로 기울이고 선과 곡선과 원을 그린다. 혀를 내민 채로 손의 움직임을 따라간다. m은 이웃 글자들과 뒤섞이고 b는 배가 볼록하다. 선이 교차하는 t는 마음에 들지 않는다.

시간이 흘러 나는 철자를 조합할 수 있게 되었다. m을 쓰고 뒤이어 a를 써간다. 처음엔 모든 것이 혼란스럽다. 나는 계속해간다. 나는 왼손잡이라서 글씨를 써가면서 글씨를 지우게 된다. 그렇게 회색빛 흔적이 남는다. 나는 검어진 손으로 계속했다. 그러다 어느 날 나도 모르게 글쓰기의 비밀을 알게 됐다. 내가 마법을 부렸다. 내가 mamá(엄마)라고 쓴 것이다. 선과 원형이 침묵 속에서 노래하고 있었다. 그렇게 나는 문자로 현실을 포착했다. 그 안에는 선만 있는 게 아니었다. 종이에 쓰인 그 글자들엔 아름다운 목소리와 갈색 머릿결, 다정한 시선과 앞니가 드러나 보이는 미소 그리고 비뚤어진 앞니 때문에 늘 소심한 표정을 짓는 부끄러움도 담겨 있었다. 그리하여 내가 연필로 엄마를 부르게 됐다. 엄마! 나는 그렇게 글쓰기를 시작하고 첫 번째 말을 이해하게 되었다.

어떤 사회든 글쓰기를 활용하며 읽기를 배우는 것은 초보적인 의례다. 아이들은 문자를 이해하면 어른스러워졌다고 생각한다. 어른에 한 걸음 더 가까이 다가간다. 유년의 일부를 극복한다. 이는 행복과 도취감을 주는 일이다. 새로운 힘을 시험해볼 때다. 온 세상이 성대한 파티처럼 문자로 장식되어 있다는 걸 누가 의심하겠는가. 이제 길거리를 해독할 때다. 약—국, 빵—집—주—인, 임—대. 불꽃놀이처럼 음절들이 입 밖으로 터져 나온다. 집에서도, 책상에 앉아서도, 어디서든 메시지가 튀어나온다. 그리고 엄청난 질문이 쏟아지기 시작한다. 저칼로리가 뭐예요? 광천수가 뭐예요? 우선적으로 소비한다는 게 무슨 말이에요?

중세 유대인 사회에선 배움의 때가 오면 성대한 기념식을 했다고 한다. 공동체의 과거와 기억을 아이에게 책으로 가르치게 되는 순간에 말이다. 오순절이 오면 스승이 아이를 무릎 위에 앉히고 히브리어 알파벳이 적힌 칠판을 가리키며 큰 소리로 읽으면서 학생이 따라 읽게 했다. 그러고는 칠판에 꿀을 바르고 학생에게 그 꿀을 핥게 했다. 그것은 말이 학생의 몸에 파고 들어가는 상징이다. 또 껍질을 깐 찐달걀이나 파이 위에 글을 쓰기도 했다. 그렇게 달콤하기도 하고 짜기

164

도 한 알파벳을 맛보며 글자는 학생의 일부가 되어갔다.

세상을 간파하고 사유를 밝혀주는 알파벳은 마술적이지 않은가? 고대 그리스인들도 그 마술을 느꼈을 것이다. 당시에 문자는 말뿐만 아니라 수와 악보를 재현하는 데도 활용됐다. 일곱 개의 모음은 일곱 개의 행성과 그 행성들을 주재하는 일곱 천사들을 상징했다. 알파벳은 요술과 부적에도 사용됐다.

고대 그리스의 학교에서 학생들은 "알파, 베타, 감마, 델타, 엡실론, 제타……"를 합창했다. 이후 아이들은 "베타와 알파가 만나면 ba"를 노래하며 어절을 배웠다. 스승은 어절을 쓰고 나서, 학생의 손을 잡고 그 모양을 따라 그리며 가르쳤다. 아이들은 그걸 수천 번 되풀이했다. 학생들은 글자를 따라 쓰거나 받아쓰기를 했다. 우리처럼 그 아이들도 시를 암기하고 연속되는 낯선 단어들을 배웠다. 예컨대 나는 어릴 적 노래로 배웠던 "끼이익, 찌이익, 쓱쓱 자르자(brujir, grujir y desquijerar)"를 아직도 똑똑히 기억하고 있다.

교육은 강박적이고 피곤한 일이었다. 스승이 낭송하면 학생들이 따라 했다. 가르침은 더디게 진행됐다.(학생이 열 살 혹은 열두 살이어도 여전히 글 쓰는 법을 배우고 있는 경우가 드물지 않았다.) 학생이 준비되면 기본적인 텍스트의 일부를 읽고, 되풀이하고, 요약하고, 의견을 발표하고 필사하기 시작했다. 호메로스와 헤시오도스가 대표적이었다. 고대인들은 아이들을 아직 개인적인 취향과 능력을 갖추지 못한 어른의 축소판으로 이해했기 때문에 성인과 같은 책을 읽게 했다. 요즘 나오는 아동 문학이나 청소년 문학은 존재하지 않았다. 당시에는 유년기를 아주 중요하게 고려한 프로이트도 없었고, 유년기라는 것도 없었다. 그러니 아이에게 해줄 수 있는 최선은 어른들의 세계에 머리를 집어넣어 유년이라는 기름때를 없애는 것이었다.

알파벳은 마술과도 같았다. 그러나 교육 방식은 잔혹했다. 그리스 아이들에게 육체적 체벌은 이집트나 유대의 서기에게 그랬듯이 필연적이었다. 그리스 시인인 헤로다스(Herodas)의 해학적인 작품에서는 한 스승이 이렇게 성을 낸다. "말을 안 듣는 녀석을 혼쭐낼 소꼬리 가죽끈이 어디 갔지? 화내기 전에 내놔."

반역적인 말의 성과

| **5❍** |

수 세기에 걸쳐 알파벳이 천천히 퍼져가는 동안에도 그리스인들은 여전히 시를 낭송했다. 물론 기존과는 다른 방식이었다. 기존의 텍스트가 감히 시도하지 않았던 것을 이야기하기도 했지만, 불행히도 우리에게 남겨진 건 파편뿐이다. 기원전 500년경까지 쓰인 어떤 철학서도, 시도 온전히 남아 있지 않다. 다만 산문 작가들이 인용한 시들이 예외적으로 남아 있기는 하다. 그 작은 파편들은 불완전함에도 불구하고 아주 강력하다.

당시는 서정시의 시대였다. 『일리아스』에 비하면 아주 짧았는데, 노래로 부르기 위해 쓴 시였고 고대 시대의 전통적 전설처럼 과거를 지향하고 있지 않았다. 최근의 사건을 다루고 있었고 그들이 경험한 느낌들을 포착하고 있었다. 바로 '지금, 여기, 나'를 말이다.

처음으로 글쓰기가 당시의 시대적 가치와 충돌하는 반역적인 말들과 섞이기 시작했다. 그 놀라운 흐름은 그리스 전사이자 시인으로, 귀족층 그리스인과 야만인 노예 사이에서 태어난 서자 아르킬로코스

(Archilochos)에서 시작한다. 짧은 생애(기원전 680~640년) 동안 그는 어떤 특권도 행운도 없이 전장에서 용병으로 싸우며 모든 것을 스스로 해결해야 했다. 스스로 밝히듯, 그는 매일 창을 던져서 먹을 빵 조각과 마실 포도주를 얻으며 살았다. 문명과 야만 사이에서 살아가던 전사는 전쟁의 이상 뒤에 숨겨진 추악한 현실을 알게 된다.

명예를 유지하려면 도망치거나 후퇴하지 않고 전투에서 자신의 위치를 지켜야 했다. 그런데 트라키아인과의 전투에서 그는 그곳에서 죽거나, 쓰러진 문장(紋章)을 남겨둔 채 생존을 위해 탈출해야 하는 상황에 직면했다. 고대 그리스에서 "문장을 버린 놈"은 대단히 심한 욕설이었다. 스파르타의 어머니들은 전투를 앞둔 아들과 작별인사를 하면서 "문장을 들고 오든가 문장에 덮여" 돌아오라고 했다고 한다. 용맹하게 싸워 문장을 손에 들고 오거나, 주검이 되어 문장에 덮여 오라는 것이었다.

아르킬로코스는 어떻게 했을까? 그는 도망쳤을 뿐 아니라 자신의 시에서 이렇게 밝히고 있다. "유감스럽게도 내가 풀숲에 내던진 문장은 지금 트라키아인이 흔들고 있다. 하지만 나는 내 몸뚱이를 구해냈다. 문장이야 잃어버리건 말건 무슨 상관인가? 다른 문장을 사면 그만이지." 호메로스의 이야기에 나오는 전사들이라면 농담으로라도 입에 올리지 않을 말이다. 하지만 아르킬로코스는 반영웅적 행동을 즐기며 뻔뻔하게 당시의 관례를 조롱하고 있다. 그는 용맹한 군인이었지만(그렇지 않았다면 일용할 양식을 얻지 못했을 것이다.), "마지막 숨이 입 밖으로 나가는 순간 더 이상 돌이킬 수도 돈으로 살 수도 없는" 삶을 사랑했다. 그는 적시에 탈출하는 군인은 다음 전투에 임할 수도 있고,

또 다른 시를 쓸 수도 있다는 걸 알고 있었다. 그의 도전적인 진중함으로 볼 때 그는 비겁하기보다는 현실적이고 신랄한 인물이었다.

아르킬로코스의 언어는 난폭하다고 할 정도로 숨김없고 솔직하다. 그와 더불어 사실주의가 그리스 서정시에 진입하게 된다. 그는 오만한, 새로운 시의 문을 열어젖혔다. 그는 자신의 집념과 열정과 익살의 기질을 숨기지 않았다. 성적 욕망에서도 직설적이다. "네오불라의 손을 만질 수 있다면…… 그리고 그녀에게 돌진하여 그녀의 피부 위로 나의 배와 그녀의 배, 나의 근육과 그녀의 근육이 합쳐질 수 있다면." 어느 시에서는 오럴 섹스를 언급하는 것도 주저하지 않는다. "빨대로 맥주를 빨아 먹는 트라키아인이나 프리기아인처럼 그녀가 머리를 숙인 채 애쓰고 있었다."

아르킬로코스는 아킬레스처럼 전투 중에 사망했다. 하지만 그는 죽은 뒤의 승리가 그저 허세라는 걸 알고 있었다. "죽은 뒤에는 누구도 동포로부터 존경받지 못한다. 우리는 산 자들의 상찬을 더 좋아한다." 옥스퍼드의 리처드 젠킨스(Richard Jenkyns) 교수는 그를 "유럽 최초의 문제아"라고 표현했다. 이 말을 들었다면 아르킬로코스가 크게 웃었을 것이다.

최초의 책

유럽에서 가장 오래된 책의 인류학적 흔적을 찾기란 불가능하다. 파피루스는 습도가 높은 기후에서 오래가지 못하고 약하여 200년을 넘기지 못한다. 오늘날에는 그리스의 텍스트에서나 최초의 책에 대한 언급을 찾아볼 수 있다. 나는 그 텍스트들을 찾으려고 기원전 6세기에서 5세기로 건너가야 했다. 당시의 철학자 헤라클레이토스가 자신의 저작 『자연에 관하여』를 에페소스의 아르테미스 신전에 보관했다고 전해지는 때다.

에페소스는 오늘날 튀르키예에 해당하는 고대 소아시아인 아나톨리아에 위치한 도시국가였다. 그곳은 아시아 세계의 가장자리로 그리스인이 지배하고 있었으며 기원전 6세기에 명확한 이유 없이 철학이 발아한 곳이다. 최초의 철학자들은 경계지대와 혼혈의 자손들이었다. 그리스 본토인들이 과거에 붙들려 있던 반면, 주변부 사람들은 급진적이고 새로운 사고를 시작했다.

그리스 철학의 탄생은 책이 나타나기 시작하는 지점과 일치하는 데, 이는 우연이 아니다. 전통적인 이야기에 널리 알려져 있고 기억하기 쉬운 구어에 반해, 문자는 독자가 차분하게 사유할 수 있는 복합적인 언어를 창조할 수 있게 해줬다. 더욱이 음유시인이 들려주는 이야기를 듣는 일에 비해 책을 손에 들고 읽는 일은 비판정신을 기르는 데에 도움이 됐다. 때로 읽기를 멈추기도 하고 재독하기도 하며 생각할 수 있었기 때문이다.

헤라클레이토스는 '수수께끼 같은 철학자' 또는 '어두운 철학자'라는 별명으로 불렸다. 그의 저작에는 삶의 불투명성과 모순들이 녹아들어 있는 것처럼 보인다. 독자가 문장의 의미를 파악하려고 애써야 하는 난해한 문학의 시작이 헤라클레이토스다. 그는 미로 같은 문장에 다양한 의미를 숨겨둔 프루스트, 탈구되고 혼란스러운 독백을 구사하는 포크너, 여러 가지 언어를 동시에 구사하는 것 같은 인상을 주는 『피네건의 경야』를 쓴 조이스의 아버지다. 단지 그들의 문체가 유사하다고 부자 관계에 비유하는 건 아니다. 그들에게서는 말에 대한 특정한 태도가 공통적으로 발견된다. 세계가 수수께끼와 같다면, 그 세계를 재현하는 언어도 농밀하고 불가해하며 해독하기 어렵게 된다는 것이다.

헤라클레이토스는 현실을 지속적인 긴장으로 설명했다. 그는 그것을 "전쟁", 혹은 대립적인 것들의 싸움이라고 표현했다. 밤과 낮, 각성과 수면, 삶과 죽음은 서로 변해가고, 오직 대립항 속에서만 존재할 수 있다는 것이다. 그것들은 동전의 양면이다.("질병은 건강을 지키게 해주고, 배고픔은 포만을, 노력은 휴식을 …… 필멸의 불멸, 불멸의 필멸, 타자의 죽음으로 살아가고 타자의 삶으로 죽어가고.")

그는 왕의 자리를 물려받았지만 동생에게 지위를 넘겨주고 사실상 사제처럼 살았다. 그는 마법사, 예언자, 점성술사를 그저 "미스터리의 유통자들"로 간주했다. 그는 에페소스의 법률을 만드는 일을 거부하고 아이들과 노는 걸 더 좋아했다고 한다. 오만불손한 사람이었다고도 한다. 그에게 명예와 권력은 중요치 않았다. 그는 우주의 '로고스', 즉 '말'과 '의미'를 찾는 데 혈안이었다고 한다. 그가 찾고자 한 것은 요한복음의 첫 문장("태초에 '로고스'가 있었다.")에 있었다.

그에게 만물의 열쇠는 변화였다. 영원한 건 없었다. 만물은 흘러간다. 우리는 같은 강물에 두 번 목욕할 수 없다. 언제나 변화하는 세계에 대한 흐르는 물의 이미지는 플라톤뿐만 아니라 우리에게도 영향을 줬다. 우리는 그 이미지를 수없이 반복적으로 써왔다. "우리의 삶은 죽음이라는 바다를 향해가는 강이다."라는 호르헤 만리케(Jorge Manrique)의 문장부터 지그문트 바우만(Zygmunt Bauman)의 '액체 근대'까지. 헤라클레이토스의 강에 매료된 보르헤스는 이런 시를 썼다. "헤라클레이토스가 에페소스의 오후를 걷는다. 그는 자기도 모르게 고요한 강가에 다다르게 된다. 그가 말한다. '같은 강물에 두 번 몸을 담글 수 없다.' 그가 멈춰 선다. 그는 자기 또한 흘러가는 강임을 느낀다. 그는 그날 아침과 밤과 전날 밤을 돌이키고자 하지만 그럴 수 없다."

헤라클레이토스의 이 기묘한 문장이 철학의 기원이 된 미스터리와 경이를 포착하고 있다고 생각한다. 현재라는 말의 기원도 거기에 있을 것이다. 나는 이 글을 쓰려고 그가 남긴 얼마 되지 않는 사유의 흔적을 찾아 읽어야 했다. 그의 사유는 지진처럼 우리를 뒤흔드는 현재에 대한 설명으로 느껴졌다. 우리는 폭력의 위험에 노출된 채 극단적인 대립 속에서 살고 있다. 세계화와 경계, 혼혈과 소수집단에 대한 두려움, 포용과 배제, 자유에 대한 열망과 성벽을 치고 자신을 보호하려는 꿈, 변화에 대한 노력과 상실해버린 위대함에 대한 향수 사이에서 말이다.

이런 대립의 긴장은 더는 버티기 어려울 정도로 심해졌고, 우리는 옴짝달싹하지 못할 것만 같다. 그러나 헤라클레이토스의 논리에 따르면 힘의 균형에 발생한 사소한 변화가 모든 것을 바꾸어놓을 수 있다. 그러기에 세상을 변화시키려는 희망은 언제나 타당하다.

| **52** |

그는 어떤 희생을 치르더라도 유명해지고자 한다. 그는 어떤 일에도 뛰어나지 않았지만 그렇게 되고자 한다. 그는 사람들이 그를 알아보고 서로 속삭이며 그를 가리키는 비밀스러운 꿈을 꾼다. 내면의 목소리가 언젠가는 그가 올림픽 챔피언이나 대중을 매혹하는 배우 같은 저명인사가 될 거라고 한다.

그는 뭔가 큰일을 하기로 마음먹는다. 다만 그 일이 뭔지 찾아야 할 따름이다.

그러던 어느 날 계획을 세운다. 공훈을 세울 수 없다면, 파괴자로도 역사에 기록될 수 있다. 그가 사는 도시에는 세계 7대 불가사의 중하나가 있다. 왕들과 여행자들이 멀리서 그걸 보러 온다. 구름 속으로 솟아 있는 언덕에 에페소스 전역을 지배하는 아르테미스 신전이 있다. 신전을 건설하는 데 120년이 걸렸다. 입구에는 기둥들이 빽빽한 숲을 이룰 지경이다. 내부는 금과 은으로 장식되어 있고 천상에서 추락한 성스러운 여신상이 있다. 폴리클레이토스와 페이디아스의 조각상도 있다.

저 멀리 마케도니아에서 알렉산드로스가 태어날 즈음인 기원전 365년 7월 21일 그믐밤, 그는 어둠을 틈타 아르테미스 신전으로 가는 계단을 기어오른다. 야간 경비들은 잠들어 있다. 코 고는 소리만이 정적을 깨던 그날 밤, 그는 등잔을 손에 넣는다. 이내 신전 내부에 기름을 뿌리고 실내를 장식하고 있는 천에 불을 붙인다. 불길이 천장까지 옮겨간다. 더디게 퍼지던 불길이 나무 들보에 옮겨붙자 수 세기에 걸쳐 불타는 꿈을 꿨다는 듯이 순식간에 화염에 휩싸인다.

그는 휘감겨 오르는 불길에 도취되어 화염을 바라본다. 그는 콜록거리며 신전을 빠져나와 밤을 밝히는 신전을 지켜본다. 이내 경비병들이 그를 손쉽게 제압한다. 그리고 쇠고랑을 채워 감옥에 집어넣는다. 그는 홀로 연기 냄새를 맡으며 얼마 동안 즐거워한다. 하지만 고문이 시작되자 사실을 털어놓는다. 그는 온 세상에 그의 이름을 알리려고 세상에서 가장 아름다운 건축물을 불태웠다고 자백한다. 역사가들은 소아시아의 모든 도시에서 그의 이름이 불리는 걸 금지했으나 그 이름은 역사에 남고 말았다. 그는 모든 백과사전에 실린 인물이 되었다. 작가 마르셀 슈보브(Marcel Schwob)는 『상상의 삶(Vies imaginaires)』에서 한 장을 할애해 그의 생애에 관해 썼다. 사르트르도 그에 대한 글을 남겼다. 그의 이름은 그저 텔레비전에 몇 분 등장하거나 유튜브 최고 조회수를 기록하기 위해 어떤 야만적 행위라도 저지를 수 있는 정신병리를 가리키는 말이 되었다. 그런 과시주의는 오늘날에만 벌어지는 현상이 아니었다.

그 악한은 헤로스트라토스(Herostratos)였다. 그의 이름을 따서 유명해지고자 하는 병리적 욕망을 헤로스트라토스 증후군이라고 한다.

누군가 유명해지려고 불을 지른 사건으로 헤라클레이토스가 여신에게 바친 파피루스는 한 줌의 재가 되고 말았다. 역설적으로 헤라클레이토스는 주기적으로 불이 우주를 멸할 것이라고 했으며 자신의 작품에서 우주의 종말을 부를 전쟁을 예언했다. 우주가 멸할지는 모르겠지만 적어도 그의 책은 화염에 불타버리는 슬픈 운명을 맞았다.

움직이는 도서관

그리스 황금시대에는 몇 권의 책이 있었을까? 얼마나 많은 사람이 책을 읽을 수 있었을까? 이에 대한 자료는 없다. 허공에서 춤추는 몇 가닥 풀잎으로 광대한 초지를 가늠할 수는 없는 노릇이다. 더욱이 대부분의 자료가 아테네에 관한 것이고 그 외의 지역에 대한 자료가 없다면 더욱 그렇다.

우리는 알 수 없는 비문해율의 흔적을 찾으려고 도자기에 그려진 독자들의 이미지로 향했다. 기원전 490년경부터 학교에서 글을 배우는 아이들 또는 의자에 앉아 두루마리를 펼쳐 들고 있는 그림들이 항아리에 그려지기 시작했다. 예술가들은 호메로스나 사포의 글이 쓰인 파피루스에 그림을 그려 넣었다. 대부분의 책은 시였다. 신화에 관한 책도 있었다. 그런데 흥미롭게도 그 그림의 주인공은 주로 여성이며 역설적으로 학교가 그려진 그림에는 아이들이 없다. 이 역설로 인해 우리는 의문에 휩싸였다. 아마도 책을 읽는 여성은 귀족층이었을 것이며 집에서 교육을 받았을 것이다. 혹은 일상의 현실이라기보다는

176

도상학적 모티프였을 수도 있다. 무엇이 맞는지 도무지 알 수 없다.

기원전 430년에서 420년까지로 연도가 쓰인 어느 비석에는 무릎에 두루마리를 펼치고 글자에 심취한 청년의 모습이 그려져 있다. 지금 이 글을 쓰고 있는 나처럼 발목을 포갠 채 살짝 고개를 숙이고 있다. 의자로 보이는 모양 아래로는 개의 형상이 새겨져 있다. 이 부조는 그가 과거에 책을 읽는 걸 좋아했다는 의미다. 독서를 좋아하던 그의 모습이 무덤까지 함께한 것이다.

기원전 5세기에서 4세기에는 그전에 없던 인물인 서적상이 출현한다. 그 시기 아테네 시인들의 텍스트에는 '서적상'이라는 신조어가 등장한다. 알려진 바에 따르면, 광장의 시장 가판대에 야채, 마늘, 향, 향수 등과 함께 문학작품 두루마리가 진열되었다고 한다. 소크라테스와 플라톤의 대화에 따르면, 은화 한 닢이면 누구든 시장에서 철학적인 글을 살 수 있었다고 한다. 그 시대에 벌써 책이, 그것도 철학을 다루는 어려운 책이 판매되고 있었다는 게 놀랍지 않은가. 가격을 고려하면 분명 축소판 사본이거나 중고 서적이었을 것이다.

정확한 책의 가격은 알려진 바가 없다. 파피루스 두루마리의 가격은 2~4드라크마였을 것으로 보인다. 이는 노동자가 하루에서 엿새 동안의 노동으로 벌 수 있는 돈과 맞먹었다. 하지만 희귀본의 경우, 그리스의 작가 루키아노스(Lucianos)가 언급하듯, 750드라크마에 달하는 책도 있었다고 한다. 그러나 이 가격이 일반적인 책값은 아니었을 것이다. 따라서 상류층이든 중류층이든 책은 상대적으로 그들이 감당할 만한 가격에 시장에 나왔을 것으로 보인다.

기원전 5세기 말에는 후에 돈키호테로 형상화되는 '책벌레'를 조롱하는 전통이 시작됐다. 그리스의 희극작가 아리스토파네스(Aristophanes)는 "자기 작품을 쓰려고 다른 작품을 이용해먹는" 작가들을 비웃으며 상호텍스트성을 냉소적으로 환영했다. 어떤 희극작가는 개인 도서관을 배경으로 삼아 이런 장면을 썼다. 도서관에서 스승이 호메로스, 헤시오도스, 비극과 역사에 관한 책이 들어찬 책장을 그 유명한 헤라클레스에게 보여준다. "좋아하는 책이 있으면 골라 읽으시게. 느긋하게 제목을 살펴보게나." 그리스 희극에서 늘 대식가로 등장하는 헤라클레스는 요리책을 선택한다. 당시에는 독자들의 호기심을 채워줄 다양한 소책자가 유행했는데, 그중에서도 시칠리아 요리사의 요리책이 인기를 끌었다.

아테네의 서적상들은 해외 고객들도 상대했다. 그렇게 책이 수출되기 시작했다. 그리스 외부의 세계는 아테네에서 생산된 문학, 특히 당시에 가장 애호되던 비극 작품을 원했다. 아테네의 극작품은 지금의 할리우드 영화가 그렇듯이 아테네의 제국주의에 반감을 품은 사람들조차 포섭하기에 이르렀다. 기원전 4세기 전반에 글을 썼던 크세노폰(Xenophon)은 위험한 튀르키예 해안에서 난파선들이 즐비한 연안에 도착했는데, 그곳에는 "침대, 작은 상자들, 많은 책, 그리고 나무 상자에 실어 옮기던 상품들이 있었다."고 한다.

따라서 시장에 책을 공급하는 조직과 사본을 생산하는 사람들이 있었을 것이다. 하지만 그 조직과 사람들의 범위와 기능을 알 수 있는 자료가 없기에 추측에 의존할 수밖에 없다. 분명 책의 사본을 생산하는 곳이 있었을 터이고, 그들은 단순히 지인에게 읽히는 것을 넘어 대중적인 인지도를 높이려는 작가들의 허가를 받고 사본을 만들었을 것이다. 하지만 저자의 허락 없이도 사본은 생산됐다. 고대에는 저작권이 없었으니 말이다.

플라톤의 한 제자는 플라톤의 작품을 필사하여 배를 타고 시칠리아로 건너가 책을 팔았다. 그는 시칠리아에서 소크라테스의 글이 시장에 나왔다는 사실을 알고 그런 일을 벌였다. 사람들은 그의 판매 행위를 비난했다. 그러나 저작권 문제 때문이 아니었다. 플라톤의 제자이자 귀족층에 속하면서 하층민이나 하는 판매 사업에 뛰어들었다는 사실 때문에 비난받았던 것이다.

플라톤학파에게도 도서관은 있었다. 하지만 아리스토텔레스학파가 보유한 도서는 기존의 보유량을 훨씬 넘어섰다. 그리스의 철학자 스트라본은 아리스토텔레스가 "처음으로 책을 수집한 사람"이라고 지적한다. 아리스토텔레스는 다른 철학자가 소유하고 있던 모든 두루마리 책을 1만 8000드라크마에 사들였다고 한다. 그는 수년에 걸쳐 돈을 써가며 당대의 모든 과학과 예술을 포괄할 수 있는 필수적인 텍스트를 축적했다. 끊임없이 책을 읽지 않았다면 그도 글을 쓸 수 없었을 것이다.

그렇게 유럽의 작은 모퉁이에서 책에 대한 열기가 들끓고 있었다.

| **54** |

아리스토텔레스는 비극을 쓰는 작가들이 극장의 대중이 아니라 독자를 위해 글을 썼다고 말하며, 자신의 책이 "널리 유통되고 있다."라고 덧붙이고 있다. 당시에 널리 유통되고 있다는 것은 무슨 의미였

을까?

아리스토텔레스에 관한 어느 글은 숨겨진 세계를 보여주는데, 그 얘기에 따르면 서적상들이 엄청난 양의 책을 수레로 옮겼다고 한다. 아마도 여러 마을을 돌며 책을 팔던 행상을 말하는 것으로 보인다.

스페인 작가 호르헤 카리온(Jorge Carrión)이 지적하듯이 정착화된 서점은 노마드적이고 시적인 전통에서 보면 비정상적인 형태였다. 알렉산드리아 도서관에 책을 가져간 사람들은 여행자들이었다. 잉크와 종이를 취급하는 상인들은 비단길을 따라 바퀴를 이용했고 떠돌이 중고 서적 상인들은 커다란 상자와 진열대를 싣고 먼 길을 달려 시장과 객줏집에 자리를 잡았다. 오늘날엔 이동도서관이 그 오랜 전통을 이어가고 있는 셈이다.

미국의 저널리스트 크리스토퍼 몰리(Christopher Morley)가 쓴 책인 『파르나소스 이동서점』은 바로 그 노마드적 존재에 관한 이야기다. 1920년대 미국의 미플린이라는 사람이 백마가 끄는 이상한 수레를 타고 미국 전역을 주유했는데, 가림막을 올리면 수레가 책으로 가득한 도서관으로 변모했다. 그 안에는 기름 난로, 테이블, 간이침대, 버드나무 의자도 있었고 창문 두 개에 달린 작은 선반에는 제라늄이 자라고 있었다.

수년간 미플린은 "쥐꼬리만 한 월급에 배를 곯으며" 어느 시골 학교의 선생으로 일했다. 그는 건강이 좋지 않아 시골로 내려가 살기로 한다. 그리고 손수 짐마차를 만들어 '이동하는 파르나소스'라는 이름을 붙이고 볼티모어에 있는 중고 서점에서 상당량의 책을 산다. 상인의 교활함이 없지 않지만, 어쨌든 그는 자신을 훌륭한 책이라는 복음을 전파하는 전도자로 생각한다. 그는 초기 자동차와 마차가 함께 다니는 먼지 나는 길을 따라 마을을 돌며 책을 판다. 그러다 어느 농부의 집에 도착하자 마부석에서 내려 땅바닥을 쪼고 있는 닭들이 있는 우리를 지나 감자를 다듬고 있는 여인에게 다가가 독서의 중요성을 설파한다. 그는 농민들에게 자신의 신조를 펼쳐 보인다. "책을 파는 건 12온스 무게의 종이와 잉크와 풀을 파는 게 아니에요. 완전히 새로운 삶을 파는 거지요. 사랑과 우정과 유머와 밤을 항해하는 선박들. 책에는 모든 게 있어요. 정말 좋은 책엔 천상과 지상이 있지요. 세상에나! 내가 책이 아니라 빵이나 고기나 빗자루를 파는 사람이었다면 사람들이 몰려나와 내 물건을 사려고 했겠지요. 그런데 난 영원한 구원을 가지고 여기 있는 겁니다. 나는 그대들의 여리고 슬픈 영혼을 구원하러 온 겁니다. 사람들이 그걸 몰라요."

그을린 얼굴에 시커먼 손을 한 농부들에게 책을 살 기회 같은 건 없었다. 독서가 뭘 의미하는지 설명해준 사람은 더더욱 없었다. 미플린은 깊은 농촌일수록 책이 없다는 것을, 있어도 아주 질이 낮은 책이라는 것을 알게 됐다. 그는 기묘한 능변으로, 농부들을 개인적으로 방문해 그 자녀들에게 이야기를 해주고 학교 선생님들과 얘기를 나누며 온 나라에 책이 유통될 수 있도록 출판사를 압박해야 한다고 주장했다. 메인주 구석의 농촌에 성배를 옮겨가고자 한 것이다.

20세기 초 미국 상황이 이러했는데, 책이 태어난 지 얼마 되지 않았고 모든 일이 처음으로 벌어지던 시대에 아리스토텔레스가 언급한 서적상들은 어땠겠는가?

문화라는 종교

| **55** |

알렉산드로스는 '세계화'라는 가공할 일을 이행한 사람이었다. 당시만 하더라도 그리스인 대부분은 소규모 도시국가의 시민에 불과했다. 각자 고유한 정치와 문화에 자부심을 가진 도시국가들은 아주 독립적이었으며 자유에 대한 갈망으로 인접 국가들과 자주 국지전을 벌였다. 그리스의 도시들이 새로운 왕조에 합병되자 도시민들은 고아로 전락했다. 도시국가들이 독립성을 잃고 제국의 변방이 되자 공동체의 자존심은 휘청거렸다. 어제는 자유로운 도시민이었는데 이젠 예속된 신세가 됐으니 말이다. 동맹, 협약, 중재, 선전포고가 난무하던 세상에 살다가 독립성을 잃게 되자 전쟁은 그 의미를 상실하고 말았다. 그러한 공허감 속에서 새로운 국가 구조가 나타났다. 지향점을 잃은 그리스인들은 기댈 곳을 찾아야 했다. 그들은 동양적 혹은 이국적 종교, 또는 구원적 성격의 철학에 빠져들었다. 혹자들은 이제 갓 생성된 종교, 즉 문화와 예술이라는 종교에 심취했다.

도시민으로서의 삶의 변화를 마주하던 그리스인들은 자신의 에너지를 배우는 데 쏟아부었다. 예속된 세상에서 독립적이고 자유롭게 살기 위해 배우려 했으며, 자기 능력을 최대한으로 끌어내어 자신에 대한 비전을 향상하고 자신의 삶을 하나의 예술작품으로 만들고자 했다. 미셸 푸코가 『성의 역사』를 집필하며 그리스인들을 연구할 때 그에게 깊은 인상을 남긴 것이 바로 이 존재의 미학이었다. 고대의 사유와 관련한 인터뷰에서 푸코는 이렇게 피력했다. "우리 사회에선 예술이 개인이나 삶이 아니라 사물에 관련된 것으로 변해 있습니다. 왜 사람은 자신의 삶을 하나의 예술작품으로 만들 수 없는 거죠? 왜 전등이나 집은 예술작품이 될 수 있고 내 삶은 안 되는 겁니까?"

이러한 사유가 새로울 건 없지만, 헬레니즘 시대에 자유를 상실한 길 잃은 고아들에게 그러한 사유는 하나의 피난처가 되었다. 그 시대의 몇몇 사람들에겐 '파이데이아(paideia, 교육)'가 삶에서 유일하게 가치 있는 것으로 여겨졌다. 이 말의 의미는 풍요로워졌으며 문학가 바로나 정치인 키케로 같은 로마인들은 그 말을 라틴어 '후마니타스(humanitas, 인간다움)'로 번역했다. 이것이 바로 유럽 휴머니즘의 출발점이 되었고 이후 널리 퍼지게 되었다. 그리고 이 말들의 성좌는 여전히 메아리치고 있다. ('엔키클리오스 파이데이아(enkyklios paideia)'에서 온 말인) 백과사전(encyclopedia)은 고대의 파이데이아를 되살렸으며, 이 단어는 위키피디아(Wikipedia)라는 세계적이고 다중언어적인 실험에도 깃들어 있다.

때로는 문화에 대한 이 오랜 믿음이 종교적 신념처럼 신화적 측면, 구원에 대한 약속과 더불어 태어났다는 것을 망각하기도 한다. 문화라는 종교의 독실한 신자들은 저승에서도 선택받은 자들의 영혼이 시인을 위한 연극과 춤과 공연과 대화가 영원히 지속되는 신선한 샘이 있는 초원에서 살게 될 것이라고 믿었다. 말 많은 철학자들에겐 그야말로 천상이 아닐 수 없었을 것이다. 그곳에선 누구도 화를 내거나 입을 닫으라고 하지 않을 테니 말이다.

망자의 문화를 기억하려는 기념비적인 묘비나 조각상이 많은 이유가 그것이다. 그 묘비들은 지식인, 웅변가, 철학자, 예술 애호가, 음악가의 포즈를 취한 채 이승의 삶에 이별을 고한다. 이 묘들은 처음에는 직업적 지식인, 교육자, 예술가의 묘로 여겨졌지만, 지금은 대부분 상인, 의사, 관리의 묘라는 게 밝혀졌다. 그렇지만 그들은 오로지 자신들이 뮤즈가 보호하는 예술적, 지적 앎의 작업을 실행했다는 사실로만 기억되고 싶어 했다.

교양을 추구하던 2세기의 누군가는 이렇게 기록하고 있다. "가치 있는 유일한 일은 교육이다. 그 외의 모든 재산은 인간적이고 작으며 노력하여 추구할 만한 가치가 없다. 귀족이라는 타이틀은 고대인들의 유물이다. 부(富)는 있을 수도 없을 수도 있는 운명의 선물이다. 영예는 불완전하다. 아름다움은 순간적이며 육체는 불안정하다. 육체는 질병과 노화에 스러질 수밖에 없다. 오직 교육만이 영원하고 성스러운 것이다. 지성은 시간이 흐를수록 회춘하면서 과거의 지혜에 새로운 것을 더해가기 때문이다. 모든 것을 쓸어버리는 폭풍우 같은 전쟁도 누군가의 앎을 빼앗지는 못한다."

이런 믿음은 조금씩 붕괴해갔지만, 사람들은 문화, 말, 책을 통해 그 불멸성을 접하고 있었다. 알렉산드리아 도서관을 품은 박물관이 뮤즈에게 제를 올리는 사원이었음을 잊지 말자. 두루마리를 손에 들고 천상의 문을 두드리는 꿈을 꾼 그리스인들을 생각하면 애처로운 느낌마저 든다.

| **56** |

기원전 3세기. 세상은 변했고 책은 새로운 지평을 맞게 되었다. 이집트의 파피루스는 헬레니즘 시대 문해율이 귀족층을 제외하고도 상당했음을 입증해준다. 물론 부자들이 가장 먼저 학교에 진입했다. 그렇지만 밀레토스나 테오스 같은 도시의 교육법에 따르면, 그리스에서는 그 어떤 시대보다 자유민 신분의 아이들이 초등 교육을 받을 가능성이 높았다. 특히 테오스의 교육법은 남자아이와 여자아이를 구분하지 않고 초등 교육을 시행했다. 또 에게해와 소아시아의 여러 도시에서도 부유한 가정의 여자아이에게 교육이 제공되었다. 그리하여 여학생의 입학이 허용되었고, 첫 번째 여성 독자층이 형성되었다.

그렇게 교육의 기회가 널리 퍼져나갔다. 코티아이온, 에우카르피아, 로디아폴리스, 아마시아, 셀레우키아 등 보잘것없는 작은 도시에서 무수히 많은 지식인이 태어났다. 알렉산드리아와 페르가몬을 넘어 수많은 도시에 도서관이 세워졌다. 교육은 변방에서도 이뤄졌다. 코스섬에서 발견된 기원전 2세기 비문에는 지역 도서관에 후원한 사람들의 명단이 있을 정도다.

마케도니아가 침략한 두 대륙, 아프리카와 아시아에서 연극, 체육, 책은 그리스인의 정체성을 표출했다. 원주민들은 투키디데스와 플라톤을 읽으며 지배자들의 언어를 익혀 특권적 지위까지 올라갔다. 정

185

복자들은 야만인을 문명화한다는 명목으로 자신들의 문화를 주입했다. 아프가니스탄의 도시 아이하눔처럼 멀리 떨어진 도시에서도 돌에 새겨진 그리스어 텍스트가 발견되었으니, 그리스의 책이 그곳까지 전달되었다는 의미다.

여기서 주목할 만한 점은, 그토록 드넓은 지역에 걸쳐 호메로스부터 아리스토텔레스, 메난드로스(Menandros)에 이르기까지 같은 작가들의 글을 읽고 또 인용했다는 것이다. 현재의 이란이나 이집트에 해당하는 지역에서 태어난 그리스인의 자녀들은 고향으로부터 그렇게나 멀리 떨어진 곳에서 공통적으로 그런 작가들을 통해 읽고 쓰는 법을 배웠다.

그러니 그들의 문학을 지켜낼 필요가 있었으며, 환상적인 책의 미로인 알렉산드리아 도서관의 현자들이 그 일을 맡았다.

경이로운 기억을 지닌 자와
아방가르드 여성들

알렉산드리아 도서관에는 경이로운 기억력을 지닌 자가 있었다. 그는 매일 두루마리를 읽어나갔다. 읽은 내용은 그의 기억에 저장되었고, 그의 기억은 조금씩 모든 책을 담은 마술적 서고로 변해갔다.

바로 비잔티움의 아리스토파네스였다. 용병의 수장이었던 그의 아버지는 모험적이고 위험한 자신의 직업을 아이에게 물려주려 했다. 그러나 아리스토파네스는 움직이지 않는 여행과 독자로서의 상상의 삶을 선호했다. 잿빛 머리카락으로 덮인 그의 이마엔 이해할 수 없는 텍스트의 글을 읽어내려는 듯 주름이 잡혀 있다. 호리호리하고 늘 과묵하던 그는 자기가 집어삼킨 책들을 닮아가는 듯했다.

어느 날 알렉산드리아에서 시 경연이 열렸다. 왕은 여섯 명의 저명인사를 심사위원으로 뽑았다. 그런데 심사위원을 홀수로 하려면 한 명이 더 필요했다. 그때 누군가 아리스토파네스의 이름을 외쳤다. 여섯 명의 심사위원은 시인들의 낭송을 듣고 박수갈채를 보냈지만 아리스토파네스는 무표정하게 입을 다물고 있었다. 그는 심사 논의에 참여하지 않았다. 그런데 마지막에 발언을 요청하더니 한 명을 빼고는 모든 경연자의 시가 거짓이라고 했다. 그는 자리에서 일어나 도서관으로 들어가 오직 자신의 기억에 의존하여 이곳저곳을 헤집으며 두루마리를 꺼냈다. 그리고 거기에 간교한 경연자들이 써먹은 시가 있었다. 말을 훔친 자들은 아리스토파네스를 속일 수 없었다. 아리스토파네스에게 모든 시는 사람의 얼굴처럼 서로 달랐고 별자리를 기억하는 사람이 있듯이 그는 그 시가 보관된 위치를 정확히 알고 있었다.

전설에 따르면 이집트의 왕은 그를 알렉산드리아 도서관장에 임명했다고 한다. 비트루비우스(Vitruvius)가 전하는 이 이야기는 표절이 문학 경연만큼이나 오래되었음을 말해준다.(아마도 그런 이유로 심사위원들의 결정을 '판결'이라고 하는지도 모르겠다.) 비잔티움의 아리스토파네스의 이야기는, 설립되고 1세기가 지난 후의 알렉산드리아 도서관이 터무니없이 경이로운 기억력에 의존해야 할 정도로 확장되었음을 의미한다. 이제 장서 목록과 명부가 필요할 때가 됐다는 것이다.

에세이스트 필립 블롬(Philipp Blom)이 지적하듯이 모든 수집가는 자신의 목록이 필요하다. 애써 모은 물건들이 언젠가는 팔리거나 도둑맞을 수도 있는 일이다. 소유자의 열정이나 지식의 흔적도 남기지 않은 채 말이다. 우표, 책, 레코드판 수집가들에게 자신이 모은 물건들이 언젠가 잡동사니가 되어 고물상에 놓이게 된다는 건 고통스러운 상상이다. 그런 조난을 해결하는 방법이 목록이다. 그렇게 해야 수집한 물건이 하나의 총체로, 예술작품으로 남게 된다.

목록에서 숫자는 엄청난 힘을 발휘한다. 앞서 얘기했듯이, 프톨레마이오스는 주기적으로 알렉산드리아 도서관의 목록을 살피며 "이제 소장하고 있는 책이 몇 권 정도인가?"라고 물었다. 사서의 입에서 나온 대답은 그 자체로 위대한 계획의 성공과 실패를 의미했다. 탐욕스러운 수집가의 문학적 전형을 보여주는 돈 후안 테노리오의 에피소드에서도 이를 살펴볼 수 있다. 이 이야기를 소재 삼은 모차르트와 극작가 로렌초 다 폰테의 오페라 「돈 조반니」에는 「카탈로그의 노래」라는 아리아가 있다. 이 노래에서 돈 조반니의 하인인 레포렐로가 목록을 하나 들이밀면서 이렇게 말한다. "여기 있는 여성들의 목록이 내 주인님이 사랑한 여인들입니다. 제가 직접 작성했지요. 저와 함께 읽어봅시다. 이탈리아에서는 640명, 독일에서는 231명, 프랑스에선 100명, 튀르키예에서는 91명, 그런데 스페인에선 벌써 1003명입니다." 돈 후안처럼, 프톨레마이오스에게도 자신이 얼마나 많이 성취했는지 확인해줄 조력자가 필요했다. 소셜 네트워크는 오늘날 같은 가상세계의 레포렐로나 마찬가지다. 나르시시즘과 수집가적 동기는 우리를 친구와 구독자 수, '좋아요'의 숫자로 이끌고 있다.

무한을 꿈꾼 알렉산드리아 도서관에는 엄청난 장서 목록이 있었다. 거기엔 120개의 두루마리가 있었는데, 이는 호메로스의 『일리아스』의 다섯 배에 달하는 수치다. 그 수치만으로도 우리가 얼마나 많은 책을 잃어버렸는지 상상할 수 있을 것이다. 게다가 그때 이미 책의 물결이 인간의 기억력이라는 댐을 넘어서고 있었음을 입증해준다. 지식, 시, 이야기의 총합은 이제 결코 한 사람의 머릿속에 담길 수 없게 되었다.(아리스토파네스가 기억하고 있었다고 전해지긴 하지만 말이다.)

58

기원전 3세기에 장서 목록을 담당하던 사람은 리비아 키레네 출신의 칼리마코스(Callimachos)였다. 그는 최초의 제도자(製圖者)였다. 이미 책이 넘쳐나던 알렉산드리아 도서관에선 회랑이든 내실이든 복도든, 어디서든 길을 잃을 수 있었다. 따라서 도서관의 질서를 잡아줄 도면이 필요했다.

칼리마코스는 도서관 사서들의 아버지로 불린다. 역사상 처음으로 서지 분류 카드를 작성한 사람일 것이다. 그가 바빌로니아와 아시리아 도서관의 비밀을 알아내어 영감을 얻었을 수도 있겠지만, 그는 선대의 작업을 훌쩍 뛰어넘었다. 그는 모든 책과 모든 작가를 담은 지도를 그려냄으로써 작품의 진위 문제를 해결했다. 또 그 정체를 밝혀야 할 제목 없는 두루마리도 발견했다. 같은 이름의 작가가 있을 때는 두 사람을 구별하기 위한 조사를 했다. 때로는 원래의 이름과 별칭 사이에 혼란이 빚어지기도 했다. 예컨대 플라톤의 원래 이름은 '아리스토클레스'였다. 오늘날 우리는 별칭인 '플라톤'을 쓰고 있는데, 그가 운동경기를 할 때 쓰던 이름으로 '넓은 등'이라는 뜻이다. 플라톤은 모래판 위에서의 결투에서 기세등등했던 것이 틀림없다.

어쨌든 도서의 새로운 제도자 칼리마코스는 인내심과 애정을 다해 세세한 부분까지 정리해야 했을 것이다. 그는 모든 작가에 관한 짧은 전기를 쓰면서 작가의 부친의 이름, 출생지, 별칭을 기록해뒀고 알파벳 순서대로 도서목록을 작성했다. 모든 책의 제목 뒤에는 본문의 첫 문장을 써둠으로써 내용을 쉽게 파악할 수 있도록 했다.

텍스트를 정리하고 보관하는 데 알파벳을 활용한 것은 알렉산드리아 현인들의 엄청난 성과였다. 오늘날에도 우리는 그 방법이 일종의 발명품이라는 사실을 인식하지 못할 정도로 유용하게 쓰고 있다. 하지만 이는 우산이나 신발 끈, 책등처럼 오랜 탐구 끝에 얻게 된 영감에서 만들어진 것이다. 어떤 연구자들은 아리스토텔레스가 알렉산드리아 도서관 사서들에게 가르쳐준 방법이라고 여기기도 한다. 확인할 길은 없지만 흥미로운 가정이다. 어쨌거나 이 시스템은 알렉산드리아 박물관의 지식인들 덕분에 안착하게 되었다. 우리는 그때와는 조금 다른 알파벳으로 그 시스템을 활용하고 있다.

칼리마코스의 목록집 『피나케스(Pinakes)』('서판들'이라는 뜻)는 보존되지 않았지만, 후대의 기록에 그 목록이 어떠했는지 성기게나마 짐작해볼 만큼 언급되어 있다. 또 『피나케스』의 사본으로 보이는 내용도 전해지고 있다. 예컨대 고대 그리스의 비극 작가인 아이스킬로스의 작품 73편이 알파벳 순서대로 정리되어 있고 100여 편이 넘는 소포클레스의 작품 목록도 전하고 있다. 그리고 이는 상실의 목록이기도 하다. 오늘날 우리는 두 작가의 작품 중 일곱 편씩만을 온전히 읽을 수 있다.

칼리마코스는 장르별로 문학작품을 정리했다. 먼저 시와 산문으로 분류하고, 이 두 영역을 서사시, 서정시, 비극, 희극, 역사, 웅변술, 철학, 의학, 법으로 세분화했다. 그리고 마지막으로 이런 구분에 포함되지 않는 작품들을 잡문으로 정리했다. 예를 들어 제과 기술에 관한 네 권의 책이 이 분류에 포함되었다. 장르별, 알파벳순으로 정리하는 방식은 오늘날에도 쓰이고 있지만 유용하면서도 자의적이기도 하다.

그때부터 장르의 법칙에 어긋나거나 혼종적이거나 경계에 있는 실험적인 책은 분류하기 힘들다는 단점이 있다고 여겨졌다.

『피나케스』는 그 형식주의적인 성격에도 불구하고 문학에 대한 최초의 지도가 되었으며 알렉산드리아 도서관의 거대한 책의 바다를 항해하기 위한 항구들의 도면이 되었다. 아리스토텔레스의 흔적 위에서 지식과 발명에 대한 대담한 분류법이 탄생한 것이다. 칼리마코스의 목록집은 고대에 지속적으로 활용되고 갱신되면서 엄청난 성과를 냈으며, 서지학과 백과사전의 토대가 되었다.

칼리마코스는 책 속에 감춰진 작은 세계들을 망각에서 구원하기를 꿈꿨고, 그러기 위해 인내와 노력을 기울였을 것이다. 그런 점에서 그는 말의 미래를 걱정한 작가였다. 한데 운명의 아이러니 속에서 그의 작품은 거의 사라지고 말았다.

시인으로서 칼리마코스는 변칙적이었으며 창조적 실험을 필사적으로 방어했다. 그는 과거의 문학을 충실히 모방한 작품을 지루해했으며 간결함, 아이러니, 독창성, 단편화를 사랑했다. 때로는 새로운 길을 개척하는 데 있어 고전을 잘 이해하는 것만큼 좋은 방법이 없을 때도 있다.

| **59** |

도서관은 고요히 세상에 침입했다.

기원전 300년부터 1500년까지 근동의 도시에는 소수를 위한 쉰다섯 개의 도서관이 있었다. 반면에 유럽에는 도서관이 없었다. 그런데 2014년 자료에 따르면, 스페인 인구의 97퍼센트가 자신이 거주하는 도시에 공공도서관을 가지고 있다고 한다.(스페인에는 4649개의 도서관이 있다.) 이 자료는 그동안 도서관이 증식하며 엄청난 변화가 있었다는 것을 의미한다. 「라이프 오브 브라이언」에 나오는 유대인 인민전선의 엉뚱한 회원들처럼, 만약 그리스인과 로마인이 우리를 위해서 한 일이 뭐냐고 묻는다면 분명 도로, 다리, 법률, 민주주의, 극장, 수로 등이라고 대답할 것이다. 어쩌면 할리우드의 시나리오 작가들을 유혹하는 웃통 벗은 검투사의 이야기나 사륜마차라고 대답할 수도 있을 것이다. 그러나 공공도서관을 떠올리는 사람은 거의 없을 것이다.

나는 유년 시절에 경험한 첫 도서관을 잊을 수가 없다. 어릴 때 나는 모든 이야기에 숲이 나온다는 걸 알았다. 주인공이 미지의 숲길을 따라가다가 마법에 걸려 경이로움을 경험하는 이야기들이었다. 나도 7월의 어느 날 아버지의 손을 잡고 숲길을 걸은 적이 있다. 우리는 그런데 공원에 있는 작은 도서관에 가곤 했다. 내게 작은 집 같던 도서관은 동화나 알프스에서 가져다 놓은 것처럼 보였다. 도서관으로 들어가 아동 도서를 골라 가슴에 꼭 안고 밝은 공원으로 나와 벤치에 앉아 책을 읽었다. 첫 줄부터 마지막 글자까지 그림과 글자를 빨아들이듯 책을 읽었다. 그사이 천천히 해가 기울고 자전거 지나는 소리가 들렸다. 독서가 끝나면 책을 반납하고 숲을 나와 해 질 녘의 신선함을 만끽하며 집으로 돌아왔다.

숲으로 느껴지던 그 공원이 내게는 환상과도 같았다. 책과 책 속의 영웅들. 미루나무 잎들의 속삭임은 하나의 이야기 같았다. 그렇게 책에 취했고 매일 오후 더 많은 책을 읽게 되었다.

스페인에는 1만 명의 사서가 있다. 그들이 책에 중독된 우리를 도와주고 있다. 사서들은 책이라는 마약의 수호자들이다. 우리는 우리의 지식과 꿈, 요정 이야기에서 백과사전까지, 그리고 학술논문에서 만화에 이르기까지 그 모든 것을 그들에게 맡기고 있다. 많은 출판사가 보관비를 아끼려고 출판물을 폐기하는 요즘, 도서관은 그야말로 보물상자나 다름없다.

도서관은 제 나름의 독특함을 지녔다. 누군가 내게 도서관은 늘 사서를 닮아간다고 했다. 나는 아직 책의 미래를 믿는, 시간을 무력화하는 책의 힘을 믿는 수많은 사서를 존경한다. 그들은 어느 책장에서 수년째 잠들어 있는 책을 깨울 수 있도록 충고하고 독자를 떠밀고 구실을 만들어내는 사람들이다. 그들은 그 일상적인 행위가 세상의 부활이라는 것을 알고 있다.

메소포타미아의 비옥한 초승달 지대에서 시작된 장구한 사서의 계보가 있지만, 우리는 그 계보의 오랜 선조들에 관해서는 거의 모른다. 첫 번째 인물은 칼리마코스다. 칼리마코스 이후에는 많은 작가가 생애의 어느 기간 동안 사서로 일했다. 괴테, 카사노바, 횔덜린, 그림 형제, 루이스 캐럴, 무질, 오네티, 조르주 페렉, 스티븐 킹 등이 그러했다. 스페인 시인 글로리아 푸에르테스는 "신은 나를 시인으로 만들었지만 나는 사서가 되었다."라고 말한다.

시력을 잃은 보르헤스도 사서로 일한 바 있다. 그의 한 친구는 언젠가 보르헤스와 함께 부에노스아이레스의 국립도서관을 둘러봤는데, 보르헤스는 마치 자기 집처럼 도서관을 다뤘다고 한다. 제대로 보이지 않는 눈으로 모든 책장을 바라봤고, 어떤 책이 어디에 있는지 알고 있었으며, 필요한 페이지를 정확히 짚어냈다. 책이 쌓인 복도를 지나고 거의 보이지 않는 곳을 돌아다니면서도 보르헤스는 곡예사처럼 길을 열어갔다. 움베르토 에코는 그런 보르헤스에 대한 경외와 모독 사이에서 『장미의 이름』에 나오는 눈먼 수호자 호르헤를 상상했다.

니네베, 바빌로니아 그리고 알렉산드리아의 시대 이후로 이어진 사서라는 직업은 20세기 초에 여성들의 영역으로 변하기 시작했다. 1910년에는 여성이 거의 80퍼센트를 차지했다. 미혼인 여성만 사서로 일할 수 있었는데, 이 여성 사서들에겐 안경을 쓰고 구식 옷차림을 하고 무뚝뚝하고 불친절하며 투덜댄다는 이미지가 덧붙여졌다. 당시 사람들은 책 속에서 일하는 여성에겐 그 어떤 남자도 손에 반지를 끼워주지 않을 거라고 생각했다. 1946년 영화 「멋진 인생」에 그런 전형적인 장면이 등장한다. 제임스 스튜어트가 연기한 주인공 조지 베일리는 크리스마스이브에 자살하려 고민한다. 그러자 수호천사가 그가 태어나지 않았다면 세상이 어떻게 됐을지 보여주면서 그의 삶이 쓸모없는 게 아니라고 설득한다. 친구들과 가족들이 그가 없는 세상에서 얼마나 불행해지는지 확인한 그는 이렇게 묻는다. "메리는 어디 있지?" 천사는 주저한다. "그건 말해줄 수 없어." 조지는 불안해하며 천사의 멱살을 잡는다. "아내가 어디 있는지 알면 말해줘." "말해줄 수 없어." "제발." "맘이 편치 않을 텐데, 조지." "어디 있는데, 어디?" "혼자가 됐지, 조지…… 이제 도서관 문을 닫으려 하는군" 조지는 천사의 멱살을 놓고 도서관으로 달려간다. 그 순간 화면에 메리가 나타난다. 메리는 포터스빌 공공도서관의 문을 닫는 중이다. 수녀복 같은 유니폼에 머리를 질끈 묶고 큰 안경을 쓰고 있다. 그리고 불행한 표정으로 가슴에 핸드백을 꼭 안고 길을 걷는다. 배경음악도 음울함을 자아낸다. 조지의 아연실색한 표정을 본 관객은 머리에 손을 올리며 이렇게 말할 것이다. "안 돼, 사서라니!"

연구자 줄리아 웰스(Julia Wells)가 보여주듯이 이런 진부한 묘사는 요즘 영화에서도 계속되고 있다. 픽션에 등장하는 여성 사서는 여전히 '쳇' 하고 화를 내는 심술쟁이 여성으로 등장한다. 그런데 여기엔 역사적 아이러니가 있다. 프랭크 캐프라(Frank Capra)의 이 영화가 나오기 전, 그러니까 스페인 내전이 끝난 뒤, 공화정 시기에 사서로 일했던 여성 대부분은 혁명적이고 위험한 여성으로 간주되었던 것이다. 일반적으로 그녀들은 「멋진 인생」에 등장하는 메리의 이미지와 반대였다. 그녀들은 스페인 대학의 현대적이고 전위적이며 선구자적인 존재였던 것이다. 프랑코 정권은 그녀들의 일상적 활동부터 업무적, 개인적 활동까지 감시했다. 사서연합회에서 일하던 여성들은 임금 삭감, 강제 이직을 겪으며 사서직에 머무를 수 없게 되었다. 마리아 몰리네르의 경우엔 열여덟 개 직급 아래로 떨어졌고, 그동안 책임지던 업무에서 배제되었다. 그녀는 발렌시아 재무부 사료관으로 자리를 옮겼다가 나중엔 마드리드의 기능학교로 자리를 옮겨야 했다. 내 어머니의 유년 시절 도서관은 내가 느끼는 숲속의 집이 아니었다. 그곳은 보복당한 두 여성이 일하는 건물이었다.

도서관과 사서는 공격, 폭격, 검열, 숙청, 박해 등 오욕의 역사를 지니고 있다. 사람들은 아리스토텔레스의 책을 범죄의 무기로 사용할 능력이 되는 『장미의 이름』의 호르헤나 두 개의 평행우주에서 한 가족의 행복한 어머니 또는 괴로운 사서로 사는 메리(그녀가 어느 쪽을 선호하는지는 모르지만)처럼 환상적인 인물을 만들어냈다. 하지만 놀라운 것은 필경사들과 사제들의 위계에 따라 지식에 대한 접근이 제한적이던 동양적 기원의 도서관이 오늘날의 도서관, 읽고 배우려는 모든 이에게 개방된 도서관이 되었다는 것이다.

도서관의 서가에는 서로 적대적인 나라들에서 쓰인 책들도 나란히 놓인다. 그 내용이 서로 적대적이어도 마찬가지다. 사진을 찍는 방법에 관한 책과 꿈의 해석에 관한 책. 세균이나 은하계에 관한 에세이. 탈영병의 회고록 옆에 어느 장군의 자서전. 좋은 평가를 받지 못하는 작가의 낙관주의적 작품과 성공한 작가의 비관적 작품. 여성 기행작가의 노트들과 자신의 몽상을 세세하게 얘기하는 정주적 작가의 다섯 권의 책. 어제 출판된 책과 20년 된 책. 거기에는 시간의 경계도 지리적 경계도 없다. 그리고 마침내 우리는 모두 거기 초대되었다. 외국인과 현지인, 안경 쓴 사람, 렌즈 낀 사람, 눈곱 낀 사람, 머리끈을 한 남성들, 넥타이를 맨 여성들 모두 말이다. 마치 유토피아처럼.

| **60** |

19세기에 말라르메(Stéphane Mallarmé)는 이렇게 썼다. "육신은 슬프다. 아! 나는 모든 책을 읽어버렸다." 아마도 시인은 존재의 권태를 얘기하려 했을 것이다. 그러나 아마존과 킨들의 시대에 모든 책을 읽는다는 것은 지독한 장서가들의 불가능한 꿈이다. 인류는 30초마다 책 한 권을 출판하고 있다. 한 권의 가격을 20유로라 하고 책의 두께를 2센티미터로 가정할 때, 1년이면 2000만 유로의 자금과 약 20킬로미

터의 책장이 필요하다.

칼리마코스의 목록은 알려진 책에 대해 최초로 완성된 지도였다. 그러나 그 목록에 있는 책을 다 읽는다는 것은 우리와 마찬가지로 그리스인들에게도 불가능한 일이었다. 그 누구도 알렉산드리아 도서관에 보관된 두루마리를 모두 읽을 수는 없었을 것이다. 누구도 모든 것을 알 수 없다. 갈수록 점점 더 사람들의 지식은 광대한 무지의 바다 위에 있는 조그만 섬이 될 것이다.

따라서 우리는 선택을 해야 한다. 더 늦기 전에 뭘 보고 읽고 행해야 하는가? 선택해야 한다는 점 때문에 오늘날 우리는 '리스트'에 사로잡혀 있다. 20년 전, 피터 복솔(Peter Boxall)은 죽기 전에 읽어야 할 책으로 『천일야화』에서 이름을 빌린 1001권의 리스트를 작성했다. 이는 들어야 할 음반, 놓치면 안 되는 영화, 여행해야 할 장소 등으로 확장됐다. 게다가 인터넷은 무한히 뻗어 나가는 거대한 리스트가 되었다. 백만장자가 되는 법이건 다이어트에 성공하는 법이건 자기계발서들은 모두 '할 일 리스트'를 제시한다. 인내심 있게 이 목록을 수행해나간다면 우리의 삶은 나아질 것이다. 우리는 그 무수한 목록들을 카오스의 확장을 중화해줄 방어적 시스템을 통해 살펴야 한다. 또 우리는 우리의 삶이 유한하다는 사실을 인정하고 조심스럽게 접근해야 한다. 그렇게 하여 우리는 증식하는 리스트를 줄여야 한다.

알렉산드리아 도서관의 현자들도 엄청난 목록집을 보고 리스트라는 바이러스에 감염됐을 것이다. 장르마다 반드시 읽어야 할 책은 무엇일까? 어떤 산문이, 어떤 시가, 어떤 사상이 미래 세대로 이어져야 할까?

필사를 하던 시대에는 책을 보관하는 일이 까다로웠다. 책의 재료가 손상되기 쉬웠기 때문에 일정 기간이 지나면 사본을 만들어야 했다. 새로 사본을 만들 때마다 판본을 검토하고 이를 언급해둬야 했다. 알렉산드리아 도서관의 현자들은 목록집에 있는 모든 책을 그렇게 관리할 수 없었고, 결국 선택을 해야 했다. 『궁극의 리스트』에서 움베르토 에코는 리스트가 예술사와 문학사의 일부분으로서 문화의 기원이라고 주장한다. 그는 백과사전과 사전에서 리스트의 정교한 형식을 볼 수 있다고 덧붙인다. 그리고 우리는 그 모든 것들, 즉 문헌 목록, 참고문헌, 차례, 색인, 장서 목록, 사전 같은 것들을 통해 무한을 이해할 수 있게 된다.

그리스인들은 리스트에 수록된 작가들을 가리켜 'enkrithentes(엄선된, 선별된)'라는 말을 사용했다. 이 말은 지푸라기 속에서 곡물을 분리하는 체에 걸러졌다는 의미였다. 고대에도 죽기 전에 읽어야 할 '엄선된' 작가들의 리스트가 있었다. 당대 이런 소책자의 제목은 오늘날과 비슷하기도 하다. 페르가몬의 텔레포(Telefo)가 쓴 『책을 알기』, 헤렌니우스 필론(Herenio Filón)의 『책 선택과 구매』, 다모필로스(Damophilus)의 『장서가』 등. 이 책들은 필수 도서를 선별하여 독자들이 더 수월하게 책을 선택하도록 도왔다. 그중 몇 개는 지금까지 전해지고 있다. 내용은 서로 다르지만, 공통점도 있다. 모든 리스트가 알렉산드리아 도서관의 현자들과 칼리마코스의 목록집으로 거슬러 올라간다.

어쨌거나 선택한다는 것은 보호하려는 것이다. 오늘날 우리는 세계문화유산을 선정하여 리스트를 만들며 파괴의 물결에서 기념비적 유산을 지켜내고 있다.

알렉산드리아는 그 출발점이었다. 그곳에선 왕의 돈과 학자들의 노력으로 엄청난 작품을 보호하고 지켜냈다. 아마도 그리스인들은 부서지기 쉬운 책의 내용이 후대의 자손들이 삶을 이해하는 데 필요한 것이라는 걸 알고 있었던 것 같다. 그들은 아주 허무한 것들도 미래 세대를 위해 보존되어야 한다고 생각했을 것이다. 또 그들은 고대의 역사와 전설과 이야기와 시는 죽음을 거부하는 세계를 이해하는 증언이라는 걸 알고 있었다.

알렉산드리아 도서관 현자들의 위대한 독창성은 과거에 대한 사랑에 있지 않다. 그들을 선각자로 만든 것은 잉크와 파피루스로 만들어진, 따라서 망각의 위협에 놓인 『안티고네』, 『오이디푸스 왕』, 『메데이아』가 수 세기에 걸쳐 여행해야 한다는 것을 알고 있었다는 사실이다. 그 이야기들이 아직 태어나지 않은 후손들의 손에 이를 때까지. 그리하여 우리의 저항을 일으키고, 때로 어떤 진실은 고통스러울 수 있음을 일깨우고, 우리의 가장 어두운 면을 드러내고, 우리가 진보의 자녀라는 지위에 너무 오만해질 때마다 찬물을 끼얹어줄 수 있도록, 그 이야기들이 여전히 우리에게 의미 있을 수 있도록 말이다.

그들은 처음으로 미래의 권리, 즉 우리의 권리를 숙고한 사람들이었다.

| **61** |

리스트에 관해 얘기하는 동안 12월이 끝나고 있다. 최근 1년간의

일들이 리스트라는 형식으로 신문에 발표되고 인터넷을 통해 전해진다. 리스트에 오른 사람들이 경쟁하고, 우리는 승자가 누구일지 궁금해한다.

그런데 그건 인터넷의 잘못이 아니다. 리스트를 작성하여 순위를 매기는 건 그리스인들이 선구적으로 시작했던 일이다. 그리스 7현인과 고대의 7대 불가사의 말이다. 그리스인들은 요리에 관한 들끓는 관심으로 미슐랭 가이드의 선조 격인 리스트도 발표했다. 2세기에 출판된 『현자들의 향연(Deipnosophistae)』에는 그리스 7대 요리사 리스트가 있다. 이 책은 어느 요리사가 제자들에게 일곱 명의 뛰어난 요리사와 그들의 전문 요리를 소개하는 내용이다. 로데스의 아기스, 생선구이 전문. 키오스의 네레우스, 붕장어 요리 전문. 아테네의 카리아데스, 백색 소스와 달걀 요리 전문. 람프리아스, 검은 수프 전문. 아프토네투스, 소시지 요리 전문. 에우티누스, 콩 요리 전문. 아리스티온, 다양한 스튜 요리 전문. 그리고 이렇게 끝맺는다. "이들은 제2의 7현인이 되었다." 그런데 한편으로 이 책은 아이러니하다. 어느 뛰어난 요리사가 이 책에 "그 모든 향신료 중에서 가장 중요한 건 허세다."라고 밝히고 있으니 말이다.

알렉산드리아 도서관이 건립되기 전에도 작가 리스트가 있었다. 기원전 4세기에 이미 대표적인 비극 작가가 꼽히고 있었는데, 아이스킬로스, 소포클레스, 에우리피데스가 그들이었다. 에우리피데스가 죽은 뒤 반세기 후, 그의 작품은 당시 연극 무대의 핵심 레퍼토리가 되었다. 에우리피데스의 작품은 그의 후계자들보다 더 많은 관객을 불러 모았다. 그러자 아테네 정부는 아이스킬로스, 소포클레스, 에우리피데스의 비극을 보존하기 위해 국가 차원의 보관소를 만들었다.

그리하여 그리스 비극은 영원히 세 명의 작가가 대표하게 되었다. 분명 알렉산드리아 도서관에는 일곱 명의 서정시인, 열 명의 웅변가 등 더욱 많은 리스트가 있었을 것이다. 어쨌거나 그 먼 시대부터 리스트에 오르는 사람의 수는 마법적 후광이 씌워진 숫자, 즉 3, 7, 9, 10 등이었다.

분명 숫자가 주는 즐거움이 있다. 나도 잘 안다. 세상을 떠나기 몇 달 전, 아버지는 몇 시간이고 스포츠 관련 사이트에서 아버지의 호시절, 그러니까 1950년대 후반부터 1960년대까지의 축구 경기 사진을 찾아다녔다. 아버지에겐 과거의 축구 경기가 최고의 경기였다. 아버지는 어릴 때부터 외우고 있는 오래된 선수 명단을 마주치면 열광하곤 했다. 아버지는 화면에 뜬 명단을 소리 내어 읽으며 그 이름들의 정확한 순서를 음미했고, 아직도 내가 보관하고 있는 스프링 제본 노트에 옮겨 적었다. 아버지는 자랑스럽게 그 환영 같은 팀의 명단을 내게 보여주셨다. 병 때문에 이미 조금 떨리는 손으로 써넣은, 아름다운 필체로 쓰인 이름들이 줄지어 있었다. 한때 기억되고 잊혔던 열한 명 선수의 이름을 이어 부르며 아버지는 어린 시절로 돌아가는 것 같았다. 그렇게 모든 이의 인생에서 명단과 관련한 경험은 아주 내밀한 위치를 차지한다.

전문가들에 따르면 글은 계산을 위해 만들어졌다고 한다. 양이나 검이나 와인 병의 수를 세기 위해서 말이다. 그래서인지 문학에서도 늘 목록에 관한 얘기가 나온다. 『일리아스』 제2곡에는 트로이군에 맞서 싸우는 그리스군의 배의 숫자를 길게 나열하는 부분이 있다. 성경에도 십계명과 무한한 계보가 기록되어 있다. 5세기 일본의 여성 작가인 세이 쇼나곤은 『베갯머리 서책』에 164개의 리스트를 제시했다. 그녀는 범주화할 수 있는 모든 것을, 다음과 같은 표제 아래 순서대로 기입했다. "심장을 뛰게 만드는 것들", "간결하게 정리되어야 할 것들", "그림을 그리면 사라지는 것들", "멀리 있지만 가깝게 느껴지는 것들", "자기만족적인 사람들", "내가 특별히 좋아하는 구름과 사물들".

조이스의 『율리시스』 끝에서 두 번째 장을 보면 레오폴도 블룸의 부엌 서랍에 있는 물건들의 리스트가 나온다. 나는 이탈로 칼비노(Italo Calvino)가 새천년을 위해 한 여섯 가지 제언을, 보르헤스가 「축복의 시」에서 나열하고 있는 목록을, 페렉이 생쉴피스 광장의 카페에 앉아 눈에 보이는 파리의 모든 공간을 바닥내려 시도하는 열거를 좋아한다.

1975년 조 브레이너드(Joe Brainard)는 『나는 기억한다』라는 책에서 그는 자신의 기억을 150쪽에 걸쳐 나열하고 있다. "오래된 것은 가치가 없다고 생각했던 때가 기억난다.", "시립도서관이 주는 증명서를 받으려고 여름마다 열두 권의 책을 읽었던 게 기억난다. 개떡 같은 독서보다도 나는 증명서를 받는 게 좋았다. 글자가 크고 그림이 많은 책을 골랐던 게 기억난다.", "내가 방문한 곳을 기록해둔 리스트가 있었다는 게 기억난다.", "언젠가 백과사전을 다 읽게 되면 모든 것을 알게 될 거라고 생각했던 때가 기억난다."

폴란드 시인인 비스와바 심보르스카(Wisława Szymborska)의 「통계에 관한 기고문」도 빼놓을 수 없다. "100명 중에 모든 걸 아는 사람은 52명 / 발걸음마다 불안한 사람은 그 나머지 사람들 / 오래 걸리지 않는다면 재빨리 도와줄 사람은 거의 49명 / 별도리가 없어서 늘 좋은 사람은 4명 혹은 5명 / 행복할 능력이 되는 사람은 많아봐야 20명대 / 악의 없는 사람이지만 집단으로 모이면 난폭해지는 사람은 분명 절반 이상 / 사정에 끌려다닐 때 잔인해지는 사람은 대략적으로도 알고 싶지 않음 / 죽을 수밖에 없는 사람은 100명 / 현재로선 이 수치에 어떤 변화도 없을 것임."

우리는 리스트를 만들고 읽으며 기억하고 때로는 리스트를 깨고 쓰레기통에 버리고 달성된 목표를 폐기하기도 하고 때로는 리스트를 버리고 또 사랑하면서 살고 있다. 좋은 리스트란 나열된 것에 중요성을 부여하고 그것에 의미를 부여하려는 리스트다. 가치 있는 것을 놓치지 않고 세상의 특수성과 세부사항을 어루만지는 리스트다. 물론 연말인 지금은 블랙리스트에 넣어버리고 싶은 게 넘쳐나긴 하지만 말이다.

이야기를 엮는 여인들

| 62 |

그리스 문학 정전에 포함된 여성은 딱 한 명이다. 바로 그리스 시인 사포이다. 이 두드러진 불균형이 고대 그리스 여성이 글을 쓰지 않았기 때문이라고 생각하면 오산이다. 물론 부분적으로는 맞는 말이기도 하다. 여성들이 교육을 받고 책을 읽기 어려운 시절이었다. 그러나 많은 여성이 시대적 장애물을 뛰어넘었다. 소수 여성 작가들의 시가 부분적으로 남아 있긴 하지만 대부분은 이름만 남아 있다. 다음과 같은 작가들이다. 코리나, 텔레실라, 미르티스, 프락실라, 클레오불리나로 불리던 에우메티스, 보이오, 에린나, 노시스, 모이로, 아니테, 모스키나, 헤딜레, 필리나, 멜린노, 카아킬리아 트레불라, 율리아 발빌라, 다모, 테오세비아.

나는 우리가 결코 읽을 수 없을 그들의 시구에 흥미를 느낀다. 내게 그리스어는 여성의 목소리에서 시작했기 때문이다. 연구소의 여성 교수님 목소리였다. 처음부터 그 선생님의 수업이 아주 흥미로웠던 건 아니다. 당시에 나는 누군가에게 쉽게 존경심을 갖지 않던 젊은이였다. 나는 영화에서 보던 카리스마 있는 교수를 기대했다. 반항적인 분위기로 강의실에 들어와 책상 가장자리에 앉아서 화려하고 기막힌 강의를 하는 교수를 말이다. 겉으로 보기에 필라르 이란소 교수는 나의 기대를 충족시키지는 못했다. 큰 키에 마른 체구였고 높은 곳에서 세상을 내려다보는 걸 이해해달라는 듯 어깨가 약간 안쪽으로 구부러져 있었다. 그녀는 하얀 가운을 입고 있었다. 강의할 때면 피아니스트 같은 그녀의 손이 신경질적으로 허공에서 흔들렸다. 때로는 강의 중에 말이 머릿속에서 달아나기라도 한 듯 말을 더듬기도 했다. 학생들의 말을 경청했고 설명보다는 질문이 많았으며 그 질문 속에서 더욱 편안해 보였다.

그러나 머잖아 필라르 선생님은 나의 회의론을 깨뜨렸다. 그녀에게 2년 동안 배우면서 나는 배움의 즐거움과 발견의 기쁨을 만끽했다. 학생 수는 매우 적었고, 우리는 결국 함께 음모를 꾸미듯 책상 주위에 가까이 둘러앉았다. 우리는 전염되듯, 빛이 비추어지듯 배워갔다. 선생님은 날짜와 숫자, 추상적 이론, 개념적 산물 뒤에 숨지 않았다. 그녀는 투명했다. 속임수도 허세도 교만도 없었다. 우리는 그리스에 대한 그녀의 열정을 느낄 수 있었다. 아끼는 책을 빌려줬고 젊었을 때 본 영화 얘기나 여행과 신화에 대해서 들려줬다. 안티고네에 관해서 말할 땐 그녀 자체가 안티고네가 되어 있었다. 메데이아에 관해 얘기할 땐 우리가 세상에서 가장 잔혹한 이야기를 듣고 있는 것 같았다. 그녀가 이야기할 때면 우린 고전 작품이 우리를 위해 쓰였다고 느낄 정도였다. 우리는 신화를 이해하지 못할 것 같은 두려움에서 벗어날 수 있었다. 필라르 선생님 덕분에 몇몇 학생들은 낯선 나라를 우리 세계 내부로 병합할 수 있었다.

몇 년 뒤 내가 강의를 해야 할 순간이 왔을 때, 나는 내가 사랑하는 모든 것을 학생들 앞에서 벌거벗겨야 한다는 걸 이해할 수 있었다. 나의 진정한 열정, 나의 생각, 나를 감동시킨 시구들을 학생들에게 제공해야 했다. 물론 학생들이 날 비웃을 수도 있고 강의에 무관심할 수도 있다는 사실을 염두에 둬야 했다.

학생일 때 필라르 선생님을 자주 찾아갔었다. 그녀가 퇴직한 후로는 그녀의 집 근처 카페에서 만나곤 한다. 나는 그녀의 자유로운 교육 방식에 감사를 표했다. 그녀는 우리를 신뢰했고 우리가 알 자격이 있다고 생각했으며 과거의 목소리를 포착하는 자신의 방식을 우리와 공유했다.

선생님과 만나면 현재와 그리스 시대를 오가며 몇 시간이고 얘기를 나눴다. 그것이 우리를 이어주는 접점이었다. 하지만 역설적으로, 만약 우리가 우리를 매혹하는 그 시대에 살았다면 잔인한 일이 되었으리라. 당시에 여성은 권력과 거리가 멀었으며 자유도 없었고 성인으로 대접받지도 못했다. 그리스의 화려한 유산에 관해 오랫동안 가르친 필라르 선생님은 그리스 시대였다면 자신이 그림자 속에 묻혀 있었을 것이라는 걸 알고 있었다. 그녀는 잃어버린 여성 작가들의 작품들을 그리워했다.

| **63** |

문학의 역사는 예기치 않은 형식에서 출발했다. 책에 이름이 들어

간 세계 최초의 저자는 여성이다.

호메로스보다 1500년 앞서 시인이자 제사장이던 엔헤두안나(Enheduanna)는 찬송가를 썼으며 그 내용은 성경의 시편에도 실려 있다. 그녀는 메소포타미아 중부와 남부를 통일한 왕 사르곤 1세의 딸이자 사르곤의 계승자인 나람신의 이모였다. 그녀는 1000년 넘게 잊혀 있다가 20세기가 돼서야 연구자들은 그녀의 시를 해석하면서 화려하고 복합적인 글쓰기에 감명받아 그녀에게 '수메르 문학의 셰익스피어'라는 별칭을 붙였다. 엔헤두안나는 이렇게 쓴다. "내가 이룬 것은 누구도 이룬 적이 없는 것이다." 또한 가장 오래된 천문학 자료도 그녀가 작성한 것이었다. 강력한 힘을 지녔던 그녀는 당시의 정치 투쟁에 끼어들었다가 추방되고 말았다. 하지만 자신의 수호신이자 사랑과 전쟁의 신인 이난나를 위해 계속해서 시를 썼다. 그녀의 노래 중에 가장 유명한 것은 창작의 과정에 대한 비밀을 말하는 부분인데, 달의 여신이 그녀의 집으로 찾아와 그녀가 새로운 시를 "품도록" 도와주자 시가 "태어난다". 에로티시즘적인 이 과정은 그야말로 마술적이다. 엔헤두안나는 시적인 언어가 신비롭게 태어나는 과정을 묘사한 최초의 여인이었다.

하지만 여성의 목소리는 더 이상 이어지지 않았다. 앞서 언급했듯이 『오디세이아』에서 텔레마코스는 사람들이 어머니의 목소리를 듣지 못하도록 말을 하지 말라고 한다. 고전학자 메리 비어드(Mary Beard)는 이 일화를 유머러스하게 분석한 바 있다. 텔레마코스는 "말은 남자들의 일입니다."라고 말하는데, 여기서 말은 아무나(여자들을 포함하여, 특히 여자들이) 하는 수다를 말하는 게 아니라 공식적인 발언을 가리킨다.

페넬로페에게 강요된 침묵은 고대 그리스와 로마 시대 내내 반복된 명령의 시작일 뿐이다. 예컨대 철학자 데모크리토스(Democritus)는 민주주의와 자유의 수호자이자 전복적 사고를 지녔음에도 불구하고 "여자가 말을 하면 안 된다. 그건 끔찍한 일이다."라고 말하기를 주저하지 않았다. 그는 침묵을 지키는 것이 여성의 미덕이라고 생각했다. 고대에는 공식적인 발언이 남성의 몫이라는 고정관념이 있었다. 정치, 웅변, 문학의 영역은 남성의 것이었다. 아테네의 민주주의는 여자와 외국인과 노예 등 대부분의 주민을 배제하는 것에 기초하고 있었다. 마치 1980년대 영국의 「예스, 미니스터」라는 시트콤 주인공이 "성별에 상관없이 그 일에 가장 적합한 남자를 선택할 권리가 있습니다."라고 말하는 것처럼 말이다.

그리스 전역에서 여성이 배제되었던 건 아니다. 그런데 역설적으로 여성에게 가장 억압적이었던 도시는 정치와 지성의 중심이던 아테네였다. 부유한 가정에서 태어난 여성들은 거의 길거리에 나갈 수 없었다. 공공장소나 떠들썩한 광장은 가보지도 못하고 바느질이나 하며 집에 묶여 있어야 했다. 물론 가난한 가정에는 그런 '격리'의 수단이나 돈이 없었다. 하지만 극빈의 상태와 고통과 관습의 억압은 그들에게도 자유를 허락하지 않았다.

아테네의 여러 유흥거리가 그렇듯이 연극도 남성 중심적이었다. 작가, 배우, 가수는 남성이었다. 오늘날 우리에겐 수염이 덥수룩한 남성이 안티고네나 엘렉트라를 연기했다고 상상하기는 어렵지만 말이다. 어쨌거나 아테네가 그리스를 이끌던 시대에 창작에 참여한 여성은 거의 없었다.

아시아와 경계를 맞대고 있으면서 그리스인 이주민이 많던 아나톨리아의 해안 도시나 에게해 주변의 섬들은 보다 개방적이었다. 그곳에선 여성에 대한 억압과 격리가 덜했다. 여자아이들은 교육을 받을 수 있었고 부유한 귀족층의 여성들은 자신의 목소리를 낼 수 있었다.(몇몇 연구자는 그 지역에서 모계사회의 흔적을 찾으려 하기도 한다.) 플라톤에 따르면 크레타섬에선 "patria(조국)을 matria(어머니)로 불렀다."고 한다. 저 유명한 살라미스 해전에서 한 여성 지휘관이 적 선단에 맞서 싸웠다. 그녀의 이름은 아르테미시아(Artemisia)로 소아시아의 할리카르나소스 해안 도시 출신이었다. 그녀는 그리스인이었으나 페르시아와 동맹을 맺었다. 아테네인들은 그녀의 목을 베어오는 데 1만 드라크마를 걸었다고 한다. 왜냐하면 "여성이 아테네에 맞서 전쟁을 한다는 것을 용납할 수 없었기" 때문이었다.

로도스섬에서도 놀라운 일이 벌어진다. 한 젊은 여인이 성매매를 하지 않고도 남성들의 연회에 참석한 것이다. 그녀의 이름은 에우메티스(Eumetis)로 "뛰어난 지성을 지닌 여성"이라는 의미였다. 사람들은 그녀를 클레오불리나(Cleobulina)로 불렀다. 그녀가 7현인 중 한 명인 철학자 클레오불로스(Cleobulos)의 딸이었기 때문이다. 클레오불리나는 정치적 지략이 뛰어났고 영향력을 잘 발휘할 줄 알았다. 그녀 덕분에 그의 아버지는 신민들의 사랑을 받는 통치자가 되었다. 그녀는 어렸을 때 머리를 묶으면서도 수수께끼를 만들곤 했다고 한다. 6보격의 수수께끼를 책으로 펴내기도 했는데 그 책은 수 세기 동안 전해졌다. 그녀는 남자들과 자유롭게 어울리며 심포지엄에 참석했다. 그녀는 7현인의 머리를 풀었다가 다시 묶어주면서 농담을 던지고 대화에 끼어들었다. 여성에게 침묵이 강요되는 시대에 영리하고 기지가 뛰어났던 클레오불리나는 희화화되기도 했다. 아테네의 희극 작품 중에는 그녀를 복수형으로 패러디한 『클레오불리나들』이라는 작품이 있다. 작품은 남아 있지 않지만, 그 작품의 영향으로 몰리에르의 『우스꽝스러운 재녀들』에 등장하는 인물들이 창조되었으리라. 스스로는 아주 똑똑하다고 생각하지만 실제로는 보잘것없는, 말장난뿐인 현학에나 몰두하는 바보같은 젊은 여성들 말이다. 글을 쓰는 여성들은 조롱의 대상이 되었다. 어쩌면 그래서 그녀들은 비밀을, 질문을, 수수께끼를 좋아했는지도 모른다. 스페인 작가 카를로스 가르시아 구알(Carlos García Gual)이 언급하듯이 "그리스의 환경에서 수수께끼를 수단 삼아 표현하는 건 말을 엮어내는 여성들의 전유물이었다."

| **64** |

사포는 스스로 키가 작고 갈색 피부에 매력이 많지 않다고 기록하고 있다. 그녀는 귀족층 가문에서 태어났다. 그러나 클레오불리나와 다르게 왕족은 아니었다. 그녀의 오빠는 가문의 재산을 탕진했고 그녀는 외국인과 결혼하여 딸을 낳았다. 그 모든 게 그녀를 익명의 삶으로 이끌어갔다.

그리스 여성들은 서사시를 쓰지 않았다. 여성들은 무기를 다루지 않았다. 싸움은 남성들의 위험한 경기였기 때문이다. 또 여성들에게는 여러 도시를 여행하는 서사시인의 자유로운 삶이 허락되지 않았다.

연회에도 참석할 수 없었고 운동 경기는 물론이고 정치에도 참여할 수 없었다. 대체 뭘 할 수 있었을까? 그녀들은 기억을 보존했다. 그림 형제에게 이야기를 들려준 할머니나 하녀처럼 그녀들은 오랜 전설을 여러 세대에 걸쳐 전승해주었다. 또 결혼식 노래, 신에게 바치는 노래, 춤을 출 때 부르는 노래 등 노래를 만들어내기도 했다. 그녀들은 수금(lira)을 타며 자신에 대한 이야기를 했다.(여기에서 '서정시(poesía lírica)'라는 용어가 유래했다.) 그녀들의 우주는 필연적으로 작을 수밖에 없었다. 하지만 경이롭게도 몇몇 여성들은 자신을 가두고 있는 장벽을 넘어 독창적인 시선을 창조해냈다. 사포가 그런 여성이었다. 미국 시인 에밀리 디킨슨(Emily Dickinson)이나 뉴질랜드 작가 재닛 프레임(Janet Frame)도 그런 부류라고 할 수 있다.

사포는 이렇게 썼다. "이 검은 땅 위에 기마부대나 보병부대나 선단보다 아름다운 것은 없다고 하더군요. 하지만 내 생각에 가장 아름다운 것은 사랑하는 사람입니다." 이 단조로운 표현은 정신적 혁명을 숨기고 있다. 기원전 6세기에 쓰인 이 글은 전통을 깨는 것이었다. 강력한 권위주의의 세계에서 그녀의 표현은 다양한 관점을 내포하고 있고 기성의 가치와 마찰을 일으킨다는 점에서 놀랍다. 더욱이 대다수가 찬미하는 행진과 군대와 권력의 과시를 문제 삼고 있다. 분명 사포는 자신을 향한 비난에 대해 조르주 브라상(Georges Brassens)처럼 노래했을 것이다. "국가적 행사가 있을 때면 / 나는 침대에 머문다 / 군악은 / 결코 날 깨우지 못한다." 전사들이 근육을 과시할 때 사포는 욕망을 느끼고자 한다. "세상에서 가장 아름다운 건 각자가 사랑하는 것이다." 이 시구는 아름다움이 사랑하는 사람의 시선에 있다는 걸 확인해준다. 매력적인 사람을 욕망하는 게 아니라, 우리가 욕망하기 때문에 그 사람이 매력적으로 보이는 것이다. 사포에 따르면, 사랑하는 사람은 아름다움을 만들어낸다. 보통 생각하는 것처럼 아름다움에 굴복하는 게 아니라. 욕망하는 것은 시를 쓰는 것처럼 창조적 행위이다. 음악이라는 선물을 통해 작고 못생긴 사포는 자신을 둘러싼 소소한 세계를 열정적으로 장식하고 아름답게 만들 수 있었다.

하지만 어느 순간 사포의 삶에 큰 전환점이 발생한다. 남편의 죽음으로 새로운 활동을 시작하지만 그에 대해선 알려진 바가 많지 않다. 하지만 그녀가 남긴 시의 일부분과 그녀에 관해 전해지는 내용을 고려하면 당시의 그녀의 삶을 추측해볼 수는 있을 것이다. 그녀는 귀족 가문의 소녀들을 가르쳤다고 알려져 있다. 그리고 그 소녀들 중 아티스, 디카, 이라나, 아낙토리아를 사랑했으며, 그녀들과 시를 짓고 꽃으로 왕관을 만들고 욕망을 느꼈으며 서로 사랑하고 노래하고 춤을 즐겼다. 가끔씩 그 소녀들 중 누군가 결혼을 하게 되어 떠나게 되면 모두가 이별에 슬퍼했다고 한다. 레스보스섬에는 사포의 그룹과 같은 여성 모임이 있었는데 사포는 그 여성들을 적으로 생각했다고 한다. 그리고 그 경쟁 그룹에 들어가려고 자신을 버린 소녀들에게 배신감을 느끼며 괴로워했다고 한다.

이 그룹들은 카리스마 있는 여성의 지도 아래 젊은 여인들이 시와 음악과 춤을 배우고 신을 경배하며 결혼 전에 에로티시즘을 익히는 종교적인 여성 그룹이었다. 제자들에 대한 사포의 사랑은 저주받은 감정이 아니라 모든 이로부터 인정받은 감정이었다. 그리스인들은 사랑이 교육을 위한 핵심적 힘이라고 생각했다. 그들은 돈 때문에 가르치는 스승들을 존경하지 않았다. 사례를 받고 하는 일은 거지들이나 하는 짓이라고 생각했다. 그리스인들은 금전적 요구 없이 학생의 특별한 재능을 발견하여 제자로 받아들이고 지혜를 가르치며 제자를 사랑하고 유혹하는 스승을 선호했다. 소크라테스가 그러했다. 그런 방식의 교육적 동성애는 이성애보다 훨씬 존경받았다.

사포의 작품 중 가장 널리 알려진 시는 젊은 여인의 결혼식에서 발표한 것이다. 사포에겐 그 결혼식이 이별을 의미했다. "그대 앞에 앉아서 / 그대의 달콤한 말을 듣고 있는 / 포로 같은 그 남자는 / 내게는 신과 마찬가지라네 / 그대의 매력적인 미소는 / 내 가슴 속 심장을 뛰게 했다네. / 그대를 보고 있노라면 / 말문이 막히고 / 혀가 얼어붙었네. / 내 피부 속으로 가느다란 불길이 달려갔다네. / 이제 그대를 보지 못하니 내 귀가 먹먹해지고 / 땀이 나고 온몸이 떨리네. / 나는 풀잎보다 창백해지네. / 이제 죽음이 멀지 않은 것 같네."

수많은 독자가 욕망이 꿈틀대는 이 시구에 충격을 받았다. 수 세기 동안 사포는 이해할 수 없다는 반응과 그녀의 삶을 휘저은 악의적 평가를 감수해야 했다. 세네카는 「사포는 창녀였는가?」라는 에세이를 언급하기도 했다. 한편 다른 쪽 극단에서는 19세기의 한 문헌학자가 사포가 이교도적 외설 행위로부터 세상을 보호하고 예의범절을 보존하기 위해 "처녀들의 기숙사를 운영했다."고 기록했다. 1073년 교황 그레고리우스 7세는 음란하다는 이유로 사포의 모든 작품을 불태우라고 명했다.

현재까지 전해지는 사포의 시 중에 이런 구절이 있다. "나는 우리를 기억할 사람이 있으리라 확신한다." 그런 단언은 가능성이 없어 보였지만, 거의 30세기가 지난 지금 우리는 그 키 작은 여인의 희미한 목소리를 듣고 있다.

나는 아테네에서도 여성의 저항운동이 있었으리라고 생각했다. 하지만 그 어떤 그리스 작가도 이를 언급하지 않았으며 역사책에도 기록되어 있지는 않다. 망각 속에 묻혀버렸을 여성 운동의 흔적을 찾으려고 책을 뒤져보고 행간을 읽어내야 했다. 정말로 그런 운동이 있었는지 알아내기 어려울지라도 그런 상상은 나를 흥분하게 만들었다. 단지 가정일 뿐이었지만 매료되기엔 충분했다.

반란을 일으켰을 만한 첫 번째 여성은 아테네에서 실제로 자유로웠던 유일한 여성, 바로 고급 매춘부 헤타이라였을 것이다. 일본의 게이샤와 비교될 만한 그리스의 고급 매춘부 헤타이라는 사회적 지위에서 장단점을 지닌 모호한 위치에 있었다. 그녀들은 노천에서 살았지만 독립적이었다. 대부분 소아시아 출신이었고, 따라서 시민권이 없었다. 그녀들은 태생지에서 음악과 문학 교육을 받았을 것으로 보인다. 아테네에선 여아에게 그런 교육을 시키지 않았다. 그녀들은 남자처럼 세금을 내야 했기에 재산을 소유할 수 있었다. 또 연인을 통해 당대 정치권과 문화에 접근할 수 있었다. 외지인이자 매춘부라는 조건으로 이중적 차별을 받았지만 아테네에 사는 여자들처럼 폐쇄적인 생활을 하지는 않았다.

이 소수의 이주민 여성들은 사회적으로 취약함에도 불구하고 유폐된 아테네 여성보다 저항의 목소리를 낼 가능성이 높았다. 그녀들은 위법적 사랑을 통해 정치권을 뒤흔들 수 있는 목소리를 냈다.

기원전 5세기, 아테네인들에게 매춘부의 사회적 기능은 논란의 여지가 없었다. 당시의 웅변가는 이렇게 말한다. "매춘부는 즐거움을 위해, 첩은 매일 우리의 몸을 관리해주기 위해, 아내들은 합법적인 자식을 낳고 우리의 집을 충실히 관리하기 위해 존재한다." 그리고 아티케의 최고 권력자가 이렇게 일반화된 도식을 파괴했을 때, 온 도시가 분개했다.

페리클레스는 "자신의 혈통에 적합한" 여성과 결혼하여 아들 둘을 낳았다. 하지만 결혼 생활에 어려움을 느낀 페리클레스는 소아시아 출신의 성매매 여성 아스파시아와 함께하려고 결혼을 파기했다. 5세기 후, 역사가 플루타르코스는 당대의 책에 쓰인 반역적 여성에 대한 욕설을 옮겨 적는데, 거기엔 그녀가 "개의 얼굴을 한 첩이자 파렴치한 매춘부"로 기록되어 있다.

인류 역사상 오랫동안 결혼은 무엇보다 경제적 제도, 즉 공동 이익의 융합이었다. 그리스 정치인들에게 결혼은 지배권을 쥐고 있는 가문들이 동맹을 체결하는 것과 같았다. 하지만 권중한 가문이 나타나면 경제적인 혹은 전략적인 이유로 결혼을 파기하기도 했다. 반면에 페리클레스는 터무니없는 이유로 혈통도 평판도 좋지 않은 아스파시아를 선택했다. 바로 사랑이라는 이유였다. 플루타르코스는 도시민들이 페리클레스가 "아고라에서 돌아와 매일 그녀를 안고 달콤하게 입맞추는 걸" 보고 경악을 금치 못했다고 기록하고 있다. 플루타르코스가 말하고 있듯이 당시 아테네에서는 부부 간의 사랑을 표출하는 것이 부도덕한 일로 여겨졌다. 그러니 아테네인들이 자신들의 지도자의 행위를 수군대고 비웃었을 거라고 충분히 짐작해볼 수 있다. 여자와 사랑에 빠진 것도 바보 같은 짓으로 이해되었는데 하물며 대중 앞에서 그 사랑을 표출하는 건 외설 행위와 다를 게 없었다. 우리에겐 황금기로 이해되는 기원전 5세기 아테네인들에게 그 시대는 야합과 혼혈과 방탕의 어두운 시대로 보였을 것이다.

그런데 아스파시아의 지성이 페리클레스의 정치력에 도움을 줬다는 사실은 기록되지 않았다. 아스파시아가 미지의 인물이자 저주의 대상이었기에 그녀에 대한 자료는 많지 않다. 하지만 남겨진 자료에 따르면 그녀는 진정한 웅변가였던 것으로 보인다. 소크라테스는 제자들과 그녀를 방문하여 대화를 나누곤 했다. 심지어 그녀를 '선생'이라고 부르기까지 했다. 플라톤에 따르면 아스파시아가 남편을 위한 연설문을 쓰기도 했다고 한다. 그중에는 민주주의를 열정적으로 옹호하는 글도 있다. 케네디나 오바마의 연설문을 쓰는 작가들이 아스파시아가 남긴 글에서 영감을 얻었을지도 모를 일이다. 하지만 그녀는 문학사에 등장하지 않는다. 그녀의 글은 사라지거나 다른 사람의 손에 들어갔다.

기원전 429년 페리클레스가 죽음을 맞을 때까지 15년 혹은 20년 동안 아스파시아는 정치권에 엄청난 영향력을 행사했다. 예기치 않은 자신의 지위를 어떻게 활용했는지는 알 수 없다. 하지만 그 시기에 전에 없던 일이 벌어졌다. 희극, 비극, 철학자들의 작품들이 여성 해방에 관한 문제를 다루게 되었다는 점이다. 그리스 역사상 처음 있는 일이었다.

그 시기에 안티고네는 인도주의 원칙하에 폭군의 부당한 법에 도전한 소녀로 등장하며, 리시스트라테는 적군의 여성들과 동맹을 맺어 전쟁을 끝내고 평화협정을 할 때까지 성적인 파업을 하겠다는 계획을 세우는 여성으로 나오고, 프락사고라는 의회에서 남자를 대체하고 여성들이 투표를 통해 평등한 공산주의 체제를 세우는 인물로 나온다.

에우리피데스의 『메데이아』는 그 절정이다. 기원전 431년 아침에 시작하는 첫 공연을 보려고 남성들이 가득한 극장을 상상해보자. 그 극장에서 남성들은 두려움에 사로잡힌 채 복수와 분노에 찬 여성이 절대적인 공포를 발산하는 걸 지켜봤을 것이다. 그들은 형언할 수 없는 상황을 보게 되는데, 한 어머니가 자기를 버리고 추방한 남편에 대한 복수로 직접 남편과 자기 사이에서 낳은 자식을 죽이는 장면이다. 그들은 완전히 새로운 말을 듣게 된다. 메데이아는 아테네의 가정에 자리 잡은 분노와 고뇌에 대해 큰 소리로 외친다. "우리 여성은 세상에서 가장 불행한 사람들이다. 우리는 재산을 낭비하는 남편을 사서 우리 몸의 주인으로 모셔야 한다. 최악 중의 최악이다. 남편과 헤어지면 추문의 대상이 되지만 남자들은 그렇지 않다. 남자들은 지루하면 집을 나가 즐긴다. 하지만 우리가 그렇게 하려고 하면 아이를 봐야 한다며 허락하지 않는다. 그들은 우리가 집에 있어야 위험을 피할 수 있다면서 자기네 가련한 남자들은 전쟁에 나가 싸워야 한다고 한다." 메데이아는 감금과 모성에 맞서 싸우며 한 번 아이를 낳느니 차라리 세 번 전쟁을 치르겠다고 말한다.

메데이아로부터 영향을 받은 많은 여성 코러스가 소심함과 두려움을 벗어나기 시작한다. 그러다 누군가 여자들도 철학, 정치, 사유, 토론에서 배제되면 안 된다고 말한다. "우리에게도 지혜를 찾는 뮤즈가 있다." 그리스 비극에서 코러스는 공동체의 목소리를 대변했으므로, 그녀들은 반항적인 외국인 여성이 아니라 질서정연하고 가정적인 아테네 여성들이었다. 아이러니하게도 메데이아의 대담함과 여성 코러스는 굽 높은 신발에 긴 머리를 한 여장 남자들이 등장하는 무대에서 그렇게 말한다. 그리스에는 여성 배우가 없었다. 여자 배역은 여장 남자가 했다.

나는 그러한 저항이 널리 퍼지고 아테네의 광장에서 논쟁이 벌어지는 걸 상상해본다. 연극은 늘 집단적 토론의 장이었다. 특히 그리스에서 희극과 비극은 사회적으로 뜨거운 갈등을 드러내는 수단이었다. 작가들은 광장과 길거리와 집회에서 벌어진 일에서 영감을 얻어 당대의 정치 문제를 무대에 올렸다. 그런 점에서 안티고네, 리시스트라테, 프락사고라, 메데이아는 당대에 실재했을 가능성이 크다.

아스파시아의 카리스마에서 촉발된 변화는 평등의 사도라 할 수 있는 플라톤의 사유에도 영향을 줬다. 실제로 플라톤은 자신의 저작에서 부정한 남자들이 벌을 받아 여성으로 환생한다며 여성이라는 성이 존재하는 이유가 그것이라고 언급한 바 있다. 여성으로 태어나는 것이 정죄이자 속죄라고 하는 플라톤은 놀랍게도 『국가』에서 이렇게 말한다. "국가 정부의 일은 여자가 여자라는 이유로, 남자가 남자라는 이유로 주어지는 게 아니다. 자연적 능력은 남녀 모두에게 유사하게 분배되기에 여성은 본질적으로 남성과 동일하게 모든 일에 참여할 수 있다."

아스파시아는 자료가 부족하여 미지의 인물로 남아 있다. 그녀가 생각하고 행한 일은 다른 사람들의 기록을 통해 전해진다. 기록에 따르면 그녀는 글을 쓰고 가르치는 일을 했다고 한다. 또 웅변술에 능해 여성 해방 운동을 고무한 인물이다. 나는 그녀 덕분에 아테네를 비롯한 여러 도시의 여성들이 학파의 문턱을 넘어설 수 있었다고 생각한다. 플라톤의 아카데미에는 두 명의 여성 제자가 있었다. 만티네아의 라스테네이아(Lastheneia)와 필리우스의 악시오테아(Axiothea)가 그들인데, 악시오테아는 남장을 하고 다녔다고 한다. 레온티온(Leontion)이라는 성매매 여성은 에피쿠로스의 연인이자 철학자로 성장했다. 그녀는 신에 대한 책을 쓰면서 기성 철학자들의 논리를 파괴하고자 했다. 하지만 그 책은 전해지지 않는다. 몇 세기 후, 키케로는 그녀를 평가절하하며 이렇게 말한다. "심지어 레온티온 같은 매춘부가 테오프라스토스에 대항하는 글을 썼다고?"

하지만 가장 도전적인 여성은 키니코스 학파의 마로네이아의 히파르키아(Hipparchia)일 것이다. 그녀는 고대인들이 짧은 전기를 써둔 유일한 여성 철학자다. 작품은 전해지지 않지만 당대의 모든 인습을 파괴한 여성이었다. 히파르키아는 가문의 유산을 포기하고 연인이던 크라테스와 길거리에서 누더기를 걸치고 살았다. 두 사람은 자연적 욕구가 선한 것이기에 부끄러워할 필요가 없다고 여기고 사람들의 시선에도 아랑곳 않고 성관계를 나눴다. 어느 날 한 남자가 히파르키아에게 물었다. "베틀을 버렸다는 여자가 당신이오?" 그러자 그녀가 답했다. "맞아요. 천을 만들며 낭비할 시간에 공부를 하는 게 잘못됐다고 생각하나요?"

히파르키아는 정신이 말을 엮는 베틀이라고 생각했다. 이런 식의 표현은 아직도 찾아볼 수 있는데, '씨실', '날실', '이야기를 엮다', '이야기를 짜다' 등의 표현이 그러하다. 말의 씨실과 날실의 조합이 텍스트가 아니고 무엇이겠는가.

포르투갈 시인 소피아 드 멜루 브레이네르(Sophia de Mello Breyner)는 자신을 이렇게 표현한 바 있다. "나는 말의 실을 놓치지 않고 미궁을 주유하는 사람들의 혈통에 속하지요."

| 66 |

페넬로페의 전설이 말해주듯, 신화는 짜이기도 하고 풀리기도 한다. 20년간 율리시스의 귀환을 기다리는 사이, 이타카의 궁전은 왕이 죽었다고 주장하며 그 자리를 차지하고 싶어 하는 자들로 넘쳐났다. 그러자 그녀는 시아버지 라에르테스를 위한 수의를 짓는 일이 끝나면 남편 될 사람을 선택하겠다고 약속한다. 그녀는 3년간 낮에는 수의를 짜고 밤에는 수의를 다시 풀었다. 그렇게 매일 아침 베틀을 다시 짜면서 자신을 구원했다.

고대 작가들은 글을 쓰는 가장 매혹적인 방법이 균열, 사각지대, 이야기의 파편에서 나온다는 걸 알고 있었다. 페넬로페는 충실하게 율리시스를 기다린 것인가, 아니면 그를 속인 것인가? 헬레네는 정말로 트로이에 있었는가? 테세우스는 아리아드네를 버렸는가, 아니면 납치되었는가? 오르페우스는 자신의 목숨보다 에우리디케를 사랑했는가 아니면 남색가인가? 그리스 신화의 미로에는 다양한 버전의 이야기들이 공존한다. 우리는 『라쇼몽』이 그렇듯이 선택을 해야 한다. 이렇게 유럽의 초기 문학은 서로 다른 관점에 따른 다양한 버전, 조직되었다가 다시 해체되는 서사를 통해 상이한 독서를 가능하게 했다.

우리는 그리스인들이 모호한 만화경의 형태로 전해준 전설들의 실타래를 풀기도 하고 되감기도 한다. 조이스의 『율리시스』에서 페넬로페에 해당하는 몰리 블룸은 긴 문장으로 이 신화에 대한 자신의 판본을 (90쪽 넘게) 풀어놓는데 이는 외설로 가득 차 있다. 이 작품은 남편과 침대에 누우며 혼잣말을 하는 것으로 끝난다. 그녀는 지브롤터에서 보낸 유년기, 사랑, 모성, 욕망, 육체, 목소리, 고백하지 못한 것을 떠올린다. 소설의 마지막 말은 그녀의 것이다. 그 말은 "네(yes)"이다. 페넬로페는 마침내 확고하고 긍정적인 에로티시즘을 보여줄 수 있게 된다. "그이를 나에게 끌어당겼어 그이가 온갖 향내를 풍기는 나의 앞가슴을 감촉할 수 있도록 그래 그러자 그이의 심장이 미칠 듯이 팔딱거렸어 그리하여 그렇지 나는 그러세요 하고 말했어 그렇게 하겠어요 네."

캐나다 작가 마거릿 애트우드(Margaret Atwood)도 호메로스의 『오디세이아』를 여행한다. 『페넬로피아드』에서는 여성 괴물이 이 이야기의 유머러스한 재해석을 가능케 한다. 마거릿은 해골과 시체가 그득한 바위투성이 섬에서 이름도 없이 사는 세이렌에게 목소리를 부여한다. 마거릿의 시에서 세이렌은 항해자들을 조난과 죽음을 이끄는 달콤하면서도 치명적인 자신의 비밀을 밝힌다. "이것은 온 세상 사람들이 배우고 싶어 하는 노래라네. 해안으로 떠밀려온 두개골을 보면서도 사내들을 갑판에서 바다로 뛰어들게 하는 노래라네. 듣는 순간 누구도 살아남지 못하기에 아무도 모르는 노래라네. …… 그대에게, 오직 그대에게 그 비밀을 얘기해주리니, 가까이 와봐. 이건 도와달라는 외침이야. 도와줘! 오직 그대만이 할 수 있어. 그대는 유일한 존재니까. 아, 이 노래는 지루하지만 언제나 잘 먹히지." 아이러니하게도 세이렌은 영웅들을 속이기 위해 신화적이고 치명적인 존재가 될 필요가 없다는 걸 알고 있다. 그저 속삭이는 목소리로 그들을 불러 도움을 요청하고 그들의 허영심에 호소하는 것으로 충분하다.

미국의 시인 루이즈 글릭(Louise Glück)은 메데이아의 이모인 마녀 키르케가 자신의 이야기를 하게 한다. 호메로스는 그녀가 마법의 연고를 이용하여 율리시스의 동료들을 돼지로 만들었다고 비난한다. 이에 그녀는 아주 풍자적인 이야기를 들려준다. "나는 누구도 돼지로 만든 적이 없어. 어떤 사람은 이미 돼지였어. 그래서 나는 돼지처럼 만들어줬을 뿐이지. 나는 외면으로 내면을 감추는 그대의 세상에 질려버렸어." 그녀는 율리시스가 떠나려 하자 해안에 홀로 남아 이렇게 말한다. "위대한 사내가 이 섬을 떠나려 하는구나. 이제 그는 낙원에서 죽기는 틀렸구나……. 이제 그는 바다 같은 서사의 맥박을 들을 시간이구나. 우리를 이곳으로 이끌고 온 것이 이제 여기서 우리를 데려가는구나. 우리의 배가 항구의 암적색 바닷물 위에서 흔들리는구나. 이제 마술은 끝났으니, 앞으로 나아갈 수 있도록, 바다여 그에게 삶을 되돌려주려무나."

우리는 고대에 생성된 전설을 새로운 실로 엮어가고 있다. 텔레마코스가 제아무리 말을 지배하고 침묵을 강요하더라도 페넬로페와 무수한 여성들의 관점에서 신화의 새로운 버전이 태어날 것이다.

나의 역사는
다른 사람이 이야기한다

| 67 |

아테네의 무대 위에선 놀라운 말들이 난무했다. 절망한 여인들, 근친 살해자, 병든 자, 광인, 노예, 자살한 자, 외국인들이 그곳에서 발언했다. 대중은 그 기묘한 인물들로부터 눈을 뗄 수가 없었다. 그리스어로 '극장'은 '바라보는 곳'을 의미했다. 그리스인들은 여러 세대에 걸쳐 이야기를 들었지만, 스파이처럼 문틈으로 들여다보며 이야기를 듣는 것은 매우 색다른 경험이었다. 그렇게 아직도 우리를 최면에 빠뜨리곤 하는 시청각 언어가 승리하기 시작했다. 삼부작으로 제작된 비극은 지금의 시리즈물처럼 대중을 중독시켰다. 아리스토텔레스도 알고 있었듯이, 그 비극들은 공포의 작품이었다. 훌륭한 작품이란 어둠의 끝을 향해 여행하는 것, 다시 말해 전통적인 공포, 금기, 유혈, 가족 범죄, 출구 없는 갈등, 신의 침묵을 다루는 작품이었다.

그 섬뜩한 작품 중에 아직까지 전해지는 작품은 얼마 되지 않는다. 아이스킬로스의 비극 일곱 편, 소포클레스의 작품 일곱 편, 에우리피데스의 작품 열여덟 편 등이 전부다. 세 사람 모두 수백 편의 작품을 썼지만 대부분 소실됐다. 그 외에 다른 작가들이 300여 편의 작품을 남겼다고 전해진다. 오늘날 그리스 비극은 불타버린 땅과 같다. 소수의 작품만이 전해지고 있지만 다행히 아테네인들이 선호하던 작품들이다. 아테네인들은 누가 훌륭한 작가인지 의심치 않았다. 기원전 330년, 그리스인들은 아크로폴리스 기슭의 디오니소스 극장에 극작가 세 명의 동상을 세웠다. 그리고 앞서 말했듯이 그들은 공식적인 사본을 보존했다. 파괴는 잔혹했지만, 무차별적이진 않았다.

살아남은 비극들에는 폭력과 복잡한 논쟁이 함께 내포되어 있다. 그 작품들에는 아름다운 말과 피 묻은 무기가 공존한다. 비극은 신비롭게도 잔인하면서도 섬세하다. 일반적으로 비극은 트로이 전쟁, 오이디푸스의 운명 같은, 기원전 5세기에도 그 반향이 지속된 전설적 과거의 신화를 이야기한다. 하지만 예외도 있었으니, 실제 사건에 근거한 비극이 그것이다. 세계에서 가장 오래도록 보존된 극작품, 바로 아이스킬로스의 『페르시아인들』이다. 이 작품은 셰익스피어에게 길을 열어주고 부지중에 역사소설의 출발점이 된 작품이기도 하다.

아이스킬로스 생전에 페르시아 제국은 그리스의 작은 도시들을 상대로 여러 번에 걸쳐 정복 전쟁을 벌였다. 아테네의 방어는 시민군의 손에 달려 있었다. 그 때문에 아이스킬로스는 여러 전장에서 싸워야 했다. 그중에서도 형제를 잃어버린 마라톤과 살라미나 해전이 대표적이다. 그 당시 전쟁은 매우 달랐다. 총과 폭탄이 발명되기 이전이기에 전투는 육탄전이었다. 군인들은 서로의 눈을 쳐다보며 서로를 죽여야 했다. 그들은 적의 몸에 창과 칼을 찔러 넣었고, 잘린 몸을 밟고 시체를 넘으며 죽음의 절규를 들어야 했고, 흙과 내장으로 얼룩져야 했다. 아이스킬로스의 비문에는 문학작품이 아니라 전투에 대한 글이 남아 있다고 한다. 그는 자신이 쓴 글보다 강력한 그리스인으로 강력한 페르시아에 맞서 싸운 것을 자랑스러워했다.

독자들에게도 문명의 충돌이 낯설게 느껴지지는 않을 것이다. 동양과 서양의 싸움은 오래된 이야기이다. 아테네인들은 포악하고 독재적인 국가로부터 지속적인 위협을 느꼈다. 그 적이 그리스를 굴복시켰다면 그리스의 민주주의와 삶의 방식은 영원히 사라졌을 것이다. 그리스-페르시아 전쟁은 당대의 큰 충돌이었고 아이스킬로스는 그리스의 승리가 자신의 기억 속에 생생하게 남아 있을 때 그 전쟁을 무대로 옮기려고 했다.

그는 애국적인 글을 쓸 수도 있었지만 오히려 예기치 않은 결정을 내렸다. 놀랍게도 그는 클린트 이스트우드의 「이오지마에서 온 편지」처럼 패배자의 관점을 취했다. 그는 무대를 페르시아의 수도이던 수사로 설정하고 그 어떤 그리스인 인물도 등장시키지 않았다. 더욱이 아이스킬로스는 페르시아 사회를 정치하게 반영했다. 그는 왕실의 족보, 이란어, 궁정의 화려함과 예법을 잘 알고 있었다. 하지만 가장 놀라운 점은 증오의 흔적이 발견되기는커녕 오히려 그들을 이해하고 있는 것 같은 느낌을 준다는 것이다. 작품은 궁전의 공터에서 시작된다. 페르시아인들은 원정의 결과를 알지 못하여 소식을 기다리며 조바심을 내고 있다. 머잖아 전령이 도착하여 끔찍한 패배의 소식을 전하며 전투에서 쓰러진 영웅들에 대해 얘기한다. 마침내 쓸모없는 학살을 뒤로하고 오만함을 상실한 채 누더기를 걸친 크세르크세스 왕이 궁전으로 돌아온다.

이 작품은 그리스를 파괴할 수도 있었던 적에 대한 독특한 관점을 담고 있다. 여기에서 페르시아인은 악의 축으로도 태생적인 범죄자로도 그려지지 않는다. 아이스킬로스는 전쟁에 반대했으나 아무런 반향도 이끌어내지 못한 늙은 지도자들의 무력함, 집에서 군대가 귀환하기를 기다리는 사람들의 고통, 평화와 전쟁을 두고 벌어진 내적 분열, 남편을 잃은 여인과 어머니의 고통을 되돌아보게 만든다. 그리하여 왕의 과대망상으로 인해 도살장에 끌려간 군인들의 불행을 암시하고 있다.

『페르시아인들』에 등장하는 전령은 하나의 현대적 상징이 된 살라미나 전투를 회상하게 만든다. 하비에르 세르카스(Javier Cercas)의 소설 『살라미나의 병사들』에 등장하는 군인들은 페르시아 제국의 침략을 막은 그리스인들이자 나치즘에 저항한 군인들이다. 세르카스는 어느 시대든 살라미나의 병사들, 조국과 민주주의와 자신의 열망을 지키기 위해 결정적인 전투에 참전하는 병사들이 있을 수 있다고 생각했다. 살라미나는 단순히 피레아스에서 2킬로미터 떨어진 곳에 위치한 에게해의 작은 섬이 아니다. 살라미나는 압도적인 공격에 대해 (수적 열세에도 불구하고) 저항하는 사람이 있는 모든 곳에 존재한다.

아이스킬로스는 『페르시아인들』 이전에도 여러 작품을 썼다. 그러나 현재까지 전해지는 작품이 없으니 우리에겐 이 작품이 출발점이라 할 수 있다. 나는 아이스킬로스가 직접 페르시아에 맞서 전투에 참여하여 적군의 눈을 마주하고 자신의 형제가 죽어가는 것을 목격한 뒤 패배한 적들의 고통을 무대로 옮겼다는 데 매료됐다. 거기엔 조롱도, 증오도, 비난도 없었다. 그리하여 결투와 상처와 타자를 이해하려는 노력 속에서 정통 연극의 역사가 출발하게 된다.

| **68** |

아이스킬로스와 당대인들은 페르시아와의 전쟁이 동양과 서양의 대결이라고 생각했다. 비극적 전쟁의 경험으로 인해 그들은 적군을 정복과 피에 굶주린 자들이라고 생각했다. 또 그들은 페르시아에 대한 승리가 야만에 대한 문명의 승리라고 믿었다.

다양한 문화가 교차하는 아나톨리아 반도에서는 혼혈 그리스인이 태어났고 오랜 갈등은 그들을 괴롭혔다. 유럽과 아시아. 이 두 세계가 삶과 죽음의 전쟁에 갇혀버린 이유는 무엇일까? 이 두 세계는 어찌하여 저 먼 옛날부터 싸우게 됐는가? 그들은 무엇을 갈구하고, 어떻게 자신을 정당화했으며 그 이유는 무엇인가? 늘 그러했는가? 앞으로도 그럴 것인가?

한 그리스인은 평생 동안 이 질문들에 대한 답을 찾았다. 그는 여행과 증언에 대한 작품을 남기며 'Historiae(역사)'라는 제목을 붙였는데, 이 단어는 그리스어로 '추적', '조사'를 의미했다. 우리는 그가 자신의 책에 붙인 '역사'라는 용어를 지금도 사용하고 있다. 그의 작품과 더불어 세상을 보는 다른 방식의 새로운 분과학문이 태어났다. 『역사』의 저자는 지치지 않는 호기심을 지닌 모험가이자 유목민으로서 세계적 차원에서 사유하기 시작했다. 그는 세계화의 선구자나 다름없었다. 그는 바로 헤로도토스다.

대부분의 그리스인이 자신이 살던 고향 마을의 경계를 벗어나지 않았던 데 반해 헤로도토스는 지칠 줄 모르는 여행자였다. 그는 상선이나 캐러밴을 타고 많은 사람과 대화를 즐기면서 페르시아의 여러 도시를 방문했다. 이를 통해 지형에 대한 지식과 넓은 시야로 전쟁을 이야기할 수 있었다. 평화의 시대에 적들의 일상생활을 경험한 그는 그 어떤 작가보다 정확한 비전을 제시할 수 있었다. 프랑스 작가인 자크 라카리에르(Jacques Lacarrière)에 따르면, 헤로도토스는 그리스인의 편견을 깨기 위해 애쓰면서 문명과 야만의 경계가 국가 간의 지리적 경계가 아니라 각 민족의 도덕적 경계, 각 개인의 경계라고 했다.

헤로도토스가 서양 최초의 역사책을 쓴 지 수 세기가 지난 지금, 그 책이 동서양의 전쟁, 납치, 상호 비방, 같은 사건을 보는 서로 다른 시각들, 경합하는 사실들에 관해 이런 현대적인 방식으로 쓰였다는 건 흥미로운 일이 아닐 수 없다.

헤로도토스는 작품 서두에서 유럽과 아시아의 투쟁의 기원에 대해 자문한다. 그는 고대 신화에서 충돌의 기원을 찾는데, 그 충돌은 그리스 여인 이오를 납치한 사건에서 시작했다. 한 무리의 상인 혹은 인신매매범들(고대에 이 둘 사이의 차이는 늘 유동적이었다.)이 그리스 도시 아르고스에 내려 상품을 진열했다. 몇몇 여성이 이국적인 상품에 매료되어 그곳으로 향했다. 그리고 그 외국 선박의 선미로 여자들이 몰려드는 순간, 페니키아 출신의 상인들이 갑자기 여인들을 덮쳤다. 대부분은 강력히 저항한 끝에 달아날 수 있었지만 이오는 운이 좋지 않았다. 그들은 이오를 붙잡아 강제로 이집트로 데려가 상품으로 내놓았다. 헤로도토스의 기록에 따르면, 이 납치가 모든 폭력의 시작이었다. 얼마 지나지 않아 이를 되갚아주기 위해 파견된 그리스인들이 페니키아(현재 레바논)에 상륙하여 티레 왕의 딸 에우로파를 납치했다. 이 상호 납치 상황은 오래가지 않았다. 그리스인들이 오늘날 조지아의 영토에서 메데아를 납치했기 때문이다. 다음 세대에 파리스는 납치를 해서 결혼하기로 결정하고 헬레네를 강제로 트로이에 데려갔다. 이 사건은 그리스인의 인내심을 건드렸고, 그렇게 아시아와 유럽 사이에 전쟁이 발발하고 불치의 적대감이 생겼다.

『역사』에는 고대의 정신과 현대성이 혼합되어 있다. 헤로도토스는 전설, 신탁, 경이로운 이야기, 신성함이 문서화된 사실과 함께 기록되어야 한다고 믿었다. 그는 어느 왕이 소화불량으로 꾼 악몽이 신의 메시지로 해석되어 제국의 운명이나 전쟁의 전략을 변경할 수 있는 시대에 살았다. 이성적인 것과 비이성적인 것의 경계가 흐렸던 것이다. 나는 그가 신화적 에피소드(에우로파 납치, 트로이 전쟁의 시작 등)를 야비한 악행으로 변화시키는 뻔뻔함이 흥미로웠다. 그는 폭력이 발생할 때 여성이 전쟁과 복수의 희생자가 됨을 고발하기 위해 전설적인 미사여구를 명쾌하게 제거해버린다.

헤로도토스는 이 이야기의 근거로 뜻밖의 출처를 든다. 그는 페르시아의 교양인들로부터 충돌의 근원에 대한 설명을 들었다고 한다. 반면 페니키아인들 버전의 이야기는 다르다. 하지만 헤로도토스는 "나는 사건이 어떻게 발생한 것인지에 대한 그들의 결정에 관여하지 않을 것이다."라고 말한다. 수년간 여행하고 사람들과 대화를 나눈 헤로도토스는 증인들이 같은 사건에 대해 모순된 설명을 하고, 사건을 잊어버리거나 평행우주에서나 일어날 법한 식으로 기억한다는 걸 알게 되었다. 그는 진실이란 파악하기 어려우며, 과거를 있는 그대로 해명하기란 거의 불가능에 가까움을 깨달았다. 그래서인지 『역사』에는 "내가 알기로는", "내 생각에는", "내가 들은 바에 따르면", "사실인지는 모르나 전해지는 바에 따르면" 등의 표현이 많다. 현재의 다중관점주의가 있기 수천 년 전, 최초의 그리스 역사가는 기억이 연약하고 덧없으며 사람들이 자신을 정당화하거나 안도감을 찾기 위해 과거를 왜곡한다는 사실을 인식했다. 그래서 「시민 케인」, 「라쇼몽」 같은 작품에서 그렇듯이, 우리는 진실을 알지 못한 채 그 일면이나 다양한 버전들 혹은 무한한 해석만을 보게 된다.

정말 놀라운 사실은 헤로도토스가 그리스인의 버전이 아니라 페르시아인과 페니키아인의 버전만 기록했다는 것이다. 따라서 서구의 역사는 타자의 관점, 적의 관점, 미지의 관점에서 설명함으로써 탄생했다. 이는 25세기가 지난 지금도 매우 혁신적인 방식이다. 우리는 낯선 문화에 대해 알아야 한다. 그래야만 우리가 어떻게 비치는지를 숙고할 수 있기 때문이다. 타자의 정체성과 대조할 때라야 우리의 정체성이 이해되기 때문이다. 타자는 내 이야기를 들려주는 사람, 내가 누구인지 말해주는 사람이다.

| **69** |

수 세기가 흘러 아우슈비츠에서 온 가족을 잃고 독일 수용소에서 살아남은 (리투아니아인으로 프랑스에 입양됐으며 유대인인) 에마뉘엘 레비나스(Emmanuel Levinas)는 헤로도토스의 지적 유산을 물려받아 이렇게 말한다. "내가 타자에게 우호적인 이유는 사물을 밝히는 결정적 계

기이기 때문이다."

나는 이 자리에서 에우로파의 납치에 관한 그리스 버전의 이야기를 살펴보고자 한다. 헤로도토스에게 그 사건은 전설적 납치라는 수치스러운 일화에 불과할지 모르나, 내게는 내가 살고 있는 이 땅에 '유럽'이라는 이름을 남긴 신비로운 여자의 이야기이다.

모든 그리스인이 알고 있었듯이, 제우스는 호시탐탐 젊은 여인을 노리는 호색가였다. 누군가에게 끌리면 그는 말도 안 되는 변장을 하고 초야권을 주장했다. 백조나 황소로 변하여 강간한 예가 대표적이다. 특히 그가 황소로 위장한 것은 티레 왕의 딸인 에우로파를 잡으려는 함정이었다. 시인 오비디우스는 신들의 아버지가 사는 곳에는 사랑과 조화가 없다고 했다. 제우스는 아내 헤라와 언쟁을 벌인 뒤 문을 박차고 나가버린다. 올림포스산을 벗어난 그는 아내와의 논쟁과 불행한 결혼 생활의 쓰라린 맛을 없앨 목적으로 여인을 탐하는 모험을 시작한다. 그는 티레의 해변으로 가서 하녀와 함께 산책하고 있는 매력적인 공주를 주시한다. 그는 먹이에 접근하려고 눈처럼 하얀 황소의 모습으로 변한다. 에우로파는 바다 근처에서 조용히 풀을 뜯는 그 하얀 동물을 지켜본다. 하지만 수 세기 후 허먼 멜빌의 백경처럼 교활하고 사악한 짐승이라고는 의심치 않는다.

유혹이 시작된다. 황소는 흰 주둥이로 에우로파의 손에 입맞춤하고 모래 위를 팔짝거리고 배를 들이대며 만져주길 바란다. 여인은 웃으며 걱정 없이 함께 어울린다. 그러다가 조심하라는 신호를 보내는 늙은 하녀들의 말을 거스르고 황소의 등에 올라탄다. 황소는 옆구리에 여인의 다리가 닿자마자 바다로 들어가 물 위를 질주한다. 겁에 질린 에우로파는 해변을 돌아본다. 그녀의 가벼운 튜닉이 바람결에 펄럭인다. 그녀는 자기 집과 도시를 다시는 보지 못한다.

제우스는 그녀를 데리고 크레타섬으로 향한다. 그곳에서 세 아들을 낳는데, 그들은 궁전과 미로와 위협적인 미노타우로스라는 눈부신 문명을 세우게 된다. 오늘날 사람들은 유람선에서 멀미를 하면서 크노소스의 유적을 사진으로 담아내고 있다.

에우로파의 남자 형제 카드모스는 어떻게든 누이를 찾으라는 명을 받는다. 왕은 누이를 찾지 못하면 추방할 것이라고 위협한다. 카드모스는 인간에 불과하기에 제우스가 선택한 은신처를 발견하지 못한다. 그는 에우로파의 이름을 부르며 미지의 땅에 있는 바위, 올리브 나무, 밀밭에 그 이름이 새겨질 때까지 그리스를 헤집고 다닌다. 끝나지 않는 수색에 지친 카드모스는 불행한 오이디푸스의 요람이 될 테베를 건설한다. 전설에 따르면 그리스인에게 글쓰기를 가르친 사람이 카드모스라고 한다.

언어학자 어니스트 클라인(Ernest Klein)이 어원을 제안한 이후로 많은 철학자들이 '유럽'이라는 말이 동양적 기원을 갖고 있다고 주장한다. 그들은 '유럽'이 아카드어 erebu와 관련 있다고 말하는데, 이 단어는 아랍어 ghurubu의 인접어이다. 이 두 단어는 공히 '태양이 죽는 나라'를 의미한다. 즉 일몰의 땅, 지중해 동쪽에 사는 사람들의 관점에서 본 서부이다. 그리스 신화가 나타나던 시기에 위대한 문명이 꽃핀 특권적인 땅은 동부를 가로질러 뻗어 있는 티그리스강과 나일강 사이였다. 그에 비해 유럽 대륙은 야생의 땅, 어둡고 야만적인 서부였다.

만약 그런 가정이 사실이라면 우리가 사는 대륙의 이름은 아랍어 이름을 지니고 있는 것이다. 나는 페니키아인 에우로파라는 여성의 모습을 상상해본다. 오늘날 시리아-레바논 사람일 그녀는 분명 짙은 색 피부에 긴 곱슬머리였을 것이며 오늘날 밀려드는 난민의 물결에 눈살을 찌푸리는 유럽인들 사이에서 불안감을 불러일으키는 외국인의 모습이었을 것이다.

사실 에우로파 납치에 대한 전설은 일종의 상징이다. 납치된 공주의 이야기 뒤에는 아주 먼 역사적 기억이 숨 쉬고 있다. 바로 비옥한 초승달 지대에서 서양으로 향하는 동양의 아름다움과 지식의 이동이다. 특히 페니키아 알파벳이 그리스에 도착한 것이 그렇다. 유럽은 문자, 책, 기억이 받아들여지며 태어났다. 그 존재 자체가 동양에서 납치된 지혜에 빚을 지고 있다. 그러니 우리는 우리가 야만인이었을 때가 있었다는 사실을 공식적으로 기억해야 한다.

| **71** |

1950년대 중반, 철의 장막으로 나뉜 유럽에서 연합군 영토 밖을 여행한다는 건 헤로도토스 시대보다 어려웠다. 1955년 리샤르트 카푸시친스키(Ryszard Kapuściński)라는 젊은 폴란드 기자는 "국경을 넘어서고자" 했다. 그는 그곳이 어디든 개의치 않았다. 그는 런던이나 파리처럼 자본주의적 아우라에 휩싸인 접근할 수 없는 곳을 꿈꾸지는 않

았다. 그저 국경을 넘어선다는 신화적이고 중대한 행위를 갈망했다. 감금 상태를 벗어나 다른 곳을 아는 일 말이다.

그는 운이 좋았다.《청년의 기치》라는, 그가 다니던 신문사가 그를 인도에 특파원으로 보냈다. 떠나기 전에 편집장이 그에게 헤로도토스의 『역사』 양장본을 선물로 줬다. 수백 쪽이 넘는 책이었기에 가지고 다니기 어려웠지만 그는 책을 가져갔다. 그 책은 망연자실했을 때도, 불안할 때도 그를 안전하게 지켜줬다. 뉴델리로 가기 위해 로마에서 환승을 해야 했다. 공산주의 조국의 가르침에 따르면 "서구의 땅을 밟는" 것은 전염병의 땅에 들어간다는 것이었다.

헤로도토스의 책은 그 신비로운 외부의 땅을 발견하기 위한 안내서이자 지침이 되어주었다. 수십 년 후, 그는 『헤로도토스와 함께한 여행』이라는 책을 출판하게 되는데, 여기에서 그는 헤로도토스가 자신이 가는 길에 동반자가 되었음을 밝히고 있다. "헤로도토스에게 고마움을 표한다. 내가 불안하고 길을 잃을 때마다 내 곁에 있어줬으니 말이다. …… 우리는 수년간 함께 여행했다. 경험이 풍부하고 현명한 이 그리스인은 참으로 특출한 가이드였다. 물론 홀로 하는 여행이 가장 좋지만 2500년이라는 거리가 방해되진 않았다. 나는 늘 거인과 함께하고 있다는 느낌이었다."

카푸시친스키는 뛰어난 직감, 시각, 청각을 지닌 초보 저널리스트의 기질을 헤로도토스에게서 발견한다. 그는 『역사』가 최초의 보편 문학의 보고서라고 주장한다. 헤로도토스는 바다와 대초원을 가로지르고 사막을 건넌 대담한 사람, 열정적이고 앎에 대한 욕망이 넘치는 사람이었다. 그는 (세상의 역사를 불멸화하려는) 믿을 수 없는 야심 찬 목표를 세웠다. 기원전 5세기에 문서보관소나 도서관에서 외국에 대한 정보를 얻기란 불가능했다. 그래서 그는 저널리스트의 방법을 활용했다. 즉 여행하고 관찰하고 질문하는 방식으로 말이다. 그는 다른 사람들이 그에게 얘기한 것과 그가 경험한 것을 통해 결론을 얻었다. 그런 방식으로 자신의 지식을 쌓아갔다.

카푸시친스키는 헤로도토스가 다음과 같은 상황에 있었을 것이라 상상한다. 하루 종일 먼지 날리는 길을 달려 어느 해안가 마을에 도착한다. 지팡이를 내려놓고 샌들에서 모래를 털어낸 뒤 지체 없이 대화를 시작한다. 헤로도토스는 지중해 문화의 자식답게 많은 사람과 어울려 신선한 와인에 치즈와 올리브를 곁들여가며 이야기를 나눈다. 모닥불 옆에서 식사하면서 나눈 대화나 수령이 1000년 넘는 나무 아래서 함께한 대화 속에는 이야기, 일화, 오래된 전설 등이 깃들어 있다. 그리고 손님이 나타나면 초대한다. 기억력 좋은 손님으로부터 끝없이 많은 정보를 끌어 모은다.

여행자 헤로도토스의 사생활에 대해선 알려진 게 거의 없다. 많은 인물과 일화로 가득한 저작에서조차 자신에 대한 이야기를 거의 넣지 않았다. 그는 자신이 아름다운 만이 내려다보이고 아시아, 중동, 그리스의 무역로가 교차하는 할리카르나소스(지금의 튀르키예 보르둠) 출신이라고 밝힌다. 그는 열일곱에 고향을 떠나야 했다. 그의 삼촌이 폭군에 대해 반란을 도모했다가 패했기 때문이었다. 그리하여 그는 당대 그리스인에게 발생할 수 있는 최악의 조건, 바로 무국적자가 되었다. 그래서 그는 미래에 대한 걱정을 떨쳐버리고 인도에서 대서양까지, 우랄 지역에서 에티오피아에 이르기까지 알려진 세계에 대해 가능한 한 많은 것을 알아내기 위해 바다와 육로를 탐험하기로 마음먹었다. 그가 어떻게 생계를 이어갈 수 있었는지는 알 길이 없다. 그는 여행을 했고 연구에 엄청난 에너지를 쏟아부었으며 자신이 여행하고 있는 나라의 삶의 방식에 자신을 내맡겼다. 그는 친절한 외국인들을 알게 됐고 그들과 관습과 전통에 대해 이야기하며 자신의 정신을 새롭게 했다. 그들에 대해 모욕적 암시나 경멸적인 판단을 내리지 않은 채 적들과 먼 나라 사람들에 대한 이야기를 써내려갔다. 카푸시친스키가 상상하듯이, 그는 순박하고 정중하며 이해력 있는 사람, 개방적이고 말이 많은 사람, 항상 달콤한 말로 타인의 이야기를 끌어내는 사람이었다. 강제추방에도 불구하고 그는 분개하지 않았다. 그는 사람들이 여러 방식이 아닌 한 가지 방식으로만 행동하는 걸 이해하려고 했다. 역사적 재난에 대해 인간을 비난하지 않았다. 오히려 그들이 살고 있는 당대의 교육, 관습, 정치 체제를 비판했다. 따라서 반역적인 그의 삼촌처럼 그는 자유와 민주주의의 수호자가 되었고 전제주의, 독재, 폭정의 적이 되었다. 그는 자유와 민주주의 시스템에서만 인간이 존엄하게 행동할 수 있다고 생각했다. 헤로도토스는 이렇게 말한다. 작은 그리스 국가들이 동쪽의 세력을 이길 수 있었던 건 그들이 자유롭다는 것을 알고 그 자유를 위해 모든 것을 바쳤기 때문이다.

『역사』를 읽었을 때 나를 사로잡았던 부분이 있다. 우리 각자의 성격은 (우리가 인정하는 것보다 훨씬 더) 정신적 습관, 반복, 국수주의에 의해 형성된다. "만약 사람들에게 모든 관습 중에서 가장 완벽한 하나를 선택하라고 한다면, 모두가 자신의 관습을 선택할 것이다. 각자 자신의 관습이 가장 완벽하다고 생각하기 때문이다. 다리우스가 통치하던 시기에 다리우스는 궁정에 있던 그리스인을 불러 얼마의 돈을 주면 부모의 시체를 먹을 것 같으냐고 물었다. 그리스인들은 그 어떤 보상을 받더라도 그렇게 하지 않겠다고 했다. 그러자 다리우스는 부모의 시체를 먹는 칼라티안이라는 원주민들을 불러놓고 그리스인들이 보는 앞에서 그들에게 얼마를 주면 부모의 유골을 태우는 데 동의하겠냐고 물었다. 그러자 그들은 절규하면서 자신들을 모욕하지 말라고 간청했다. 관습이 세상의 여왕이라는 핀다로스의 말이 옳았다."

일부 작가들은 헤로도토스의 『역사』가 수 세기 후에 민족지학의 기초가 될 씨앗을 품고 있다고 생각한다. 어쨌든 그의 저작은 그가 방문한 지역과 그리스에 대한 대단한 통찰력을 보여준다. 관습은 문화마다 매우 다르지만, 관습의 힘은 어디에서나 거대하다. 인간 공동체의 공통점은 자신들의 관습이 최고라고 믿는 것이다. 유목민이자 그리스인 헤로도토스가 밝히듯, 우리는 모두 자신이 우월하다고 생각한다. 그 점에 있어서 우린 동일하다.

카푸시친스키도 헤로도토스의 책을 짐가방에 넣고 다니기 어려울 정도였는데 당시의 독자에겐 얼마나 불편했겠는가. 『역사』는 기록상 가장 오래된 책 중 하나였고 그리스어 산문으로 쓰인 최초의 대작이었다. 이 작품은 각각 아홉 뮤즈의 이름이 붙은 아홉 권으로 전하고 있으니, 당시에 이 작품을 옮기려면 짐꾼이 필요했을 것이다.

의심의 여지 없이 당시에 두루마리의 발명은 큰 발전이었다. 두루마리는 어떤 선례도 없는 실용적 도서관과 마찬가지였다. 두루마리는 점토판보다 많은 글을 넣을 수 있었고 연기 신호나 비문보다 이동이 쉬웠다. 그렇지만 여전히 번거로웠다. 앞서 설명했듯이, 파피루스는 한

쪽 면만 사용할 수 있었기 때문에 아주 촘촘한 글씨로 채워져 있었고 아주 길게 연결되어 있었다. 독자가 그 말의 미로를 풀어헤치려면 수 미터에 이르는 텍스트를 감기도 하고 풀기도 해야 했다. 더욱이 재료를 최대한 활용하기 위해 단어나 문장, 장의 구분을 두지 않았다. 타임머신이 있어서 기원전 5세기 판본을 입수해 살펴본다면, 헤로도토스의 『역사』는 거의 열두 개가 되는 파피루스 두루마리에 펼쳐진 끝없이 이어지는 단어의 형상을 하고 있을 것이다.

비극이나 소크라테스의 대화 같은 짧은 작품만이 하나의 두루마리에 들어갈 수 있었다. 두루마리가 길어질수록 불편하고 손상되기도 쉬웠다. 알려진 것 중에 가장 긴 42미터 두루마리에서 특정 구절을 찾으려면 팔에 경련이 생기고 목이 뻣뻣해질 수도 있다. 고대의 작품은 대부분 하나 이상의 두루마리였다. 기원전 4세기 그리스의 필사자들은 저작물의 통일성을 위해 말 머리를 다는 시스템을 활용했다. 중동 태블릿에서는 이미 실행되던 시스템이었다. 두루마리 끝부분에 다음 두루마리의 첫 구문을 적어둠으로써 독자가 다음 책을 찾는 데 도움이 되도록 했다. 하지만 고안할 수 있는 모든 조치에도 불구하고 작품은 언제든 무질서와 소실로부터 자유로울 수 없었다.

두루마리를 보관하고 이동하는 데 쓰는 상자가 있었다. 습기나 벌레 그리고 시간으로부터 책을 보호하는 용도였다. 상자는 크기에 따라 다섯 개에서 일곱 개 정도의 두루마리가 들어갔다. 흥미롭게도 수많은 고대 작가들의 작품들 중 많은 작품이 5와 7의 배수에 해당한다. 예컨대 아이스킬로스와 소포클레스의 비극은 각각 일곱 권, 플라우투스(Plautus)의 희극은 스물한 권, 티투스 리비우스의 역사는 열 권씩 묶여 있다. 일부 연구자들은 하나 또는 여러 개의 상자에 묶여서 보관되었기에 세월의 부침 속에서도 보존될 수 있었다고 주장한다.

나는 당시에 책이 얼마나 부서지기 쉽고 보관하기 어려웠는지 자세하게 살펴봤다. 작품의 사본은 거의 없었으며 작품을 보존하는 데는 엄청난 노력이 필요했다. 대책 없이 책을 파괴하는 화재와 홍수는 비교적 빈번하게 발생하는 재앙이었다. 마모, 벌레, 습한 기후로 인한 소실 때문에 도서관에 있거나 개인이 소장한 모든 두루마리는 일정한 기간이 지나면 사본을 만들어둬야 했다. 가이우스 플리니우스 세쿤두스(Gaius Plinius Secundus)는 가능한 최상의 조건과 세심한 주의를 기울이면 파피루스 두루마리가 200년 정도 유지된다고 기록하고 있다. 하지만 대부분 그보다는 생명력이 짧다. 작품은 계속 파손되었기에 특정 작품의 판본의 수가 줄어들면 그 작품을 복원하는 일은 더욱 어려웠다. 고대와 중세의 책은 인쇄기가 발명될 때까지 지속적으로 파손되고 사라질 위기에 처해 있었다.

우리 모두가 가장 좋아하는 책이 사라지는 것을 막기 위해 몇 달을 바쳐 책의 사본을 만들어야 한다고 생각해보자. 몇 권이나 구원할 수 있겠는가. 그러니 우리는 누군지 모를 독자들의 열정 덕분에 헤로도토스의 『역사』와 같은 작품이 수 세기의 협곡을 지나 우리에게 도달한 것을 집단적 기적으로 봐야 한다. 남아공 출신의 작가 존 맥스웰 쿳시(John Maxwell Coetzee)가 지적하듯, "고전은 최악의 야만성에서 살아남은 것, 작품을 무시할 수 없어서 어떤 대가를 치르더라도 붙잡아두려고 했던 세대가 있었기에 생존 가능한 것"이었다.

웃음의 드라마와
상실에 대한 우리의 빚

이탈리아의 산에 자리 잡은 중세 수도원에서 일련의 충격적인 범죄가 발생하기 시작한다. 그 죽음의 흔적은 수도원의 거대한 도서관으로 이어진다. 그곳에는 숲속의 나무나 얼음 속의 다이아몬드처럼 숨겨진 책이 있다. 그 책 탓에 수도사들이 서로를 죽인다. 수도원장은 수도원을 방문한 바스커빌의 윌리엄에게 종교재판관으로서 사건에 대한 조사를 맡긴다. 14세기에 일어난 일이다.

『장미의 이름』은 제의적이고 은밀하며 음모로 가득한 수도원을 배경으로 한 놀라운 범죄 소설이다. 움베르토 에코는 범죄 소설 장르의 클리셰를 활용하여, 책을 사랑하는 모든 사람에게 윙크를 보내면서 팜파탈 자리에 책을 놓는다. 이 불길한 책은 읽으려는 자를 유혹하고 타락시키고 죽인다. 독자는 도대체 그 금서에 숨겨진 비밀이 무엇인지 궁금해한다. 그 책은 "100마리 전갈의 치명적인 힘"을 지니고 있다고 한다. 그 책은 숨겨진 선동적인 복음인가? 노스트라다무스의 예언 같은 것인가? 교령술, 외설, 신성모독, 밀교인가? 그렇게 진부한 게 아니다. 바스커빌의 윌리엄이 퍼즐 조각을 맞췄을 때, 우리는 그것이 아리스토텔레스의 에세이라는 것을 알게 된다.

정말인가? 누군가는 속았다고 생각할 수도 있다. 어쨌든 아리스토텔레스는 급진적인 작가도, 전복적인 사유로 알려진 사람도 아니기 때문이다. 오늘날엔 중용의 이론가이자 백과사전파이며 리케이온을 창시한 아리스토텔레스가 저주받은 책을 집필했을 거라고는 생각지 못한다. 그러나 움베르토 에코는 희극에 대한 분실된 논문이나 『시학』의 두 번째 부분, 즉 웃음이라는 혁명적 우주로 들어가는 에세이처럼 우리가 결코 읽지 못할 아리스토텔레스의 작품이 지닌 위험성을 추측해본다.

『장미의 이름』의 대단원에 다다르면 전형적인 연쇄 살인범을 마주하게 된다. 그는 탐정을 제거하고 게임을 이길 수 있지만 오히려 어리석게도 자신의 지능을 과시하는 데 주력한다. 여기에서 살인자 수도사가 종말론적으로 웃음에 대한 아리스토텔레스의 글이 왜 위험하고 제거되어야 하는지 설명한다. "이 책은 웃음을 예술로 끌어올림으로써 웃음을 철학과 신학의 대상으로 만들고 있소. 웃음은 악마에 대한 두려움으로부터 사람들을 해방시키지요. 왜냐하면 바보들의 축제에선 악마도 가난하고 어리석기에 통제할 수 있는 존재가 되니까 말이오. 그런데 이 책은 두려움에서 해방된다는 것이 지혜의 행위라고 가르치고 있소. 사람들은 목구멍에 포도주를 집어넣으며 웃으면 제 스스로를 주인으로 생각하지요. 취하면 주종관계를 뒤집기 때문이오. 이 책은 독자들에게 그것이 정당하다고 가르치고 있소. 이 책이 세상을 화염에 휩싸이게 할 불꽃이 될 수 있다는 말이오. 언젠가 글이라는 파괴할 수 없는 증언에 기대어 웃음의 예술이 받아들여진다면…… 신성모독을 막을 무기가 없을 것이오. 신성모독은 트림과 방귀뿐인 육신의 사악한 힘에 호소할 것이고, 이 트림과 방귀가 제멋대로 아무 데나 발산될 테니 말이오."

움베르토 에코가 상상한 살인자는 희극에 대한 저주를 이해하는 단서를 제공한다. 고대의 유머는 엄청난 좌절을 겪었다. 웃음에 대한 아리스토텔레스의 글은 모두 사라진 반면, 비극과 관련한 글은 절반이 문제없이 살아남았다. 그리스의 수많은 희극작가의 작품이 열광적으로 공연됐지만 오직 단 하나, 아리스토파네스의 작품만 남아 있다. 알렉산드리아 도서관의 카탈로그에 정리된 문학 장르(서사시, 비극, 역사, 설교, 철학)는 진지하고 엄숙한 장르였다.

오늘날에도 웃음은 정전에서 배제되고 있다. 희극은 드라마보다 오스카상을 받을 가능성이 희박하다. 해학과 익살을 다루는 작가가 스톡홀름에 노벨상을 수상하러 갈 일은 없다. 광고주와 프로그램 제작자는 유머가 팔린다는 걸 알고 있지만 학계는 그것을 예술의 시상대에 올리기를 꺼린다. 대중문화는 웃음을 악용하며 웃음을 비하한다. 리얼리티 쇼나 코미디는 웃음으로 우리를 즐겁게 해주지만 고급문화는 웃음을 초라한 미학으로 치부하고 웃음에 눈을 찡그린다. 그렇게 웃음은 개인적인 기분전환이나 순간적인 오락으로 축소된다.

연구자 루이스 벨트란(Luis Beltrán)은 유머를 이상하고 부차적인 현상으로 간주하는 건 실수라고 단언한다. 그는 우리가 '역사'라고 부르는 최근의 문화적, 경제적 불평등의 시기에 승리한 진지함이야말로 이상한 것이라고 말한다. 이 시기가 빙산의 일각에 지나지 않는다는 걸 상기할 필요가 있다. 우리는 수십만 년 동안 다른 방식으로 살았다. 글쓰기, 군주제, 부의 축적 이전의 원시문화는 본질적으로 평등하고 즐거웠다. 러시아의 이론가 미하일 바흐친(Mikhail Bakhtin)은 가면과 변장으로 가득한 축제를 통해 우리의 선조들이 생존을 위한 투쟁에서 승리를 어떻게 축하했는지 말하고 있다. 평등의 정신은 사회가 필연적으로 가난하고 조직의 시스템이 단조로웠을 때 가능했다. 하지만 농업과 화폐 문명이 발달해 부자가 될 수 있게 되자 곡물 창고를 가진 자들은 서둘러 계층을 발명했다. 그 이후 불평등한 사회를 이끌어 온 그들은 진지한 언어를 선호했다. 진정한 웃음에는 지배, 권위, 계급에 대해 반란이 꿈틀대기 때문이었다.

웃음을 회복하려는 바흐친의 이론은 매력적이지만, 나는 본질적으로 평등하고 즐거운 세상이 있었다고 믿지는 않는다. 그 세계는 권위주의적이고 폭력적이었다고 생각한다. 오히려 나는 스탠리 큐브릭 감독의 「2001: 스페이스 오디세이」(1968)가 지닌 상상력에 동의한다. 최초의 원시인이 뼈를 도구로 사용할 수 있다는 사실을 알게 됐을 때, 그가 한 행동은 그 도구를 다른 인간의 머리에 박는 것이다. 부족은 집단적 낙원이 아니라 부족장이 존재한 집단이었다. 우리가 살고 있는 지금과 비교하면 집단 내부의 차이야 크지 않았겠지만, 그렇다고 전제주의를 막을 수는 없다. '너는 저리 가. 이 고기는 내 거야. 우리가 사냥을 못 한 건 다 너희들 때문이야. 너희들을 부족에서 추방하고 죽여버릴 거야.' 또 웃음이 반드시 평등을 회복하게 해준다고 믿지도 않는다. 잔인하고 반동적인 웃음도 있다. 학교 운동장에서 가장 약한 아이에게 쏟아질 조롱이나 나치 회합에서 담배를 피우며 오가는 농담 같은 것 말이다.

그러나 지배에 도전하고 권위주의를 깨부수고 황제를 고발하는 저항적인 유머가 있다. 밀란 쿤데라가 『농담』에서 말하듯, 웃음은 권력을 부정하는 엄청난 능력을 갖고 있으며, 따라서 처벌의 대상이 되었다. 일반적으로 모든 시대의 사랑받는 지도자들은 그들을 조롱하는 희극인을 혐오하고 박해했다. 희극인들은 권력자나 체제와 충돌하곤 했다. 심지어 지금 우리가 살아가는 민주주의 사회에서도 유머와 공격의 한계를 둘러싼 논쟁이 벌어지고 있다. 보통 이 문제에 대한 태도는 그 유머가 우리를 향한 것인지 타자를 향한 것인지에 따라 다르다. 관용은 상황에 따라 다르게 나타난다. '나는 분개하고, 너는 민감하고, 그는 독단적이다.'

아리스토파네스는 찰리 채플린처럼 저항적이고 반체제적인 웃음을 구현한다. 나는 이 두 사람의 유머가 가족적인 분위기를 띤다고 생각했다. 찰리는 품성 좋은 사촌 같고 아리스토파네스는 풍자적인 할아버지 같다. 이 두 사람은 평범한 사람들에 관심이 많았다. 그들의 영웅은 결코 귀족적이지 않다. 찰리 채플린은 방랑자, 도망자, 이주민, 알코올중독자, 실업자, 금을 찾는 굶주린 자 등으로 등장한다. 아리스토파네스의 희극의 주인공들은 귀족적 기풍도 재산도 없는 자, 세금 납부를 피하려고 속임수를 쓰는 자, 전쟁에 지친 자, 섹스와 파티를 원하는 자, 파렴치한 자, 배가 고프진 않지만 폭식에 대한 환상을 품은 자와 같은 악당들이다. 찰리 채플린은 고아와 비혼모와 공감하고 거지와 사랑에 빠지며 기회를 엿보다가 경찰을 걷어차버린다. 그는 부자, 기업인, 이민청 직원, 1차 세계대전의 군부 거물 또는 히틀러를 조롱하는 용기를 보여준다. 아리스토파네스의 인물들은 성매매 여성들의 파업으로 전쟁을 중단하고, 아테네 의회를 점거하여 재산의 공동체 소유를 선포하고, 소크라테스를 조롱하거나 부의 신이 재산 분배를 더 잘할 수 있도록 근시안적 시각을 고쳐주겠다고 제안한다. 거친 모험과 황당무계한 일들이 벌어지고 나면 작품은 거대한 축제의 연회로 끝난다.

아리스토파네스도 채플린도 정의의 문제를 다룬 사람들이다.

아리스토파네스의 희극은 텔레비전에 나오는 인형극처럼 개인에 관한 암시, 정치적 풍자로 가득했다. 무대 위의 배우들은 의자에 앉아 연극을 보는 사람들의 성과 이름으로 농담을 했다. 그들은 더럽다거나 인색하다거나 추하다거나 부패했다며 사람들을 조롱했다. 오늘날 10만 명이라는 인구는 지방의 작은 도시에 지나지 않겠지만 당시에 공연이 열리던 아테네는 세계에서 가장 중요한 대도시로 여겨졌다. 아테네 사람들은 서로를 잘 알고 있었기에 험담도 많았다. 아리스토파네스는 아침부터 아고라에 나와 물건을 사거나 통치자를 욕하거나 이웃을 살피며 험담을 하는 사람들과 어울렸다. 그는 과거에 향수를 느끼고 새로운 트렌드를 좋아하지 않는 보수주의자들과 어울렸다. 그리고 극장에 서면 길거리에서 그랬듯이 자유롭게 페리클레스를 조롱하거나 정치 지도자를 소시지 장수라며 놀려댔다. 그에겐 아테네로 몰려든 지식인, 교육자, 학식 있는 자들이 단순한 바보들로 보였으나 그는 희극의 재료를 제공한 그들에게 고마워했다. 그는 저명한 인물들을 가장 우스꽝스러운 인물로 만들었다. 그는 길거리와 시골의 언어를 사용하다가 서사시와 비극의 과장된 구문들을 패러디하기에 이른다. 스페인 작가 안드레스 바르바(Andrés Barba)에 따르면, 아리스토파네스는 이상주의적 질문에 유물론적으로 대답했다고 한다. "아리스토파네스는 연극이라는 마술을 통해 우리에게 새로운 길을 열어줬다. 웃음을 통한 평화, 웃음을 통한 자유, 웃음을 통한 정치적 행동 말이다." 고희극이라 불리는 이런 종류의 희극은 그것이 비판한 아테네의 민주주의만큼 오래 지속되었다.

아리스토파네스에겐 후계자가 없었다. 웃음은 그가 죽기 전에 끝나버렸다. 기원전 5세기 말, 아테네가 쿠데타를 지원한 스파르타에 무너지고 이후 수십 년간 정치적 혼란이 뒤따랐다. 아리스토파네스가 계속해서 희극을 쓰긴 했지만 인물에 대한 암시나 통치자에 대한 풍자는 사라지고 갈수록 우의적인 표현만 심화됐다.

다음 세대에 그리스인들은 알렉산드로스의 제국에 합병되었다. 그리고 제국은 농담을 용납하지 않았다. 그즈음 감성적이고 관습적이며 장난기 어린 새로운 형식의 희극, 즉 신희극이 나타나는데, 오르테가 이 가세트(Ortega y Gasset)는 이 형식의 희극을 "보수적인 당파들의 문학 장르"로 파악했다. 신희극에는 젊은 주인공, 사기꾼 노예, 예기치 않은 만남, 누군지 구분하기 어려운 쌍둥이, 엄격한 부모, 마음씨 좋은 성매매 여성 등이 반복적으로 등장했다. 당시 가장 유명한 작가는 메난드로스였다.

메난드로스의 작품이 현재까지 살아남은 경위는 독특하다. 그의 작품은 수 세기에 걸쳐 열정적으로 읽혔으나 완전히 사라져버렸다. 그의 작품 중 인용된 부분만을 접할 수 있다가, 이집트의 파피루스를 통해 상당량의 작품이 전해지게 되었다. 그리하여 그는 파멸된 희극 장르의 유일한 작가가 되었다. 그 영역의 많은 작가들이 사라졌다. 마그네스, 밀로스, 에우폴리스, 크라티노스, 에피카르모스, 페레크라테스, 플라톤(동명이인), 안티파네스, 알렉시스, 디필로스, 필레몬, 아폴로도로스 등.

신희극의 작가들은 공격적이지 않은 방식으로 대중을 즐겁게 하려고 했으나 대중은 넌더리를 냈다. 고대 사회가 엄격한 사회가 되면서 희극이 지니고 있던 부도덕함이 대중의 마음을 불쾌하게 했던 것이다. 놀기 좋아하는 청년들, 성매매 여성들, 서로를 기만한 부모들 같은 인물들이 새로운 세대를 위한 건설적인 교육이 될 리 없었다. 학교에서 스승들은 학생들의 도덕성이 훼손되지 않도록 조심하면서 메난드로스의 작품 중 극히 일부만 다루었다. 그러한 검열 속에서 메난드로스의 말은 고대의 유머가 대부분 그랬듯이 사라져버렸다. 『장미의 이름』에 등장하는 파괴적 수도사에겐 오랜 세월 동안 많은 조력자가 있었던 것이다. 우리는 여기에서 웃음의 드라마와 역설을 마주하게 된다. 뛰어난 유머는 언제가 되든 적을 만난다는 사실 말이다.

| **73** |

우리는 교과서가 교육을 지향한 책을 의미한다는 것을 알고 있다. 그리스인들은 교과서에 대해 알고 있었고 어쩌면 그들이 교과서를 고안했는지도 모른다. 그들은 받아쓰기, 주석, 글쓰기 연습을 위해 문학의 구절들을 편집했다. 이런 선집은 책의 생존에 중요한 역할을 했다. 오늘날까지 전해지는 대부분의 작품이 교과서였기 때문이다.

헬레니즘 시대의 세계화 속에 살았던 운 좋은 아이들은 기초 교육을 넘어 문학 교육을 받아야 했다. 그 이유는 첫째, 부모들은 위대한 작가들을 읽음으로써 배울 수 있는 의사소통 능력, 유창한 표현과 언어적 풍부함을 중요하게 생각했기 때문이다. 고대 주민들은 말을 잘하지 못하면 생각도 잘하지 못한다고 생각했다. 로마에는 "책이 입술을 만든다."라는 격언이 있었다. 두 번째는 향수 때문이었다. 많은 그리스인이 알렉산드로스의 발자취를 따라 리비아 사막에서 중앙아시아의 대초원에 이르기까지 알려지지 않은 영토에 정착했다. 그리스인은 파이윰, 바빌로니아, 수사 등의 도시에 정착하자마자 자신들의 제도를 안착시키고 초등학교와 체육관을 세웠다. 문학은 이민자들이 공통의 언어를 통해 정체성을 유지하는 방법이었다. 문학은 광대한 제국에 흩어져 있는 그리스인들의 가장 확실한 교환과 접촉의 도구였다. 광대한 영토에서 길을 잃은 그들은 책을 통해 하나의 조국을 발견했다. 또 그리스어와 그리스인의 삶의 방식을 수용하여 번영을 꿈꾸던 원주민도 적지 않았다. 그리스의 웅변가 이소크라테스(Isocrates)는 새로운 개념의 문화 시민권을 이렇게 말한다. "우리가 그리스인인 것은 같은 혈통이라서가 아니라 같은 문화를 지니고 있기 때문이다."

그렇다면 그리스인은 어떤 교육을 받았는가? 우리 시대와 달리 그들은 전문화에 전혀 관심이 없었다. 그들은 기술 지향적 지식을 경멸했다. 노예가 있었기에 고용 문제에 집착하지 않았다. 노동처럼 품위를 떨어뜨리는 것은 배우지 않았다. 그들은 마음의 수양, 우정, 대화 같은 사색적 삶, 즉 여가가 우아한 것이라고 생각했다. 사회를 위해 반드시 필요했던 의학만이 훈련을 요구했다. 한편 의사들은 문화적 열등감을 느꼈다. 히포크라테스에서 갈레노스에 이르기까지 모든 의사들은 의사 또한 철학자라고 강변했다. 그들은 의학이라는 영역에 갇히지 않고 교양인으로 보이고자 애썼으며 중요한 시인들을 인용했다. 그 외의 사람들에게도 교육과 독서는 제국 전체에서 동일하게 이뤄졌으며, 이는 식민지 통합을 위한 강력한 인자를 만들어냈다.

이 교육 모델은 수 세기 동안 유효했으며 유럽의 교육학의 뿌리도 거기에 있다. 율리아누스 황제는 그리스-라틴 전통의 지식을 공부한 학생에게 직업적 기회가 열려 있음을 밝힌 바 있다. 그는 고전적 교육, 즉 문학을 교육받은 사람은 과학의 발전에 기여할 수 있고, 정치 지도자가 될 수 있으며, 전사, 탐험가, 영웅이 될 수 있다고 말한다. 따라서 당시의 독자들은 넓은 직업적 지평을 누렸다.

앞서 말했듯이, 기원전 3세기에서 1세기까지 문해력은 지배계급을 넘어 널리 퍼졌다. 국가는 교육의 정규화를 고민했지만 교육 구조가 너무나 구시대적이었고 행정 구조 또한 취약하여 공교육에 도전할 수 없었다. 교육 기관은 지역의 행정 조직에 속해 있었으며 도시는 교육을 비롯한 여러 서비스를 후원자의 지원에 의존하고 있었다. 헬레니즘 문명은 로마와 마찬가지로 본질적으로 개인주의적이고 자유주의적이었다. 당시에는 도로, 학교, 극장, 목욕탕, 도서관, 공연장과 같은 공공사업은 물론이고 축제 비용을 기부하며 막대한 재산을 뽐낸 빌 게이츠들이 많았다. 기부는 부자들의 도덕적 의무로 간주되었다. 물론 그들이 정치를 꿈꿀 때는 더욱 그러했다.

소아시아 해안 도시인 테오스에서 발견된 기원전 2세기 비문에는 어느 자선가가 "자유민으로 태어난 모든 아이들이 교육을 받을 수 있도록” 재산을 기부한 기록이 있다. 기부자는 등급별로 한 명씩, 총 세명의 교사를 고용할 것이며 이 교사들이 남학생과 여학생을 가르쳐야한다고 명시하고 있다. 페르가몬에서는 여학생들이 있었음을 입증하는 기원전 3세기 혹은 2세기로 기록된 비문이 발견되었는데, 여학생들이 교내 독서와 글쓰기 경연에서 수상했다고 기록되어 있다.

어린 소녀들이 입술 사이로 혀를 살짝 내민 채로 진지하게 글을쓰는 모습과 그녀들이 1등 상을 받는 장면을 상상해본다. 나는 그들은 자신들이 선구자라는 것을 알았을지, 환상 속에서 25세기 후 무지에 대항한 그들의 승리가 기억될 것을 꿈꿨을지 자문해본다.

말과 맺은 열정적인 관계

| 74 |

우리는 고대의 쓰레기장을 통해 평범한 이집트 사람의 글을 들여다볼 수 있다. 앞서 언급했듯이, 당시의 글쓰기 재료였던 파피루스는 건조한 기후에서는 보존이 잘되지만 일상적인 비로 인한 습기에 쉽게 손상된다. 알렉산드리아 도서관이 위치한 삼각주 지대는 불행히도 거기 포함될 수 없었지만, 이집트의 몇몇 지역에선 2000년 전에 버려진 저작물이 발견되었다. 수 세기에 걸쳐 뜨거운 모래층에 덮여 있던 그 텍스트들은 훼손되지 않은 상태로 보존되어 있었다. 그리하여 농민이나 고고학자 들이 발굴한 다량의 파피루스가 오늘날까지 전하고 있으며 어떤 텍스트는 오래전 글인데도 마치 작성된 당일처럼 선명했다. 텍스트의 내용은 자긍심 넘치는 군인의 서신에서 세탁해야 할 옷의 목록에 이르기까지 아주 다양하다. 거의 모든 파피루스는 통치기관이나 교양 있는 사람들이 사용한 그리스어로 작성되어 있었다. 그 시기는 기원전 300년부터 서기 700년까지, 즉 그리스의 이집트 점령, 프톨레마이오스와 로마의 지배 시기, 아랍인의 정복 시기까지 포함하고

있다.

파피루스는 통치기관에서 일하지 않는 그리스인들도 읽고 쓸 수 있었으며 개인적으로 서류를 처리하고, 비즈니스 문서를 작성하고, 전문 서기에 의존하지 않고 서신을 쓸 수 있었음을 보여준다. 더욱이 그들은 즐거움을 위해 독서를 했다. 이집트 어느 마을에서 단조로운 생활에 지루함을 느끼던 한 남성이 친구에게 보낸 편지에는 이런 내용이 있다. "책을 다 복사했으면 나에게도 보내주게. 여기엔 말을 주고받을 사람이 없으니 시간을 보내기엔 책이 제격이네." 시골의 지루함을 견디기 위해 책에서 생명줄을 찾는 사람들이 있었던 것이다. 우리는 그들이 읽은 책의 일부 또는 작품 전체를 발굴했다. 그 어느 곳보다 많은 독자가 있었을 습한 알렉산드리아에서는 파피루스가 발견되지 않았지만 건조한 지역에서 발견된 자료를 통해 우리는 당시의 독서 성향을 파악할 수 있다. 각 작품이 얼마나 남아 있는지 파악한다면 당시 독자들이 가장 좋아하던 책이 무엇인지 알아낼 수 있을 것이다.

나는 사람들의 독서 습관에 호기심이 많다. 버스나 기차에서 주변 사람들이 뭘 읽고 있는지 기웃거리곤 한다. 책은 마치 그 책을 들고 있는 사람을 그려내는 것 같다. 수 세기 이전의 이집트 독자들이 뭘 읽었을지 궁금한 이유이기도 하다. 향수 어린 커다란 눈으로 우리를 바라보고, 너무나도 생생하여 우리가 알고 있는 누군가를 떠올리게 하는 파이윰 초상화 속 사람들 말이다.

그렇다면 파피루스는 그들에 대해 뭘 알려주는가? 그들이 가장 좋아하는 시인은 호메로스였다. 그들은 『오디세이아』보다 『일리아스』를 선호했다. 또 헤시오도스, 플라톤, 메난드로스, 데모스테네스, 투키디데스도 읽었다. 하지만 두 번째로 많이 읽은 작가는 에우리피데스였다. 그런데 이 사실은 책의 힘에 대한 놀라운 일화를 상기시킨다.

펠로폰네소스 전쟁 시기로 돌아가보자. 아테네의 통치자들은 강력한 스파르타와의 전쟁이 충분치 않다는 듯 시라쿠사를 포위하려고 바다를 가로질러 시칠리아로 향했다. 그러나 이 전투는 완전한 패배로 끝났다. 약 7000명의 아테네인과 동맹국 병사가 포로로 잡혀 시라쿠사의 라토미아로 불리는 채석장에서 강제 노역을 하게 됐다. 투키디데스에 따르면, 그곳에서 그들의 손과 생명이 망치의 충격에 내맡겨졌다. 철저하게 갇혀 지낸 그들은 추위와 더위에 노출되어 병들었으며 시체와 더불어 살고 대소변의 악취 속에서 하루에 1리터의 물과 두 번의 보리밥 식사를 하며 죽어갔다. 플루타르코스에 따르면 시라쿠사 사람들은 너무나도 시를 좋아하여 에우리피데스의 시를 암송할 수 있는 포로를 풀어줬다고 한다. "안전하게 집으로 돌아간 사람들은 에우리피데스를 찾아가 감사의 마음을 표했다고 한다. 몇몇은 에우리피데스의 시를 낭송하여 노예 상태를 벗어날 수 있었다고 했으며, 몇몇은 전투가 끝난 뒤 흩어져 방황하던 차에 에우리피데스의 시를 노래하여 음식과 물을 얻었다고 한다." 바로 같은 장소, 오늘날 관광객으로 붐비는 시칠리아의 라토미아에서 사도 바울은 예수의 말을 전했고 윈스턴 처칠은 수채화를 그렸다.

호메로스와 에우리피데스는 그리스인의 꿈을 조각한 작가들이었다. 그리스인들은 어릴 때 그들의 시를 필사하며 읽고 쓰는 법을 배웠다. 아이들은 "엄마가 날 사랑해." 같은 쉬운 문장으로 읽기를 배우지 않았다. 교육은 아주 강한 집중을 요구했다. 그들은 이해하기도 힘든, 아름답고 어려운 에우리피데스의 글을 읽어야 했다. ("꿈이라는 소중한 향유, 악에서 벗어남, 내게로 오라."라든가 "과거의 고통에 신선한 눈물을 낭비하지 말라." 등이 그렇다.) 아마 지금까지 전해지는 에우리피데스의 글 중 상당수는 당시 학생들의 필사일 것이다. 하지만 시구의 음악성에 매료된 독자들도 있었다. 고고학자들이 여성 미라의 머리 아래에 있던 파피루스 두루마리를 발견한 적이 있는데, 그 두루마리에 『일리아스』의 아름다운 노래가 담겨 있었던 것이다. 열렬한 여성 독자는 내세에서도, 죽은 자들의 세계에 진입할 때 건너야 하는 망각의 강 너머에서도 호메로스의 말을 기억하고 간직하고자 했을 것이다.

이집트의 모래 속에서 개인 수집가가 소장하고 있던 희극, 철학, 역사, 수학, 음악, 기술에 관한 글을 비롯해 알려지지 않은 작가들의 작품이 발굴됐다. 나는 그 익명의 수집가가 어떻게 소수만 볼 수 있는 책을 손에 넣었는지 궁금했다. 호메로스나 에우리피데스 등 유명한 작가의 글은 알렉산드리아의 서점에서 쉽게 구할 수 있었을 것이다. 그러나 그다지 알려지지 않은 책의 경우는 사본을 주문해야 했다. 예컨대 아리스토텔레스의 『아테네의 헌법』이 그렇다. 주문자가 작업장에 사본을 주문하면 필경사를 작품의 원본이 있는 알렉산드리아 도서관에 보내서 작업을 시작했을 것이다. 그런 과정을 거쳐야 했으니 사본의 가격은 상당했을 것이다. 따라서 당시에 희귀본을 얻는다는 것은 지갑을 탕진하는 일이었다.

돈이 없는 독자는 도서관을 들락거리는 것으로 만족해야 했다. 도서관은 알렉산드리아나 페르가몬 이외의 지역에도 있었다. 지역의 작은 도서관이기에 왕실 도서관에 비할 순 없지만 적어도 거장들의 대표적인 작품은 소장하고 있었다. 우리는 비문을 통해 지방에도 도서관이 있었다는 사실을 확인할 수 있다. 오늘날 튀르키예 인근의 코스섬에도 도서관이 있었다. 그곳에는 개인이 도서를 기부했다는 사실을 알려주는 비문 조각이 남아 있다. 거기에는 어느 부자(父子)가 도서관 건물의 비용을 치르고 100드라크마를 기부한 것으로 기록되어 있다. 그리고 네 명이 각각 200드라크마를 후원하고 100권의 책을 기부하였다. 또 두 명이 200드라크마를 후원했다. 그 돈은 책을 구매하는 데 쓰였을 것이다. 아테네 이외의 지역에도 비슷한 증거가 있다.

그런 도서관은 해당 지역의 체육관과 관련이 있을 가능성이 높다. 젊은이들은 체육관에서 육상과 레슬링을 연습했다. '체육관(gymnasion)'이라는 말은 '나체(gymnos)'라는 말에서 파생했다. 그리스 남성들은 관습처럼 운동으로 젖은 몸을 부끄러워하지 않고 숨김없이 드러냈다. 헬레니즘 시대에 체육관은 회의와 독서를 위한 공간이 있는 교육센터로 변모했다. 아테네의 체육관에도 도서관이 있었다. 체육관의 석재에 새겨진 카탈로그가 그 증거다. 이 카탈로그는 도서관 벽면에 새겨져 있었기에 독자들이 두루마리를 열고 접어야 하는 번거로움을 해소해줬다. 두루마리는 자주 열람하면 급격히 상태가 나빠질 수 있었기 때문이다. 그 카탈로그에 따르면 아테네의 체육관에 있는 도서관은 희극과 비극을 전문적으로 다루고 있었다. 거기에는 에우리피데스의 작품 스물네 편, 소포클레스의 작품 열두 편이 기록되어 있었다. 또 열다섯 편의 메난드로스 작품도 있었다. 산문 작품은 두 권뿐인데, 그중 하나는 데모스테네스(Demosthenes)의 연설이다. 반면에 수사학이 유명한 로도스섬의 도서관에는 희곡이 거의 없다. 그 도서관은 주로 정치와 역사에 관한 에세이를 취급했다.

아테네와 로도스섬의 증거를 통해 체육관이 있던 모든 도시를 추정해볼 때 헬레니즘 시기 도서관은 100개가 넘었을 것으로 보인다. 그 도서관들은 말과 허구적 이야기라는 산소를 모든 영토로 확장하는 섬세한 정맥이었다.

| 75 |

고대 그리스의 정치가이자 웅변가인 데모스테네스는 일곱 살에 고아가 됐다. 그는 무기를 제조하던 아버지로부터 경제적 어려움 없이 살 수 있는 충분한 재산을 물려받았지만 그의 보호자들이 재산을 탕진해버렸다. 파산한 어머니는 그에게 좋은 교육을 시킬 수 없었다. 그들은 경제적 어려움에 처해 있었으며 이웃 친구들은 깡마르고 작은 그의 외모를 비웃었다. 심지어 그를 '바탈로'라는 별명으로 불렀는데 이는 '항문', 즉 동성애자를 비하하는 말이었다. 더욱이 그는 말을 할 때 마비가 오는 고통을 겪었다. 아마도 말을 더듬었거나 특정 자음을 발음하기 어려웠던 것으로 보인다.

데모스테네스는 그 문제를 가학적인 방식으로 극복하는데, 입에 돌을 물고 말을 연습했다고 한다. 그는 들판을 달리며 폐 기능을 향상시켰고 오르막을 오르며 헐떡이는 숨소리로 시를 암송했다. 또 집중력을 높이기 위해 폭풍우가 치는 날 바닷가를 걸었다. 집에서는 전신 거울 앞에서 자세를 교정하며 어려운 구문을 반복적으로 연습했다. 플루타르코스가 전하는 이 장면은 「택시 드라이버」에 나온 로버트 드니로의 대사, "너 나보고 말하는 거야?"를 회상하게 한다. 가난한 고아에 말을 더듬고 굴욕적인 경험을 한 데모스테네스는 몇 년 후 역대 가장 유명한 연설자가 된다. 고대 그리스인들은 오늘날 미국인들이 그렇듯 자기 계발의 이야기를 좋아했다.

숫자 10은 완벽함을 상징한다. 그것이 우리가 사용하는 10진법의 기초다. 학계에서 10은 최대의 평가, 우수성을 의미한다. 피타고라스학파에게 10은 마법 같고 신성한 숫자였다. 보존과 연구의 가치가 있는 정전(canon)적 웅변가가 열 명인 것은 우연이 아니다. 고대인들은 말의 매혹적인 힘이 연설에서 최고의 표현을 만난다고 생각했다.

그리스인들은 늘 말이 많고 지칠 줄 모르는 소송으로 유명했다. 그들의 신화 속 영웅은 다른 문화와 다르게 무자비한 근육질의 전사가 아니라 말의 전문가로 교육되어 기회가 오면 열변을 토하는 자들이었다. 아테네의 민주적 제도는 연설의 범위를 확장시켰다. 모든 아테네인, 즉 자유인이고 남성이라는 조건을 갖춘 사람은 정치적 결정을 하는 의회에서 발언하고 다른 사람의 발언에 대한 배심원으로서 결정에 참여할 수 있었다. 그들은 광장에서 의회에 이르기까지 일상생활의 핵심적 요소인 수다를 즐겼다. 아리스토파네스는 필로클레온이라는 재판 중독자에 관한 풍자적 희극을 쓴 바 있다. 이 작품에 등장하는 필로클레온의 아들은 아버지가 중독 증세를 극복할 수 있도록 자기 집에 법정을 세우고 아버지를 판관으로 임명한다. 그런데 심판할 사람이 없자 즉흥적으로 집에서 키우던 개가 부엌에 있던 치즈 한 조각을 먹었다는 혐의를 두고 긴 논쟁을 벌이게 한다. 이 논쟁은 중독자에게 진정제를 투여하듯 필로클레온을 안정시킨다.

헤로도토스는 살라미나에서 잔인한 전투가 벌어지기 전날 밤, 그리스 장군들이 밤늦은 새벽까지 격정적으로 싸움을 벌였고, 이에 대해 부하 군인들이 상관들의 어리석음을 비난하고 불평했다고 한다. 그 다툼이 전투에서 패배로 이어지진 않았지만 헤로도토스는 자신이 지닌 다툼의 기질을 후회하는 듯 보인다. 헤로도토스는 그리스인들이 강력하고 통일된 국가를 건설하지 못하는 이유가 바로 그 기질 때문이라고 생각한다. 그리스인들은 정말로 논쟁을 좋아했다. 그렇기에 그들은 아름다운 언어를 세공하여 시를 창조할 수 있었지만, 바로 그 이유로 모든 토론이 무모하고 파괴적인 싸움이 되기도 했다.

그리스 변호사와 정치가의 웅변은 오늘날과는 상당히 달랐다. 중상모략에 대한 법률이 없었기에 웅변가들은 서로를 지독하게 모욕했다. 상대에 대한 끊임없는 개인적 비난은 논쟁을 거의 병적인 싸움으로 만들었다. 기막힌 모욕으로 서로를 공격하는 기술이 완벽해지면서 논쟁의 장은 최면 상태에 이를 정도였다. 법정에서는 법적인 문제보다 논쟁을 위한 책략이 더 중요하게 작동했다. 사적인 재판의 경우, 소송 당사자가 법정에서 연속 두 번의 연설을 통해 자신의 사건을 변호하도록 했다. 오늘날과 같은 변호사는 없었다. 그들은 자신을 변호하거나 타인을 고발하면서 직접 변론을 작성하지는 않았다. 보통 그들은 사건을 탐구하고 설득력 있는 연설을 써주던 '연설 기초자'를 고용했다. 그리고 소송 당사자는 그가 써준 글을 암기하여 법정 앞에서 암송했다. 이런 방법을 통해 대부분의 웅변가들이 생계를 유지할 수 있었다. 그 이외에도 연설 기초자들은 정치 경력에 기여할 수 있거나 명성을 높일 수 있는 사건을 변론하려고 했다.

훌륭한 정치적, 사법적 연설은 일단 발표되고 나면 아직 해당 문제에 대한 논쟁이 격렬하게 진행 중인데도 연설문이 출판되었으며, 사람들은 우리가 뛰어난 변호사에 매료되듯 즐겁게 연설문을 읽었다. 나는 영화 「앵무새 죽이기」를 좋아하는데, 이 영화에도 그런 즐거움이 있다. 하퍼 리(Harper Lee)가 상상하고, 성숙하고 자애로운 얼굴의 그레고리 펙이 연기한 주인공 애티커스 핀치는 아테네의 10대 웅변가를 연상케 한다. 어린 딸 스카웃의 영웅인 애티커스 핀치는 1930년대 대공황으로 궁핍해지고 인종차별이 만연한 앨라배마주에서 적대적인 배심원을 앞에 두고 한 흑인을 위해 심금을 울리는 변론을 한다.

기원전 5세기에서 4세기에 태어난 열 명의 신화적인 웅변가들은 서로를 잘 알고 있었으며 격렬하게 서로를 비판했다. 그들이 활동한 시대는 헬레니즘 왕조 시대가 막을 내리고 아테네에 민주주의가 자리 잡은 시기였다. 실제로 데모스테네스의 유명한 연설 중에는 알렉산드로스의 아버지인 필리포스의 제국주의에 대항한 맹렬한 공격적 연설, 「필리피카」가 있었다. 그 이후로 필리피카를 지속해온 우리는 압도적인 데모스테네스의 견습생에 불과할 것이다.

10대 웅변가 중 안티폰(Antiphon)은 정신분석과 심리치료의 전위적 개척자였다. 그는 연설이 사람들의 마음을 움직이고 열광하게 만들며 그들을 진정시키는 데 강력한 효력이 있다는 것을 알았다. 그리하여 그는 고통과 슬픔을 피하는 방법을 고안해냈는데, 이는 환자에 대한 의학적 치료에 필적하는 것이었다. 그는 코린토스에 가게를 열고 "좋은 말로 슬픔을 위로합니다."라는 현수막을 내걸었다. 그는 손님을 괴롭히는 불행을 이해할 때까지 손님의 말을 주의 깊게 경청했다. 그리고 위로의 말로 그의 "영혼에서 불행을 지웠다." 그는 불안을 치료하기 위해 설득력 있는 말을 약으로 사용했다. 고대 작가들에 따르면 그가 진정시키는 논법으로 유명했다고 한다. 그 후 몇몇 철학자들은 자신의 임무를 "논리로 고통을 몰아내는" 것이라고 주장했다. 하지만 언어를 통한 치유가 직업이 될 수 있다고 직관한 사람은 안티폰이 처음이었다. 안티폰은 치료가 탐색적 대화여야 한다는 걸 이해하고 있었다. 그는 다양한 경험을 통해 고통을 겪는 사람이 스스로 슬픔의 이유를 말하게 했다. 때로는 말 속에 치료법이 있었기 때문이었다. 수 세기 후, 아우슈비츠와 다하우 강제 수용소에서 살아남은 프로이트의 제자 빅토르 프랑클(Viktor Frankl)은 당대의 야만적 유럽의 트라우마를 극복하기 위해 비슷한 방법을 활용했다.

말의 아름다움에 매료된 그리스인들은 고대 시대에 이미 연설을 통해 많은 부를 축적했다. 학생을 찾아 도시를 떠돌아다니던 소피스트들은 발표회를 열어 대중에게 자신을 알리고 자기가 실행하는 교육의 질과 노련함을 뽐냈다. 때로는 준비된 연설을 하기도 했고 때로는 청중이 즉석에서 제안한 주제에 대해, 예컨대 모기나 대머리에 대한 칭송처럼 터무니없는 것들에 대해 즉흥적으로 연설을 하기도 했다. 이런 연설은 호기심 많은 사람에게 개방되어 있는 경우도 있었지만 보통은 입장료를 지불한 사람에게만 제공되기도 했다. 소피스트들은 연설의 시나리오를 매우 중요하게 생각했다. 심지어 그들은 고대 떠돌이 서사 시인처럼 희한한 복장을 하고는, 자신이 마법 같은 시로 왕과 농민들을 매료시킨 서사 시인들의 후예라고 천명하기도 했다. 헬레니즘 시대에 이러한 현상이 널리 퍼졌다. 그 시대엔 방랑하는 지식인들, 웅변가들, 예술가들, 철학자들, 의사들이 있었다. 그들은 세상의 가장 후미진 곳에서도 청중을 만날 수 있다고 확신하면서 제국의 길들을 휘젓고 다녔다. 그들의 연설은 가장 생생한 문학 장르가 되었으며, 일부 전문가들에 따르면 당시의 문화적 독창성을 가장 잘 보여주는 장르이기도 했다. 이런 연설이 바로 오늘날 TED 강연과 전(前)대통령들의 값비싼 강연으로 이어지고 있다.

기원전 5세기의 소피스트인 고르기아스(Gorgias)는 이렇게 썼다. "말은 강력한 군주다. 아주 작고 보이지도 않는 몸으로 가장 신성한 일을 한다. 두려움을 없애고, 고통을 없애고, 기쁨을 느끼게 하며 연민을 불러일으킨다." 이러한 그리스인의 생각은 복음서에도 나타나는데, 아주 아름다운 구절이다. "말씀 한마디면 내 몸이 나을 것입니다."

그러나 언어에 대한 그 뜨거운 열정은 즉흥성을 상실하며 수사학적 기법으로 이어졌다. 웅변가들은 아주 세세한 부분에 이르기까지 정교하게 만든 공식, 원칙, 절차를 지닌 방법론을 구축하기 시작했다. 문체에 관한 논쟁은 서론, 증명, 논박이라는 숨 막히는 기제와 더불어 끔찍한 결과를 초래했다. 불행히도 고대에는 현학적 웅변의 대가들과 쓸데없는 말을 장황하게 하는 예술가들이 넘쳐났다. 화려함에 대한 사랑은 문학을 망쳐놓았다. 그리스나 로마의 텍스트를 번역할 때면 가끔씩 웃음이 터져 나왔다. 작가가 고통, 욕망, 포기, 추방, 고독, 두려움, 자살 유혹과 같은 가장 깊은 감정들을 얘기하는 순간에 부적절하게도 문체를 암기한 부지런한 학생의 흔적이 드러났기 때문이다. 그렇게 마법은 깨져버렸다. 세상이 발아래로 무너지고 있는데 작가는 오히려 대구법을 쓰고, 각운을 맞추고, 동음이의어로 말장난을 하고 있는 것이다.

그때부터 현재까지 삶을 위한 글에 대한 우리의 순진한 믿음은 수많은 수사학 수다쟁이들을 먹여 살렸다. 오늘날엔 기적적인 성공을 제시하는 십계명들이 넘쳐난다. 훌륭한 결혼 생활을 위한 십계명, 좋은 몸을 만드는 십계명, 유능한 사람이 되는 십계명, 좋은 부모가 되기 위한 열 가지 열쇠, 완벽한 스테이크를 만드는 열 가지 방법, 글을 마무리하는 열 가지 멋진 구문. 불행히도 나는 이 마지막 내용이 담긴 책을 읽지 못했다.

| **76** |

2011년 루이빌 출판사가 마크 트웨인의 『허클베리 핀의 모험』과 『톰 소여의 모험』을 출판하면서 깜둥이(nigger)라는 말을 조금 더 중립적인 '노예'로 수정했다. 마크 트웨인에 정통한 어느 교수는 많은 고등학교 교사들의 요청으로 어려운 결정을 내렸다고 했다. 허클베리 핀이라는 인물이 사용하는 언어가 학생들에게 가시적인 불편함을 야기하는 "모욕적인 인종차별적 언어"이기에 더 이상 수용하기 어렵다는 이유였다. 그는 이런 수술이 북미 문학의 고전이 학교에서 퇴출되는 것을 막는 방법이라고 주장한다. 단편적인 사건이 아니다. 최근 몇 년 동안 청소년 고전, 특히 교과 과정에 포함된 고전에 대한 논란이 끊이지 않고 있다.

그림 형제나 안데르센이 어린아이에게 가할 수 있는 트라우마를 걱정하는 부모들은 『신데렐라』, 『백설공주』, 『꿋꿋한 주석 병정』이

21세기 아이들에게 어떤 가치를(그리고 공포를) 불어넣을지 의구심을 갖는다. 미성년자 보호를 주장하는 그들은 너무 잔인하고 폭력적이며 가부장적인, 시대에 뒤떨어진 원작보다 디즈니의 각색을 선호한다. 그들 중 상당수가 과거의 전통 문학을 제거하지는 않더라도 포스트모던 시대에 맞게 수정해야 한다는 데 찬성하고 있다.

풍자작가인 제임스 핀 가너(James Finn Garner)는 1990년대 중반에 『좀더 정치적으로 올바른 베드타임 스토리』라는 책을 출판했다. 앞서 말한 논쟁에 뛰어든 것이다. 핀 가너의 풍자는 어린이를 대상으로 하는 것이 아니라 21세기의 어른들이 사용하는 우회적 표현으로 짜인 코믹한 독백이다. 그는 『빨간 두건』을 이렇게 시작한다. "옛날 옛적에 빨간 두건이라는 아이가 숲 가장자리에서 어머니와 함께 살고 있었다. 어느 날, 어머니가 그녀에게 신선한 과일과 물을 담은 바구니를 할머니 댁으로 가져가라고 했다. 하지만 어머니는 그 일을 여성의 일로 여겨서가 아니라 그 일이 공동체 의식을 강화하는 데 도움이 되는 관대한 행동이라고 생각했기 때문이었다."

사실 이 논쟁은 우리가 생각하는 것보다 오래됐다. 검열과 고상함을 열렬히 지지하는 사람들은 권위 있는 철학자 플라톤을 자기편으로 여긴다. 청년에 대한 교육은 아테네 귀족의 가장 큰 관심사였으며 플라톤은 그 일을 직업으로 삼았다. 플라톤은 정치적 경력을 쌓으려는 시도 혹은 통치자에게 영향력을 행사하려는 시도가 실패하자 아테네 외곽의 작은 숲에 아카데미를 세우고 교육에 전념한다. 알려진 바에 따르면, 그는 큰 의자에 앉아 강의를 했으며 학생들은 상징적으로 작은 의자에 앉았다고 한다. 아카데미에는 하얀 칠판, 천구의, 행성들의 모형, 직접 제작한 시계, 지리학자들의 지도가 있었다. 그의 학교는 그리스의 지배 엘리트를 양성하기 위한 센터가 될 것이었다. 오늘날로 치면 그 학교는 비민주적인 싱크 탱크였던 셈이다.

플라톤의 가르침은 자유로운 사고와 권위주의적 충동이 폭발적으로 섞여 있다는 점에서 늘 나를 혼란스럽게 했다. 그가 가장 많이 언급한 구절 중에는 동굴의 신화가 있는데, 이 이야기는 이상적 교육 과정에 대해 말하고 있다. 동굴 안에서 몇몇 사람이 불타는 모닥불 옆에 묶인 채 살아가고 있다. 수감자들은 동굴 벽에 드리워진 그림자의 움직임만 볼 수 있으며, 그 그림자가 그들의 유일한 현실이다. 결국 그들 중 한 명이 동굴에서 탈출하여 최면 같은 투영을 넘어 드넓게 확장되는 세계를 향해 모험한다. 겉으로 보이는 것에 안주하지 말고 속박을 벗어나 편견 없이 현실을 마주하라는 이야기다. 영화 「매트릭스」는 이 저항적 알레고리를 도입해 가상현실, 미디어, 광고와 소비주의의 평행 세계, 인터넷의 유언비어, 소셜 네트워크를 통해 만들어내는 과장적 자서전의 현대 세계에 관해 이야기한다.

그러나 동굴의 신화가 실린 『국가』에는 앞선 메시지에 대한 어두운 대조가 함께 포함되어 있다. 『국가』의 세 번째 책은 독재자의 실습 매뉴얼이 될 수도 있다. 그 책에서 플라톤은 이상적 사회에서 교육은 무엇보다 진지함, 품격, 가치를 고취해야 한다고 한다. 플라톤은 청년들이 읽는 문학과 그들이 듣는 음악에 대한 엄격한 검열에 찬성한다. 엄마와 아이를 봐주는 하녀는 공인된 이야기만 들려줘야 하며 심지어 아이들의 놀이도 규제되어야 한다. 호메로스와 헤시오도스는 여러 가지 이유로 금지되었다. 첫째, 쾌락주의적이고 잘못된 행동을 하는 경박한 신을 보여주기 때문에 모범적이지 않다. 다시 말해, 신에게서는 결코 악이 나오지 않는다는 걸 청년들에게 가르쳐야 했다. 둘째, 두 시인의 작품이 죽음에 대한 공포를 말하기 때문이다. 플라톤은 청년들이 전투에서 기꺼이 죽을 수 있어야 한다고 생각했다. 플라톤은 연극에 대해서도 좋은 평가를 하지 않았다. 그의 견해에 따르면, 희극이든 비극이든 대부분의 연극에는 악한 사람이 포함되어 있으므로 배우들이 (엘리자베스 시대의 잉글랜드와 마찬가지로) 범죄자나 여성이나 노예 같은 열등한 존재, 바람직하지 않은 입장에 서야 한다. 천한 인간들의 감정을 공유하는 일은 어린이와 청년에게 바람직하지 않았다. 연극에는 영웅적이고 남성적이며 흠이 없는 명신가 출신의 인물이 등장해야 했다. 그러한 조건을 충족하는 작품이 없었기에 플라톤은 여타 시인들과 극작가들을 자신의 영역에서 쫓아내 버린다.

세월이 흘러도 검열에 대한 플라톤의 생각은 바뀌지 않았다. 대화편의 『법률』에서 그는 새로운 문학을 감시하기 위한 경찰을 창설해야 한다고 밝힌다. "시인은 시(市)가 합법, 정의, 미와 선으로 판단하는 것에 위배되는 시를 쓸 수 없다. 일단 시가 쓰이면 법의 수호자와 우리가 교육 책임자로 선택한 판사가 읽고 승인하기 전에는 누구도 읽을 수 없다." 이 말의 메시지는 분명하다. 시가 삭제, 수정, 재작성 등 엄격한 검열을 받아야 한다는 것이다.

플라톤의 유토피아는 『1984』의 디스토피아와 쌍둥이 자매다. 조지 오웰이 상상한 일당 독재 사회에는 새로운 문학이 생산되는 '픽션부'가 있다. 그곳에서 일하는 주인공 줄리아는 늘 기름투성이 손에 스패너를 들고 사무실을 돌아다닌다. 그녀는 상부의 지침에 따라 소설을 쓰는 기계의 유지 관리를 담당한다. 정권도 고전을 무시하지는 않는다. 여기에서 오웰은 권위적인 플라톤의 꿈을 실현하는 것처럼 보인다. '진리부'는 과거의 모든 문학을 다시 쓰는 프로젝트를 개시한다. 이 거창한 과업은 2050년에 끝날 예정이다. 그리고 어느 직공이 말하길, "그때가 되면 초서, 셰익스피어, 밀턴, 바이런 등은 신어(Newspeak) 버전으로만 존재할 것이며 이전과는 정반대가 되어 있을 것이다. 전체적인 생각의 분위기도 다를 것이다. 사실, 우리가 지금 이해하고 있는 의미의 생각이 존재하지 않을 것이다. 우리에게 정통이란 생각도 생각할 필요도 없는 것을 말한다. 우리의 정통은 무의식이다."

물론 플라톤의 단언이 강력하고 과격하긴 하지만 그의 말이 액면 그대로 받아들여지진 않는다. 플라톤을 추종하는 사람들은 그런 구절을 발견하면 이리저리 재보면서 탈출구를 찾기 시작한다. 화이트헤드(Alfred North Whitehead)는 모든 서양 철학을 플라톤 철학의 각주라고 일축한 바 있을 정도다. 어쨌든 플라톤은 불같이 글을 썼으며 마치 일요일 가족 식사 시간에 벌어지는 정치적 토론을 할 때처럼 극단적으로 굴었다고 한다.

그러나 플라톤은 자신이 무슨 말을 하는지 잘 알고 있었다. 그는 소크라테스를 죽인 사건 때문에 아테네의 민주주의가 마음에 들지 않았다. 그는 사회의 도덕적 토대를 훼손하는 사회적 변화나 부도덕한 이야기가 필요치 않은 불변의 정치 모델을 수립하고자 했다. 그는 격동과 충격의 시대를 살았다. 그는 안정을 원했고 어리석은 다수가 아니라 현명한 자의 통치를 원했다. 그 안정이 억압적인 정권에 의해서만 유지될 수 있다 해도 어쩌겠는가. 철학자 카를 포퍼(Karl Popper)가

『열린사회와 그 적들』 첫 부분에서 「플라톤의 영향」이라는 제목으로 말하고 있는 것이 이것이다.

플라톤은 교육적, 금전적 이유로 청년들의 독서를 걱정했다. 엘리트들의 자녀를 위한 최초의 아카데미를 설립한 그는 경쟁자들의 평판을 떨어뜨리려 했다. 그는 당대 교육 시스템이 마음에 들지 않았다. 당시에는 (엉뚱한 생각을 지니고 그다지 모범적이지 않은) 시인들이 그리스의 교육자였다. 따라서 새로운 교육자는 철학자, 바로 자신이어야 했다. 그는 대화편 『법률』에서 청년들에게 시인에 대한 연구를 제안하는 것은 "큰 위험"이라고 주장하면서 (겸손의 미덕을 드러내 보이며) 자신의 작품을 수업에서 텍스트로 써야 한다고 제안한다. "나의 작품에 담긴 사유를 전체적으로 다시 보니 강한 쾌감이 느껴졌다. 내가 시에서 읽을 수 있었던 다양한 논증 중에서 청년들이 읽기에 이보다 더 분별 있고 적절한 것이 없었기 때문이다. 입법자와 교육자에게 이보다 좋은 모델은 없을 것이다. 또 스승이 아이들에게 이 연설은 물론이고 이 연설과 관련된 다른 연설을 가르치면 좋을 것이다." 결국 이것은 교육이라는 전장에서 그리스인의 정신을 위한 싸움이었다. 물론 경제적인 목적도 있었다.

플라톤은 내가 그에게 관심을 가진 만큼이나 나를 짜증 나게 한다. 그의 사유를 읽다 보면 가끔씩 하독 선장[벨기에 만화 『땡땡의 모험』에 등장하는 인물.—옮긴이]한테서 배운 욕지거리를 내뱉고 싶어진다. 그런 불경한 지성의 철학자가 어떻게 학생들에게 덕을 강조하는 우화와 살균된 텍스트만 배우도록 강요하는 교육 시스템을 변호할 수 있는지 궁금하다. 플라톤의 교육 프로그램은 문학에서 모든 음양, 심연으로의 여행, 불안, 고통, 역설, 혼란스러운 직관을 제거해버린다. 그의 가지 치기는 섬뜩하다. 그런데 그가 스스로 그런 미학적 원칙에 따라 글을 썼다면 그의 책은 지루하기 짝이 없을 것이다. 오히려 자신이 지시한 것과 달리 그의 글은 날카롭고 역설적이며 불안하기 때문에 우리를 여전히 매료시키는 것이다.

마크 트웨인의 작품에서 '깜둥이'라는 욕을 지워버린 교수들도 알고 있듯이 논쟁은 여전히 진행 중이다. 아동 청소년 도서는 복합적인 문학작품인가, 행동 지침서인가? 수정된 허클베리 핀은 어린 독자들에게 많은 것을 가르칠 수 있지만 그들에게서 중요한 교훈, 즉 거의 모든 사람이 노예를 '깜둥이'라고 불렀던 때가 있었고 그런 억압의 역사로 인해 그 말을 쓰지 않게 되었다는 사실을 놓치게 할 수 있다. 책에서 부적절해 보이는 모든 것을 제거한다고 해서 청년들이 나쁜 생각에서 벗어나는 것은 아니다. 오히려 아이들이 나쁜 생각을 인식할 수조차 없게 만들 수도 있다. 플라톤의 생각과 달리 사악한 인물들은 아이들이 악이 존재한다는 것을 배우게 하는 전통적 이야기의 중요한 요소이다. 언젠가 아이들은 악에 대해 알게 될 것이다. 학교에서 그들을 괴롭히는 불량배부터 대량 학살을 저지른 폭군에 이르기까지 말이다.

미국의 작가 플래너리 오코너(Flannery O'Connor)는 "교화적인 책만 읽는 사람은 안전하지만 희망이 없는 길을 가는 것이다. 왜냐하면 그에겐 용기가 없기 때문이다. 우연히 좋은 소설을 읽게 된다면, 자기에게 무슨 일이 벌어지고 있는지 잘 알게 될 것이다."라고 말한다. 약간의 불편함을 느끼는 것도 책을 읽는 경험의 일부다. 안도감보다는 안

절부절못함이 훨씬 더 교육적이다. 우리는 과거의 모든 문학을 성형할 수 있다. 그러나 그렇게 되면 문학은 더 이상 우리에게 세상을 설명해주지 않을 것이다. 그리고 그렇게 된다면 젊은이들이 책을 내던지고, 페루 작가 산티아고 롱카글리올로(Santiago Roncagliolo)가 말하듯, 수많은 사람을 죽여도 아무 문제가 없는 플레이스테이션 앞으로 달려간대도 놀랍지 않을 것이다.

지금 내 앞에는 신문 기사가 하나 있다. 런던 대학교의 동양아프리카학부 학생회가 인종차별주의자이자 식민주의자라는 이유로 플라톤, 데카르트, 칸트 같은 철학자를 교과 과정에서 삭제할 것을 주장했다는 것이다.

아이러니가 아닐 수 없다. 플라톤은 사냥당한 사냥꾼이 된 셈이다.

책의 독, 그 연약함

알렉산드리아 도서관의 사서들은 그리스의 시인도 플라톤도 추방하지 않았다. 나일강 유역에 있던 책의 궁전은 대립적인 양측을 모두 환대했다. 그 책장의 선반에선 적대행위가 중단되고 경계가 흐려지면서 독서가 화해의 형태가 되는 특이한 휴전의 공간을 만들어냈다. 우리는 알렉산드리아 도서관이 플라톤의 사유와 성과를 수용했다는 걸 알고 있다. 아이러니하다. 왜냐하면 120권짜리 목록집 『피나케스』를 쓴 칼리마코스는 플라톤의 책이 지닐 수 있는 살인적 양상을 기록해뒀으니 말이다.

그 일화는 매우 간명하다. 아마도 칼리마코스는 자신이 시인이었기에 시인의 이름으로 플라톤에게 창을 던지고 싶었을 것이다. 그의 시는 높은 성벽에서 허공으로 몸을 던진 암브라키아의 클레옴브로토스의 자살에 관해 이야기한다. "영혼에 대한 플라톤의 책 한 권을 읽었다는 것"을 제외하면 그를 죽음으로 몰아넣을 수 있는 일이 전혀 없었다. 우리는 클레옴브로토스가 읽은 책이 플라톤의 『파이돈』이라는

271

사실을 알 수 있다. 많은 사람은 사약을 마시기 전 소크라테스의 마지막 시간을 다루고 있는 그 책을 읽고 왜 자살했는지 궁금해했다. 어떤 이는 그가 성인의 죽음을 견디지 못했다고 주장했고, 어떤 이는 그가 허공에 뛰어든 것이 죽음 이후에 비로소 온전한 지혜가 깃든다는 플라톤의 논리 때문이라고 주장한다. 어쨌든 칼리마코스는 어쩌면 젊은이들이 시인보다 플라톤을 읽는 게 더 위험할지도 모른다는 비판을 내놓는다.

우리는 클레옴브로토스의 자살이 매우 특별한 사건인지 아닌지 알 수 없다. 또 『파이돈』이 수 세기 후 『젊은 베르터의 슬픔』으로 촉발된 자살과 같은 현상을 남겼는지도 알 수 없다. 1774년 출판된 이래, 괴테의 이 소설은 사랑의 고통에 시달리는 많은 유럽 청년들을 자해로 끌어들였다. 괴테는 그 책이 재판되면서 (죽음의) 사회적 현상이 되어가는 걸 경계하며 살았다. 일부 국가 당국은 공중 보건상의 이유로 그 책을 금지하기도 했다.

괴테는 친구의 실제 자살과 10대 시절의 죽음에 대한 환상에서 영감을 받았다. 50년 후, 그의 전기 『시와 진실』에서 그는 베르터의 자살을 통해 자기파괴적 충동을 달랠 수 있었다고 인정한다. 하지만 작가가 문학적 엑소시즘으로 추방한 유령은 독자들을 괴롭혔고, 일부는 그 소름 끼치는 영향에 굴복하고 말았다. 200년 후인 1974년 사회학자 데이비드 필립스(David Philips)는 자살 행동이 보이는 미스터리한 모방을 '베르터 효과'라는 용어로 정의했다. 심지어 가상의 인물조차 동일한 사례를 유발하는 전염원이 될 수 있다. 제프리 유제니디스(Jeffrey Eugenides)의 놀라운 소설 『처녀들, 자살하다』는 모방 죽음에 대한 심리적 수수께끼를 탐구한다.

어쨌든 『파이돈』을 읽은 독자들은 무의식적으로 새로운 문학적 흐름, 즉 죽음을 초래하는 책에 관한 이야기를 쓰기 시작한다. 그중 가장 유명한 작품이 그리스어로 제목을 붙인 『네크로노미콘』이다. 읽기만 해도 광기와 자살을 유발하는 이 저주받은 책은 H. P. 러브크래프트가 크툴루 신화의 사악한 세계를 그리며 고안한 책이다. 물론 이 책을 읽으면 누구도 살아남지 못하기 때문에 그 내용을 알 수는 없다. 다만 사악한 힘을 지닌 외계의 고대인들과 접촉할 수 있는 신비한 지식과 마법이 있다는 소문만 돌고 있다. 흑마법을 행한다는 이유로 우리 행성에서 추방된 이 존재들은 과거에 자신들의 세계였던 이곳을 장악할 기회를 기다리며 우주 공간에 휴면하고 있다.

러브크래프트는 『네크로노미콘』과 그 번역본에 관해 상세히 써뒀기 때문에 일부 독자들은 맹목적으로 그 존재를 믿었고 사기성 짙은 골동품 상인들은 순진한 사람에게 팔 목적으로 그 책의 사본을 소유한 척했다. 이 허무맹랑한 책은 압둘 알하즈레드라는 미친 아랍 시인의 이름으로 시작한다. 사실 이 이름은 러브크래프트가 『천일야화』에서 영감을 받아 사용한 자신의 애칭이다. 알하즈레드는 고대 영어로 "모든 것을 읽은 사람"이라는 의미다.

크툴루 신화의 이야기는 『네크로노미콘』을 읽으면 발생할 끔찍한 결과에 대한 경고다. 중세 시대에 그 책의 영향으로 끔찍한 사건들이 발생하자 1050년 교회가 이 책을 단죄한다. 러브크래프트에 따르면, 이 저주받은 책은 17세기에 스페인에서 라틴어로 번역되어 출판된다. 그리고 네 권의 판본이 남아 있는데, 대영박물관, 파리 국립도서관, 하버드 대학교, 그리고 가상의 도시인 아캄의 미스케토닉 대학에 소장되어 있다. 러브크래프트의 장난을 추종하던 사람들은 금지된 판본의 기원을 톨레도로 설정하고 전 세계 여러 도서관의 도서 카드를 위조해 카탈로그에 『네크로노미콘』을 올렸다. 사본이라 주장하는 책이 나타날 때마다 대출 요청이 급증하곤 했다. 『네크로노미콘』이 남긴 광기와 죽음에 대한 두려움보다 호기심이 더 컸던 것이다.

플라톤, 미친 아랍인 알하즈레드, 괴테는 말에 담긴 어두운 주문으로 사람을 파멸로 이끄는 책을 썼다. 죽음을 이끄는 독이 담긴 책이었다. 내가 아는 한, 이런 살인적인 책이 처음 등장한 것은 『천일야화』이다. 네 번째 밤이 끝날 때부터 다섯 번째 날까지 셰에라자드는 유난 왕과 의사 두반의 이야기를 들려준다. 왕의 나병을 치료한 의사 두반은 배은망덕한 왕이 자신을 없애려 한다는 사실을 알아채고 그를 벌할 계획을 세운다. 그는 왕에게 "희소한 것 중에서 가장 희소하고, 정수 중의 정수이며 더없이 경이로운" 책을 한 권 선물하는데, 책장에 스며 있는 독으로 인해 왕이 죽는다. "유난 왕은 놀라움을 금치 못했다. 조바심이 난 그는 책을 집어 들었다. 그런데 책장이 서로 붙어 있었다. 그러자 그는 손가락에 침을 적셔 첫 페이지를 떼어냈다. 그는 두 번째, 세 번째 페이지도 그렇게 했으며 갈수록 책장을 넘기기가 어려웠다. 잠시 후 책에 묻은 독이 그의 몸을 맴돌았다."

영화 「사이코」(1960)를 본 사람들이 호텔에서 혼자 샤워를 하다가 오싹함을 느꼈다면, 『천일야화』의 이 이야기는 책장을 넘길 때 침을 바르는 데 익숙한 독자에게 비슷한 전율을 일으킬 것이다. 나도 책을 읽다가 문득 독이 묻은 책이 떠오르곤 하는데, 그럴 때면 그 책이 공포의 고전이 되는 것처럼 느껴진다. 알렉상드르 뒤마의 『여왕 마고』에서 사악한 여왕 카트린 드메디시스가 실수로 아들 샤를을 죽이게 되는 매사냥 책, 『장미의 이름』에서 피바람을 야기하는 아리스토텔레스의 웃음에 관한 책도 그렇다. 나는 비밀이 밝혀지는 장면을 좋아한다. 바스커빌의 윌리엄이 범죄의 미스터리를 푸는 순간 그는 살인자에 대한 감탄의 순간을 피하지 못한다. 그는 그 책이 "피해자가 읽고 싶어 하는 만큼 독살하는" 모범적이고 은밀한 무기임을 인정한다.

불행히도 살인적인 책은 현실에도 존재한다. 열었을 때 수취인을 죽이기 위해 고성능 폭발물을 넣어두는 책폭탄이 있다. 해마다 백악관은 폭탄이 든 수백 권의 책을 받는다. 수백 명의 우체국 직원, 언론인, 경비원, 비서, 다양한 직업의 사람들이 그로 인해 세상을 떠났다. 누구나 이런 공격의 피해자가 될 수 있다. 베네수엘라 작가 페르난도 바에스(Fernando Báez)는 책폭탄을 만드는 매뉴얼이 인터넷에 떠돌고 있다고 단언한다. 테러리스트들은 특정 작가를 선호하며 책폭탄에 사용되는 작품도 다양하다. 어떤 그룹에게는 성경이 부적절한 반면 『돈키호테』가 선호된다고 한다. 2003년 12월 27일, 유럽연합 집행위원회 위원장 로마노 프로디(Romano Prodi)는 가브리엘레 단눈치오(Gabriele D'Annunzio)의 『환희』로 만든 책폭탄에 희생될 뻔했다. 그런 점에서 글을 읽지 않는 정치인과 고위 공직자라면 책폭탄에서 안전할 것이다.

| **78** |

책이 위험하고 살인적이며 불안거리라고 상상할 수도 있지만, 책

은 훼손되기 쉬운 물건이다. 당신이 이 책을 읽는 사이, 어느 도서관이 불타고 있을지도 모른다. 출판사는 지금 이 순간에도 팔리지 않는 책을 파쇄하고 다른 책을 찍어내고 있다. 어떤 곳에서는 홍수로 인해 귀중한 책들이 물에 잠기기도 한다. 많은 사람이 물려받은 책을 컨테이너에 폐기한다. 벌레 군대가 무한한 우주 같은 선반을 돌아다니며 턱을 벌려 종이 터널을 뚫고 알을 낳고 있다. 누군가는 권력을 지키는 데 문제가 되는 책을 제거하고 있다. 불안정한 지역에서는 파괴적 약탈이 계속되고 있다. 또 부도덕하거나 신성모독이라는 이유로 책을 불태우기도 한다.

책과 불은 공포스럽고도 매혹적인 역사를 만들어왔다. 갈레노스 (Aelius Galenos)에 따르면 지진과 화재가 책이 사라지는 가장 큰 원인이라고 한다. 불에 타는 경우는 우발적일 때도 있지만 의도적인 경우도 상당하다. 책을 태우는 행위는 메소포타미아에서 지금에 이르기까지 수 세기에 걸쳐 반복되고 있다. 옛 질서의 잿더미 위에 새로운 질서의 토대를 마련하거나 작가들이 더럽힌 세계를 재생하고 정화한다는 명목으로 말이다.

검열 당국이 조이스의 『율리시스』를 불태우기로 결정했을 때, 조이스는 반어적인 말투로 그 불길 덕분에 연옥을 더 빨리 지나게 될 것이라고 했다. 그즈음 야만적인 나치는 독일의 수십 개 도시의 광장에서 '분서' 작전을 수행했다. 무수히 많은 책이 트럭에 실려 옮겨진 뒤 파괴를 기다렸다. 사람들은 줄을 서서 책을 불 속에 집어 던졌다. 연구자들에 따르면 새로운 지도자들이 '타락했다'고 판단한 5500명 이상의 작가의 작품을 불태웠다고 한다. 이는 유대계 독일 시인 하인리히 하이네(Heinrich Heine)가 1821년 했던, "책을 태우는 곳, 그곳에서 사람을 태우게 될 것이라."라는 예언의 전조였다. 이 유명한 구절은 『알만조어(Almansor)』라는 극작품에 있는 글인데, 이 작품에서 불에 타는 책은 코란이고 방화범은 스페인의 종교재판관들이다.

2010년 국제사회가 9·11테러 9주기를 맞아 애도의 기념식을 준비하고 있을 때 플로리다 어느 기독교 교회의 목사는 테러 발생일에 맞춰 코란을 불태우겠다고 발표했다. 텔레비전 시청 시간대인 저녁 6시에서 9시 사이에 말이다. 19세기 영웅인지, 그을린 지옥의 천사인지 모를 아리송한 분위기를 풍기는, 말굽 모양의 콧수염을 기른 격노한 목사 테리 존스의 얼굴이 그 격정의 시기에 세계 언론과 뉴스에 매일 나타나기 시작했다. 그는 9·11을 코란을 불태우는 날로 지정하고 가족과 함께 그날을 기념해야 한다고 주장했다. 당국은 그의 도발적 행위를 막을 수 없었다. 합법적으로 취득한 책을 사유지에서 태우는 행위를 막을 방법이 없었기 때문이다. 오바마 대통령과 CIA는 이슬람 국가의 시위와 폭동을 막고 아프가니스탄과 이라크에 배치된 군대의 안전을 지키기 위해 그를 설득하려 했다. 결국 이 문제는 국제 문제로 비화했다. 존스 목사는 압력에 굴복했지만 2011년 3월 그는 그 굴복을 견디지 못했다. 아리스토파네스의 인물이 치즈를 먹었다는 이유로 개를 기소하기 위해 집을 법원으로 만든 것처럼 테리 존스는 코란을 재판하는 연극을 연출했다. 8분간의 심의 끝에 테리 존스의 법원은 코란을 반인도적 범죄로 규탄하며 책을 불태우고 해당 영상을 유튜브를 통해 전 세계에 공개했다. 공개된 내용으로 촉발된 폭동으로 아프가니스탄에선 수많은 사람이 다치거나 죽었다.

존스 목사의 명성(악명)은 급격히 상승했으며 이는 책을 불태우는 행위가 마법에 가까운 강력한 상징적 행위임을 보여준다. 아무리 세련되고 기술적으로 뛰어나다고 해도 우리 사회는 그러한 야만적 행위의 충격파에 여전히 휘청거릴 수 있다.

파피루스, 양피지, 종이가 불에 타는 사건은 반복되었다. 최초의 책들의 역사는 불로 끝났다. 보르헤스의 어느 우울한 인물은 이렇게 말한다. "수 세기마다 알렉산드리아 도서관을 불태워야 한다." 이 문장이 거대한 재앙에 대한 간략한 연대기이다. 삼각주의 수도에서 고대의 위대한 꿈은 완전히 황폐해질 때까지 수차례에 걸쳐 불탔다. 그리고 책이 불타버린 뒤에는 어둠이 내렸다.

세 번에 걸친
알렉산드리아 도서관 파괴

| **79** |

클레오파트라는 이집트의 마지막 여왕이자 가장 젊은 여왕이었다. 그녀는 겨우 열여덟 살에 두 나라의 왕좌에 올랐다. 여성으로서 나일강을 다스리려면 무의미한 전통적 조건을 충족해야 했는데, 이시스와 오시리스가 결혼했듯이 형제와 결혼하는 일이었다. 클레오파트라는 열 살이 된 어린 동생 프톨레마이오스 13세와 결혼식을 올렸다. 오랫동안 함께 살았지만 궁합이 잘 맞는 결혼 생활은 아니었다. 어린 왕들은 권력을 쟁취하기 위해 싸웠다. 클레오파트라는 동생보다 악한 음모를 꾸몄고 결국 제 땅에서 추방당했다. 망명 생활 중에 그녀는 가족에 대한 귀중한 교훈을 배웠다. 바로 그녀의 친척이라면 누구든 아무렇지 않게 자신을 죽일 수 있다는 것이었다.

그때 율리우스 카이사르가 알렉산드리아에 도착했다. 당시에 로마는 이미 여러 나라의 갈등의 중재자이자 세계 경찰의 역할을 맡은 강대국이었다. 클레오파트라는 통치권을 회복하려면 카이사르의 지원이 필요하다는 걸 알고 있었다. 그녀는 이집트에 발을 들이면 그녀를 죽이라는 명령을 받은 정탐꾼들을 피해 비밀리에 시리아를 떠났다. 플루타르코스는 폐위된 여왕과 카이사르의 만남을 희화적으로 그려낸다. 기원전 48년 무더운 10월 어느 날 밤, 배 한 척이 알렉산드리아 항구에 조용히 정박했다. 긴 보따리를 멘 양탄자 상인이 조심스럽게 배에서 내렸다. 궁전으로 향한 그는 카이사르에게 줄 선물이 있다고 고했다. 그리고 로마 장군의 방에 들어가 포장지를 펼쳤다. 몸집이 작고 땀에 젖은 스물한 살 소녀가 권력에 대한 욕망으로 위험의 진원지에 목숨을 걸고 등장했다. 플루타르코스는 카이사르가 "젊은 여성의 뻔뻔함에 매료됐다."라고 말한다. 카이사르는 수천 번의 전투로 상처입은 쉰두 살의 남자였다. 클레오파트라가 카이사르에게 간 이유는 욕망이 아니라 생존 본능이었다. 그녀에겐 시간이 없었다. 발각되는 날에는 죽음을 면할 수 없었다. 카이사르가 그녀의 편에 서지 않아도 죽을 터였다. 그날 밤, 클레오파트라는 카이사르를 유혹했다.

카이사르는 편안하게 궁전을 차지했다. 강력한 연인의 보호를 받은 클레오파트라는 왕위를 되찾았다. 그녀는 어린 프톨레마이오스 왕을 인질로 곁에 두고 있었다. 알렉산드리아에선 술과 음모의 나날이 지나고 있었다. 꼭두각시가 될 수 없었던 어린 파라오는 로마 군인에 맞서 이집트의 반란을 도모했다. 반란의 불꽃이 터지자 로마인들은 소수의 군대와 함께 왕궁에 갇혔다. 앞서 말했듯이, 프톨레마이오스의 궁전은 바다 쪽으로는 성벽으로 둘러싸여 있었고 그곳으로 박물관과 도서관이 있었다. 서로를 비판하며 조용히 연구를 수행하던 새 장의 현자들은 불리한 위치에서 로마 군인과 함께 포위되었음을 알게 되었다. 포위자들은 바다와 육지에서 공격을 개시했다. 학자들은 불붙은 발사체들이 보물과 같은 책을 향해 쏟아지는 걸 목격했다.

카이사르의 병사들은 공격해오는 배 위로 송진을 바른 횃불을 던지며 반격했다. 밀랍으로 덮인 배는 화염에 휩싸여 바다로 가라앉았으며 불은 항구와 인근 주택으로 번졌다. 불길은 바람을 타고 천장 위로 치솟았다. 이집트군이 불을 끄려고 돌진했다. 카이사르는 그 틈에 파로스섬으로 건너가 항구를 통제하고 지원군을 기다렸다. 늘 그렇듯, 로마의 장군은 전술에서 승리했다. 프톨레마이오스 13세는 누이를 남편을 잃은 여인이자 여왕으로 남기고 나일강에 빠져 죽었다.

그 사건이 발생한 지 한 세기 반이 지난 후, 플루타르코스는 카이사르의 부하들이 지른 불이 배에서 도서관으로 옮겨붙어 도서관이 잿더미가 됐다고 기록한다. 그런데 그렇게 모든 게 끝나버렸을까?

그렇지는 않았던 것 같다. 카이사르는 내전을 치르던 중에 배를 불질렀다는 얘기는 하지만 도서관의 파괴에 대해선 함구한다. 알렉산드리아 전쟁 연대기를 쓴 그의 부관 히르티우스도 그에 대해 언급하지 않는다. 오히려 그는 알렉산드리아의 거대한 건물들의 천장과 바닥이 대리석과 회반죽으로 되어 있어서 내화성이 있었다고 말한다. 책의 궁전이 불타버렸다고 주장하는 당대인은 없다. 더욱이 카이사르에 대한 반란이 있은 지 수십 년 후에 알렉산드리아를 방문한 지리학자 스트라본은 박물관에 대해 자세한 설명은 하지만 화재에 대해선 언급하지 않는다. 루카누스나 수에토니우스(Suetonius), 아테나이오스(Athenaeus)와 같은 로마와 그리스 작가들도 이에 대해 언급한 바가 없다. 그런데 철학자 세네카는 다음과 같이 기술함으로써 문제를 복잡하게 만든다. "알렉산드리아에서 4만 개의 두루마리가 불탔다."

범죄 소설이 그렇듯이, 다양한 판본이 상충하는 단서를 제공하고 있다. 이 수수께끼 같은 퍼즐에서 무엇을 얻을 수 있을까? 기록과 침묵 뒤에 숨어 있는 진실은 무엇일까? 이 수수께끼의 해결책은 후대의 두 저자, 디오 카시우스(Dio Cassius)와 오로시우스(Orosius)가 언급한 내용에서 찾을 수 있다. 이들은 카이사르로 인해 발생한 화재로 무기고, 곡물창고, 항구의 창고가 불에 탔는데, 그곳에는 도서관에서 박물관으로 최종 이전될 수천 권의 두루마리 또는 지중해 무역로를 따라 판매하려고 상인들이 저장해둔 빈 두루마리가 있었다고 기록한다.

어쩌면 플루타르코스가 책 보관 창고가 불에 탔다는 것을 잘못 해석하여 도서관이 불탔다고 생각했을 수도 있다. 어쩌면 알렉산드리아 도서관의 첫 번째 파괴는 조작된 기억, 예고된 악몽, 또는 신화적인 화재로, 알렉산드리아의 꿈으로 시작하여 클레오파트라의 퇴패와 함께 끝나버린 제국과 왕조의 쇠퇴를 상징하는 것일 수도 있다.

| **80** |

카이사르, 그리고 나중에는 마르쿠스 안토니우스와 정치적, 성적으로 결합한 클레오파트라는 로마의 탐욕이 이집트를 집어삼키는 걸 막고자 했다. 그러나 합병은 시간문제였다. 기원전 30년 왕비가 자살하자 나일강은 로마 제국에 합병되었다. 알렉산드리아는 자랑스러운 영토의 수도에서 새로운 세계화의 주변부가 되었다.

프톨레마이오스 왕들에게 의존하던 현인 공동체를 위한 자금은 이제 로마 황제의 책임이 되었다. 박물관과 도서관은 왕조의 위기를 넘어섰지만, 호시절이 지났음은 분명해졌다. 지식과 창조의 야심 찬 중심지는 마케도니아 혈통의 부와 허영심과 제국주의적 계산이 폭발적으로 뒤섞인 덕분에 황금기를 맞이했다. 그러나 로마 황제의 돈과 허영심은 알렉산드리아가 아닌 다른 지역에서 전개되었다. 카이사르의 화재가 도서관에 어떤 영향을 미쳤는지는 알 수 없지만 제국의 자금 지원이 말라가면서 천천히 붕괴했다는 건 분명하다.

첫 2세기 동안 도서관은 하드리아누스와 같은 관대한 보호자 하에 있었지만, 세 번째 세기에는 카라칼라 황제의 어리석은 위협으로 어려운 시기를 맞았다. 황제는 알렉산드로스 대왕을 독살한 사람이 아리스토텔레스라고 믿고 그의 유령이 배회하고 있는 박물관을 불태우려는 음모를 꾸몄다. 역사학자 디오 카시우스는 카라칼라가 그런 악행을 저질렀는지는 밝히지 않고 있지만, 그가 현자들을 위한 무료 식당과 그들의 특권을 폐지했다고 기록하고 있다. 뒷날 그는 사소한 범죄를 근거로 군대를 동원해 알렉산드리아를 약탈하고 수천 명의 무고한 사람들을 죽였으며 냉전 시대 베를린의 지중해 버전처럼 벽을 세우고 경비병을 두어 양쪽 진영의 사람들이 자유롭게 왕래하는 걸 차단했다.

3세기 후반, 로마의 위기는 더욱 악화했다. 제국의 경제 상황은 점차 나빠졌고 군사적, 정치적으로 심각한 도전에 직면한 황제들은 문화에 관심을 두지 않았다. 알렉산드리아의 영광은 그저 먼 곳의 불빛에 지나지 않았기에 도서관을 유지하기 위한 지원은 중단되기 시작했다. 손상되고 낡고 분실된 두루마리를 교체하고 새로운 두루마리를 살 돈은 점점 줄어들었다. 쇠퇴를 막을 길은 없었다.

그리하여 약탈과 횡령이 뒤를 이었다. 갈리에누스 황제 시대에 이집트 총독은 스스로를 황제로 선포하고 로마로 향하는 식량 공급을 차단했다. 갈리에누스는 알렉산드리아의 곡물 창고 없이는 생존할 수 없었기에 군대를 보내 알렉산드리아를 점령했다. 폭력적 공격으로 알렉산드리아는 타격을 입었다. 얼마 후, 자신을 클레오파트라의 후손이라고 주장하는 팔미라의 아랍 여왕 제노비아가 알렉산드리아를 정복했다가 빼앗겼다. 아우렐리아누스 황제, 그리고 나중에는 디오클레티아누스 황제가 알렉산드리아를 피와 불로 뒤덮었다. 군인이자 역사가인 암미아누스 마르켈리누스(Ammianus Marcellinus)는 3세기 말에 한때 박물관이 있던 성벽으로 둘러싸인 지역이 지도에서 쓸려나갔다고 기록했다.

우리는 그 황혼기에 대한 자세한 연대기를 갖고 있진 않지만, 폴오스터의 『폐허의 도시』에 묘사된 내용과 비슷하지 않을까 생각한다. 이 소설은 안나 블룸이라는 여자가 분쟁으로 인해 완전히 파괴된 이름 없는 도시로 향하는 이야기이다. 그 견디기 힘든 지역의 거리 이름들(프톨레마이오스 대로, 네로의 관점, 디오게네스 터미널, 피라미드 고속도로)은 약탈당하고 유령 같은 알렉산드리아의 난파된 기억 속에서 그 불가능한 지도를 제작하고 있는 것 같다.

안나는 설명도 없이 사라진 젊은 언론인인 오빠의 흔적을 따라 도시에 도착한다. 모든 확신이 사라지고 최후의 재앙이 임박한 것처럼 보이는 곳에서 재회에 대한 희망은 좌절된다. 방황하던 안나는 어느날 프톨레마이오스 대로를 따라가다 우연히 국립도서관으로 들어간다. ("웅장한 건물이었다. 이탈리아풍의 기둥들이 줄지어 있었고 아름다운 대리석 상감 세공은 도시에서 가장 뛰어난 건물 중 하나임을 입증하고 있었다. 그러나 모든 게 그렇듯 전성기는 지나 있었다. 2층 지붕은 무너져 있었고, 기둥은 기울어져 금이 갔으며 책과 종이가 여기저기 흩어져 있었다.")

안나는 오빠를 찾을 수 있다는 희망을 불어넣은 외신 기자 샘과 함께 도서관 다락방에 머문다. 도서관은 폐허가 됐지만 조난자들의 피난처 역할을 한다. 그곳에는 말과 사유와 책을 보호하기 위해 협력하는, 박해받는 지식인들의 작은 공동체가 있다. ("당시에 도서관에 얼마나 많은 사람이 살고 있었는지는 모르지만 100명, 아니 그 이상이었을 것이다. 주민들은 모두 선생님이거나 작가였는데, 이들은 지난 10년간 벌어진 정화 운동의 생존자였다. 도서관의 다양한 분파 사이에선 적어도 많은 사람이 만나서 이야기하거나 생각을 교환할 의향이 있을 정도로 일정한 동지애가 발전하고 있었다. ('아리스토텔레스의 시간'이라 명명된) 매일 아침 두 시간 동안 공개 강연이 열렸다. 한때 국립도서관엔 100만 권이 넘는 책이 있었다고 한다. 내가 그곳에 도착했을 때는 이미 그 양이 크게 줄어 있었지만 아직 수십만 권이 눈사태처럼 쌓여 있었다.")

무질서와 재앙이 도서관에도 스며들었다. 분류 체계가 완전히 와해되어 안나가 일곱 개의 보관 층에서 책을 찾기란 거의 불가능했다. 곰팡이가 핀 방의 미로에서 책을 잃어버린다는 것은 책이 없어졌다는 것과 마찬가지다. 누구도 그 책을 다시 찾지 못할 것이다.

갑자기 불어닥친 한파가 도시를 강타하며 도서관의 피난민들은 위험에 빠진다. 별다른 연료가 없기에 그들은 책을 태우기로 결정한다. 안나는 이렇게 쓴다. "끔찍하다는 걸 알고 있지만 선택의 여지가 없었다. 우리는 책을 태우거나 추위에 얼어 죽거나 선택해야 했다. 그런데 솔직히 나는 후회한 적이 없다. 심지어 책을 태우는 걸 즐겼던 것 같다. 숨겨진 분노가 표출된 것이었을 수도 있고, 책이야 어떻게 되든 상관없다는 단순한 인식 때문이었을 수도 있다. 그 책이 속했던 세계는 끝났다. 어쨌거나 대부분의 책은 열어볼 필요가 없었다. 나는 읽을 만한 책을 발견하면 보관해뒀다. 그런 식으로 나는 헤로도토스를 읽었다. 그러나 결국엔 모두 난로에 던져졌고 연기로 변해버렸다."

알렉산드리아 도서관의 학자들은 그들의 보물 창고가 조직적으로 약탈되고, 불타고, 무너져가는 것에 경악을 금치 못했으리라. 용서할 수 없는 시대착오 속으로 나치가 레닌그라드를 포위하고 공격하는 암울한 시기에 바흐친을 모방하며 허무주의와 블랙 유머의 희생자가 된 지식인이 보이는 것 같다. 강박적 흡연자였던 그 러시아 작가는 매일같이 퍼붓는 폭격에 두려워하며 아파트에 갇혔다고 한다. 그에겐 담배가 있었지만 말아 피울 종이가 없었다. 결국 그는 10년 동안 공들인 에세이 원고로 담배를 말아 피웠다. 한 장, 한 장 피우다 보니 원고의 상당 부분이 없어졌다. 모스크바에 안전하게 보관된 다른 사본이 있다고 확신하며 피웠지만, 결국 그 또한 전쟁의 혼란 속에서 소실되었다. 폴 오스터가 각본을 쓴 매혹적인 영화 「스모크」에서 윌리엄 허트가 전하는 일화다. 알렉산드리아 도서관의 사서들이라면 이 생존 이야기의 절망적 유머를 높이 평가하지 않았을까. 어쨌거나 결국엔 그들이 지키고 있던 책들은 공기, 연기, 입김, 신기루로 변하고 있었다.

4세기의 알렉산드리아는 문제가 많은 곳이었다. 문화와 관능으로 유명한 그곳 사람들에겐 잔혹한 취미가 있었다. 알렉산드리아는 오랜 폭동의 역사가 있는 곳이다. 사회 문제, 종교적 차이, 권력 투쟁은 피비린내 나는 싸움으로 비화됐다. 마틴 스코세이지 감독이 「갱스 오브 뉴욕」에서 그려낸 도시에서 벌어지는 야만적 전투와 비슷했을지도 모르겠다.

이집트 수도에서 로마 제국의 대위기를 가져올 파동이 현실화하고 있었다. 상습적이고 지속적으로 누구도 해결할 수 없는 긴장과 갈등을 겪는 지역이 있다. 예컨대 지중해 레반트 지역은 고대부터 지정학적 요충지 중 하나였다.

유대교, 이교도, 기독교의 지도자들이 알렉산드리아의 동맥을 따라 모여들었다. 그들 사이의 상호 공격은 일상적이었다. 그러나 혼란, 분노, 분쟁만 있었던 것은 아니다. 그 혼란스러운 폭력 속에서 거대한 역사적 변화가 일어나고 있었다. 세기의 전환기에 콘스탄티누스 황제는 기독교를 합법화했고, 391년 테오도시우스는 비기독교적 의식을 금지하고 이교도 예배소를 폐쇄토록 명했다. 그 어지러운 수십 년 동안 박해자와 박해받는 자의 역할이 바뀌었다. 이제 예전 같지 않을 터였다. 제국은 새로운 신앙으로 개종했고 이교도 파괴에 착수했다.

박물관과 세라페움에 귀속된 도서관은 종교 전쟁의 중심이었다. 두 건물은 성역이었고, 그곳의 사서는 사제였다. 이 두 기관에서 일하던 지식인들은 티아소스, 즉 인간의 창조물을 수호하는 아홉 여신인 뮤즈를 숭배하는 공동체를 구성했다. 그들은 신들의 조각상, 제단과 이교도의 전례적 상징물 사이에서 시간을 보냈는데, 이는 프톨레마이오스가 사원 내부에서 책을 보호하는 동양적 전통을 유지했기 때문이었다. 그러나 이교도를 박해하는 정권하에서 도서관이 지속되기는 어려웠다.

도서관을 갖춘 세라페움(혹은 제우스 세라피스 신전)은 알렉산드리아의 가장 경이로운 건축물 중 하나였다. 우아한 주랑이 있는 안뜰, 신들의 조각상, 예술품이 즐비한 그곳은 역사적 싸움에서 패하고 있던 이교도들에겐 숭배와 만남의 장소였다. 그들은 잊힌 전쟁의 참전용사처럼 그곳에 모여 옛 시절이 좋았다며 투덜거렸다.

그리고 391년, 모든 것이 끝나버렸다.

알렉산드리아의 기독교 공동체의 영적 지도자이던 테오필로스 주교는 테오도시우스 황제의 칙령을 폭력적으로 집행했다. 그렇게 기독교는 이교도 박해를 개시했다. 공포와 증오가 퍼지기 시작했고 극도의 긴장감이 감도는 순간에 스캔들이 터졌다. 미트라 신의 예배당 위에 세워진 기독교 대성당 보수공사를 하던 중에 작업자들이 이교도적인 신비스러운 물건들을 발견한 것이다. 테오필로스 주교는 그 비밀스러운 상징물들을 도시 중심부에 전시하도록 했다. 그런 명령은 불과 20년 전 두 번째 인티파다(저항 운동)의 도화선에 불을 붙인, 이스라엘의 극우 성향 정치가 아리엘 샤론의 성전산 방문만큼이나 큰 충격을 가져다주었을 것이다. 알렉산드리아의 이교도들, 특히 철학자들은 자신들의 믿음이 모독되고 조롱의 대상이 되는 것을 보고 기독교인들을 맹렬히 공격했다. 거리는 피로 물들었고 보복을 걱정한 반란자들은 세라페움으로 달려가 바리케이드를 쳤다. 그들은 기독교인들을 인질로 붙잡아 불법화되어버린 고대의 신 앞에 무릎을 꿇렸다. 바리케이드 밖에서는 도끼로 무장한 군중이 사원을 포위했다.

며칠 뒤 포위가 풀리며 대량 학살은 피할 수 있었다. 황제는 서신을 통해 죽은 기독교인을 순교자로 인정하고 반역적 이교도를 용서하고 새로운 종교가 요구하는 대로 세라페움의 형상을 파괴하라고 명했다. 파견된 로마 군인들과 사막에서 온 수도사들이 사원으로 진격하여 대리석과 상아와 금으로 된 세라페움의 신의 형상을 파괴했다. 그리고 건물의 잔해 위로 교회를 세웠다.

세라피스의 동상이 해체되고 사원이 약탈되는 장면을 목격한 이집트의 이교도들은 충격에 빠졌다. 고대의 제단과 귀중한 도서를 공격한 것보다 심각하고 결정적인 사건이었다. 그들은 그 행위를 집단적 심판으로 해석했다. 그들은 쾌락주의적 다신교주의, 철학적 열정, 고대의 지식이 모두 역사의 구렁텅이에 빠졌다는 것을 깨달았다.

이교도 선생이자 시인이던 팔라다스(Palladas)의 목소리는 여전히 감동적이다. 그는 4세기에서 5세기로 넘어가는 과도기에 알렉산드리아에서 태어나고 죽었다. 얼마 남지 않은 그의 글, 약 150행이 『그리스 사화집』에 보존되어 있다. 그는 동서양의 통합을 위해 알렉산드로스 대왕이 건설한 도시가 피비린내 나는 폭동과 비타협적인 선동으로 들끓는 걸 지켜봤고 패배한 신들의 폐허를 목격했다. 그는 또한 도서관이 파괴되고 그가 "순수한 지혜의 별"이라고 칭한 히파티아(Hypatia)가 잔인하게 살해되는 걸 목격했다. 훈족의 침입과 야만적 게르만의 로마 침범에 대해서도 알게 되었다. 그는 세라페움이 파괴되는 걸 보며

「망령」이라는 비탄의 시를 썼다. "그리스인들이여, 깊은 밤 모든 게 심연으로 가라앉는 중에 삶이라는 게 그저 꿈에 지나지 않는다고 생각하며 겉모습으로만 살고 있는 건 아닌가? 아니면 죽어서야 살게 되는 것인가?"

4세기 후반, 박물관의 마지막 손님은 수학자이자 천문학자이자 음악가인 테온(Theon)이었다. 그 당시 박물관의 오랜 화려함이 어떻게 남아 있었을지 상상하기는 어렵지만, 어쨌든 테온은 불씨를 구하려고 애썼다. 잔인한 전투와 종파 간 갈등 속에서도 그는 일식과 월식을 예측하고 에우클레이데스의 『원론』 최종판을 준비했다. 그는 자신의 딸 히파티아('위대함'을 의미하는 이름)가 마치 남자로 태어났다는 듯이 과학과 철학을 가르쳤다. 그녀는 아버지와 함께 연구했으며, 당대인들의 평가에 따르면 지적 능력이 아버지를 능가했다고 한다.

히파티아는 연구와 교육에 평생을 바치기로 결정했다. 그녀는 결혼을 원치 않았는데, 순결을 지키기 위해서가 아니라 독립을 유지하기 위해서였을 것이다. 그녀의 작품은 격동의 세기의 혼란 속에서 짧은 단편을 제외하고는 모두 사라졌지만, 그녀가 기하학, 대수학, 천문학에 관한 저술을 남겼다는 건 분명하다. 그녀는 이집트의 권력 엘리트들 속에서 중요한 위치를 점하게 될 학생들을 선별하여 모았다. 그들은 영지주의적 믿음과 귀족적 편견의 영향으로 자신들의 학식을 이해할 수 없는 낮은 계급의 사람들을 받아들이지 않았다. 히파티아가 계급주의적이었을지언정 종파주의적이지는 않았음을 보여주는 단서는 많다. 히파티아는 이교를 실천하지 않았다. 그저 그리스의 문화적 요소로 이해했다. 제자 중에는 이교도도 있었고 철학적 무신론자도 있었으며 기독교인도 있었다. 그 둘 중 시네시오스처럼 주교가 된 학생도 둘이나 되었다. 히파티아는 학생들 간의 우정을 키웠다. 그러나 불행히도 온건한 사람, 숙고하는 사람, (극단적인 사람이 '미적지근하다'고 부르던) 유화적인 사람이 쉬운 표적이 되는 시대가 시작되고 있었다.

비극적인 죽음을 맞기 전까지 그녀는 자신의 규율에 따라 특별한 자유를 누리며 살았다. 젊은 시절 전설적인 매력을 지닌 여성이었지만 남성에 대한 생각은 매우 분명했다. 그녀를 미친 듯이 사랑한 한 학생이 그녀에게 구혼했다고 한다. 플라톤과 플로티노스(Plotinos)의 추종자이던 히파티아는 높은 관념의 세계를 열망할 뿐, 저급한 물질과 쾌락 같은 것에는 관심이 없다고 했다. 구혼자가 여전히 땅에 무릎을 꿇고 있자, 그녀는 그를 단념시키려고 기묘하고도 종말론적인 행동을 한다. 아테네의 신플라톤학파를 이끌던 다마스키오스(Damascios)가 그 일화를 기록했는데, 그는 혐오와 감탄을 오가며 그 장면을 이렇게 묘사한다. "그녀는 월경으로 얼룩진 천을 보여주며 말했다. '젊은이여, 이것이 그대가 사랑하는 것이네. 그다지 아름답지는 않군.' 그는 그 끔찍한 광경에 너무 놀라고 부끄러워서 마음이 변했고 금세 더 나은 사람이 되었다." 생리대에 압도된 학생은 썩어가는 육체에 관심을 끊고 철학을 통해 완전한 아름다움을 추구하게 되었다.

히파티아는 지적 열정을 지속하며 독신을 고집했다. 도시 지도자들의 선생이었던 히파티아는 공적 생활에 개입했고 알렉산드리아 당국은 그녀를 존중했다. 고위 관리들은 그녀에게 조언을 구했다. 자신감 넘치는 이 여성의 정치적 영향력은 사람들의 부러움을 사기 시작했다. 하지만 그녀의 마법 같은 능력에 대한 중상모략이 없었던 건 아니다. 천문학과 수학에 대한 그녀의 관심 속에는 요술과 사탄의 주문이 숨겨져 있다는 소문이 돌았다.

점점 악화하는 환경에서 온건한 기독교인이던 오레스테스 집정관이 테오필루스의 조카인 키릴로스 주교와의 관계를 끊었다. 415년의 그 폭발적 분위기는 영화 「아고라」에 잘 드러나 있다. 당시에 히파티아는 예순 살 정도의 나이에도 여전히 교육에 전념하고 있었다. 알렉산드리아에는 새로운 불안의 물결이 닥치고 있었다. 극장, 거리, 교회에서 폭력이 일상적으로 발생했다. 키릴로스 주교는 도시에서 유대인을 축출해야 한다고 주장했다. 오레스테스는 히파티아와 이교도 지식인들의 지지를 받으며 주교의 개입을 거부했다. 오레스테스와 키릴로스 사이 불화의 진짜 원인이 히파티아라는 루머가 나돌았다.

사순절 중에 키릴로스 주교를 추종하던 페드로라는 자의 명령을 받은 일군의 사람들이 히파티아를 마녀라고 비난하며 그녀를 납치했다. 침입자들이 침실에 난입하자 비명을 지르며 저항했으나 그녀를 도와줄 사람은 없었다. 광신도들은 과거에 고대 종교의 신들의 사원이었던 카이사레움 교회로 그녀를 끌고 갔다. 그리고 모두가 보는 앞에서 도자기 조각으로 그녀에게 잔인한 폭력을 행사했다. 그녀의 눈과 혀를 뽑아버린 것이다. 그녀가 죽자 그들은 시신을 도시 밖으로 가져가 장기와 뼈를 제거하고 남은 유해를 불태웠다. 그들은 여성이자 이교도이자 선생이던 히파티아의 모든 것을 완전히 말살하고 그녀의 시신을 잔인하게 유린했다.

자료에 따르면 키릴로스 주교는 그 범죄의 주모자로 고려되지 않았다. 그가 범인이라는 증거가 분명히 드러나진 않았지만 그를 의심하기엔 충분했다. 실질적인 조사는 이뤄지지 않았다. 오레스테스는 떠났고 그 사건으로 처벌받은 사람은 없었다. 몇 년 후, 또 다른 폭도들이 오레스테스의 후임을 살해했다. 오늘날 키릴로스 주교는 가톨릭, 정교회, 콥트교, 루터교에서 성인으로 간주되고 있다.

히파티아 살해는 희망의 침몰을 의미했다. 모든 책과 사유를 수집하려는 박물관의 꿈은 알렉산드리아의 잔혹한 폭력에 굴복했다. 그 이후로 도서관은 소장품이 영원히 사라졌다는 듯 더 이상 언급되지 않았다.

우리는 수 세기에 걸친 침묵 속에 갇힌 난파선에 무슨 일이 발생했는지 알지 못한다. 도서관, 학교, 박물관은 폭력적 환경에서는 오래 생존할 수 없는 취약한 기관이다. 내 상상 속에서, 광신적인 시대의 참상 앞에 놓인 알렉산드리아는 자신을 무국적자로 느낀 온유하고 교양 있고 평화주의적인 사람들의 슬픔에 물들어 있다. 팔라다스는 이렇게 썼다. "나는 죽은 자들과 평화롭게 책을 얘기하며 삶을 보냈다. 나는 비정한 시대에 존중을 퍼트리고자 했다. 나는 처음부터 끝까지 죽은 자들의 영사일 뿐이었다."

| 82 |

더 이상의 소식이 기대되지 않던 때, 두 개의 아랍 연대기에 마지막으로 도서관이 등장한다. 이야기의 관점은 기독교나 이교도가 아니라 이슬람교의 관점이며, 헤지라 20년, 즉 서기 642년으로 거슬러 올라간다. 아므르 이븐 알아스 사령관이 무함마드의 두 번째 후계자인 칼리프 우마르 1세에게 보낸 편지에서 "서방의 위대한 도시 알렉산드리아를 조약 없이 무력으로 정복했습니다."라고 쓴다. 이후 아므르 사령관은 도시의 부와 아름다움에 대한 목록을 작성한다. "이곳에는 4000개의 궁전, 4000개의 공중목욕탕, 400개의 극장 혹은 유흥 공간, 1만 2000개의 과일 가게, 4만 명의 히브리인 납세자가 있다."

연대기 작가이자 사상가인 알리 이븐 알키프티(Ali ibn al-Kifti)와 학자 압둘라티프(Abd al-Latif)는 며칠 후 노쇠한 기독교 학자가 침략으로 압수된 도서관의 책을 사용할 수 있도록 허락해달라고 요청했다고 기록하고 있다. 아므르 사령관은 박물관의 화려한 과거와 시간에 황폐화된 소장품에 대한 노인의 얘기를 흥미롭게 들었다. 무지렁이 전사가 아니었던 아므르는 먼지 쌓인 그 보물의 중요성을 알고 있었지만 마음대로 처분할 수 없었다. 그는 우마르 1세에게 편지를 보내 처분을 기다렸다.

뒷이야기를 하기 전에 알아둘 게 있다. 우마르가 640년에 알렉산드리아를 정복한 것은 사실이다. 그러나 많은 전문가들은 알리 이븐 알키프티와 압둘라티프가 도서관의 종말에 대한 얘기를 조작했다고 판단한다. 이 두 사람은 사건이 발생한 뒤 수 세기 후에 글을 썼고, 술탄 살라딘에 견줘 우마르 왕조의 평판을 떨어뜨리려는 의도가 보인다는 이유에서다. 이 이야기의 사실 여부는 알 수 없다.

편지를 메소포타미아까지 전달하려면 보통 12일의 항해와 그에 맞먹는 기간의 육지 이동이 필요했다. 아므르 사령관과 노인은 칼리프의 대답을 기다렸다. 그 사이 사령관은 부서진 도서관을 방문하고자 했다. 그는 한 무리의 군인들이 지키고 있는 방치된 궁전을 향해 작고 더러운 길을 지나야 했다. 안에서는 발소리가 메아리쳤고 잠들어 있는 글의 속삭임이 들리는 듯했다. 책들은 먼지와 거미줄에 덮여 고치 속에 있는 번데기처럼 선반 위에 놓여 있었다. 노인이 말했다. "이 책들은 세상이 끝날 때까지 군주들과 후계자들에 의해 보존될 가치가 있습니다."

아므르는 노인의 말에 끌려 매일 그를 만났다. 『천일야화』처럼, 세상의 모든 책을 모으고자 한 그리스 왕의 놀라운 이야기와 인도, 페르시아, 바빌론, 아르메니아를 비롯해 여러 지역을 주유한 그의 부지런한 종 자미라(이븐 알키프티는 팔레룸의 데메트리오스를 그렇게 불렀다.)의 이야기를 들었다.

마침내 우마르의 사절이 칼리프의 답장을 가지고 알렉산드리아에 도착했다. 아므르는 긴장된 마음으로 편지를 읽었다. "도서관의 책에 대한 나의 대답은 다음과 같다. 책의 내용이 코란과 일치한다면 쓸모가 없을 것이며, 일치하지 않는다면 신성모독이다. 파괴하라." 실망한 아므르는 그 명을 따랐다. 그는 알렉산드리아에 있는 4000개의 대중목욕탕에 책을 나눠주고 연료로 사용하게 했다. 상상력과 지혜의 보물을 태우는 데 6개월이 걸렸다고 한다. 다만 아리스토텔레스의 책만 용서받았다. 목욕탕의 증기 속에서 알렉산드로스의 마지막 유토피아는 잿더미가 고요해질 때까지 탁탁거리며 타올랐다.

1억 2000만 달러를 들여 12년간 공사를 진행한 끝에 2002년 10월, 선조들이 머물렀던 바로 그 지역에 새로운 알렉산드리아 도서관이 장엄하게 문을 열었다. 건물은 세계를 비추는 지식의 별을 구현하고 있다. 햇빛을 조절하는 수천 개의 패널로 구성된 단일 지붕과 거대한 7층짜리 열람실을 갖추고 있다. 이날 행사에는 이집트 대통령과 전 세계 고위 인사 3000여 명이 참석했다. 이집트 국민에게 자랑스러운 순간이며, 대화와 이해와 합리성을 위한 공간이 다시 태어났고, 비판적인 정신이 날개를 달았다고 선언했다. 그리고 과거 영광의 부활을 알렸다. 그런데 완고하고 비타협적인 유령이 그곳에 나타났다. 축하 행사를 취재한 BBC 기자가 이집트 종교 당국이 금지한 이집트 작가 나기브 마푸즈(Naguib Mahfouz)의 작품을 검색한 것이다. 하지만 아무런 결과도 찾지 못했다. 그의 작품이 없는 이유를 묻자, 고위 관계자가 "어려운 책은 천천히 입수될 것입니다."라고 대답했다고 한다. 젊은 마케도니아인의 광기 어린 꿈은 그렇게 오랜 편견과 끝없는 싸움을 지속하고 있다.

구명정과 검은 나비

| 84 |

세 번에 걸친 알렉산드리아 도서관 파괴는 그저 옛일로 치부될 수 없다. 불행히도 책에 대한 반감이 우리 역사에 확고히 자리 잡은 전통이 되었으니 말이다. 황폐화는 계속되고 있다. 일간지 《엘 파이스》의 만평에 나온 것처럼 "문명은 늙어가고 야만성은 갱신되고 있다."

사실 20세기는 끔찍한 도서 파괴의 세기였다(두 번의 세계대전, 나치의 화염, 검열, 중국의 문화대혁명, 소련의 숙청, 마녀사냥, 유럽과 라틴아메리카의 독재, 폭격에 불탄 도서관, 전체주의, 아파르트헤이트, 특정 지도자들의 메시아적 의지, 근본주의, 살만 루슈디와 대립하는 탈레반, 그리고 그 외의 재앙들). 더욱이 21세기는 미군의 용인하에 이라크의 박물관과 도서관이 약탈되는 것으로 시작했다.

나는 사라예보 도서관에 대한 야만적 공격이 있은 지 25년 후 8월 마지막 날에 이 글을 쓰고 있다. 당시에 나는 어렸다. 내 기억으로 그 전쟁은 내가 상상했던 것보다 더 크고 더 어두운 세상을 내게 보여줬다. 그해 여름에 그전에는 관심을 두지 않던 오래된 책에 관심을 갖게 되었다. 그때 나는 만화에 나오는 스파이처럼 두 팔을 벌려 생애 첫 신문을 펼쳤다. 나를 사로잡은 첫 소식, 첫 번째 사진은 1992년에 발생한 바로 그 학살 사건이었다. 그와 동시에 나는 바르셀로나 올림픽의 도취감과 영광, 세비야 만국박람회, 현대적이고 부유한 국가의 승리감을 경험했다. 그 최면 같은 꿈은 거의 남아 있지 않지만, 잿빛으로 물든 사라예보의 풍경은 내 기억 속에 또렷이 남아 있다. 어느 날 아침, 윤리 선생님이 우리에게 책을 덮으라고 했다. 우리는 서너 명에 불과했다. 놀랍게도 선생님은 유고슬라비아 전쟁에 관해 얘기하자고 제안했다. 무슨 말을 했는지는 잊어버렸지만, 우리는 어른이 된 것 같았고 우리가 중요한 사람이 된 것 같았으며 국제 전문가가 될 수 있을 것 같았다. 언젠가 나는 지도책을 펴고 집게손가락으로 스페인 사라고사에서 사라예보까지 여행했다. 두 도시의 이름이 유사한 멜로디를 지니고 있었다. 폭탄으로 손상된 도서관의 이미지를 기억하고 있다. 스페인의 저널리스트인 헤르바시오 산체스(Gervasio Sánchez)의 사진은 무너진 8월의 아이콘이다. 그의 사진에선 산산이 부서진 아트리움을 관통하는 햇빛이 잔해와 부서진 기둥을 비추고 있었다.

보스니아 작가 이반 로브레노비치(Ivan Lovrenović)는 긴 여름밤에 밀랴츠카 강가에 자리한 위풍당당한 국립도서관 건물이 불길에 휩싸였다고 말한다. 문화유산임을 입증하는 파란색 깃발로 표시되어 있음에도 불구하고 스물다섯 발의 포탄이 지붕을 강타했다. 이반의 말에 따르면 사라예보 시청으로의 접근을 차단하기 위한 폭격이 지속됐다고 한다. 도시가 내려다보이는 언덕에서 저격수들이 책을 구하려고 도서관에서 나오는 깡마르고 지친 사라예보 주민들을 향해 총을 쏘았다. 강력한 공격에 소방관들도 접근할 수 없었다. 결국 건물의 기둥이 무너지고 창문이 폭발하며 불길을 내뿜었다. 새벽이 되자 희귀 서적, 도시의 문서, 출판물, 원고, 단행본 등 수십만 권의 책이 불타버렸다. 사서이던 브케코스라브는 "여기엔 아무것도 남은 게 없습니다. 나는 연기 기둥과 사방으로 흩어진 종이를 보고 울고 비명을 지르고 싶었지만 손으로 머리를 감싸고 무릎을 꿇고 있었습니다. 나는 사라예보의 국립도서관이 어떻게 불탔는지 똑똑히 기억할 겁니다."라고 말했다.

스페인의 작가이자 당시에 종군기자로 일하던 아르투로 페레스레베르테(Arturo Pérez-Reverte)는 포병의 사격과 화염을 목격했다. 다음날 아침 그는 황폐한 도서관 바닥에서 벽과 계단의 잔해, 다시는 읽을 수 없는 원고의 잔해, 조각난 예술작품을 확인했다. 그는 이렇게 말한다. "책이 타버리면, 책이 부서지면, 책이 죽으면, 우리 내면에서도 돌이킬 수 없을 정도로 뭔가가 훼손된다. 책이 불타면, 모든 생명, 그 안에 포함된 모든 생명과 그 책이 장차 모든 생명에게 줄 수 있었던 따스함, 지식, 지성, 기쁨, 희망도 죽는다. 책을 파괴하는 짓은 그야말로 사람의 영혼을 죽이는 것이다."

불씨는 며칠이고 타올랐고 자욱한 연기는 어두운 눈처럼 도시를 떠다녔다. 사라예보 주민들은 행인 위로, 폐허가 된 땅 위로, 거리 위로, 반쯤 무너진 건물 위로 떨어지며 죽은 자들의 환영과 뒤섞이는 그 불타버린 책의 재를 '검은 나비'라고 불렀다.

우연의 일치인지 『화씨 451』에 등장하는 소방관도 유사한 은유를 사용한다. 그는 책을 손에 들고 책을 파괴하라는 지시를 받는다. "첫

장을 태우라. 그리고 다음 장도 태우라. 그 종이들이 하나씩 검은 나비로 변하리라. 아름답지 않은가?" 미국의 환상소설 작가 브래드버리의 이 소설에 묘사된 암울한 미래에선 독서가 엄격히 금지되고 모든 책은 파기된다. 그 세계에서 소방관은 불을 끄는 게 아니라 불을 지피고 부채질하여 위험하고 은밀한 물건을 숨기고 있는 집을 불태운다. 합법적인 책은 한 권뿐이다. 바로 불을 지르는 조직의 규정이다. 그 텍스트에는 1790년 미국에서 영어로 된 책을 불태우기 위한 조직이 만들어졌으며 최초의 소방관이 벤저민 프랭클린이라고 적혀 있다. 이 주장을 반박하는 글도 없으며 더 이상 의심하는 사람도 없다. 문서가 제거되고 책이 유통되지 않는 곳에서는 어떠한 처벌도 받지 않고 역사를 마음대로 수정할 수 있다.

구 유고슬라비아의 경우, 과거를 말살하는 행위는 민족적 증오의 끝을 의미했다. 1992년부터 전쟁이 끝날 때까지 188개의 도서관과 기록 보관소가 공격을 받았다. 유엔 전문가 위원회의 보고서에 따르면 구 유고슬라비아에서는 "군사적 필요로 정당화될 수 없는 고의적인 문화재 파괴"가 자행됐다. 수전 손택의 호소에 응답하여 보스니아의 수도를 여행한 스페인의 시인 후안 고이티솔로(Juan Goytisolo)는 이렇게 썼다. "포탄을 발사하는 망나니 같은 자들의 증오의 대상이 된 도서관이 불탔을 때, 그것은 죽음보다 더했다. 그 순간의 분노와 고통이 나를 무덤까지 쫓아올 것이다. 그 공격의 목적, 이 땅의 역사적 실체를 쓸어버리고 그 위에 거짓과 전설과 신화의 신전을 세우는 일은 우리에게 크나큰 상처를 남겼다."

불타버린 책들의 잿더미 위에는 한쪽의 이익에 복무하도록 왜곡된 판본이 세워질 수 있다. 물론 불타버린 책이나 포탄에 파괴된 책들도 나름대로의 왜곡된 해석을 담고 있다. 도서관이나 서점에 있는 작품들은 당파적이기도 하고 선전적이기도 하다.(나치가 대공습을 가하던 시기에 판매하려고 준비해 둔 히틀러의 『나의 투쟁』으로 건물 지붕을 덮었다는 런던의 한 서점 이야기가 기억난다.) 하지만 조작의 가능성을 탐지해낼 가능성은 셀 수 없이 많은 책이 서로 말하고 서로 다른 색조를 내고 부딪치는 목소리의 다양성에 있다. 반면에 도서관과 기록보관소를 말살하고자 하는 자들은 덜 이질적이고, 덜 모순적이며, 덜 아이러니한 미래를 주장한다.

알렉산드리아 도서관은 여러 번 불길에 휘말리며 완전히 소멸되었지만 그 안의 모든 것이 소실된 것은 아니다. 상상력의 유산을 지키기 위한 수백 년의 노력은 헛되지 않았다. 오늘날까지 전해진 사본에는 알렉산드리아의 학자들이 사용했던 문자와 상징들이 남아 있다. 이는 우여곡절을 겪으며 사본의 사본이 우리 손에 들어왔다는 것이며 그 출발점이 알렉산드리아 도서관이었음을 의미한다. 수백 년에 걸쳐 알렉산드리아 도서관에 있던 책들은 사본의 형태로 작은 도서관과 개인에 의해 널리 전파되었고 많은 독자층을 형성했다. 사본의 수를 늘리는 것만이 작품을 보호할 수 있는 유일한 방도였다. 파괴를 피해 살아남은 작품들은 엄청난 노력으로 베껴 쓰이고 전파되어 숨겨진 장소, 안전한 장소, 전장을 벗어난 장소에 도달한, 더디면서도 풍성한 순환 덕분이었다. 권력의 중심에 위치한 방대한 책이 파괴와 약탈과 화재로 훼손되는 와중에, 우리가 읽고 있는 작품은 수 세기에 걸친 위험 속에서도 주변부 혹은 어느 변두리에 남아 파괴에 저항한 것이다.

고대 그리스-로마 시대에 유럽에서는 영구적인 공동체가 탄생했다. 이 불꽃은 비록 작아지긴 했지만 완전히 꺼지지 않고 지금까지 유지되고 있다. 그 이후 오랜 세월에 걸쳐 수많은 독자들은 파괴되기 쉬운 언어적 유산을 열정적으로 지켜냈다. 알렉산드리아는 우리가 벌레와 산화와 곰팡이와 불을 든 야만인으로부터 책을 보존하는 법을 배운 곳이었다.

| 85 |

여름이 되면 보통 저명한 작가에게 무인도에 어떤 책을 가져갈 것인지 묻곤 한다. 누가 그런 질문을 할 생각을 했는지, 그런 터무니없고 어울리지 않는 질문을 왜 계속 하는지는 모르겠다. 체스터턴은 이렇게 대답했다고 한다. "배를 건조하는 매뉴얼을 가져가는 것보다 행복한 건 없겠죠." 체스터턴처럼 나도 그런 곳에서 벗어나고자 할 것이다. 나는 『오디세이아』, 『로빈슨 크루소』, 마르케스의 『난파선원 이야기(Relato de un náufrago)』, 알레산드로 바리코(Alessandro Baricco)의 『오케아노스 바다(Oceano mare)』를 갖춘 도서관이 없는 무인도에는 관심 없다.

흥미롭게도 우리는 세상의 거의 모든 지역에서 책의 흔적을 찾아볼 수 있다. 헤수스 마르차말로(Jesús Marchamalo)가 『책 만지기(Tocar los libros)』에서 설명하듯이, 시인 조지프 브로드스키(Joseph Brodsky)는 '사회적 기생'이라는 범죄로 시베리아에 수감되어 있으면서 오든(W. H. Auden)의 작품을 읽으며 위안을 얻었고 쿠바 작가 레이날도 아레나스

(Reinaldo Arenas)는 카스트로 체제하에서 감옥에 있을 때 『아이네이스』를 읽으며 위안을 얻었다고 한다. 또 초현실주의 예술가 리어노라 캐링턴(Leonora Carrington)은 전후에 산탄데르 정신병원에 입원해 있으면서 우나무노(Miguel de Unamuno)의 작품을 읽고 당시의 추악한 상황을 견뎠다고 한다.

나치의 강제수용소에도 도서관이 있었다. 그 도서관은 수용자들로부터 강탈한 책으로 채워졌다. 그리고 그들로부터 강탈한 돈으로 도서 구입비를 충당했다. 나치 친위대는 자금의 상당 부분을 선전에 투자했지만, 사전, 철학 에세이, 과학 텍스트, 대중소설, 고전도 갖추고 있었다. 또 금서도 보유하고 있었는데, 수감자 사서에 의해 책의 제본이 위장되어 보관되었다. 이 도서관의 모험은 1933년에 시작됐으며 1939년 가을에는 부헨발트 수용소가 6000권, 다하우 수용소가 1만 권을 소장하기에 이르렀다. 나치 친위대는 그저 방문객들에게 이 '인도주의적 노동수용소'는 수감자들의 지적 관심까지도 무시하지 않는다는 것을 보여주기 위해 도서관을 활용했다. 초기에는 수감자들이 책을 볼 수 있었지만 그 특권은 곧 사라졌다.

가까이 있지만 접근 불가한 도서관의 책이 수감자들에게 무슨 도움이 됐을까? 더 본질적인 질문은, 문화는 학대, 기아, 죽음에 처한 자를 위한 구명보트가 될 수 있는가?

우리에겐 『다하우의 괴테(Goethe in Dachau)』라는 강력한 증거가 있다. 이 작품의 저자인 니코 로스트(Nico Rost)는 독일 문학의 네덜란드어 번역가였다. 그는 독일군이 조국을 침공한 후에도 나치에게 불편한 독일 작가들의 작품을 출판했다. 더욱이 그는 공산주의자였다.

1943년 5월에 체포된 뒤 다하우 수용소로 보내진 그는 의무실에서 관리 업무를 보게 되었고, 그래서 노천에서의 힘든 노동이나 무기 공장의 노예 노동을 피할 수 있었다. 그러나 의무실에서 일하는 건 위험한 축복이었다. 병약하고 기생적이라는 걸 누군가 눈치채면 박멸의 기차에 실려갈 수 있었다.

고뇌 속에서, 연합군의 진격에 대한 아무런 정보도 없이, 치명적인 티푸스 전염병과 식량 배급 감소로 인명 피해가 커가는 중에(니코의 동료는 체중이 너무 줄어 틀니조차 헐거웠다고 한다.) 수감자들은 살아남을 수 있다는 확신을 점점 상실해갔다. 그런 상황에서 로스트는 위험한 결정을 하게 된다. 첫째, 일기 쓰기. 그는 어렵게 종이를 구해 몸을 숨기고 매일 글을 써서 은닉처에 숨겼다. 그 일기의 놀라운 점은 그가 일기장에 고난이 아니라 자신의 사상을 기록했다는 점이다. 그는 다음과 같이 말한다. "배고프다고 하는 사람은 결국 배가 고프게 된다. 그리고 죽음을 말하는 사람은 먼저 죽게 된다. 비타민 L(문학)과 비타민 F(미래)가 내겐 최상의 공급처인 것 같다." 그는 또 이렇게 쓴다. "우리는 모두 감염될 것이며 영양실조로 모두 죽을 것이다. 그러니 더 많이 읽어야 한다." "고전 문학이 도움이 되고 힘을 줄 수 있다는 건 분명하다." 그리고 이렇게 말한다. "마라톤이나 살라미나에서 투키디데스, 타키투스(Tacitus), 플루타르코스와 함께 죽은 자들과 더불어 사는 것은 아무것도 할 수 없는 순간에 할 수 있는 가장 영예로운 일이다."

니코의 두 번째 위험한 결정은 비밀스러운 독서 클럽을 조직하는 것이었다. 카포이던 한 유대인 친구와 몇 명의 의사가 그룹 구성원을 위해 도서관에서 책을 빌리는 걸 허용했다. 텍스트를 구할 수 없으면 기억해둔 구절로 논평을 했다. 민족문학에 대한 짧은 강연회도 진행했다. 그들은 겁에 질린 채 침대 사이에 서서 몰래 모임을 했으며 독일인이 나타날 때를 대비해 늘 파수꾼을 뒀다. 한번은 모임을 눈감아주던 카포가 화를 내며 말했다. "입 다물어! 잡담 좀 그만해! 마우타우젠 수용소에선 이 일로 사살될 수도 있어. 여긴 규율이 없어. 저주받은 수용소라고!"

두 명의 클럽 회원은 머릿속으로 책을 쓰고 있었다. 하나는 특허권에 관한 연구서, 하나는 폐허 속에서 자라날 아이들을 위한 동화였다. 그들은 포격에 막사가 흔들리고 전염병이 돌며 의사들이 나치 친위대의 편에서 수많은 환자가 죽도록 내버려 두는 상황에서도 괴테, 릴케, 스탕달, 호메로스, 베르길리우스, 리히텐베르크, 니체, 테레사 데 헤수스에 대해 얘기했다.

죽음으로 인해 클럽 구성원이 지속적으로 바뀌어갔다. 클럽을 이끌던 니코는 새로 오는 환자들을 조심스레 알아보고 회원으로 영입하려 애썼다. 그의 친구들은 그를 "종이를 집어삼키는 미친 네덜란드인"이라고 불렀다. 그가 비밀리에 쓴 일기는 금지된 글쓰기와 독서를 통한 저항의 표현이었다. 시체가 쌓여갈수록 그는 생각할 권리에 집착했다. 석방되기 한 달 전인 1945년 3월 4일, 그는 구원이 가까이 왔다는 사실을 모른 채 삶과 죽음의 경계에 서 있다고 느꼈다. 그는 다음과 같이 쓴다. "나는 티푸스, 이, 굶주림, 감기에 관한 얘기를 거부한다." 그는 그 모든 고통을 겪었다. 그는 나치가 수감자를 절망에 빠뜨리고 짐승으로 만들고 있다고 생각했다. 로스트는 살육의 장비에 신경 쓰지 않으려 했다. 오히려 그는 회의론에 빠지지 않고 문학에 매달리며 구원을 찾고자 했다. 사상에 대한 믿음으로 그 극한 조건을 견디며 가장 급진적인 유물론을 설교하는 이 공산주의자에게는 뭔가 역설적인 게 있다.

그와 얘기를 나누고 독서를 함께한 사람들은 다양한 국가(러시아, 독일, 벨기에, 프랑스, 스페인, 네덜란드, 폴란드, 헝가리)의 반체제 인사였다. 1944년 7월 12일 그는 이렇게 말한다. "우리는 일종의 유럽공동체를 형성하고 있으니 다른 민족과의 관계에서 많은 것을 배울 수 있을 것이다." 나는 역사서가 말하는 것과 달리 나치의 철조망에 갇힌 위태로운 북클럽에서 유럽연합이 태어났다고 생각한다.

그즈음 유럽의 끝 너머에서(대륙에 대한 상상의 경계가 어디든) 소련 수용소에서도 문화의 의미를 발견한 또 다른 목소리들이 있었다. 갈리아 사포노브나(Galia Safonovna)는 1940년대 시베리아 시골의 허름한 집에서 태어났다. 그녀는 눈이 멈추지 않는 땅에서 무시무시한 광산에서 불어오는 바람의 울부짖음 속에 갇혀 어린 시절을 보냈다. 전염병학자이던 어머니는 실험실 동료를 고발하는 걸 거부했다는 이유로 강제 노동을 선고받았다. 1년에 두 통 이상의 편지를 쓸 수도 없고 종이와 연필도 없는 그 차가운 수용소에서 수감자들은 수용소밖에 모르는 그녀를 위해 어둠 속에서 은밀하게 실로 그림과 글을 엮어 하나의 이야기를 만들어주었다. 노파가 된 갈리아는 작가 모니카 즈구스토바(Monika Zgustová)에게 이렇게 말했다. "그 책들 하나하나가 나를 얼마나 행복하게 했던지! 어린 시절 그 책들은 나의 유일한 문화적 기준점이었죠. 나는 평생 그것들을 간직하고 있습니다. 나의 보물이죠!" 북극권 너머 툰드라에 있는 보르쿠타 광산에서 10년 넘게 복역한 엘레나 코리부트(Elena Korybut)는 즈구스토바에게 오래된 삽화로 장식된 푸시킨의 책을 보여줬다. "출처를 알 수 없는 이 책은 수백, 아마도 수천 명의 손을 거쳤겠지요. 책이 수감자에게 무슨 의미였는지는 아무도 상상할 수 없을 겁니다. 그것은 구원이었습니다. 야만의 한가운데에서 느끼는 아름다움, 자유, 문명이었죠." 수용소에서 살아남은 여자들의 인터뷰를 묶은 모니카 즈구스토바의 『눈 속에서 춤을 추는 여자들(Vestidas para un baile en la nieve)』은 삶의 심연 속에서도 우리가 이야기에 목말라하는 존재라는 걸 보여준다. 그래서 우리는 어디든 책을 (우리 안에) 가지고 다닌다. 절망에 대한 효과적인 응급처치로서 말이다.

니코, 갈리아, 엘레나뿐 아니었다. 아우슈비츠의 소독실에서 일한 빅토르 프랑클은 평생 진행한 연구 원고를 탈취당했는데, 그 원고를 다시 쓰고자 하는 열망이 그를 삶으로 이끌었다. 비시 정부에 체포된 철학자 폴 리쾨르(Paul Ricoeur)는 수감자들을 위한 도서관을 조직하고 강의했다. 아우슈비츠에 수감된 작가 미첼 델카스티요(Michel del Castillo)의 유일한 소유물은 상징적이게도 톨스토이의 『부활』이었다. 훗날 그는 "문학은 나의 유일한 전기이자 유일한 진리이다."라고 피력한다. 스페인 칸타브리아 지역 사회주의 지도자의 아들인 에울랄리오 페레르(Eulalio Ferrer)는 겨우 열여덟 살에 프랑스의 수용소에 수감됐다. 어느 민병은 그에게 책과 담배를 바꾸자고 했다. 그가 몇 개월 동안 읽고 있던 책은 『돈키호테』였다. 그는 "반복해서 책을 읽으면서 정신착란에서 벗어나 내 고유의 정신을 붙잡을 수 있었다."라고 회고했다. 그들 모두는 셰에라자드처럼 상상력의 힘과 말에 대한 믿음으로

스스로를 구원했다. 훗날 프랑클은 많은 지식인이 건강이 좋지 않았음에도 불구하고 역설적으로 건강한 수감자들보다 더 잘 견뎠다고 밝혔다. 이 사람들은 자기 안에 피난처를 만듦으로써 끔찍한 환경으로부터 스스로를 분리할 수 있었다고 말이다.

책은 우리가 살면서 겪는 거대한 역사적 재앙과 비극에서 살아남는 데 도움을 준다. 어둠을 탐험한 미국 소설가 존 치버(John Cheever)는 "우리는 문학이라는 최상의 의식을 지니고 있다. 문학은 저주받은 자들의 구원이었고 사랑하는 사람들을 인도해줬으며 절망을 이겨냈으니, 세상을 구할 수 있을 것이다."라고 말한다.

| **86** |

침묵은 최악이었다. 그때는 무슨 말로 그것을 이름해야 할지 몰랐다. 수업 중에 친구들이 나를 비웃었다고 혹은 나를 때렸다고 말할 수도 있었다. 하지만 그건 현실의 표면에 불과했다. 어른들이 마음속에서 '애들 일이군.'이라고 곧바로 진단 내리는 걸 보는 데 엑스레이가 필요하진 않았다.

침묵은 원시적이고 약탈적인 메커니즘이었다. 나는 그룹의 보호에서 떨어져 나갔다. 상상의 울타리가 있었고 나는 그 울타리 밖에 있었다. 누군가 나를 모욕하고 의자에서 밀어내도 다른 이들에겐 아무 상관없는 일이었다. 공격은 일상적이고 습관적이며 눈에 띄지 않았다. 그런 일이 매일 발생했던 것은 아니다. 때로는 이유도 모른 채 이상한 침묵의 시간이 선언되기도 했고, 천둥이 담긴 상자가 몇 주 동안 닫힌 채로 있기도 했으며, 쉬는 시간에는 누구도 공을 내게 건네지 않기도 했다. 그러다 갑자기 선생님이 나를 괴롭히는 누군가를 꾸짖고 나면, 파란색 복도에서, 놀려고 밖으로 나가는 아이들의 소란 속에서 내게 굴욕을 되돌려줬다. 얼간이, 개자식, 뭘 봐! 맞을래? 그리고 다시 침묵의 시간이 돌아왔다.

나를 괴롭히는 아이들은 역할을 분담했다. 한 아이가 주도하면 다른 아이들은 그의 충실한 추종자가 되었다. 그들은 나의 치아 교정기를 기괴하게 흉내 내며 놀렸다. 그들의 서늘한 공격으로 인해 멍해지던 순간이 아직도 느껴진다. 체육 시간엔 내 새끼손가락을 부러뜨렸다. 그들은 나의 두려움을 즐겼다. 나머지 아이들은 기억조차 못 할 것이다. 그들의 기억을 파헤쳐보면, 그저 심한 장난을 친 것뿐이라고 할 것이다. 그들은 무관심으로 동조했다.

내게는 모질던 시기인 여덟 살에서 열두 살까지, 나 이외에도 소외된 아이들이 있었다. 유급생, 스페인어를 거의 하지 못하는 중국 이민자, 사춘기가 시작된 소녀. 우리는 먼 곳에서 포식자가 관찰하는 약한 무리의 표본이었다.

많은 이들이 어린 시절을 낭만적으로 여기고 잃어버린 순수한 시절이라며 과대평가한다. 나는 다른 아이들의 순수함에 대한 기억이 전혀 없다. 내 어린 시절은 열망과 두려움, 나약함과 저항, 암울한 날과 황홀한 기쁨이 이상하게 뒤섞여 있다. 거기엔 놀이, 호기심, 첫 친구들, 부모님의 사랑이 포함되어 있다. 그리고 일상적 굴욕도 있었다. 내가 그렇게 둘로 갈라진 경험들을 어떻게 간직하고 있는지 모르겠다. 내 기억 속에 그 둘은 분리되어 저장되었다.

하지만 최악은 침묵이었다. 나는 아이들의 규율을 받아들였다. 그 재갈을 받아들였다. 네 살부터 우리는 고자질이 나쁜 짓이라고 배운다. 고자질쟁이는 못된 친구이고 비난받아 마땅하다. 운동장에서 벌어진 일은 운동장에서 끝나야 한다. 어른들에겐 말하지 않는다. 혹은 최소한의 정보만 전달하여 개입하지 못하도록 한다. 할퀸 자국은 나스스로 낸 거였다. 도둑맞은 물건들은 잃어버린 거라고 말했다. 나중에 그 물건들은 화장실 변기 속의 노란 물 위에 둥둥 떠 있곤 했다. 나는 버티는 것이, 침묵이, 다른 사람 앞에서 울지도 않는 것이, 도움을 요청하지 않는 것이 존엄을 지키는 유일한 방법임을 내면화했다.

나만 그런 건 아니다. 어린이와 청소년 사이의 폭력은 침묵이라는 장벽 속에서 전개된다. 나는 몇 년 동안 고자질쟁이, 고발자, 겁쟁이가 되지 않은 것을 위안 삼았다. 나는 잘못 이해된 자부심과 수치심 때문에 그 규칙을 지켰다. 그리고 그 규칙에 대한 뒤늦은 반항으로 작가가 되려고 했다. 말해지지 않은 것은 정확히 말해져야 한다. 나는 그토록 원치 않았던 고자질쟁이가 되기로 했다. 글쓰기의 근원은 종종 어둡다. 이것이 나의 어둠이다. 그러나 그 어둠이 이 책, 그리고 내가 쓰는 모든 것을 부양해줄 것이다.

굴욕의 시절에 나는 가족 외에 만나본 적도 없는 네 사람의 도움을 받았다. 로버트 루이스, 미하엘, 잭, 조지프가 그들이다. 나는 나중에야 그들이 스티븐슨, 엔데, 런던, 콘래드라는 성으로 잘 알려져 있음을 알았다. 그들을 통해 나는 내 세계가 상상의 세계를 포함한 수많은 동시적 세계 중 하나라는 걸 배웠다. 그들 덕에 즐거운 환상을 보관할 수 있었고, 우박이 쏟아질 때 피난처를 찾아 내 방에 그 환상을 보관할 수 있다는 걸 알게 됐다. 그리고 그것이 내 인생을 바꿔놨다.

원고를 헤집으며 문학을 시작하던 초기에 쓴 「야생의 부족들」이라는 제목의 단편을 끄집어냈다. 오랜만에 읽다 보니 고칠 곳이 많았지만 메스를 대진 않았다. 그 원고는 사적인 고고학에 대한 낯선 연습이었다. 그 작품은 선하면서도 사기 같은 기억이라는 필터로부터 나를 보호해주던 과거의 지층을 파헤치는 작업이었다. 나는 그 미숙한 작품 속에서 책이 나를 나의 작은 비극으로부터 구원했음을 알게 되었다.

나는 여자 선장이었다. 갑판에서 누군가의 외침을 들었다. 육지가 보인다! 나는 선수로 달려가 망원경을 꺼낸다. 섬에는 야자수, 코코야자수, 기이한 모양의 바위가 있다. 보물섬이다! 조타수, 우현으로 3도. 돛을 내려라. 상륙한다. 선원들이 겁을 집어먹은 탓에 나는 홀로 섬을 탐험했다. 선원들은 섬에 사는 야만인에 대한 무시무시한 이야기를 한다.

"거기서 뭐해?"

"걔가 샌드위치 먹고 있잖아. 똑똑하고 많은 걸 알려면 많이 먹어야 하거든."

"이봐, 치즈 샌드위치 좀 줘봐."

"맛 괜찮아?"

"먹어봐. 괜찮을 거야."

"괜찮은데."

"먹고 나서 나처럼 뱉으면 돼."

"이제 쟤가 먹게 돌려줘."

"그건 너 먹어. 먹어봐. 눈물이 빠지진 않을 거니까."

"걔는 안 울 거야. 다들 그녀가 똑똑하다고 하잖아. 걔는 다 먹을 거야. 고자질도 안 할 거고."

나는 용기를 내어 부족과 만난다. 어쨌든 벌어질 일! 그들을 자극하지 않아야 한다. 그들은 그들 언어로 나를 교활한 하얀 악마라고 부른다. 그들이 나를 부족장 앞에 데려간다. 두 사람이다. 내게 음식을 대접한다. 내가 먹지 않으면 나를 죽일 것이다. 그들은 우호적일 수도 있고 잔인할 수도 있다. 희생자가 된 자들의 해골이 주위에 보인다. 내게 열대 식물의 잎에 살아 있는 벌레를 내어준다. 속이 뒤틀릴 것 같지만 참고 씹는다. 그리고 삼킨다. 모든 게 끝난다. 그들이 기뻐하며 나를 보내준다. 살았다! 지도에 따르면 그 부족은 보물이 숨겨진 곳에서 가까이에 살고 있다. 벽이 울퉁불퉁하고 축축한 동굴에 도착하여 함정을 살피며 앞으로 나아간다. 나는 바위를 깎아 만든 길을 며칠간 방황한 끝에 쉬는 시간이 끝났음을 알리는 종소리가 들리는 순간 보물을 찾는다.

우린 그렇게
이상해지기 시작했다

| **87** |

사실 우리는 매우 이상하다. 스페인 철학자 아멜리아 발카르셀(Amelia Valcárcel)이 지적하듯 우리처럼 이상해지기 시작한 사람들은 그리스인들이었다. 알렉산드리아에서는 기이한 일들이 벌어졌다. 물론 그 일들은 오늘날 우리의 일상생활의 일부가 되었다. 프톨레마이오스가 나일강의 수도에 구현한 것들은 우리에게 놀랍고도 친숙한 것들이다. 문자와 알파벳으로 대표되던 기술혁명 이후, 알렉산드로스의 후계자들은 지식의 축적과 지식에 대한 접근을 위한 야심 찬 프로젝트를 시작했다. 박물관은 평생 연구를 할 수 있고 세금을 면제해준다는 약속으로 당대 최고의 과학자들과 발명가들을 한자리에 모았다. 알렉산드리아 도서관과 세라페움의 도서관은 모든 사유와 발견을 위한 자물쇠를 풀어놓았다. 그 두루마리들을 둘러싼 짜릿한 분위기와 거대한 도서관에 축적된 책들은 오늘날 인터넷이나 실리콘밸리가 의미하는 창조적 폭발과 유사했을 것이다.

그게 다가 아니다. 도서관을 관리하는 사람들은 기억의 둑을 넘어

서기 시작한 무수한 정보의 방향을 잡기 위한 효과적인 시스템을 개발했다. 그들은 알파벳 순서에 따른 시스템과 카탈로그를 창안했으며 두루마리를 관리할 사람을 훈련시켰다. 책의 오류를 수정하는 문헌학자, 그 책들의 사본을 만들어내는 필사가, 책의 미로를 안내하는 현학적이고 친절한 사서. 이는 글쓰기의 발명만큼이나 중요한 일이었다.

수많은 문자 체계가 서로 다른 시공간과 문화에서 독립적으로 발생했지만 살아남은 문자는 상대적으로 얼마 되지 않는다. 고고학자들은 효율적인 텍스트 분류와 검색 시스템의 부재로 사라져버린 언어의 흔적들을 발견했다. 무질서하게 뒤섞여 건초더미 속에서 바늘 찾기라면 자료를 쌓아둔들 무슨 소용이겠는가. 오늘날의 인터넷이라고 할 수 있는 당대의 도서관을 특별하게 만드는 것은 혼란스러운 지혜에서 원하는 것을 찾을 수 있는 단순화되고 고도로 발달된 기술이었다.

정보를 조직하는 일은 프톨레마이오스 시대에 그랬듯이 신기술 시대에도 근본적인 도전 과제다. 프랑스어, 카탈루냐어, 스페인어 등 여러 언어에서 우리가 정보처리 시스템을 ordenador[컴퓨터. ordenador 는 '정리하다', '질서를 세우다'라는 의미의 ordenar에서 파생한 단어다.—옮긴이]라고 부르는 것은 우연이 아니다. 1955년 소르본 대학의 고전언어 교수인 자크 페레(Jaques Perret)는 프랑스 IBM 운영진에 계산에만 초점이 맞춰진 영어식 이름인 '컴퓨터(computer)'를 대신하여 '컴퓨터(ordinateur)'라는 용어를 제안했다. 그가 말하는 '컴퓨터(ordinateur)'는 (계산보다 훨씬 더 중요하고 결정적인) 데이터 정렬 기능에 초점을 맞추고 있었다. 글쓰기가 발명될 때부터 컴퓨팅에 이르기까지 기술적 모험의 역사는 지식을 배치하고 보관하고 복구하기 위해 만들어진 방법의 연대기이다. 메소포타미아에서 시작된 망각과 혼란에 맞선 이 모든 진보의 경로는 고대 알렉산드리아의 책의 궁전에서 정점에 이르렀고 오늘날 디지털 네트워크로 전개되고 있다.

책을 수집하던 왕들은 또 다른 변칙적이고 천재적인 단계를 진행했다. 바로 번역이었다. 유사 이래 그들처럼 엄청난 호기심으로 보편적인 번역 프로젝트를 진행한 적은 없었다. 알렉산드로스의 야망을 계승한 프톨레마이오스 왕조는 미지의 세계에 대한 지도를 제작하는 데 만족하지 않고 타자들의 정신에 접근하는 길을 만들고자 했다. 그것은 결정적 전환이었다. 유럽 문명이 그리스어, 라틴어, 아랍어, 히브리어 등에 대한 번역으로 이뤄졌기 때문이다. 번역이 없었다면 우리는 지금의 우리가 아닐 것이다. 산, 강, 바다, 언어적 경계라는 제약 속에서 유럽의 각 지역 주민들은 타자의 발견을 무시했을 것이고 그 한계는 유럽을 더욱 고립시켰을 것이다. 문학과 지식을 말하는 모든 언어를 우리가 알 수는 없는 노릇이다. 그러나 번역은 다리를 만들고, 사유를 혼합하고, 지역적 국수주의의 위험에서 벗어나 우리의 언어가 수많은 언어 중 하나라는 사실을 가르쳐주었다.

우리가 당연하게 받아들이는 번역이라는 작업에는 신비한 면모가 있다. 폴 오스터는 『고독의 발명』에서 번역이라는 마법 같은, 거울의 장난 같은 경험에 관해 얘기한다. 그는 오랫동안 다른 작가의 작품을 번역하여 생계를 꾸렸을 만큼 번역에 관심이 많았다. 그는 책상에 앉아 프랑스어로 된 책을 읽고 영어로 옮겼다. 사실 그것은 같은 책이면서 다른 책이다. 그렇기에 번역의 작업은 늘 놀라운 일이었다. 그에게는 모든 번역이 현기증이었으며 또 다른 자기와의 불안한 만남이었고 여러 상태가 중첩된 혼란의 순간들이었다. 오스터가 타인의 작품을 번역하려고 자리에 앉았을 때, 방에는 혼자가 아니라 늘 두 사람이 있었다. 그는 자신을 다른 사람의 살아 있는 유령(종종 죽은 사람)으로, 존재하면서 존재하지 않는 것으로 상상했다. 그래서 그는 번역하는 순간엔 혼자이면서 혼자가 아니라고 말한다.

번역은 알렉산드로스가 창안한 개념, 지금 우리가 쓰고 있는 세계시민주의(cosmopolitanism)라는 개념의 아들이다. 알렉산드로스의 꿈의 핵심은 외쿠메네의 모든 사람이 지속적인 연합을 통해 모든 인간에게 평화, 문화, 법을 보장할 수 있는 새로운 정치 형태를 창조하는 것이었다. 플루타르코스는 이렇게 썼다. "알렉산드로스는 아리스토텔레스의 조언을 따라 그리스인을 지도자로 대하지 않았으며 야만인을 전제적으로 대하지 않았고 타자를 식물이나 동물처럼 대하지도 않았다. 오히려 그는 모든 사람에게 세상을 자신의 고향으로 생각하고 선인을 인척으로, 악인을 낯선 사람으로 여기라고 했다." 그의 언급은 그리스 제국의 모험에서 가장 험난했던 문제를 내포하고 있다. 그러나 이는 알렉산드로스가 시작한 세계화의 과정을 반영하고 있다.

모든 인간세계로 확장될 왕국을 세우려는 프로젝트는 젊은 마케도니아인과 함께 죽었지만 그의 정복은 인간관계가 확장되는 장을 열었다. 헬레니즘 문명은 당시까지 세계가 알고 있던 가장 큰 문화적, 상업적 교류의 네트워크였다. 알렉산드로스와 그의 후계자들이 세운 도시들은 고전 문명의 쇠퇴 속에서 혁신적인 삶의 방식을 개시했다. 유럽의 그리스에선 전통적인 패턴의 삶이 지속되었지만, 중동과 소아시아에 세워진 대도시의 거리에선 다양한 기원의 관습과 신념을 지닌 사람들이 뒤섞이며 전위적인 혼종의 길을 열었다.

다수의 학자들은 프톨레마이오스의 부름으로 알렉산드리아 도서관을 지휘한 에라토스테네스(Eratosthenes)를 헬레니즘의 새로운 지평을 구현한 사람으로 꼽는다. 그는 알렉산드로스의 원정대가 가지고 있던 정보를 기반으로 낡은 지리학적 지도를 수정했다. 루카 스쿠치마라(Luca Scuccimarra) 교수에 따르면, "에라토스테네스는 인류의 민족적, 언어적 다양성에 대한 온전한 인식을 명료하게 정리했다." 지구적 현실을 담은 지도를 제작한 그에게 알렉산드리아는 미래 세계의 투영체로서, 아프리카의 그리스 도시이자 바벨 중 가장 비범한 도시였으며 구세계의 사상과 예술과 믿음이 접촉하는 세계였다.

바로 그곳, 지중해의 연안에서 모든 인류의 지식을 받아들이려는 최초의 문화가 탄생했다. 이 환상적인 야망은 평생 타자와의 접촉을 꿈꿨던 헤로도토스의 노력을 물려받은 것이었으며 알렉산드로스는 그 야망으로 세상의 끝을 향해 질주했다. 비평가 조지 스타이너(George Steiner)에 따르면 헤로도토스는 이렇게 말했다. "우리는 매년 생명의 위험을 무릅쓰고 막대한 비용을 들여 아프리카로 배를 보내 이렇게 묻는다. 그대들은 누구인가? 그대들의 법과 언어는 무엇인가? 그들은 우리에게 그와 같은 질문을 하기 위한 배를 보내지 않는다." 헬레니즘은 (카라반, 선박, 마차, 말을 이용한) 물리적 이동과 책을 통해 광대한 세상을 엿보는 독자들의 움직이지 않는 여행이라는 두 가지 형태로 지식 습득의 방식을 확장했다. 파로스와 박물관으로 대표되는 알렉산드리아는 그 두 가지 길의 상징이었다. 우리는 빛과 그림자, 긴장과 열광을 품고 주기적으로 야만으로 쓰러지는 용광로 같은 그 도시에서 지식에 대한 갈증과 탐험의 충동을 잃지 않았던 유럽의 토대를 발견한다. 스페인 작가 라파엘 아르구욜(Rafael Argullol)은 『바닷속에서 본 비전(Vision desde el fondo del mar)』에서 자신의 묘비명을 한 단어로 남겼다. "여행했다!" 그리고 이렇게 덧붙인다. "나는 탈출하려고, 다른 관점에서 나를 보려고 여행했다. 외부로부터 자신을 보게 되면, 바보들에게 환호를 받는 바보처럼 자신을 최고의 자아로, 자신의 도시를 최고의 도시로, 자신의 삶을 유일한 삶이라고 생각했던 것보다 겸손하고 넓은 혜안으로 존재를 바라보게 된다."

알렉산드리아는 그리스 너머의 그리스 도시이자 유럽의 외부에 있는 유럽의 배라는 모호한 조건에서 자신에 대한 외부적 시선을 개시했다. 도서관의 전성기와 알렉산드로스의 뒤를 이어 스토아 철학자들은 처음으로 모든 사람이 국경 없는 공동체의 구성원이며, 어떤 장소와 상황에서도 인류를 존중할 의무가 있다고 가르쳤다. 알렉산드리아는 모든 마그마가 끓어오르고 이질적인 전통과 언어가 중요성을 획득한 곳이었으며 지식과 세계에 대한 이해가 공유된 곳이었다. 그곳에서 우리는 보편적 시민권이라는 유럽의 위대한 꿈의 선례를 발견할수 있다. 글쓰기와 책, 그리고 도서관은 그 유토피아를 가능하게 한 기술이었다.

망각, 말의 소멸, 국수주의, 언어 장벽은 늘 존재한다. 알렉산드리아 덕분에 우리는 번역가, 세계시민, 뛰어난 기억력을 지닌 사람이라는 희귀한 존재가 될 수 있었다. 알렉산드리아 도서관은 사라고사 학교의 왕따였던 나를 매료시켰다. 알렉산드리아가 모든 시대의 무국적자를 위한 종이의 나라를 발명했기 때문이다.

2 로마의 길

악명의 도시

세계의 새로운 중심은 악명 높은 도시였다. 로마인들은 자신들의 기원부터 끔찍한 흑색전설을 지니고 있었다. 특이하게도 그 전설은 스스로 발명한 것이었다. 핵심은 존속살해다. 신화에 따르면 알바 롱가를 다스리던 왕의 손자들인 로물루스와 레무스 형제가 기원전 4월 21일 자신의 도시를 찾기 시작한다. 그들은 새로운 도시의 위치를 테베레강 유역으로 정하지만 이내 권력 투쟁에 휘말리게 된다. 나이의 선후를 가릴 수 없는 쌍둥이였기 때문에 그들은 서로 신성한 징조가 자신에게 있음을 주장했다. 문제는 로물루스가 쌓기 시작한 성벽을 레무스가 도발적으로 침범함으로써 발생했다. 고대 로마의 역사가 티투스 리비우스는 야망의 열기가 유혈사태로 발전했다고 말한다. 로물루스는 형제를 살해하고 분노에 휩싸여 이렇게 말한다. "이 벽을 뛰어넘는 자는 모두 죽으리라!" 이는 미래의 로마 외교 정책의 선례가 되는데, 로마는 공격을 자행하면서 과거에 있었던 상대방의 침략이나 불법성으로 자신들의 행위를 정당화했다.

다음 단계는 범죄 그룹을 조직하는 것이었다. 새로운 도시에는 시민이 필요했다. 젊은 왕은 신중치 못하게 로마를 범죄자와 도피자를 위한 망명 지역으로 선포하고 성벽 안에서는 박해받지 않을 것이라고 선언한다. 티투스 리비우스에 따르면, 무차별적으로 많은 범죄자와 출신을 알 수 없는 사람들이 인근 지역에서 몰려들어 최초의 로마인이 되었다. 문제는 여자가 없다는 것이었다. 이에 그들은 대규모 강간을 자행한다.

로물루스는 넵투누스 신을 기리는 경기를 열고 이웃 마을 사람들을 초대했다. 사람들은 새로운 도시를 보고 싶어 했다. 당시에 그 도시는 아직 진흙으로 만든 오두막 촌에 불과했다. 그러나 호기심 많은 사람들이 예정된 날짜에 로마로 몰려들었다. 카에니나, 안템나에, 크루스투메리움 같은 이상한 이름의 이웃 마을 사람들이 아내와 딸들을 데리고 나타났다. 만약 로마가 아니라 크루스투메리움이 제국의 권력을 장악했다면 오늘날 우리는 모두 크루스투메리움 사람이 됐을 것이다. 그러나 종교적 축제는 속임수였다. 경기가 시작되고 사람들의 눈과 마음이 경기에 빠져들었을 때 신호가 떨어졌다. 로마인들은 가족과 함께 온 어린 소녀들을 납치했다. 티투스 리비우스에 따르면, 거의 모든 사람이 손에 잡히는 첫 번째 여자를 납치했지만, 어디에나 위계가 있었기에 주요 귀족들은 가장 아름다운 여자를 골라 집으로 데려가려고 돈을 지불했다고 한다. 납치된 여자들의 아버지와 남편 들은 수적 열세에 폭력적인 이웃을 향해 저주를 퍼부으며 도주했다.

티투스 리비우스는 그 납치가 도시의 생존을 위해 필요한 조치였다고 두둔한다. 더불어 로마인들이 겁에 질린 소녀들에게 애정과 화해와 사랑을 약속했다고 한다. 티투스 리비우스는 "남편들은 다정하게 그런 약속을 했으며, 저항할 수 없는 열정의 힘이 그런 행동을 야기했다고 변명했는데, 이는 여성의 본성에 호소하기에 아주 효과적이었다."라고 한다. 이 전설적이고 야만적인 집단성은 로마 결혼식의 모델이 되었고 여성 납치는 수 세기에 걸쳐 극화되었다. 이로써 신랑이 어머니의 팔을 붙잡고 울고 저항하고 소리 지르는 신부를 강제로 떼어내는 형태의 의식이 만들어졌다.

이 신화적 이야기가 1954년 로맨틱 코미디 영화인 「7인의 신부」로 제작되었다. 이 작품에선 '사비니의 여인들'에 대한 노래가 결혼을 못하는 형제들의 문제를 해결하도록 도와준다. 그리고 그들의 대부들이 즐거워하며 이렇게 노래한다. "사비니의 여인들은 울고 있었지만 마음속으로는 행복하다오. 그녀들은 소리 지르며 입 맞추고, 입 맞추며 비명을 질렀다네. 그녀들을 잊지 마오. 클라우디우스나 브루투스의 무릎에 로마의 아이가 앉아 있는 것보다 가정적인 건 없으니. 로마의 사내들이 싸우러 나가면 눈물 많은 사비니의 여인들은 아이들을 위해 작은 옷을 짜며 즐거운 밤을 보냈다오." 키스와 부부의 침실이 영화에 나오는 걸 검열한 미국의 헤이스 코드도 행복하고 가정적인 가족생활을 위한 납치는 용인했다.

그러나 로마의 적들은 그들의 신화에서 약탈적인 로마를 보았다. 수 세기 후, 로마의 적들은 이렇게 썼다. "로마인들의 집, 아내, 땅, 제국은 모두 애초부터 약탈로 훔친 것이다." 그리스 역사가 폴리비오스(Polybius)에 따르면 파렴치한 로물루스의 후예들은 53년 만에 알려진 세계의 대부분을 정복했다.

2

거대한 지중해 제국을 건설하기까지는 사실 몇 세기가 걸렸다. 따라서 기원전 2세기의 기간 중 53년은 로마의 파괴적인 전쟁에 다른 민족들이 놀라움과 공포에 휩싸였던 기간이다.

로마 최초의 전쟁은 기원전 5세기에 시작된다. 때로는 방어적이고 때로는 공격적인 국지전이 일상적으로 벌어졌다. 그러다가 기원전 4세기가 되면 당시의 지배 세력이던 그리스인들이 로마의 확장을 경계하기 시작한다. 그리고 기원전 240년, 연이은 승리로 로마의 영토는 이탈리아와 시칠리아를 포함하게 된다. 1세기 반이 지난 뒤에는 이베리아반도, 프로방스, 이탈리아, 아드리아 해안, 그리스, 소아시아의 서부, 그리고 현재의 리비아와 튀니지 사이의 북아프리카 해안을 지배하게 된다. 기원전 100년에서 43년 사이에는 갈리아, 아나톨리아 반도, 흑해 연안, 시리아, 유대, 키프로스, 크레타, 오늘날 알제리의 해안 지역 및 모로코의 일부가 합병되었다. 테베레 강가의 작은 마을에 살던 주민들은 악취가 나는 늪에서 살다가 지중해를 내륙의 호수처럼 독점적으로 즐길 수 있게 되었다.

전투는 로마인들의 일상이 되었다. 5세기의 어느 스페인 역사가는 로마의 제국 확장 기간 동안 전쟁이 없었던 한 해를 전례 없는 예외로 기록하고 있다. 그해는 가이우스 아틸리우스와 티투스 만리우스가 집정관으로 있던 기원전 235년이었다. 엄청난 노력과 자원을 투입하여 승리를 거둔 전쟁들은 로마인들에게 끔찍한 희생을 강요했다. 고전학자 메리 비어드는 로마의 정복 시기에 남성 성인 인구의 10~25퍼센트가 매년 군대에 복무해야 했는데, 이는 산업화 이전의 다른 어떤 국가보다 높은 비율이었을 뿐만 아니라 1차 세계대전의 징집 규모에 맞먹는 것으로 추정하고 있다. 한니발에 맞선 칸나에 전투는 반나절 만에 끝났지만 로마인 사망자는 분당 100명으로 추산될 정도다. 더욱이 고대의 무기는 죽이는 것보다 불구로 만드는 경우가 많았고, 이후에는 감염이 뒤따랐기 때문에 사망자 수는 더욱 증폭되었다.

희생은 막대했지만 전쟁을 통한 이익은 병사들의 탐욕스러운 환상을 능가했다. 기원전 2세기 중반, 수많은 승리의 전리품 덕분에 로마인들은 세상에서 가장 부유한 사람이 되었다. 또 전쟁은 당시의 탁월한 수익 사업인 노예제를 팽창시켰다. 헤아릴 수 없이 많은 포로가 노동 노예가 되어 로마의 들판과 광산과 방앗간에서 일했다. 동양의 도시와 왕국에서 약탈한 금괴로 로마의 금고가 넘쳐났다. 기원전 167년에는 금의 과잉으로 시민에 대한 직접세를 중단할 정도였다. 갑작스러운 부는 사회적 불안정을 야기하는 요소로 작동했다. 부자는 더 부유해지고 가난한 자는 더욱 가난해졌다. 귀족은 노예 노동 덕분에 대규모 토지로 이익을 얻었지만, 소규모 자영농의 땅은 2차 포에니 전쟁으로 황폐해졌고, 불공정한 경쟁 속에서 더 가난해져만 갔다. 가장 위대한 세계가 모두에게 위대한 것은 아니었다.

먼 옛날부터 수많은 전쟁이 포로를 잡아 유통할 목적으로 발생했다. 세계의 부는 노예제와 맞닿아 있었다. 중국의 만리장성에서 '뼈의 길'로 알려진 러시아의 콜리마 고속도로까지, 메소포타미아의 관개 시스템에서 미국 목화 농장에 이르기까지, 로마의 성매매에서 오늘날 여성 인신매매에 이르기까지, 이집트 피라미드에서 방글라데시에서 만들어진 값싼 의류에 이르기까지, 노예제는 고대와 현대의 연결점이다. 고대에는 노예가 정복 원정의 주된 이유였다. 노예는 강력한 경제적 이익을 안겨주었다. 관대하기로 유명한 카이사르도 갈리아에서 정복한 마을의 전체 인구 5만 3000명을 그 자리에서 팔아버렸다. 거래는 신속하게 진행됐다. 노예 무역상들이 군대를 따라다니며 전쟁터에 밤이 오면 신선한 상품을 구매했기 때문이다.

포로들, 이웃들, 적들은 효율적인 로마 조직에 고통받았다. 새로운 제국은 정치적으로 무능했던 그리스인들이 달성하지 못한 통합의 야망을 실현했다. 앞서 말했듯, 알렉산드로스의 후계자들은 경쟁적 왕조들을 만들어 서로 죽이는 전쟁을 유발했으며 상속받은 제국을 끊임없는 폭력에 빠뜨리며 분열시켰다. 그리하여 다툼을 벌이던 모든 진영이 로마를 동맹으로, 갈등의 중재자로 받아들이는 데 익숙해졌다. 그러나 결국엔 바로 그 위험한 친구, 로마에 의해 몰락했다.

헬레니즘 시대에 이미 세계화가 이뤄졌기에 로마인이 세계화를 발명했다고는 할 수 없다. 그러나 로마는 우리에게 깊은 인상을 줄 정도로 그 완성도를 높였다. 제국의 끝에서 끝, 스페인에서 튀르키예까지, 로마의 도시들은 매우 견고하고 잘 정돈된 도로로 연결되어 있으며 지금까지 현존하고 있다. 그 도시들은 직각으로 구성된 넓은 도로, 체육관, 목욕탕, 포룸, 대리석 사원, 극장, 라틴어 비문, 수로, 하수도 등을 갖춤으로써 인정받을 만한 쾌적한 도시 모델을 구현하고 있었다. 또 오늘날의 관광객이 지구의 한끝에서 다른 끝까지 동일한 상업적 동맥을 따라 동일한 의류, 컴퓨터, 햄버거를 접할 수 있듯이, 외부인이 어떤 도시에서든 동일한 도시적 요소를 발견할 수 있었다.

이러한 변화로 인하여 전에 없던 이동이 발생했다. 처음에는 군대가 이동하거나 강제 이주가 진행됐다. 기원전 2세기 초, 전쟁 포로로 잡힌 8000명의 노예들이 매년 이탈리아반도로 들어왔다. 그 시기, 로마의 여행자, 상인, 모험가 들이 지중해로 진출하여 이탈리아 밖으로 이주했다. 지중해는 정복으로 발생한 상업적 기회를 이용하려는 사업가들로 붐볐다. 노예무역과 무기 공급의 수요가 늘어났다. 기원전 2세기 중반, 성인 남성 시민의 절반 이상이 외부 세계를 경험했으며 그 과정에서 혼혈을 통한 인종 다양성에 기여했다.

로마의 군사력, 부, 놀라운 교통망과 공학 업적은 강력한 무적의 기계를 만들어냈지만 그것은 시와 이야기와 상징의 이슬이 내리지 않는 메마른 것이었다. 그리고 그 부재로 인해 벌어진 틈새로 오이디푸스, 안티고네, 율리시스는 예측할 수 없는 경로를 걷게 됐다.

패배의 문학

| 3 |

로마인들은 다원주의적 전통 속에서 폭력과 적응력을 효과적으로 혼합한 덕분에 연속적인 승리를 성취할 수 있었다. 로물루스의 후예들은 적들의 가장 좋은 점을 모방하고 우월주의적 태도를 벗어나 자신들이 좋아하는 것을 자신의 것으로 만들며 모방된 모든 재료를 뒤섞어 새로운 것을 만드는 법을 배웠다. 초기의 전쟁부터 그들은 물질적 측면뿐만 아니라 상징적인 측면에서도 패배한 적을 약탈했다. 삼니움 전쟁에서 그들은 삼니움족의 전쟁 전략, 특히 부대의 기본 단위인 중대의 개념을 활용하여 삼니움족을 물리쳤다. 1차 포에니 전쟁에서는 카르타고의 함대와 유사한 함대를 제작하여 해전에서 승리했다. 전통적인 사고를 하던 지주들은 플랜테이션 형태의 헬레니즘 농업을 신속히 받아들였다.

이러한 적응력을 통해 로마는 알렉산드로스처럼 무적의 군대를 만들어냈으며 알렉산드로스보다 훌륭히 정복지를 다스릴 수 있었다. 뛰어난 전쟁 능력과 야만성을 지니고 있었지만, 그들은 그리스 문화가 훨씬 우월하다는 사실을 겸손하게 받아들였다. 지배계급의 명석한 자들은 모든 위대한 제국의 문명이 상징, 기념물, 건축물, 정체성 형성 신화 및 정교한 형태의 담론을 통해 통합적인 내러티브를 만들어야 한다는 걸 알고 있었다. 그리고 이를 위해 최고를 모방하기로 결정했다. 메리 비어드는 "로마가 필요로 했던 메이드 인 그리스 제품."이라는 말로 당시의 상황을 요약했다. 로마인들은 그리스어를 쓰고, 그들의 동상을 모방하고, 사원 건축을 재현하고, 호메로스의 시를 쓰고, 그들의 세련미를 따라 했다.

시인 호라티우스(Horatius)가 정복당한 그리스가 포악한 승자를 침략했다는 역설을 남긴 이유가 그것이다. 오늘날 우리는 로마가 그리스 문화를 어느 정도 차용했는지, 그리스인을 통해 문명화되기까지 로마인들이 얼마나 야만인이었는지는 알 수 없지만, 이는 엄연한 사실이다. 라틴의 지식인과 창조자들은 늘 자신을 그리스 고전의 제자로 표현했다. 토착문화의 형태는 배제되거나 지워졌다. 그리고 부유한 로마인들은 헬레니즘의 언어로 자신을 방어했다. 물론 진정한 그리스인들은 로마인들의 억양을 무자비하게 조롱했다. 이를 입증하듯 기원전 1세기 초에 그리스 대표단은 통역사 없이 로마 원로원에 참석하여 연설했다고 한다. 가장 교양 있는 사람들이 모이는 자리에서 식민지의 언어를 사용하려는 정복자들의 노력은 제국적 대도시의 문화적 오만과는 거리가 먼 독특한 태도였다. 영국인이 블룸즈버리 출판사가 주최한 모임에서 산스크리트어를 쓴다거나, 프루스트가 파리의 귀족들과 반투어로 땀을 흘리며 대화를 하고 있다고 상상해보라.

고대의 초강대국은 패배한 외부인들의 유산을 자신의 정체성을 구성하는 요소로 받아들였다. 로마인들은 그리스의 우월성을 인정하고, 그들의 성과를 탐구했으며, 그 성과를 내면화하고, 보호하고, 확장했다. 이는 우리 모두에게 엄청난 결과를 가져왔다. 거기에서 현재와 우리와 찬란한 과거의 사라진 세계를 연결하는 실이 태어났다. 그렇게 사상, 과학적 발견, 신화, 사유, 감정, 실수와 불행이 수 세기에 걸쳐 이어지고 있다. 우리는 그들의 언어적 실을 고전이라 부르고 있다. 그리고 여전히 우리를 일깨우는 그리스는 유럽 문화의 중심으로 자리 잡았다.

| **4** |

라틴 문학은 자연적으로 탄생한 게 아니라 인위적으로 제작되었다는 점에서 매우 독특하다. 그 출발점은 기원전 240년, 카르타고에 대한 로마의 승리를 축하하던 날이었다.

로마인들은 기원전 8세기에 마그나그라이키아로 알려진 이탈리아 남부에 살던 그리스인을 모방하여 글을 쓰는 법을 배웠다. 그리스인의 문화와 알파벳 문자는 무역과 여행을 통해 북쪽에 알려지게 되었다. 그리스 알파벳을 배우고 그들의 언어에 적응한 최초의 북부 이탈리아인은 기원전 7세기부터 4세기 사이에 반도의 중심을 지배했던 에트루리아인들이었다. 남부에 살면서 수십 년간 에트루리아 왕조의 지배를 받았던 로마인들은 그 놀라운 혁신에 열정적으로 뛰어들어 에트루리아 문자를 받아들이고 이를 라틴어에 맞게 변형했다. 내 어린 시절의 알파벳, 지금 내 컴퓨터 키보드에 그려진 알파벳은 페니키아인들이 배에 실어 옮긴 떠돌이 글자들이었다. 그 알파벳은 바다를 건너 그리스로 항해하고, 시칠리아로 항해했으며, 오늘날의 투스카니의 언덕과 올리브 나무를 찾아다니고, 라티움을 배회했으며, 손에서 손으로 전해져 지금 내 손으로 이어졌다.

이 떠돌이 알파벳의 가장 오래된 흔적은 상상력에 자리를 내어주지 않았다. 실용주의적이던 로마인들은 문자를 사실과 규범의 기록에만 사용했다. 기원전 7세기와 6세기의 가장 오래된 텍스트는 짧은 비문들이었다. 그다음 세기에는 성문법과 의례에만 문자를 활용했다. 허구적인 글의 흔적은 없다. 전장에서 권력을 위해 싸우던 시기에 시를 위한 공간은 없었다. 로마 문학은 전사들의 휴식 시간에 찾아온 뒤늦은 사건이었다. 위험한 적이 흙먼지 속으로 쓰러짐으로써 과업이 완성됐을 때라야 로마인은 승리의 휴식 속에서 삶의 즐거움과 예술의 놀이를 생각할 수 있었다. 기원전 241년 1차 포에니 전쟁이 끝나자 몇 달 후 로마인들은 라틴어로 된 최초의 문학작품을 즐겼다. 로마의 대중은 기원전 240년 9월, '루디 로마니' 축제를 통해 문학작품을 알게 되었다. 축제의 가장 큰 오락거리였던 그 드라마는 (비극인지 희극인지 알 수 없으나) 그리스어에서 번역된 것이었다. 작품의 제목은 남아 있지 않지만 로마 문학이 번역에서 시작되었다는 것은 우연이 아니다.

그 초기 문학에는 흥미로운 이야기가 포함되어 있는데, 전쟁 중에 적군의 외국인 노예를 통해 시가 로마에 전해졌다는 것이다. 라틴 문학의 창시자로 알려져 있지만 그렇게 판단하기는 어려운 리비우스 안드로니쿠스(Livius Andronicus)는 로마 태생이 아니었다. 그는 이탈리아 남부의 그리스 문화가 꽃피우던 도시 중 하나이자 호화롭고 세련되며 연극을 사랑하는 도시인 타렌툼에서 배우로 생계를 이어가고 있었다. 아직 청년이던 그는 기원전 272년 포로로 잡혀 노예시장에 나오게 된다. 그는 팔려나가는 가축처럼 수레에 실려 대도시로 옮겨졌을 것이다. 그리고 그곳에서 어느 유능한 판매자에 의해 리비우스 가문에 팔려갔다. 그는 지성과 말솜씨가 뛰어나 힘든 노동에서 벗어났다. 주인의 아이들을 가르쳤고 그에 대한 감사의 표시로 몇 년 후 노예에서 해방됐다고 한다. 자유민들이 관습적으로 옛 주인 가문의 성을 유지했듯이 그는 리비우스라는 성을 유지하는 한편, 자신의 분리된 정체성을 상징하는 이름을 추가했다. 그는 자신을 풀어준 유력한 가문의 보호 아래 수도에서 학교를 열었다. 아직 로마에는 시인이 없었기에 이중 언어를 구사하던 이 외국인이 로마에서 문학을 담당하게 되었다. 그는 로마에서 공연된 초기 희극과 비극을 비롯해 호메로스의 『오디세이아』를 번역했다. 그 덕분에 아벤티누스 언덕에 있는 미네르바 사원의 보호하에 작가와 배우 모임이 구성됐다. 그의 초기 작품들은 거의 남아 있지 않지만, 나는 그가 번역한 『오디세이아』의 "험한 산들과 먼지 날리는 들판과 광활한 바다" 같은 미완의 문장을 좋아한다.

그러나 미스터리는 남아 있다. 당시에 로마는 책도, 도서관도, 서점도 거의 없는 황무지였다. 리비우스 안드로니쿠스가 어떻게 원본을 얻을 수 있었을까? 부유한 귀족들은 이탈리아 남부에 있던 그리스 도시로 전령을 보낼 여유가 있었겠지만, 신분이 낮은 자유민으로선 생각할 수 없는 일이었으니 말이다.

오늘날 책을 사랑하는 사람이라면 책이 거의 없던 시대를 상상조차 할 수 없을 것이다. 21세기에는 인쇄물이 넘쳐난다. 30초마다 한 권씩 출판된다고 가정하면, 한 시간에 120권, 하루에 2800권, 한 달에 8만 6000권이 출판된다. 일반 독자라면 출판 시장이 단 하루에 출판하는 양의 책을 평생 동안 읽게 될 것이다. 한편 매년 수백만 권의 책이 파괴되고 있기도 하다. 하지만 이 풍요로움은 아주 최근의 일이다. 수 세기 동안 책을 구하려면 구매처와 잘 연결되어 있어야 했고 비용, 노력, 시간을 들여야 했으며 때로는 위험한 여행을 감수해야 했다.

리비우스 안드로니쿠스는 낙인 찍힌 혈통이었으니, 강력한 보호자의 지원 없이는 학교를 이끌고 번역하고 책을 읽는 데 전념할 수 없었을 것이다. 따라서 그리스 고전을 모은 작은 도서관을 만드는 비용은 부와 문화를 과시하고 싶었던 리비우스 가문이 해결해줬을 것이다. 리비우스 안드로니쿠스는 옛 주인에게 존경을 표하기 위해 매일 일찍 일어나 그가 나타날 때까지 기다렸다가 머리를 숙여 인사를 했을 것이다. 그리고 노예였던 그리스인이 두루마리를 입수할 수 있도록 도와준 옛 주인에게 매일 감사를 표했을 것이다.

| 5 |

로마 귀족들은 특권적이고 희귀하고 독점적인 책에 열광했다. 처음에는 알렉산드리아를 비롯한 중요한 문화적 중심지에 하인을 보내 전문 상인에게 사본을 주문했다. 그러나 곧 그들은 그리스와의 전쟁을 통해 도서관 전체를 탈취하는 게 실용적이라는 걸 깨달았다. 그리하여 문학은 전쟁의 전리품이 되었다.

기원전 168년, 아이밀리우스 파울루스 장군이 마케도니아의 마지막 왕을 물리쳤다. 그는 지식을 사랑하는 스키피오 아이밀리아누스와 그의 아들로 하여금 마케도니아 왕가의 모든 책을 로마로 가져오도록 했다. 스키피오는 책을 강탈하여 처음으로 개인 도서관을 갖게 됐으며 로마의 젊은 세대 문학인들의 후원자가 되었다. 노예 출신으로 알려진 극작가 테렌티우스(Terentius)도 그의 책에 이끌렸던 작가였다. 그의 별명이 '아프리카인'이라는 점은 그의 태생과 피부색에 대한 추측을 가능하게 한다. 당시 귀족들은 문화적 과제를 지고 있었다. 그들은 책을 약탈하기도 하고 때로는 자신의 정직함을 보여주기 위해 책을 구매하기도 했다. 그렇게 하여 개인 소장품을 늘리고 재능 있는 작가들을 주변으로 모았다. 작가들은 소수를 제외하고는 (노예, 외국인, 포로, 빈민, 어중이떠중이처럼) 남루한 사람들이었다.

스키피오 이후로 장군들은 약탈이라는 편안한 길을 따랐다. 로마의 장군 술라(Sulla)는 가장 탐나는 전리품으로 오랫동안 숨겨져 있던 아리스토텔레스의 작품을 손에 넣었다. 로마에서는 술라의 부하였던 루쿨루스(Lucullus)의 도서관도 유명했는데, 그 도서관의 책들은 아나톨리아 북부에서 전쟁을 통해 약탈한 것이었다. 그는 기원전 66년 지휘권을 내려놓고 그간에 축적한 부를 바탕으로 호화로운 방랑생활을 시작했다. 그의 도서관은 페르가몬과 알렉산드리아의 건축 모델을 따랐다고 한다. 거기에는 두루마리를 보관하는 방과 독서를 할 수 있는 주랑 현관, 회합을 할 수 있는 거실이 있었다고 한다. 루쿨루스는 관대한 도둑이었다. 그는 자신의 책을 로마에 살고 있는 친척, 친구, 학자들에게 제공했다. 플루타르코스는 지식인 집단이 그의 집에 모여 뮤즈를 영접하듯 문학을 얘기했다고 전한다.

스키피오, 술라, 루쿨루스의 도서관을 채운 대부분의 작품은 그리스어로 된 것이었다. 시간이 지나면서 라틴어 버전이 추가되었겠지만 소수에 지나지 않았을 것이다. 로마인들은 글쓰기를 늦게 시작했기 때문에 그들의 출판물을 모두 합쳐봐야 모든 책의 일부에 지나지 않았다.

나는 그 당시 로마의 예술가들이 정복자들이 싣고 온 엄청난 양의 작품에 압도당하고 소외감을 느꼈을 것이라고 생각한다. 전리품은 대부분 놀라운 걸작이었다. 당시에 그리스 예술과 문학은 반만년의 역사를 지니고 있었다. 그에 비하면 500년의 열정적 창작은 아무것도 아니었다.

탐욕스러운 로마의 수집가들은 부유한 미국의 자본가들을 연상시킨다. 그들은 수 세기에 걸쳐 유럽의 예술에 매료되어 한 줌의 달러를 손에 쥐고 제단, 벽에서 뜯겨나간 프레스코화, 회랑, 교회의 문, 깨지기 쉬운 골동품, 위대한 예술가의 미술작품을 약탈하고 있다. 도서관을 통째로 사기도 한다. 미국의 소설가 스콧 피츠제럴드는 그런 방식으로 백만장자 제이 개츠비를 그려낸다. 은밀한 밀주 유통으로 얻은 그의 재산은 호화로움과 세련미가 넘치는 롱아일랜드의 대저택에서 빛을 발한다. 개츠비는 사치스러운 파티로 유명하다. 하지만 그 화려함 뒤에는 어린아이 같은 사랑이 꿈틀대고 있다. 낭비와 빛과 새벽까지 이어지는 파티와 화려한 자동차, 그리고 유럽의 예술품은 그가 아직 부자가 아니었을 때 그를 떠난 여자를 현혹하는 불꽃놀이다. 개츠비가 지은 궁전에는 "영국식 참나무로 천장을 장식한 고딕 양식의 도서관이 있는데, 아마도 바다 건너편에 있는 어느 유적을 온전히 옮겨놓은 것 같다."

　로마인과 그리스인의 상호인식은 미국인과 유럽인의 상호인식과
유사하다. 실용주의, 경제력과 군사력, 위대한 문화와 과거의 화려함
에 대한 향수. 화성과 금성의 관계 같기도 하다. 이 둘은 평소에는 서
로를 존중하는 양하지만 등 뒤에서는 서로 비웃는 농담과 풍자의 레
퍼토리를 잔뜩 만들었다. 그리스인들은 오탈자 없는 비문을 만들지도
못하는 야만적이고 지능이 떨어지는 군사들을 비웃었을 것이다. 반대
편에선 보수적인 로마인들이 그리스인을 비웃었을 것이다. 로마의 시
인 유베날리스(Iuvenalis)는 자신의 풍자 작품을 통해 그리스인으로 가
득 찬 도시, 관습을 파괴하고 진정한 시민을 추방하는 말 많은 천민들
의 도시를 견딜 수 없다고 말한다.

　세계화의 과정은 늘 모순되고 복잡한 반응을 야기한다. 기원전
3세기와 2세기에 로마에서는 외국의 문화, 특히 그리스 문화의 유입
을 비판했다. 그들은 철학, 사치스러운 요리, 제모 등이 위험한 유행이
되고 있다고 한탄했다. 그들 중 가장 과격한 비판가는 스키피오의 라
이벌인 대(大) 카토(Cato)였다. 카토는 그리스 체육관을 뛰어다니고 시
칠리아 극장에서 군중과 섞인다며 스키피오를 조롱했다. 또 외국의
관습이 결국엔 로마의 힘을 약화시킬 것이라고 했다. 한데 카토는 아
들에게 그리스어를 가르쳤으며 그가 남긴 연설문을 보면 그가 공개적
으로 비난했던 그리스 수사학을 연구했음을 확인할 수 있다.

　로마의 양면적 정체성은 초기 문학에 그대로 반영되었다. 플라우
투스와 테렌티우스의 희곡은 그리스 작품에 대한 단순한 번역 수준
을 넘어선다. 그들은 그리스를 배경으로 한 헬레니즘적 원작의 줄거리

를 존중하면서도 시끄럽고 축제적인 로마 대중을 즐겁게 하려는 혼종적 작품을 선보인다. 고전적인 아테네와 달리 로마의 연극은 레슬링경기, 줄타기, 검투사의 싸움과 같은 다른 종류의 즐길 거리와 경쟁해야 했다. 그런 이유로 거의 모든 희극이 기본적이고 확실한 플롯인 '남자가 여자를 얻다'를 중심으로 전개됐다. 사람들은 사건을 꼬이게 만드는, 전형적인 교활한 노예의 등장을 기대했다. 또 모두의 즐거움을 위해 해피엔딩을 보장했다. 그러나 그 시시한 로마 연극의 표피 아래에는 새로운 요소가 들어 있었다. 이를 통해 관객들은 광대하고 새로운 제국의 복합적 문화를 들여다볼 수 있었다.

모든 희극의 줄거리가 그리스에서 온 것이었기에 대중은 지리적 개념을 이해할 필요가 있었다. 플라우투스의 작품 중에는 카르타고인이 주인공으로 등장하여 카르타고의 언어로 말하는 작품도 있다. 또 어떤 작품에서는 두 명의 인물이 페르시아인으로 분장하기도 한다. 여러 희극의 프롤로그에는 농담이 섞이기도 했는데, 플라우투스는 자신의 번역을 가리켜 "이 작품은 애초에 그리스인이 쓴 것인데, 플라우투스가 그걸 야만스럽게 만든 것입니다."라고 썼다. 메리 비어드가 지적하듯, 이 구절은 대중에게 보내는 세련된 제스처다. 이 말을 듣는 그리스 출신의 관객이라면 세계의 새로운 야만적 주인을 몰래 비웃었을 것이다.

웃음과 농담 속에서 연극은 더욱 넓어진 지평의 새로운 현실을 이해하는 데 도움이 됐다. 대중은 오랜 전통이 더 이상 순수함을 유지할 수 없다는 걸 이해했다. 보수적인 저항에도 불구하고 새로운 길을 따라 여행하는 가장 현명한 방법은 그들이 정복한 세계의 지혜에 적응하는 것이었다. 이 혼종적이고 젊은 문학은 갈수록 혼혈이 늘어가는 사회의 전초기지였다. 로마는 세계화의 역학과 세계화의 본질적 역설을 발견하고 있었다. 그러므로 우리는 다른 곳에서 수용한 것을 통해 우리의 정체성을 만들어간다.

| 6 |

젊은 제국의 욕망은 단순하다. 그저 모든 것을 취하려 한다. 그들은 군사력, 경제력, 그리고 구세계의 화려함을 갈망한다. 스키피오는 그런 정신으로 마케도니아의 왕실 도서관을 로마로 옮겼고 그 귀중한 책들을 둘러싼 열기가 그리스와 라틴 작가들을 끌어들였다. 무기와 돈의 힘으로 그들은 문학 창작의 중심을 옮기려고 했다. 그렇게 정치는 문화적 지도를 재편했다.

부유한 로마인들의 전유에 대한 열망은 북미의 페기 구겐하임(Peggy Guggenheim)이 1940년대에 유럽 추상 회화를 자신의 나라로 이식함으로써 예술에 대한 새로운 지리학을 그려내려던 열정과 본질적으로 크게 다르지 않다. 광물과 주조의 거물이었던 그의 아버지는 타이타닉호 침몰로 사망했다. 그녀는 백만장자의 유산을 물려받고 편안하게 보헤미안적 삶을 살기 위해 파리에 정착했다. 그곳에서 그녀는 전위예술 컬렉션을 시작했다. 나치가 파리를 침공했을 때, 그녀는 아직 파리에 남아 있었다. 도망치는 대신, 그녀는 내일이 없다는 듯이 예술작품을 사 모았다. 그녀의 슬로건은 "하루에 한 작품"이었다. 독일군이 프랑스 북부에 들어오자 작품을 매매하려는 사람이 적지 않았다. 그녀는 필사적으로 도피하려는 유대인 가문의 소장품을 사들이거나 예술가로부터 직접 싼 값에 그림을 구매했다. 그녀는 파리 함락 이틀 전에 친구의 헛간에 수집품을 숨기고 마르세유로 도망쳤고, 그곳에서 강제수용소에서 탈주한 막스 에른스트(Max Ernst)와 사랑에 빠졌다. 그녀는 자신이 가진 돈으로 에른스트와 친분이 있던 예술가들과 함께 미국으로 탈출했다.

그녀는 뉴욕에 갤러리를 열어 파리파의 작품을 전시했다. 뒤샹, 몬드리안, 브르통, 샤갈, 달리 등 페기의 뉴욕 갤러리에서 피난처를 찾은 유럽 예술가들을 중심으로 북미 아방가르드가 탄생했다. 당시의 젊은 예술가들은 새로운 예술작품을 보고 충격을 받았다. 유럽의 예술적 우위를 빼앗는 데 관심이 있던 미국 정부는 실업자 화가에게 공공기관을 장식하는 대가로 주당 21달러의 급여를 제공하는 프로그램인 '연방 예술 프로젝트'를 시행했다. 그곳에서 잭슨 폴록(Jackson Pollok), 마크 로스코(Mark Rothko), 빌럼 더코닝(Willem de Kooning)이 서로를 알게 됐고 이후 이들은 페기의 후원을 받게 된다. 잭슨 폴록은 인터뷰에서 "지난 100년 동안 가장 중요한 그림은 프랑스에서 그린 것입니다. 미국 화가들은 전반적으로 현대 회화를 간파하지 못했습니다. 위대한 유럽 예술가들이 우리와 함께 있다는 건 매우 중요하지요."라고 밝혔다. 이 젊은 화가들은 뉴욕의 현대미술관(MoMA)에 모여 유럽의 독재와 전쟁을 피해 안전하게 박물관에 전시된 피카소의 「게르니카」를 감상할 수 있었다. 그렇게 미국의 추상표현주의는 유럽 아방가르드의 그늘에서 태어났다.

1940년 5월, 파리 점령 3주 전, 또 다른 망명자가 마지막 항해를 준비하던 샹플레호에 몸을 싣고 미국으로 향했다. 박해받던 많은 유럽 작가들처럼 블라디미르 나보코프는 미국 대학에서 피난처를 찾았다. 더욱이 그는 자발적으로 자신의 언어가 아닌 영어로 책을 썼다. 그는 "애리조나의 4월처럼" 자신을 미국인으로 느낀다고 밝히기도 했다. 동시에 그는 혁명과 전쟁이 그에게서 빼앗은 유럽의 후광을 미국에서 감지했다. 그는 문학 에이전시에 보내는 편지에 이렇게 썼다. "미국 문명이 나를 사로잡는 것은 구세계에 대한 접촉, 그러니까 견고하고 반짝이는 외관, 분주한 밤의 유흥, 최신 모델의 화장실, 현란한 광고 등에도 불구하고 구세계에 집착하는 구식의 면모였습니다."

영화는 프랑스에서 발명됐지만 그 메카는 미국으로 옮겨졌다. 고전 할리우드 영화의 스튜디오를 만든 사람들은 대부분 중부 유럽 이민자들이었으나, 그들 중 다수는 미국에 살면서 자신의 이름과 출신을 숨겼다. 조끼 안감에 꿰매어놓은 몇 푼의 돈을 들고 뉴욕에 도착한 이 겸손한 혈통의 사람들은 위대한 영화 산업을 전개하여 프리츠 랑(Fritz Lang), 무르나우(F. W. Murnau), 루비치(Ernst Lubitsch), 채플린, 프랭크 캐프라, 빌리 와일더(Billy Wilder), 프레민저(Otto Preminger), 히치콕, 더글라스 서크(Douglas Sirk)를 비롯하여 수많은 유럽 감독, 배우, 기술자를 끌어들였다. 흥미롭게도 존 포드 감독은 미국인이면서 유럽인으로 위장했다. 미국 서부극의 호메로스인 그는 메인주에서 태어났으나 상상의 아일랜드 마을 이니스프리에 대한 환상을 품었다. 그는 의식적으로 자기 가족사에 대한 신화적 이야기를 만들어냈고 자신이 아일랜드의 골웨이만(灣)이 내려다보이는 초가집에서 태어났다고 주장했다. 미국 영화의 대부인 포드는 할리우드의 전성기가 대부분 유럽의 발명품이라는 것을 알고 있었다.

한나 아렌트 같은 철학자, 아인슈타인이나 보어 같은 과학자, 독재로 인해 이주한 스페인 작가 후안 라몬 히메네스(Juan Ramón Jiménez)나 라몬 호세 센데르(Ramón José Sender) 등 수많은 예로 확인할 수 있듯이, 20세기 중반에 매우 계산된 수용과 비용으로 예술과 지식의 진원지가 바뀌었음을 알 수 있다. 고대 그리스-로마 시대의 문화 이전은 더욱 무자비한 조건에서 이뤄졌다. 당시에는 로마의 꿈이 있었다거나 외국의 인재를 열망하는 갤러리나 대학이 있었던 게 아니다. 그저 엄청난 수의 그리스 지식인과 예술가 들이 로마에 노예로 팔려왔던 것이다.

보이지 않는 노예제의 문턱

| 7 |

그리스인과 로마인에게 노예는 침대 밑에 숨어 있는 괴물이자 항상 근처에 도사리고 있는 공포였다. 당시에는 아무리 부자이고 귀족 혈통이어도 노예가 되지 않을 것이라고 확신할 순 없었다. 자유로이 태어난 사람을 포함해 지옥문은 누구에게나 열려 있었다. 도시나 국가가 전쟁으로 타격을 입고(고대에는 일상적인 일이었다.) 패배하면 누구나 승리한 군대의 전리품이 되었다. "패자에겐 비애뿐"이라는 라틴어 격언이 있다. 고대의 전설은 우리가 지금 '시민'으로 부르는 대상에 대한 동정심이 없었다는 걸 분명히 밝히고 있다. 에우리피데스의 『트로이의 여인들』에는 잿더미가 된 트로이에서 침략한 군인들에 둘러싸인 채 비탄에 빠진 여왕과 공주들이 등장한다. 전날 밤만 하더라도 호화로운 옷을 입고 존경의 인사를 받았지만 살육과 정복의 밤이 지난후, 그리스인들은 그녀들을 끌고 가 강간한다.

바다를 항해하다가 해적(그들이 적이든 불한당들이든)의 공격을 받는다면 노예가 되는 신세를 면할 길은 없다.

육지에서 납치를 당하더라도 가족에게 구조를 요청하지 않는 편이 낫다. 자신을 파는 것이 더 빠르고 덜 위험하기 때문이다. 자유민의 가정에서 납치한 사람을 파는 잔인한 거래는 아주 수익성이 높은 사업이 되었다. 플라우투스의 희극에는 납치된 아이들, 헤어진 형제, 실종된 자식을 찾는 늙은 부모들이 악당을 섬기는 하인이나 성매매 여성으로 등장하곤 한다.

재정 상태가 좋지 않은 경우, 채권자는 부채를 회수하기 위한 최후의 수단으로 채무자를 매각할 수 있었다.

복수를 위해 누군가를 죽일 수도 있지만, 그보다 잔인하게 팔아넘길 수도 있었다. 플라톤도 그 운명을 겪었다. 플라톤은 시칠리아에 머물면서 당시의 독재자 디오니소스의 통치 방식과 무지를 비판하여 그를 화나게 했다. 디오니소스는 플라톤을 처형하려 했으나, 플라톤의 제자인 디오니소스의 처남 디온이 플라톤을 살려달라고 간청했다. 플라톤의 오만함은 처벌받아 마땅했기에 디오니소스는 그를 아이기나 섬의 노예 시장에 팔아버렸다. 다행히 이 사건은 해피엔딩으로 끝났다. 플라톤의 사상에 반대하던 학파를 지지하던 동료 철학자가 그를 사게 되었고, 그는 플라톤이 아테네로 돌아갈 수 있게 해주었다.

로마법에 따르면, 노예는 주인의 소유였으며 법적 인격이 없었다. 그들은 체벌 받을 수 있었고, 실제로 많은 노예들이 규율을 유지한다는 명목하에 혹은 단순한 기분 전환을 위해 자주 채찍질을 당했다. 구매자에겐 노예와 노예의 자녀를 분리할 권리, 판매할 권리, 처벌 혹은 처형할 권리가 있었다. 검투사 대회나 성적 착취를 포함하여 어떤 방식으로든 그들을 이용한 이익 추구가 허용되었다. 대부분의 성매매 여성은 노예였다. 재판에서 노예의 증언은 고문으로 얻은 경우에만 인정됐다.

불운으로, 부채로, 패배로, 또는 부당한 거래로 노예가 된 자유민의 고통스러운 삶을 어떻게 표현할 수 있겠는가. 평화로이 노동하며 행복하게 살던 사람들이 극단적인 폭력으로 희망과 권리를 빼앗긴 채 누군가의 재산이 되는 상황에 내던져졌다. 영화 「노예 12년」(2013)은 수 세기 후 북미 농장에서 벌어진 그와 같은 실상을 묘사하고 있다. 어두운 지하실에 갇힌 솔로몬 노섭은 기억의 퍼즐을 맞추려고 한다. 교양 있는 바이올린 연주자로 뉴욕에서 아내와 두 자녀와 함께 살았던 흑인 남성은 정신적 혼돈 속에서 기억이 떠오르자 자신이 속임수에 넘어가 납치당했다는 사실, 그리고 노예로 팔려갈 것임을 깨닫는다. 자신이 자유민임을 증명하는 서류를 찾아보지만 허사다. 워싱턴의 지하 감옥에 갇힌 솔로몬은 고통을 겪기 시작한다. 간수들은 구타, 채찍질, 불충분한 음식, 불결함, 악취 나는 옷 등으로 그를 길들인다. 어느 날 밤, 그들은 비밀리에 그를 남쪽으로 데려가 루이지애나의 인신매매상에게 넘긴다. 그는 사랑하는 사람들의 소식도 듣지 못한 채 남부의 농장 주인들의 학대를 받으며 목화를 따는 데 10년의 세월을 보낸다. 실존 인물을 바탕으로 한 이 영화는 어떠한 도움도 받지 못하고 법의 보호를 박탈당한 채 공포로 인해 인간성이 말살되는 무방비 상태의 한 개인에 대한 오디세이를 묘사하고 있다.

고대에는 무수히 많은 사람들이 보이지 않는 문턱을 강제로 넘어감으로써 자유 존재에서 상품이 되었다.

200년 동안 엄청난 수의 그리스 노예들이 로마에 들어왔는데, 이는 마케도니아, 그리스, 튀르키예, 시리아, 페르시아, 이집트에 대한 승리의 결과물이었다. 로마의 정복자들은 지중해 동부에서 오랫동안 폭력과 혼란을 촉발하며 노예를 대규모로 사로잡을 수 있는 조건을 만들었다. 바다엔 해적들이 넘쳐났다. 군대는 광활한 영토를 가로지르며 위협적인 존재로 지평선에 어둠을 드리웠다. 로마가 부여한 무자비한 조공은 도시와 국가를 빚더미에 빠지게 했다. 그 수치는 충격적이다. 기원전 1세기 중반, 이탈리아에는 약 200만 명의 노예가 있었다. 전체 인구의 약 20퍼센트에 달하는 수치였다. 제국 시대의 초기에 누군가 노예에게 유니폼을 입히자고 제안하지만, 원로원은 이 법안을 거부했다. 노예 인구가 얼마나 많은지 깨닫기를 원치 않았기 때문이다.

로마인들은 그리스인을 비롯해 히스패닉인, 갈리아인, 카르타고인도 노예로 만들었다. 그리스 포로들의 특징은 상당수가 로마인보다 교양을 갖췄다는 점이었다. 오늘날 중산층이나 상류층의 자녀들이 갖는 권위 있는 직업은 로마에선 노예들이 하던 일이었다. 의사, 은행원, 행정관, 공증인, 세무관, 관료, 교수는 종종 자유를 박탈당한 그리스인이 담당했다. 문화적 열망을 지닌 로마 귀족들은 언제든 시장에 나가 자녀를 교육할 그리스 지식인을 살 수 있었다. 집 밖에서는 대부분의 학교 교사가 그리스 노예나 자유민이었다. 모든 사무직은 그리스인의 전문 분야였으며 그들은 제국의 행정과 법체계를 지원했다.

키케로는 자신의 서신에서 비서, 서기, 사서, 필경사, '독자(주인에게 책이나 문서를 읽어주는 조수)', 조수, 회계사, 심부름하는 소년을 포함해 스무 명의 노예를 소유하고 있다고 밝혔다. 이 유명한 연설가는 도서관도 여러 개였는데, 하나는 수도에 있는 집에 있고 나머지는 시골

저택들에 흩어져 있었다고 한다. 그는 도서관과 자신의 작업을 관리할 수 있는 우수한 인력이 필요했다. 그의 노예들은 두루마리를 정리하고 손상된 책을 수리하고 목록을 최신 상태로 유지하는 등 일상적인 작업을 처리했다. 아름다운 서체로 글을 쓰는 것도 중요한 작업이었다. 주인이 친구들로부터 관심이 가는 책을 빌려오면 노예들이 모든 작품을 손수 복사했다. 주인이 새로운 에세이나 연설을 마치면 서둘러 인쇄물을 만들어 친구들과 동료들에게 나눠줘야 했다. 굉장히 힘든 작업이었을 것이다. 키케로는 자부심이 대단한 작가였고 다작했으며 친구도 많았으니 말이다.

그의 도서관은 일반적인 조직으로 운영하기 어려웠다. 책과 사랑에 빠진 그는 전문가의 서비스를 받고 싶었다. 그래서 그는 노예로 팔려온 그리스 학자 중 한 사람인 마르쿠스 툴리우스 티로(Marcus Tullius Tiro)에게 의지했다. 가혹한 운명에도 불구하고 노예 작가의 성격은 부드러웠다. 그는 알렉산드리아 도서관을 모델 삼아 술라의 도서관을 기획하여 명성을 얻은 바 있었다. 키케로는 친구에게 이렇게 썼다. "여기 와보시게, 티로가 도서관에 있는 내 책들을 기가 막히게 정리해뒀다네." 그렇다고 키케로의 모든 노예가 온순한 것도 아니었고 키케로에게 큰 기쁨을 가져다준 것도 아니었다. 기원전 46년 가을, 키케로는 일리리아(오늘날의 알바니아, 크로아티아, 세르비아, 보스니아, 몬테네그로 영토에 해당)의 통치자로 있던 친구에게 편지를 썼다. 그는 불같이 화가 나 있었다. 그의 수석 사서로 일하던 디오니소스라는 노예가 책을 훔쳐 팔려다가 붙잡혔는데, 처벌을 기다리던 중에 도망쳤다. 그런데 어느 지인이 그 노예를 일리리아에서 봤다는 것이다. 키케로는 군대를 이끌고 있는 친구에게 그를 붙잡아 보내달라고 간청한다. 하지만 키케로의 바람과 달리 도둑을 잡는 하찮은 일이 로마 총독의 우선순위에 포함될 리 없었기에 그 일에 군대가 동원되진 않았다.

로마에서 책의 역사의 주인공은 노예다. 노예는 글쓰기와 가르치는 일을 비롯해 사본을 만드는 일까지 문학작품 제작의 모든 면에 관여했다. 학식이 있는 수많은 그리스 노예와 후대 문명의 강제적인 비문해자 노예는 현저하게 대조적이다. 미국에서는 1865년 남부연합이 패배할 때까지 많은 남부 지역에서 노예가 읽고 쓰는 법을 배우는 게 불법이었고, 읽고 쓸 줄 아는 노예는 노예제도에 대한 위협으로 고려되었다. 1856년 노예로 태어난 흑인 남자 대니얼 독 다우디(Daniel Doc Dowdy)는 그 법을 어긴 자에게 행해지는 끔찍한 형벌을 이렇게 설명했다. "책을 읽거나 쓰려고 하다가 적발되면 먼저 외줄 가죽끈으로 채찍을 맞았고, 그다음엔 일곱 개의 가죽끈으로 맞았고, 그다음엔 집게 손가락 끝마디가 잘려나갔다." 그럼에도 불구하고 목숨을 걸고 읽기를 배우려는 노예들이 있었다. 이 일은 비밀리에 진행되었기에 수년이 걸렸다. 이런 영웅적인 배움의 이야기는 부지기수다. 1930년대에 벨레 마이어스(Belle Myers)는 알파벳 퍼즐을 가지고 노는 주인의 아기를 돌보면서 글을 익혔다고 한다. 주인은 노예의 의도를 의심하여 몇 번이고 그녀를 걷어찼다고 한다. 그러나 벨레는 퍼즐의 글자와 아동용 책을 몰래 배워갔다. "어느 날 찬송가를 발견하고 읽어봤습니다. '내 이름을 명쾌하게 읽을 때……' 나는 너무 기뻐서 다른 노예들에게 알리러 달려갔어요."

「노예 12년」에서 솔로몬은 잔인한 구타를 피하기 위해 읽고 쓸 줄 안다는 사실을 숨긴다. 그의 비극은 굶주림과 착취와 잔인함에서 그를 구해낼 수 있도록 자기가 어디에 있는지 밝히는 편지를 뉴욕에 있는 가족에게 보내려고 집착한다는 데 있다. 몇 년 동안 그는 기회가 생길 때마다 작은 종잇조각을 훔치는데, 충분한 양이 되자 어느 날 밤에 몰래 깃털로 조잡한 펜을, 블랙베리로 잉크를 만든다. 그가 엄청난 노력과 위험을 감수하며 작성한 금지된 메시지는 언젠가 자유인으로서 이전의 삶을 회복할 수 있다는 유일한 희망의 표시이다. 알베르토 망겔은 『독서의 역사』에 이렇게 쓴다. "미국 남부 전역의 대농장 소유주들은 철자를 아는 노예를 교수형에 처했다. 노예의 주인들(독재자, 폭군, 절대 군주, 기타 불법적인 권력의 소유자)은 문자의 힘을 굳게 믿고 있었다. 그들은 읽기가 몇 개의 단어만으로 압도적인 힘을 발휘한다는 걸 알고 있었다. 한 문장을 읽을 줄 아는 사람은 거의 모든 것을 읽을 수 있다. 글을 모르는 군중은 지배하기 쉽다. 읽는 기술은 한번 습득하면 버릴 수 없기에, 최선의 방법은 그것을 제한하는 것이다. 그런 이유로 독서는 금지되어야 했다."

이에 비해 그리스-로마 문명의 주민들은 그들의 노예가 복사, 쓰기, 문서화 작업에 적절하다고 여겼다. 놀라운 일이 아닐 수 없다.

앞서 말했듯이, 고대에 독서는 오늘날 같은 침묵의 독서가 아니었다. 아주 예외적인 경우가 아니라면, 그들은 사적인 자리에서도 늘 큰 소리로 읽었다. 고대인들의 관점에서 글자를 소리로 만드는 작업은 일종의 주문과도 같았다. 고대인들은 호흡이 사람의 영혼이 자리한 곳이라고 생각했다. 초기 장례 비문을 보면, 죽은 자들이 다시 살아나서 그 무덤에 누가 누워 있는지 알리고자 지나는 행인에게 "목소리를 빌려주십시오."라고 간청하는 구절이 있다. 그리스인과 로마인은 글로 된 텍스트가 온전히 완성되려면 살아 있는 목소리를 사용해야 한다고 믿었다. 따라서 글자에 시선을 고정하고 읽기를 시작한 독자는 정신적이고 음성적인 점유물이 된다. 다시 말해 작가의 호흡이 그의 목에 침범하는 것이다. 독자의 목소리는 글자에 결합된다. 작가는, 이미 죽었다 하더라도, 독자를 소리의 도구로 사용하는 셈이다. 따라서 소리 내어 읽는다는 것은 작가가 시공간을 초월하여 독자에게 힘을 행사하는 것이었다. 그렇기에 고대인들은 읽기와 쓰기를 노예가 전문적으로 해야 한다고 생각한 것이다. 노예의 기능이 바로 섬기고 복종하는 것이었으니 말이다.

한편 독서를 사랑하는 자유인은 다소 의심을 받았다. 오직 텍스트를 듣는 사람, 글자에 자신의 목소리를 종속시키지 않고 타인이 읽는 것을 듣는 사람만이 안전했기 때문이다. 키케로가 그랬듯이, 사람들에겐 독서 노예가 별도로 있었다. 그 노예들은 책을 읽는 순간 자신이기를 멈췄다. 그들은 자신이 아닌 다른 '나'를 말해야 했다. 그들은 타인의 음악을 위한 악기에 불과했다. 흥미롭게도 플라톤의 작품이나 카툴루스(Catullus)의 작품에서 이 행위를 가리키기 위해 활용된 메타포는 성매매 혹은 성관계에서 수동적 파트너를 지정하는 데 사용된 메타포와 동일하다. 따라서 독자는 텍스트에 비역을 당하게 된다. 책을 읽는 것은 알지도 못하는 작가에게 몸을 빌려주는 난잡한 행위였다. 그것이 시민 계급과 완전히 양립할 수 없는 것으로 간주되진 않았지만, 당시에 전통을 따르는 사람들은 그것이 악습이 되지 않도록 적당히 행해져야 한다고 주장했다.

태초에 나무가 있었다

| **8** |

책은 나무의 자손이며, 나무는 인간의 첫 번째 고향이자 우리의 글을 담는 가장 오래된 그릇이다. 단어의 어원에는 그 기원에 대한 오래된 이야기가 담겨 있다. 라틴어로 책을 의미하는 liber는 나무껍질에 붙여진, 더 정확히 말해 나무의 줄기에서 껍질을 분리하는 섬유질의 얇은 막을 가리키는 말이었다. 플리니우스는 이집트의 두루마리가 알려지기 전에 로마인들이 나무껍질에 글을 썼다고 기록하고 있다. 수 세기에 걸쳐 다양한 재료(파피루스, 양피지 등)가 고대의 나무를 대체했지만, 결국엔 종이의 승리로 나무에서 책이 다시 태어나게 됐다.

앞서 밝혔듯이, 그리스인들은 파피루스 수출로 유명한 페니키아의 도시 비블로스를 연상하여 책을 비블리온(biblion)으로 불렀다. 이 단어는 진화의 과정을 거쳐 오늘날에는 단일 작품인 '성경'으로 축소되었다. 로마인들에게 리베르(liber)는 도시나 교역로가 아니라 조상들이 나뭇잎에 스치는 바람의 속삭임 속에서 글을 쓰기 시작한 숲의 신비를 불러일으켰다. 또 게르만어 계통의 book, buch, boek는 너도밤나무에서 유래한 것이다.

라틴어로 책(libro)은 '자유(libre)'를 의미하는 형용사와 비슷하게 들린다. 이 두 단어의 인도유럽어 기원은 서로 다르지만 말이다. 스페인어, 프랑스어, 이탈리아어, 포르투갈어와 같은 로망스어는 그런 발음의 유사성을 물려받았고, 이는 '독서'와 '자유'를 동일시하는 언어유희를 가능케 한다. 모든 시대의 학식 있는 사람들에게 이 둘은 결국에는 하나로 합쳐지는 열정이었다.

오늘날 우리는 액정이나 스크린에 글을 쓰는 법을 배우고 있지만 여전히 나무의 근원적 부름을 느끼고 있다. 우리는 나무껍질에 인류의 사랑 이야기를 쓰고 있다. 스페인 작가 안토니오 마차도(Antonio Machado)는 『카스티야 평원』을 쓰면서 강가에 앉아 나무에 새겨진 '연인들의 책'을 읽곤 했다.

나는 금빛 미루나무를 다시 보았네,
산폴로와 산사투리오 사이,
소리아의
오래된 성벽 뒤를 흐르는
두에로 강둑의 미루나무를.
강가의 미루나무들이
바람이 불면
마른 나뭇잎 소리와 물소리와 어울리네,
그 나무들의 껍질에
연인들의 이름과 날짜가

새겨져 있네.

미루나무의 은빛 껍질에 칼로 이니셜을 새기는 이 청년은 자기도 모르는 사이에 고대의 행위를 재현하고 있다. 알렉산드리아 도서관 사서인 칼리마코스는 기원전 3세기에 나무에 새겨진 사랑의 메시지를 언급했다. 그뿐 아니다. 베르길리우스의 한 인물은 세월이 흘러 나무껍질이 넓어지면 자신과 연인의 이름이 사라져갈 것이라고 한다. "어린나무에 내 사랑을 새긴다. 나무는 자랄 것이고, 더불어 내 사랑도 자랄 것이다." 사랑하는 사람을 기억하기 위해 나무에 글자를 새기는 관습은 유럽의 초기 글쓰기 방식 중 하나였다. 마차도가 말하듯이, 고대 그리스인과 로마인들은 흘러가는 강가에서 자신의 생각과 사랑을 나무에 새겼다. 그 나무들 중 책이 된 나무는 얼마나 될까.

가난한 작가와 부자 독자

| **9** |

로마 세계에서 책에 대한 접근성은 인맥의 문제였다. 고대인들은 누가 누구를 알고 있는지에 기초하여 지식사회를 구축했다.

고대문학은 오늘날 같은 시장이나 산업이 형성되지 않았으며 책의 순환은 친구와 필사자를 통해 이뤄졌다. 개인 도서관 시대에 부유한 사람이 고대의 책을 원하면 친구에게 빌려서 노예나 서기를 고용하여 사본을 만들었다. 그러다가 증정이라는 방식이 도입됐다. 출판사가 없던 당시에는 작가가 작품이 완성되면 특정 부수의 사본을 주문하여 선물로 배포했다. 작품의 운명은 애정과 헌신으로 그 책을 읽어줄 지인, 동료에게 달려 있었다. 레굴루스(Regulus)라는 이름의 부유한 웅변가는 죽은 아들에 대한 글을 써서 1000부의 사본을 만든 뒤 이탈리아 전역에 있는 지인들에게 보냈다고 한다.(플리니우스는 그 책이 한 소년에 대한 글이 아니라 소년이 쓴 것 같다고 혹평했다.) 더욱이 그는 로마군의 십인대장들을 만나 돈을 지불하며 가장 좋은 목소리를 지닌 병사를 선발하여 제국의 여러 지역에서 작품을 낭독하도록 요청했다. 레굴루스의 경우에서 확인할 수 있듯이 문학 홍보와 보급은 작가나 후원자의 몫이었다.

물론 책을 읽고 싶어도 개인적으로 작가를 알지 못하면 명단에 포함될 수 없었다. 그런 경우에는 그 작품을 소유한 사람을 찾아가 사본을 요청하는 수밖에 없었다. 작가가 새 작품을 '배포'하기 시작하면 누구나 사본을 만들 수 있었다. 오늘날 우리가 편집으로 번역하는 라틴어 edere는 사실 '기부' 또는 '포기'의 의미를 지니고 있다. 이는 작품을 운명에 맡긴다는 의미를 함축하고 있다. 저작권 개념은 없었다. 사본을 만들던 사람은 한 줄당 가격으로 돈을 받았다. 우리가 복사할 때 쪽수에 따라 돈을 지불하듯이 말이다.

영국의 작가 새뮤얼 존슨(Samuel Johnson)은 멍청이가 아닌 한 누구도 돈 이외의 이유로 글을 쓰지 않았다고 피력한 바 있다. 고대 작가들이 멍청이였는지는 알 수 없지만, 그들은 책을 팔아서 돈을 벌 수 있다고 생각지 않았다. 1세기 풍자시인 마르티알리스(Martialis)는 "무료로만 내 책을 좋아하는군."이라며 불평한 바 있다. 히스파니아의 빌빌리스에서 로마에 건너온 후, 그는 작가라는 직업은 성공해도 그다지 좋을 게 없다는 걸 깨달았다. 한번은 부유해 보이는 낯선 사람이 길거리에서 그에게 이렇게 말했다고 한다. "당신, 세상 사람들이 다 알고 있는 농담의 주인 마르티알리스 아니오?" 그리고 이렇게 덧붙였다. "그런데 왜 이렇게 초라한 코트를 입고 있소?" 마르티알리스는 "내가 몹쓸 '작가'니까요."라고 대답했다고 한다.

키케로는 연설과 에세이로 무엇을 얻었을까? 사회적, 정치적 야망의 확장. 명성과 영향력 고양. 대중적 이미지 형성. 친구든 적이든 그의 성공을 알아주는 것. 뛰어나지만 가난한 작가를 재정적으로 후원한 사람들도 바로 그 영광과 화려함과 찬사를 추구했다. 책은 무엇보다 특정인의 위신을 강화하는 역할을 했다. 문학은 관심 있는 사람들 사이에서 선물이나 개인적 대여로 자유롭고 자발적으로 유통되었으며, 소수의 문화 엘리트 그룹, 부유한 사람들의 공동체를 만드는 데 기여했다. 그 공동체는 재능에 따라 노예나 천한 출신의 작가도 보호했다. 강력한 사회관계 없이는 독자도 작가도 모두 생존이 불가능했다.

외부로부터 문학이 전해진 이후, 로마에서는 일부 토착 작가들이 등장하기 시작했다. 그러나 그들의 글쓰기는 역사, 전쟁, 법, 농업, 도덕 등 존중받을 만한 주제에 대한 산문으로 제한되어 있었다. 키케로와 카이사르는 훌륭한 가문 출신의 선구적 작가들이었다. 그들은 그리스에서 건너온 노예 시인들에 맞서 글을 쓴 시민이었다. 그들은 진지한 주제를 다뤘다. 외국인은 로마의 법률이나 전통에 대한 글을 쓸 수 없었지만, 훌륭한 가문 출신의 로마인이 시를 쓰며 시간을 보내는 것도 보기에 좋은 건 아니었다. 그건 마치 오늘날 대통령이 대중가요의 가사를 쓰는 것과 같았다.

그런 이유로 오랫동안 두 개의 평행적 문학이 이어졌다. 하나는 그리스 노예나 자유인이 자신을 보호해주는 귀족을 위해 쓴 시이고, 다른 하나는 존경받을 만한 시민이 산문 형태로 쓴 예술 애호가적 작품이다. 대(大) 카토는 "시는 존경받는 지위에 있지 않다. 누군가 시를 바치면 그를 거지라고 한다."라고 썼다. 그 이후로 인형극, 음악가, 예술가는 하층민이라는 평판을 유지해왔다. 카라바조에서 반 고흐, 셰익스피어와 세르반테스에서 주네에 이르기까지.

로마에서는 온전한 권리를 가진 시민이라면 예술적, 문학적 활동에 참여할 수 있었다. 하지만 글을 쓰는 것으로 생계를 유지하려는 것은 품격 있는 행위가 아니었다. 지식이 이익과 섞이게 되면 즉시 위신이 떨어졌다. 앞서 말했듯이 건축, 의학 교육과 같은 지적인 작업들은 하층 계급의 몫이었다. 고대 학교의 선생들은 대부분 노예나 자유민이 된 사람들이었으며 그들이 하는 일은 멸시받았다. 타키투스는 그런 사람들을 보고 "출신이 미천하다."라고 했다. 귀족들은 지식과 문화를 중시한 반면, 가르침은 멸시했다. 배우는 건 명예로운데 가르치는 것은 천박하다는 역설이 존재했던 것이다.

디지털 혁명 시대인 지금, 문화를 아마추어의 취미로 이해하는 고대의 귀족적 생각이 다시 자리 잡는 것 같다. 작가, 극작가, 음악가, 배우, 영화인이 생계를 유지하려면 직장을 잡고 여유 시간에 예술을 해야 한다는 옛 노래가 다시 들리는 듯하다. 신자유주의와 네트워크로 연결된 세계에서, 창조적 작업은 고대 로마처럼 무료가 되어야 한다고 주장하는 것 같다.

| **10** |

문화가 뿌리내리기 시작한 부유한 상류 사회에는 책을 모으는 여성들도 있었다. 키케로의 편지에는 열렬한 독자이자 철학 도서관을 갖고 있던 카이렐리아(Caerellia)가 등장한다. 이 부유한 귀족 여성은 키케로가 『최선과 최악에 관하여』를 공식적으로 출판하기 전에 (아마도 뇌물을 통해) 그 책의 사본을 갖고 있었다. 키케로는 그녀를 비꼬는 어

조로 "카이렐리아는 철학에 불타는 열정을 지녔다."라고 썼다.

이 참을성 없는 독자가 예외적인 경우는 아니었다. 로마의 고위층에는 교양 있는 여성이 있었다. 기원전 2세기, 가이우스 그라쿠스의 어머니인 코르넬리아(Cornelia)는 자녀들의 학습을 직접 지도했으며 가장 뛰어난 교사를 선택했다. 또 마담 드 스탈(Madame de Staël)의 살롱처럼 정치인과 작가가 만나는 문학 모임을 열기도 했다. 카이사르를 죽인 브루투스의 어머니 셈프로니아(Sempronia)는 라틴어와 그리스어로 된 책을 즐겨 읽었다. 키케로는 자신의 딸 툴리아(Tullia)에게 "참으로 박식하다."라는 표현을 썼다. 폼페이우스의 아내들 중 한 명은 문학, 지리, 리라에 조예가 있었다. 또 카에렐리아는 "기꺼이 철학 토론회에 참석하곤 했다."

로마의 귀족들은 딸도 교육하곤 했다. 일반적으로 학교에 보내기보다는 순결을 지키기 위해 집에서 개인 교사를 활용했다. 고대인들은 길거리에서 자녀에게 발생할 수 있는 위험을 경계했다. 소아성애가 떠도는 세상에선 그 어떤 예방책도 부족하게 느껴졌다. 그런 이유로 귀족 가문은 노예로 하여금 학교에 가는 아이를 호위하게 했다. 그들은 그 노예를 '교육자(pedagogo)'로 불렀는데, 이 단어의 원래 의미는 '아이의 동행자'였다. 그러나 그러한 해결책에도 위험이 뒤따랐다. 뛰어난 가정교사 퀸투스 카이실리우스 에피로타(Quintus Caecilius Epirota)와 그가 가르치던 여학생의 관계는 기원전 1세기에 엄청난 가십거리가 되었고 결국 망명으로 종결되었다.

여성은 지식의 마지막 단계에 이를 수 없었다. 고등교육은 남성으로 제한되었다. 남학생과 달리 여학생에겐 아테네나 로도스에서 1년간 수학하는 과정이 허용되지 않았다. 좋은 집안의 소녀들은 수사학 수업도 듣지 못했고, 언어를 배우기 위해 그리스에도 가지 못했으며, 아크로폴리스를 관광하지도, 부모와 떨어져 자유를 만끽하지도 못했다. 소년들이 그리스 조각상에 감탄하고 그리스식 사랑을 즐기는 동안 소녀들은 어린 나이에 성숙한 남성과 결혼해야 했다. 고대인들은 결혼이 여성을 위한 것이고 전쟁은 남성을 위한 것이라고 생각했다. 그것이 진정한 본성을 완성하는 것이라고 믿었다.

여자에게 문학을 가르치는 것의 장단점에 대한 논쟁은 수 세기 동안 지속됐다. 밤 문화는 이 논쟁에서 결정적인 역할을 했다. 그리스 남성들은 여자들을 집에 두고 연회에 참석해 새벽까지 고급 매춘부 헤타이라의 접대를 받았다. 반면에 로마의 여자들은 집 밖의 저녁 자리에 참석했기 때문에 남편 입장에선 부인이 지적인 대화를 나눌 줄 아는 걸 중요하게 여겼다. 그런 이유로 로마의 귀족 가문에서는 자신의 재치와 지식에 자긍심을 느끼는 여인들을 볼 수 있었다.

유베날리스는 교양 있는 여자들을 풍자한 작품을 남겼다. 1세기 말, 유베날리스는 자신의 그 작품이 분노에서 태어났다고 말한다. 그는 존재하지 않는 과거에 대한 향수에 사로잡힌 심술궂고 반동적인 풍자 시인이었다. 그의 『풍자시』의 중세 필사본이 많이 남아 있는 것은 우연이 아니다. 왜냐하면 중세 수도사들이 인간의 타락에 대한 그의 지독한 비판, 즉 교화와 설교에는 둘째 가라면 서러울 그의 작품을 좋아했기 때문이다. 유베날리스는 시를 통해 남자들에게 결혼의 고통에 대해 경고한다. 그는 여성의 "악행" 목록을 제시한다. 검투사에 대한 여성의 욕망과 형편없는 외국인과의 불륜을 언급하며 이렇게 말한다. "그대는 에티오피아인의 아버지가 될 것이고, 그대의 유언은 대낮에는 볼 수 없는 흑인 상속자들로 채워질 것이다." 또 여자의 사치스러운 소비, 노예에 대한 잔인성, 미신, 뻔뻔함, 신경질, 질투, 그리고 여자의 문화를 언급하며 이렇게 말한다. "저녁 식사를 하면서 베르길리우스를 인용하고 그를 호메로스에 비교하는 여자는 진절머리가 난다. 교사들은 자리를 뜨고, 선생들은 피곤해하고, 모두 침묵한다. 변호사도 입이 가벼운 자도 한마디 말을 하지 않는다. 문법을 복습하고 암기하며 늘 언어의 규칙을 유지하면서 내가 모르는 시구를 알고 있고 남편은 신경도 쓰지 않는 표현을 고치려 들면서 아는 체하는 여자는 따분하다."

이 풍자가 지닌 여성혐오적 표현이 너무 신랄하여 일부 전문가들은 유베날리스가 정말로 분노하고 있는 것인지 아니면 풍자를 위해 극단적인 표현을 하고 있는 것인지 의심스럽다고 말한다. 20세기가 지난 지금 그 텍스트의 심각성이나 아이러니를 판단하는 건 불가능하다. 어쨌든 그 풍자에 사실성이 없었다면 유베날리스의 풍자는 승리하지 못했을 것이다. 로마 여성들이 독서를 즐겼다는 사실엔 의심의 여지가 없다. 또 문학과 언어를 사랑한 그들 중 일부는 남편을 곤란하게 만들 능력이 있었다. 귀족층에는 책을 읽고, 책의 자유를 알고, ("신이나 다이아몬드처럼") 강력한 말의 힘을 사용할 줄 아는 학식을 갖춘 어머니와 딸이 있었다.

로마 시대에는 어떤 사람이 책을 읽고 소유했을까? 고대에 보편교육이 실행됐다는 증거는 어디에도 없다. 근현대에 와서야 일부 국가에서 광범위한 문해력을 달성했다. 그러나 이는 저절로 이뤄진 것이 아니라 집단적 노력을 요했다. 로마인들은 문자를 보편화하려고 한 적도 없고 공립학교를 만들지도 않았다. 교육은 자발적인 것이었지 의무적인 게 아니었다. 그리고 아주 비쌌다. 간신히 자신의 이름을 쓸 줄 아는 사람에서 타키투스의 어려운 산문을 독파한 사람에 이르기까지, 당시의 비문해율을 파악하는 건 쉽지 않은 일이다. 쓰기와 읽기 능력은 남성과 여성, 농촌과 도시에 따라 천차만별이었다. 전문가들은 이에 대한 추측에 신중하다. 역사가 해리스(W. V. Harris)는 베수비오산의 용암에 묻혀버린 폼페이의 정확한 인구를 제시한 바 있다. 폼페이에서는 집 임대 광고, 사랑의 표현, 분실물, 공중목욕탕에서 볼 수 있는 것과 유사한 욕과 외설, 성매매의 요금, 검투사를 응원하는 문구 등 보통 사람들의 메시지가 담긴 수천 개의 낙서가 연구되었다. 해리스는 폼페이 남성의 60퍼센트, 여성의 20퍼센트 미만에 해당하는 2000명에서 3000명이 글을 읽고 쓸 줄 알았을 것으로 추정한다. 이 수치는 언뜻 보면 빈약해 보이지만, 실은 폼페이가 이전 어느 시대에도 도달할 수 없었던 교육 수준과 개방적 문화를 지녔음을 보여준다.

특권층 자녀들의 삶은 일곱 살에 바뀌었다. 어머니로부터 교육받고 그리스 노예로부터 그리스어를 배우던 아이들은 일곱 살이 되면 집을 떠났다. 가정에서 진행되는 교육이 끝나면 아이들은 가혹하고 폭력적인 경험에 직면해야 했다. 그들은 열한 살 혹은 열두 살까지 강박적이고 단조로운 초등 교육에 시달렸다. 이때의 교육은 아동의 심리에 절대적으로 무관심했으며 학생의 호기심은 무시된 채 글자, 음절, 텍스트를 단계별로 배우게 했다. 그리스와 마찬가지로 교육 방법은 수동적이었다. 기억과 모방이 가장 가치 있는 재능으로 평가됐다.

더욱이 교사의 수업은 즐겁게 진행되지 않았다. 고대 작가에게 학교에 대한 기억은 폭력과 공포였다. 4세기 시인인 아우소니우스(Ausonius)는 손자에게 두려워하지 말고 학교에서 새로운 삶을 시작하라고 격려하는 편지를 보내면서 이렇게 썼다. "선생님을 만나는 걸 두려워 말거라.", "인상을 찌푸리며 불쾌한 목소리로 가혹하게 꾸짖어도 적응하거라. 학교에서 채찍질 소리가 들려도 겁먹지 말거라. 매가 진동하고 네가 앉은 의자가 두려움에 흔들리며 고함이 들려도 동요하지 말거라." 아마도 아이를 안심시키려고 한 이 말이 아이에겐 악몽 같았을 것이다. 학창 시절의 고통을 잊지 못한 아우구스티누스는 일흔두 살의 나이에 이렇게 썼다. "죽음과 어린 시절로 돌아가는 것 중 선택권이 주어진다면 어린 시절의 공포에 기겁하여 죽음을 택하지 않을 자 있겠는가?"

초등학교 교사의 직무는 라틴어로 litterator, 즉 '문자를 가르치는 사람'이었다. 보통 엄격하고 보수가 적었던(교사의 상당수가 여러 직업을 갖고 있었다.) 그 불쌍한 악마 같은 교사들은 교사라는 직업과 마찬가지로 빈곤한 직업이었던 '문학'에 제 이름을 남겼다. 그들이 수업하던 시설도 기념비적인 곳은 아니었다. 임대료가 싼 건물이거나 거리의 소음과 호기심 많은 사람들로부터 분리된 주랑 현관일 때도 있었다. 학생들은 등받이가 없는 의자에 앉아 서판을 무릎에 올리고 글을 썼다. 호라티우스는 "왼팔에 계산하는 데 필요한 돌을 담은 상자와 필기할 서판을 들고" 학교에 갔다고 기록했다. 그것이 초기 학생용 배낭의 내용물이었다.

아이들이 숙제, 받아쓰기, 글쓰기 연습을 하려면 값싼 필기도구가 필요했다. 파피루스는 사치품이었기에 밀랍을 칠한 서판이 어린이들의 일상적이고 내밀한 글쓰기를 도왔다. 아이들은 그 서판을 통해 읽는 법을 배우고 자신의 성공과 사랑과 추억을 써갔다. 일반적으로 서판은 매끈한 나무나 금속 조각에 수지와 혼합된 밀랍으로 코팅한 것이었다. 그 부드러운 바탕에 철이나 뼈로 만든 철필로 글자를 썼다. 서판의 끝에는 일종의 주걱이 있었는데, 이 주걱으로 오자를 지우거나 서판을 반질반질하게 하여 다시 쓸 수 있었다. 이 서판은 밀랍층을 교체해가며 계속해서 재활용할 수 있었다. 폼페이 유적지에서 펜촉을 입 끝에 댄 채로 생각에 잠겨 있는 여성의 초상화 두 점이 거의 온전한 상태로 발견됐다. 우리가 존재하지 않는 이미지에 대한 환상으로 '시인 사포'로 명명한 그 작품 속 젊은 여성은 펜촉을 입술에 댄 채 한 손으로는 서판을 들고 있다. 그렇게 우리가 펜이나 연필 끝을 깨물고 집중하고 있을 때, 우리는 무의식적으로 고대의 제스처를 영속적으로 재현하게 된다.

사포의 손에는 대여섯 개의 서판이 들려있다. 서판의 모서리는 작은 구멍을 뚫어 끈으로 묶어뒀다. 때로는 경첩으로 연결된 서판도 만들어졌다. 영국의 하드리아누스 성벽 옆에 있는 빈돌란다에서 발견된 유물을 통해 우리는 일반적인 나무 판이나 자작나무 조각이 아코디

언처럼 접히는 형태로 구성된 공책 크기의 물체가 존재한다는 사실도 알고 있다. 그 목재는 수액이 나무를 순환하는 봄에 추출한 것으로 오늘날의 접이식 브로슈어처럼 유연하다. 여러 장이 묶인 이 서판 세트(라틴어로 코덱스(codex))에서 우리는 글쓰기의 가장 먼 과거와 현재의 연결고리를 찾을 수 있다. 바로 그 서판 세트가 오늘날 우리가 알고 있는 책의 선구적 모형이기 때문이다.

서판은 매우 일반적이었으며 다양하게 활용되었다. 주로 새로운 삶의 시작을 알리는 두 가지 방식, 즉 출생증명서와 노예 양도 문서로 쓰였다. 또 개인적 기록, 회계, 상업적 기록, 자료, 서신 및 시를 쓰는 데 활용했다. 에로틱한 매뉴얼인 『사랑의 기술』에서 오비디우스는 은밀한 연인들에게 서판을 재사용하기 전에 위태로운 문구를 조심스럽게 지우라고 경고한다. 시인에 따르면 서판을 부주의하게 관리해 수많은 불륜이 발각되었다고 한다. 고대 밀랍은 오늘날의 핸드폰처럼 비밀이 누설되기 쉬웠다. 이 문제는 디지털 이전 시대의 우리 조상들에게 상당한 불만을 야기했다. 와트샤야나도 『카마수트라』에서 여성들에게 사랑과 관련하여 비난받을 가능성이 있는 서신을 숨기는 기술을 가르치는 데 상당한 공간을 할애하고 있다.

서판은 석고로 코팅되어 만년필처럼 중앙이 갈라진 뻣뻣한 갈대 줄기를 이용해 잉크로 글을 쓸 수도 있었다. 이렇게 하면 글쓰기가 익숙하지 않은 사람도 단순한 선으로 이루어진 글자를 더 쉽게 쓸 수 있었다. 시인 페르시우스(Persius)는 갈대 펜으로 글을 쓸 때마다 잉크가 튀어 절망적으로 투덜거리는 학생에 대해 묘사한 바 있다. 이 장면은 최근까지 수 세기에 걸쳐 교실에서 반복되어왔다. 나의 어머니는 그 검은 눈물이 흩뿌려진 학창 시절의 공책을 아직도 기억하고 있다.

반면에 나는 헝가리 저널리스트 비로 라슬로(Bíró László)의 천재적 발명품인 볼펜의 시대에 속한다. 라슬로는 아이들이 공을 가지고 노는 것을 보고 금속으로 만든 공으로 새로운 필기구를 만드는 초기 아이디어를 얻었다고 한다. 그는 물웅덩이에 빠진 공이 구르면서 흔적을 남긴다는 것을 알아차렸다. 비 오는 도시에서 공을 차며 소리를 지르고 웃는 아이들과 공의 젖은 발자국을 상상해본다. 거기에서 내 어린 시절의 육각형 빅 크리스털 볼펜이 유래했다. 우리는 지루한 오후 시간이 되면 그 볼펜 막대기에 쌀알을 넣어 공기총처럼 친구들의 목덜미를 향해 쏘아대곤 했다. 나 또한 서투른 사춘기에 누군가의 관심을 끌려고 그렇게 했었다.

| **12** |

우리에게 너무나도 동시대적인 것으로 보이는 고어(gore)의 미학과 극단적 폭력에 대한 심취는 이미 로마인들 사이에도 퍼져 있었다. 그리스 신화에는 강간, 뽑힌 눈, 독수리가 파먹는 인간의 간, 가죽이 벗겨진 인간 등 야만적 행위가 드러나는 레퍼토리가 있지만, 이 장르의 정점에는 기독교 순교자들에 대한 고문과 그들의 피가 있다.

4세기 중반, 엄청나게 가학적이고 섬뜩한 교사가 히스파니아의 카이사라우구스타에서 태어났다. 프루덴티우스(Prudentius)는 부모로부터 평화로운 이름을 물려받았고 왕실에서 일했기에 그다지 모험적이지 않았다. 하지만 그의 일상적인 모습 뒤에는 쿠엔틴 타란티노나 다리오 아르젠토의 로마 선조가 꿈틀대고 있었다. 이 조용한 스페인 사람은 50대 후반에 폭발적인 창작열을 경험하여 관직에서 물러나 7년 동안 2만 편의 시를 썼다. 그중에서 『페리스테파논(순교자의 면류관)』이라는 작품은 고문받은 열네 명의 기독교인에 관해 아주 상세하게 기술하고 있다.

프루덴티우스는 그중에서도 순교한 성 카시안으로부터 크게 감명받았다. 그의 죽음에 대한 연대기는 라틴 문학에서 가장 잔혹한 텍스트 중 하나임과 동시에 의도치 않게 고대 학교의 일상과 로마인의 필기도구에 관해 알려주는 특별한 문서이기도 하다. 프루덴티우스는 카시안이 초등학교 교사였으나 제자들에게 그다지 친절하지 않았다고 한다. 그는 아이들에게 글자를 가르치면서 가혹한 처벌을 내렸다. 매일 체벌에 시달리던 아이들은 우리를 소름 돋게 만드는 미하엘 하네케의 영화「하얀 리본」속 창백한 아이들처럼 두려움과 폭력과 분노 속에 살았다.

당시는 종교적 박해가 극심한 암흑기였다. 기독교인에 대한 탄압이 가중되면서 카시안은 이교도 신들에 대한 숭배를 거부한 혐의로 체포되었다. 프루덴티우스에 따르면 당국은 손을 등 뒤로 묶어 카시안을 제자들에게 넘겼다. 그 아이들이 카시안의 사형집행자가 되도록 말이다. 그리고 그의 서사는 어둠 속으로 들어간다. 여기에서 죽음과 잔인함은 어린아이의 얼굴을 하고 있다. "그들은 모두 조용한 분노의 형태로 축적되어왔던 증오를 토해냈다. 석판을 스승의 얼굴에 던져 부수고 교편으로 이마를 때렸다. 밀랍 서판으로 때리자 서판이 부서지며 붉은 피로 물들었다. 어떤 아이들은 밀랍 서판에 글을 쓰는 철필을 집어 들었다. 200개의 손이 동시의 그의 몸을 찔렀다. 피부가 찢기며 내장을 파고들었다."

프루덴티우스는 독자의 신앙을 강화하고자 공포를 능숙하게 다룬다. 그는 장면을 늘려가며 움직임과 소리와 충격을 세세하게 묘사한다. 일상적인 사물을 무기로 바꾸고 그 무기로 발생하는 고통을 묘사한다. 그렇게 그는 철필을 날카로운 칼로 활용한다. 그의 글은 로마 학교에 만연한 문자와 피의 폭력을 상징한다. 그로 인해 이 작품은 역설적으로 아이들에게 가해지는 물리적 체벌에 반한 변론이 된다. 이 작품에서 교사의 구타를 견뎌야 했던 무고한 학생들은 끔찍한 사형집행자, 살인자가 된다. 그리고 불안하고 끔찍한 장면이 이어진다. "'뭘 불평하는 거지?' 한 소년이 불명예로 추락한 교사에게 잔인하게 말한다. '우리에게 철필을 주고 그걸로 우리를 무장시킨 건 당신이야. 이제 배우면서 우리가 받은 수천 번의 체벌을 당신한테 돌려주지. 화내면 안 되지. 우리가 그렇게 휴식을 요구했는데 들어주지 않았지, 이 인색한 선생아! 자, 이제 권위를 행사해보시지. 가서 게으른 제자를 벌해보라고.'" 이 시의 마지막은 그지없이 섬뜩하다. 찔린 몸의 상처로 삶의 열기가 조금씩 빠져나가는 사이, 아이들은 교사의 고통을 즐긴다.

프루덴티우스의 원래 의도는 기독교인에 대한 범죄를 고발하는 것이었지만, 그가 써내린 끔찍한 이야기는 학교의 어두운 면 역시 드러내준다. 1세기 중반, 지금의 스페인 칼라오라에서 태어난 또 다른 히스패닉 작가 퀸틸리아누스(Quintilianus)는 잔인한 교육 방법에 문제를 제기한 바 있다. 그는 배우고자 하는 열망은 의지에 달려 있지만, "폭력의 여지가 없는 곳"이어야 한다고 피력했다. 그는 학교에서 발생하는 굴욕적인 처벌이 "노예에게만 행해지는 행위"라며 체벌에 반대했다. 체벌이 주는 두려움, 고통, 수치심이 아이들의 행복을 훼손한다는 그의 주장에는 아마도 자신의 어린 시절이 반영되어 있을 것이다. 그는 어린아이들은 연약하므로 누구도 무방비한 아이들에 대해 제한 없는 권력을 가질 수 없다고 덧붙인다.

카시안의 잔혹한 이야기는 채찍질과 구타가 로마의 학교에서 결코 사라지지 않았다는 것을 보여준다. 하지만 우리는 이 우울한 파노라마에서 빛의 영역도 감지할 수 있다. 우리의 시대가 시작할 무렵, 더 자비롭고 재미있는 교수법을 옹호하는 사람들이 나타났다. 그들은 처벌보다 보상을 선호하고 학습에 대한 갈증을 아이들에게 일깨우려고 노력했다. 몇몇 교사들은 학생들을 위한 교육용 장난감을 만들기 시작했고, 아직 말이 서투른 아이들에게 그들이 배우고 있는 글자 모양의 컵케이크와 쿠키를 선물로 줬다. 낡은 전통을 옹호하는 자들은 이 관대한 방식에 즉각 반발했다. 페트로니우스(Petronius)의 『사티리콘』에 등장하는 한 인물은 시대(1세기 네로의 치세)의 타락하고 천박한 관습을 비난하면서 아이들이 놀이를 통해 공부한다면 로마가 몰락할 것이라고 예견한다. 새로운 학교와 전통적인 학교의 싸움은 이처럼 아주 오래된 이야기이다.

젊은 종족

사실 우리의 기원을 되돌아보면, 우리 독자들이 아주 젊은 종족이라는 것을 파악할 수 있다. 약 38억 년 전, 지구에서 특정 분자가 모여서 복잡한 구조의 생명체가 생성됐다. 현생 인류와 매우 유사한 동물이 처음 등장한 것은 250만 년 전이다. 30만 년 전, 우리의 선조들은 불을 길들였다. 그리고 인류가 말을 정복한 건 10만 년 전이다. 기원전 3500년에서 3000년경 메소포타미아의 뜨거운 태양 아래에서 익명의 수메르인 천재들이 점토에 기호를 씀으로써 음성의 시간적, 공간적 장벽을 극복하며 지속적인 언어의 흔적을 남기게 되었다. 그로부터 5000년 이상이 지난 20세기가 되어서야 글쓰기가 대부분의 인구가 사용할 수 있는 광범위한 기술이 되었다. 따라서 글쓰기는 아주 최근의 일이다.

우리는 지난 세기 마지막 수십 년 동안 대도시의 하위문화 계층이 문자를 익히고 불만을 제기하며 항의할 수 있을 때까지 기다려야 했다. 현대의 그래피티는 로마 알파벳이 경험한 획기적인 발전 중 하나였으며 문해력을 확장하기 위한 수십 년간의 노력의 아이콘이었다. 우리 역사상 처음으로 학령기 어린이와 청소년, 빈민가와 주변부 사람들이 자신만의 낙서와 글자를 통해 그래픽 표현을 할 수 있는 수단을 갖게 되었다. 아이티 태생의 흑인 청년 장미셸 바스키아(Jean-Michel Basquiat)는 1980년대에 미술관에 그래피티를 전시하기 전까지 노숙인처럼 살았다. 주변부 사람들을 소외시키는 시스템 속에서 자기확신을 표현하듯 그의 작품에는 문자가 폭포수처럼 스며 있다. 그는 글을 쓴 뒤 더욱 잘 보이도록 몇몇 글자를 그어버리곤 했다. 그는 바로 그 감춰져 있다는 사실이 우리로 하여금 더욱 주의 깊게 읽도록 강제한다고 언급한 바 있다.

흥미롭게도 그래피티(관련자들은 '글쓰기'라고 부른다.)는 뉴욕, 로스앤젤레스, 시카고의 건물, 지하철, 벽, 광고판에 그려졌고, 뒤이어 암스테르담, 마드리드, 파리, 런던, 베를린 등지로 퍼져나갔다. 정보 혁명이 실리콘밸리의 뒷마당에서 일어난 시기에 말이다. 새로운 기술 전문가들이 사이버 공간의 경계를 탐험하는 사이, 도시 청년들은 처음으로 벽과 차에 글자를 그리는 즐거움과 글쓰기라는 물리적 행위의 아름다움을 배웠다. 키보드가 쓰기의 몸짓에 혁명을 일으키기 시작한 시기에 대안 청년문화는 당시까지 소수의 즐거움이었던 캘리그라피를 열정적으로 발견했다. 사물에 이름을 붙일 수 있는 힘, 글자가 담고 있는 창의적 가능성, 글쓰기에 담긴 위험(이는 언제나 아슬아슬하고 위험한 행위였다.)에 매료된 청년들은 손으로 쓴 알파벳을 새로운 표현 방식으로, 시간을 때우는 방편으로, 또래에게 인정받는 방법으로 채택했다. 바로 지금 이런 전유가 활발하게 일어나고 있다는 건 인류의 긴 여정에 견줘 글쓰기가 너무나 젊다는 사실로서만 설명된다. 글쓰기는 우리 종족의 마지막 떨림, 오래된 심장의 가장 최근 박동이다.

블라디미르 나보코프는 『창백한 불꽃』에서 이 엄청난 혁신에 놀라지 않는 우리를 비판하고 있다. "우리는 불멸의 이미지, 사고의 진화, 그리고 말하고, 웃고, 웃는 사람들의 새로운 세계를 담아낼 수 있는 문자라는 기적에 터무니없이 익숙해져 있다." 그리고 이런 질문을 던진다. "언젠가 우리가 잠에서 깨어나 전혀 읽을 수 없다는 걸 알게 된다면?" 그건 기호로 그려진 목소리와 말 없는 단어들의 기적이 있기 전의, 그리 멀지 않은 시대로의 회귀가 될 것이다.

| 14 |

독서의 확장은 새로운 감각의 균형을 가져왔다. 그전까지는 언어가 귀를 통해 전달되었지만 문자가 창안된 이후에는 의사소통의 일부가 시선으로 옮겨졌다. 그리고 독자들은 곧 시력의 문제로 고통받기 시작했다. 몇몇 로마 작가들은 매일 서판을 사용하는 일이 피곤하고 시야를 '흐리게' 한다고 불평했다. 밀랍 표면의 글자는 대조가 극명하지 않은 글자들의 홈일 뿐이었다. 시인 마르티알리스는 자신의 시에서 서판을 읽는 사람의 "약한 눈"을 언급하고 있으며 퀸틸리아누스는 시력이 약한 사람에게 파피루스나 양피지 표면에 잉크로 쓰인 책만 읽을 것을 권장했다. 따라서 가장 싸고 접근성이 좋은 서판이 후유증을 남겼다는 것은 분명해 보인다.

당시에는 시력을 교정할 방법이 없었다. 이 때문에 과거의 많은 독자들과 학자들의 지친 눈은 종종 돌이킬 수 없는 안개 속으로 서서히 가라앉거나 색과 빛이 없는 얼룩의 폭풍 속에서 녹아내리는 운명을 맞았다. 안경은 아직 없었다. 네로 황제는 거대한 에메랄드를 통해 검투사들의 싸움을 자세히 살펴봤다고 한다. 근시안이었기에 망원경 렌즈처럼 조각된 보석을 통해 관람했을 가능성이 크다. 어쨌거나 그 거대한 크기의 보석은 황제의 손에는 있었지만 튜닉 주머니에 돈이 없던 지식인들의 손에는 있을 리 만무했다.

수 세기 후인 1267년 로저 베이컨(Roger Bacon)은 정밀하게 연마된 렌즈를 통해 미세한 글자를 선명하고 크게 볼 수 있다는 것을 과학적으로 확인했다. 이 발견의 결과로 이탈리아 무라노(Murano) 공장은 유리 실험을 시작하여 안경의 요람이 되었다. 렌즈가 만들어진 뒤엔 편안하고 가벼운 안경테를 만들어야 했다. 그리고 '코안경'으로 불리던 초기 해결책은 급속하게 사회적 특권의 상징이 되었다.

『장미의 이름』에는 윌리엄이 가방에서 안경을 꺼내자 아드소가 놀라는 장면이 있다. 작품의 배경이 되는 14세기에도 안경은 여전히 희귀한 것이었다. 한 번도 안경을 본 적 없는 수도원의 수도사들은 이상한 유리를 신기하게 쳐다보지만 감히 뭐냐고 묻지는 않는다. 젊은 아드소는 안경을 이렇게 묘사한다. "기수가 말에 타듯이 사람의 코에 장착할 수 있게 제작된 물건이다. 두 갈래로 나뉜 다리가 만나는 곳, 그러니까 눈과 맞닿는 곳에는 둥근 쇠테가 있고, 쇠테 안에는 편도 열매 크기의 유리가 박혀 있었다." 윌리엄은 놀란 조수에게 세월이 흐르면 눈이 굳어지고, 그 도구가 없으면 많은 현자들이 쉰 살이 되면 글을 읽거나 쓰고 싶어 죽을 지경이 될 거라고 설명한다. 그들은 시력을 소생시킬 수 있는 그 멋진 안경을 발견하고 만든 것에 대해 하느님께 감사드린다.

고대의 부유한 독자들은 아직 존재하지 않던 안경을 살 수는 없었지만, 시장을 통해 눈을 보호할 수 있는 호화로운 두루마리를 마음껏 활용할 수 있었다. 대부분의 책은 주문 제작되었으며 책의 품질은 언제나 그렇듯이 구매자가 부담하는 비용에 달려 있었다. 먼저 파피루스에는 다양한 특성이 있었다. 플리니우스에 따르면, 이집트 갈대 속에 있는 내용물에서 가장 상질품이 나왔다. 책을 주문한 자의 호주머니가 두둑하다면 필사자의 글씨가 더 크고 아름다웠으며 더 읽기 쉽고 오래갔을 것이다.

아름답고, 세련되고, 특권적인 두루마리를 상상해보자. 경석으로 힘들게 다듬은 파피루스 시트의 가장자리는 줄무늬로 장식되었다. 책의 내구성을 위해 사용한 '배꼽'으로 불리는 막대는 상아나 귀한 나무로 제작하거나 금박을 입혔다. 배꼽의 끝은 매우 화려한 손잡이였다. 유대교회에서 사용된 토라 두루마리는 그 초기 책의 모습을 생생하게 유지하고 있다. 유대인에게 손잡이가 달린 나무 실린더('생명의 나무')는 양피지나 신성한 책의 글자를 손으로 만지는 것을 금지하는 의식 때문에 필수적이다. 반면에 그리스인들과 로마인들 사이에서 본문을 만지는 것은 신성모독이 아니었고 배꼽은 단순히 두루마리를 쉽게 펼치고 되감는 데 사용하기 위한 것이었다.

장인들은 변덕스러운 장서가들을 위해 여행용 상자나 가죽 덮개 같은 값비싼 액세서리를 만들었다. 가죽 덮개는 권력과 부의 색인 자주색으로 염색되었다. 또 파피루스를 갉아 먹는 유충을 쫓기 위해 값비싼 삼나무 기름을 바르기도 했다.

로마의 귀족들만이 그러한 호화로운 도서관을 자랑할 수 있었다. 그들은 오늘날 롤스로이스를 몰고 다니는 사람처럼 재산을 과시했다. 극소수를 제외한 시인, 현자, 철학자는 그 특권 집단에 속하지 않았다. 그들 중에는 손에 넣을 수 없는 아름다운 책을 멍하니 바라보며 무식한 책 수집가들을 신랄하게 풍자한 작품을 쓰기도 했다. 그중에는 루키아노스의 『많은 책을 산 무식자를 비판하며』라는 책이 오늘날까지 전해지고 있는데, 그는 이렇게 말한다. "책에서 어떤 이득도 취하지 못하는 자는 책을 쥐에게 헌납해놓고도 그 책을 제대로 돌보지 못한 노예만 채찍질할 것이다. 책을 두고 어찌해야 할지 모를 바에야 제대로 쓸 줄 아는 사람에게 빌려주는 편이 낫다. 그건 먹지도 않을 보리를 마구간에 놔둔 채 말도 못 먹게 하는 개나 마찬가지다." 이 모욕의 걸작은 독서가 과분한 특권의 표시인 시대에 책의 결핍을 분노로 표출하고 있다.

|　**15**　|

오랫동안 책은 독점적인 고객과 친구들 사이에서 폐쇄적인 방식으로 손에서 손으로 순환됐다. 공화정 로마에서는 엘리트와 그 추종자들이 책을 읽었다. 공공도서관이 없었던 수 세기 동안 훌륭한 유산을 물려받았거나 아첨에 소질이 있는 자만이 책을 읽을 수 있었다.

기원전 1세기 즈음, 큰 재산도 사회적 허영도 없는 독자, 즐거움을 위해 책을 읽는 독자가 나타나기 시작한다. 그 균열은 서점 덕분이었다. 우리는 그리스에서 책을 거래했다는 건 알고 있지만 최초의 서점의 이미지를 재구성할 자료는 거의 없다. 반면에 로마의 경우엔 (이름, 주소, 표정, 가격, 심지어 농담에 이르기까지) 세부사항이 전해지고 있다.

젊은 카툴루스(그는 언제나 젊었다. 서른 살에 세상을 떠났기에.)는 기원전 1세기의 서점에 관한 일화를 남겼다. 12월의 끝자락, 농신제를 보내는 와중에, 그의 친구이던 리키니우스 칼부스(Licinius Calvus)는 장난삼아 당시에 두 사람이 가장 끔찍하다고 여기던 작가들의 시선집을 그에게 보냈다. 이에 카툴루스는 "위대한 신이시여, 당신의 카툴루스가 죽는 꼴을 보려고 이 끔찍하고 빌어먹을 책을 보내셨나이까?"라며 투덜거렸다. 그리고 복수를 계획한다. "값비싼 대가를 치르게 될 걸세. 해가 뜨자마자 서적상을 찾아가 최악의 독극물 같은 작품을 사서 이 시련을 되돌려줄 테니 말이네. 그러는 사이 이 시대의 재앙인 끔찍한 시인들은 왔던 곳으로 돌아가기를."

이 흥미로운 일화를 통해 우리는 그 당시에 시장에서 책을 구입하는 게 일반적인 관습이었다는 것을 확인할 수 있다. 게다가 복수심에 불탄 카툴루스는 이튿날 새벽에 서점이 열면 친구의 악의에 대한 복수에 활용될 최악의 동시대 시 작품을 살 수 있다고 믿고 있다.

이른 아침에 문을 여는 서점은 주로 사본 판매점이었다. 이 서점은 주로 일을 맡길 노예조차 없는 하층민들이 들락거렸다. 그들은 원본을 품에 안고 도착하여 경제적 능력에 따라 일정한 부수의 사본을 주문했다. 대부분이 노예였던 작업장의 직원들은 신속하게 작업에 착수했다. 고대 단편시의 거장이던 마르티알리스는 (내가 갖고 있는 인쇄본으로는 30페이지 정도 되는) 그의 두 번째 경구집 사본책을 기다리는 데

한 시간밖에 걸리지 않았다고 한다. 그는 신속하고 생태적인 자기 문학의 이점을 이렇게 주장했다. "첫째, 나는 파피루스를 덜 소비하고 있다. 둘째, 필사자는 내 시구를 한 시간 만에 복사할 수 있으니, 내 허드렛일의 노예로 오래 붙들려 있지 않아도 된다. 셋째, 책이 처음부터 끝까지 마음에 들지 않아도 읽는 데 드는 시간은 잠깐이다."

사서(librarius)라는 말은 필사자와 서적상을 모두 지칭했는데, 이는 그들의 일이 동일했기 때문이다. 인쇄술이 발명되기 전에는 책이 한 글자씩 복제되었다. 재료와 노동의 가격은 일정했다. 오늘날 우리는 수천 부를 단번에 찍어내지만 당시에는 한 부씩 제작했으므로 많은 부수여도 비용이 절감되진 않았다. 오히려 구매자가 정해지지 않은 채 많은 책을 생산하면 파산할 위험이 있었다. 로마인들은 잠재적 독자와 시장 확장에 대한 우리의 개념에 대해 눈을 찌푸렸을 것이다. 그러나 카툴루스의 일화에 따르면 원본을 제공하지 않고도 서점에서 책을 살 수 있었음이 분명하다. 즉 서점들이 사업적 위험을 어느 정도 감수하면서 신뢰할 만한 작가들의 책을 제공했다는 것이다.

마르티알리스는 서점 길드와 우호적인 관계를 유지한 최초의 작가였다. 후원자들의 인색함에 불평하던 그는 스스로 서점에 책을 제공했던 것으로 보인다. 그의 시 중 일부에는 다음과 같은 은밀한 광고가 포함되어 있었다. "아르길레툼 동네의 카이사르 포룸 앞에 서점이 하나 있는데, 서점 문에는 독자가 금방 찾아낼 수 있도록 모든 시인의 이름이 적혀 있습니다. 나를 찾으세요. 서점 주인 아트렉투스가 첫 번째 혹은 두 번째 선반에서 경석으로 다듬고 자주색으로 장식한 마르티알리스의 작품을 5데나리우스에 내어줄 것입니다."

마르티알리스는 아트렉투스 외에도 자신의 시에서 트리폰, 세쿤두스, 퀸투스 폴리우스 발레리아누스 등 세 명의 서적상을 언급한다. 그는 자신의 초기 작품을 판매하는 데 애써준 발레리아누스에게 다음과 같이 감사의 말을 남기기도 했다. "내가 젊을 때 쓴 소소한 작품은 퀸투스 폴리우스 발레리아누스에게 청하십시오. 그 덕분에 나의 보잘 것없는 작품이 아직 남아 있습니다." 그리고 세쿤두스와의 거래에 대해 다음과 같이 언급한다. "도시를 방황하지 않고 내 작품이 있는 곳을 찾으려면 내 지시를 따르시기 바랍니다. 팔라스 포룸과 평화의 사원 뒤에 있는 루고 태생의 교양 있는 자유인 세쿤두스를 찾으십시오." 저작권이 없는 사회였기에 마르티알리스는 그 어떤 서점으로부터도 돈을 받지 못했지만 자신의 시에 책을 광고하는 비용은 받았을 것으로 보인다. 그는 여가 시간에 서점을 찾아다니는 걸 좋아했고 자신의 비문에 그 내용을 영원히 남기고 싶었을 것이다. 그는 작가를 하인처럼 대하는 귀족들의 대저택보다 영리한 자유민들과 최신 문학의 가십을 논하는 걸 편하게 느꼈을 것이다.

마르티알리스의 시는 최초의 서점이 어땠을지 재구성해볼 수 있는 단서를 제공한다. 나는 용암으로 보존된 폼페이의 상점과 유사하게 거대한 카운터가 줄지어 있고 벽에 다양한 프레스코화가 있는 서점을 그려본다. 손님을 맞는 곳은 뒷문을 통해 노예들이 엄청난 속도로 사본을 제작하는 곳과 연결되어 있었을 것이다. 노예들은 그 작업장에서 몇 시간이고 구부정한 자세로 요통과 팔의 경련을 견뎌가며 파피루스와 양피지 작업을 했을 것이다.

마르티알리스의 작품은 서점을 통해 후원자 이외에도 다양한 독자의 손에 들어갈 수 있었고 마르티알리스는 문학의 전파에 기꺼워했다. 그에 비해 다른 작가들은 광범위하고 누군지 알 수 없는 대중에게 작품을 개방하길 두려워했다. 호라티우스는 책과의 대화를 담은 어느 서신에서 소심함을 드러내기도 했다. 그는 책을 생명이 있는 미소년으로 설정하고, 거리로 나가 자신을 대중 앞에 드러내 보이고 싶어하는 그 미소년을 꾸짖는다. 논쟁은 뜨거워지고 시인은 성매매를 위해 소시오스 서점에 가기를 열망하는 책을 힐책한다. "그대는 정숙한 사람을 즐겁게 하는 빗장과 인장을 싫어하고, 소수만이 그대를 볼 수 있다고 불평하고, 그만큼 성장하고도 공공장소를 좋아하는가. 그대는 저속한 사람이 그대를 더듬어 더러워지기 시작하면 그제야 '내가 대체 뭘 한 거지?'라고 여길 것이다."

이 농담에는 독서의 역사적 변화가 감지된다. 기원전 1세기에서 기원후 1세기 사이에 로마에서는 새로운 독자, 바로 익명의 독자가 태어났다. 오늘날 친척과 친구들만 읽게 될 책을 출판하는 건 슬픈 일이겠지만, 로마 작가들에게는 그것이 가장 일반적이고 안전하고 편안한 조건이었다. 경계를 허무는 일, 누군가 한 줌의 데나리우스로 자신의 생각과 감정을 들여다볼 수 있다는 사실을 받아들이는 일은 많은 작가에게 트라우마적 경험이었다.

호라티우스의 서신은 책에 대한 귀족의 독점이 끝났음을 선언하는 것이기도 하다. 또 낯선 독자들과 서민에 대한 깊은 불신을 표출하고 있다. 호라티우스는 책에게 굴욕적 운명을 맞을 것이라고 위협한다. "그대는 유충의 먹이가 되거나 어느 작은 구석에서 아이들에게 글을 가르치며 늙어가거나 레리다로 보내질 것이다." 이는 신뢰할 수 있는 사람들 속에 머물면서 품위 있게 행동하지 않으면 학교 교과서가 되는 참을 수 없는 굴욕을 당하거나 거친 히스패닉 독자의 도서관에 귀속되는 능욕을 당할 것이라는 의미다.

호라티우스와 대조적으로 개방적이면서 불경한 태도를 보이는 마르티알리스는 빌빌리스(오늘날 스페인 칼라타유드)에서 태어났기에 지방에 대한 편견이 없었다. 그렇게 더 이상 부자에게 구애할 필요가 없는 새로운 시대가 시작되고 있었다. 마르티알리스와 서적상들은 전장이 확장된 걸 기꺼워했다.

서적상, 위험한 직업

헬렌은 이주민의 딸이었다. 셔츠를 만들어 팔던 그의 아버지는 대금을 필라델피아의 극장표로 받곤 했다. 이러한 거래 방식 덕분에 미국의 대공황 속에서도 헬렌은 낡은 좌석에 앉아 연극을 볼 수 있었다. 극장을 밝히는 조명이 꺼지고 무대가 밝아지면 그녀의 심장은 극장의 어둠 속에서 뛰쳐나온 말처럼 질주했다. 스무 살이 된 그녀는 맨해튼에 정착하여 작가로서의 삶을 시작했다. 수십 년 동안 그녀는 쓰러져가는 가구와 바퀴벌레가 득실거리는 부엌이 있는 지저분한 방에서 집세를 걱정하며 살았다. 그녀는 텔레비전 대본 작가로 고생스럽게 살면서 수십 편의 작품을 창작했다.

20년간 성장하고 서서히 구체화된 헬렌의 최고의 작품은 예상치 못한 방식으로 탄생했다. 헬렌은 절판된 책을 전문으로 하는 런던 서점의 작은 광고를 우연히 보게 된다. 1949년 가을, 그녀는 첫 번째 주문을 런던의 채링크로스 로드 84번지로 보냈다. 주문한 책들이 대양을 가로질러 오렌지 상자로 만든 그녀의 선반으로 향하기 시작했다.

그녀는 도서목록, 결제 금액과 더불어 편지를 보냈다. 그 편지에서 그녀는 새로 받은 책의 포장을 풀고 책을 폈을 때 부드러운 크림색의 아름다운 종이를 만지는 기쁨을 이야기했다. 또 책을 읽을 때의 인상과 경제적 어려움과 취미에 관해서도 얘기했다. "저는 전 주인이 자주 읽었던 페이지가 열리는 중고 책을 좋아해요." 처음에는 서점 주인 프랭크의 회신이 뻣뻣했지만 세월이 흐르면서 어조가 부드러워졌다. 12월, 크리스마스를 맞아 헬렌이 직원들에게 보낸 소포가 채링크로스 로드에 도착했다. 그 안에는 험난한 전후 영국의 암시장에서만 구할 수 있었던 햄과 통조림 등이 들어 있었다. 봄날이 오자 그녀는 프랭크에게 센트럴파크에서 읽겠다며 "훌쩍이지 않고 사랑을 이야기하는" 작은 시선집을 요청했다.

그 편지들의 특별함은 그들이 말하지 않고도 서로를 이해하는 방식이었다. 말 없이도 헬렌을 이해하고 있던 프랭크는 먼 거리를 여행하며 외딴 사설 도서관 구석구석을 돌며 헬렌을 위해 가장 아름다운 책을 찾아다녔다. 헬렌은 새로운 선물을 보내고 새로운 책을 주문했다. 그 상업적 서신에는 말 없는 감정과 조용한 욕망이 스며들었다. 그리고 프랭크는 그 서신의 사본을 보관해뒀다. 그렇게 세월이 흘렀다. 결혼한 프랭크는 두 딸이 유년과 청소년기를 보내는 걸 지켜봤고 늘 무일푼이던 헬렌은 텔레비전 대본을 쓰며 생계를 이어갔다. 두 사람은 계속 선물과 주문을 주고받았지만 간격은 길어졌다. 그들은 언어를 세련되게 다듬어 소통했다. 감상적이지도 않았다. 그들은 사랑을 말하지 않으면서 재치 있는 글을 교환했다.

헬렌은 돈을 모아 비행기 표를 사게 되면 런던과 그 서점을 찾아가

겠노라 했지만 끊임없는 글쓰기와 치아 문제와 계속되는 이사 비용으로 그들의 만남은 계속해서 지연됐다. 프랭크는 비틀스에 매료된 수많은 미국인 관광객 속에 헬렌이 없는 것을 안타까워했다. 1969년 프랭크는 급성 복막염으로 갑작스레 사망했다. 그의 부인은 헬렌에게 짧은 글을 보냈다. "이젠 가끔 당신을 질투했다는 걸 인정해도 괜찮겠네요." 헬렌은 모든 편지를 모아 두 사람의 서신을 책으로 출판했다. 그리고 그녀는 수년간의 힘겨운 노동에도 늘 등 돌리던 성공을 목격하게 된다. 이후 『채링크로스 84번지』는 소설로 탄생하여 영화와 연극으로 각색되었다. 수십 년간 누구도 쓰려 하지 않던 대본을 써오던 헬렌 한프(Helene Hanff)는 작품이 될 거라고 생각하지 못한 작품으로 성공을 거두었다. 책이 출판된 덕분에 그녀는 마침내 런던으로 여행할 수 있게 되었다. 첫 여행이었지만 너무 늦었다. 프랭크는 사망했고 마크스앤코(Marks&Co) 서점은 사라지고 없었다.

그들이 나눈 서신에는 그들 이야기의 절반만이 담겨 있다. 나머지 절반은 프랭크가 헬렌을 위해 찾은 책에 담겨 있다. 다른 사람에게 책을 추천하고 전해주는 것은 우호적 관계와 소통과 친밀함의 강력한 표현이기 때문이다.

책이 로마에서 지녔던 원시적 가치, 애정과 우정의 지도를 그리는 미묘한 능력을 완전히 상실한 건 아니다. 우리가 감명 깊은 글을 읽으면 사랑하는 사람에게 맨 먼저 그 이야기를 들려줄 것이다. 아끼는 사람에게 소설이나 시집을 선물함으로써 우리는 그 책에 대한 상대의 의견이 우리에게 반영될 것임을 알고 있다. 친구나 사랑하는 사람이 우리의 손에 책을 쥐여주면 우리는 그의 취향과 생각을 추적하고 밑

줄 친 부분에 흥미를 느끼거나 암시를 받고 글과 함께 대화를 시작하며 책의 신비로움을 향해 우리를 더욱 열렬히 열게 된다. 우리는 책이라는 언어의 바다에서 우리를 위한 메시지가 담긴 병을 찾는다.

나의 아버지는 어머니를 안 지 얼마 되지 않았을 때 페루 시인 세사르 바예호(César Vallejo)의 『트릴세』를 어머니께 선물했다고 한다. 아마도 그 시집이 불러일으키는 감정이 없었다면 그 뒤로 이뤄진 일은 불가능했을 것이다. 어떤 독서는 장벽을 허물고, 어떤 독서는 낯선 이에게 마음을 열게 한다. 나는 세사르 바예호와 아무 상관이 없지만 그를 내 가계도에 접목했다. 내가 존재하기 위해서는 증조할아버지와 마찬가지로 세사르 바예호도 있어야 했기 때문이다.

마케팅, 블로그, 비평이 부지기수로 많음에도 불구하고 우리가 읽게 되는 가장 아름다운 것은 거의 언제나 사랑하는 사람(혹은 친구가 된 서점 주인) 덕분이다. 책은 여전히 우리를 신비한 방식으로 엮어주고 있다.

| **17** |

서점은 빠르게 사라지고 그 흔적은 대형 도서관의 흔적보다 미약하다. 스페인 작가인 호르헤 카리온(Jorge Carrión)은 개인 소장품과 공공 소장품, 서점과 도서관 사이의 대화가 문명만큼이나 오래됐다고 지적한다. 그러나 역사적 무게는 항상 후자에 치우쳐 있다. 사서는 책을 축적하고 일시적으로 대출해주는 일을 하지만, 서적상은 획득한 것을 없애기 위해 판매하고 유통한다. 서적상의 일은 파는 것이다. 도

서관이 권력, 지자체, 국가, 군대에 묶여 있다면 서점은 유동적이며 일시적이다. 또 서점은 위험에 노출되어 있다.

마르티알리스 시대부터 서적상들은 위험한 거래를 했다. 마르티알리스는 로마에서 역사가 타르수스의 헤르모게네스(Hermogenes)가 처형되는 것을 목격하는데, 헤르모게네스가 작품에서 특정 암시를 통해 도미티아누스 황제의 분노를 샀기 때문이었다. 더불어 그 책을 유통한 필사자와 서적상도 사형을 면치 못했다. 수에토니우스는 다음과 같은 말로 후자의 정죄를 설명했다. "십자가에 못 박힌 서적상들."

도미티아누스는 그들을 시작으로 탄압을 시작했다. 그때부터 수많은 검열자들이 황제와 같은 방식을 적용하여 간접적인 책임을 가중시켰다. 억압은 보복, 벌금, 감금의 형태로 이뤄졌으며 필사가에서 전직 인쇄업자, 포럼의 관리자에서 공급자에 이르기까지 책의 유통에 관련된 모든 사람을 대상으로 했다. 이들을 억압함으로써 불편한 작품을 침묵시킬 수 있었다. 이들은 본능적으로 작품을 출판하는 데 전념하는 작가와 같은 위험을 감수할 리 없었기 때문이다. 자유로운 도서 매매와의 전쟁을 위해 서점에 대한 압력은 필수적이었다.

우리에겐 헤르모게네스의 작품을 복사하여 유포한 혐의로 처형당한 서적상들에 대한 정보가 거의 없다. 다만 압제적이던 도미티아누스 황제를 언급하는 수에토니우스의 짧은 글에 그들에 대한 언급이 나온다. 하지만 만족할 만한 내용을 찾을 수는 없다. 죽음을 맞는 순간에 그들의 이름이 호명되긴 하지만 그게 전부다. 그렇다면 그 서적상들이 전파한 이야기는 무엇이었을까? 그들은 어떤 고난을 겪었으며 자신의 직업에서 어떤 즐거움을 찾았을까? 그들은 부당한 처분의 희생자였을까? 자신들의 목숨을 앗아간 저자의 전복적 정신을 지지했을까?

불확실하고 혼란스럽고 권위주의적인 시대를 살던 서적상들의 목소리를 담은 회고록이 있다. 19세기 스페인은 페르난도 7세의 절대주의적 통치에서 벗어나 있었다. 마드리드 사람들이 '돈 조르지토'로 불렀던 영국 작가 조지 보로(George Borrow)는 영국 해외 성서 선교회에서 성공회판 성경을 전파한다는 사명을 띠고 스페인에 들어갔다. 그는 성서의 사본을 스페인 수도를 비롯한 여러 도시의 주요 서점에 비치하고자 먼지투성이 길을 따라 스페인 전역을 누볐다. 여관 주인, 집시, 주술사, 농민, 노새, 군인, 밀수꾼, 도적, 투우사, 전직 공무원 같은 사람들과 마주치며 그는 쇠락한 출판계를 목격한다. 1842년, 순례의 기록인 『스페인의 성서(The Bible in Spain)』를 펴내면서 그는 이렇게 말한다. "스페인에선 장르를 불문하고 책에 대한 수요가 처참하게 추락했다."

그의 작품은 억압에 불평하고 때로는 불안해하는 서적상들의 이야기를 1인칭 시점에서 기록하고 있다. "친절한 마음의 순박한" 바야돌리드의 서적상은 서점을 운영하는 것만으로는 생계를 유지할 수 없어서 다른 잡다한 일을 해야 했다. 보로는 레온의 한 서점에서 성공회 성경을 광고하고 판매하는 데 성공했다. 그런데 "소수를 제외하고는 카를로스파"에 속하던 레온 주민들이 교회 법정을 통해 이단에 대한 소송을 제기했다. 그러나 서적상은 겁먹지 않고 도전을 받아들이면서 대성당 정문에 광고문을 붙였다. 산티아고데콤포스텔라에서는 어느 서적상과 친구가 되었다. 서적상은 온화한 여름 해 질 녘에 그를 도시

외곽으로 데려갔다. 그리고 산책을 하던 중 그간 박해를 겪었다고 솔직히 털어놨다. "우리 스페인 서적상들은 모두 자유주의자라네. 우리는 이 직업을 좋아하지만, 그 이유로 상당한 고통을 겪었네. 많은 이가 공포의 시기에 프랑스어나 영어의 번역판을 팔았다는 이유로 교수형에 처해졌지. 나는 산티아고를 떠나 갈리시아의 험준한 지역으로 몸을 피했네. 좋은 친구들이 아니었다면 지금 여기서 이런 얘기를 할 수 없었겠지. 어쨌든 문제를 해결하는 데 돈이 많이 들었어. 내가 숨어 지내는 동안 교회법정의 관리가 아내를 찾아와 내가 나쁜 책을 팔았으니 나를 화형에 처해야 한다고 했다더군."

최악은 스페인 비고에 살았다는 스페인판 미친 스위니 토드다. 보로가 들은 바에 따르면, 그는 서적상이자 이발사로 책을 팔거나 면도를 한다는 명목으로 목을 잘랐다고 한다. 무슨 이유로 때로는 책을 팔고 때로는 목을 베었는지는 알 수 없다. 점점 줄어드는 고객들이 위험을 무릅쓰고 문학에 대한 의견을 제시한 건 아니었을까.

도미티아누스와 페르난도 7세 사이에는 거의 1800년의 거리가 있지만 각 시대 서점의 역사는 같은 공기 속에서 숨 쉬고 있다. 독재 시대에 서점은 보통 금지된 책에 접근할 수 있는 장소이기에 의심을 받았다. 외국으로부터 영향 받기를 꺼리던 시대에는 서점이 육지의 항구였다. 거부당하거나 불편한 외국어는 서점에 숨어 있었다. 우리 어머니는 은신처 같은 서점의 뒷방에 들어가 공포와 기쁨 속에서 금서, 불온한 수필, 러시아 소설, 실험문학, 검열관이 외설로 분류한 책 같은 위험한 작품을 볼 수 있었던 독재 시대의 기억을 아직도 간직하고 있다. 책을 사서 감춰야 했던 시대, 은신과 위험을 함께 사야 했던 시대,

돈을 지불하고 무법자로 세례받던 시대가 있었다.

지난 세기 1990년대 어느 날 아침, 마드리드에 아버지와 함께 있던 때가 생각난다. 나는 아버지가 그토록 좋아하는 고풍스러운 서점(혼돈과 무질서의 왕국)에 들어갔다. 아버지는 서점에서 몇 시간이고 보낼 수 있었다. 아버지는 그걸 '엿보기' 또는 '냄새 맡기'라고 했지만 내가 보기엔 광산을 파는 일 같았다. 아버지는 팔을 뻗어 책을 살피고 만지다가 책들을 쏟아버리기도 했다. 램프 불빛 아래에 있을 때는 책 먼지가 후광을 발했다. 그는 책더미와 선반을 뒤적이며 행복해했다. 책을 찾는 일이 쇼핑의 즐거움이었다. 1990년대 마드리드의 그날 아침, 아버지는 흥미로운 광물을 캐냈다. 겉보기엔 『돈키호테』였다. 천으로 된 표지에 깡마른 돈키호테가 있었다. 첫 장엔 오래된 방패와 결투 이야기가 있을 터였다. 그런데 두 번째 장이 나와야 할 자리에서 다른 작품이 시작됐다. 『자본론』이었다. 아버지는 전에 없이 환히 웃으셨다. 세르반테스와 마르크스로 이루어진 2인승 자전거. 그건 이상한 실수가 아니라 지하에서 유통되던 판본이었으며, 젊은 시절의 살아 있는 기억이었으며, 당대의 유령이었으며, 그가 살아낸 환경이자 속삭임이자 비밀이었다. 수많은 기억 조각들이 한꺼번에 밀려들었다. 세르반테스에 마르크스를 접붙인 그 책은 그에게 많은 의미가 있었다. 그 책이 숨어서 몰래 하던 독서에 대한 향수를 불러일으켰기 때문일 것이다. 내가 태어나기도 전, 나는 모르는 시대의 기억과 위협이 내 머리 위를 나는 듯했다. 우리 부모님은 독재자 프랑코가 살아 있는 한 아이를 갖지 않기로 하셨다고 한다.

이 장을 쓰기 직전에 폴란드 작가 프랑수아즈 프렌켈(Françoise Frenkel)의 유대인 서점에 대한 흥미진진한 자전적 작품인 『베를린의 서점(*Rien où poser sa tête*)』이 수중에 들어왔다. 나는 작품의 첫 문장에 사로잡혔다. "죽은 자들이 잊히지 않고 희생자들이 사라지지 않게 증언하는 것이 생존자들의 의무다. 영원히 말하지 못하는 사람들, 쓰러지고 살해된 사람들을 가엽게 여기는 마음이 이 글에 담기기를 바란다."

원제인 '어디에도 머리 둘 곳 없구나'는 뿌리 뽑힌 자신의 삶을 잘 요약하고 있었다. 폴란드에서 태어났지만 방랑자적 걸음은 그녀를 파리로 데려갔고 그녀는 그곳에서 서점을 운영했다. "나는 사람들이 책을 집어 드는 방식, 책장을 넘기는 섬세함, 경건하게 읽는지 아니면 재빨리 훑어보고 탁자 위에 올려놓다가 부주의로 책 모서리가 뭉개지는지 등을 보고 사람의 성격이나 기분을 파악할 수 있게 되었다. 나는 독자가 추천에 영향을 받았다는 생각이 들지 않도록 신중하게, 그 사람에게 가장 적절하다고 생각하는 책을 독자의 손에 맡겼다. 독자가 마음에 들어 하면 나도 만족스러웠다."

몇 년 후인 1921년 그녀는 베를린에 메종 뒤 리브르(Maison du Livre)라는 프랑스 서점을 열었다. 그곳에서 그녀는 다양한 국적의 고객을 맞았고 독일을 방문한 작가들(지드, 앙드레 모루아, 콜레트)을 위한 회의를 조직했다. 그녀의 주요 고객은 샤를로텐부르크에 거주하는 백인 러시아인들이었다. 같은 곳에 살던 나보코프는 그곳에서 슬픈 겨울의 황혼을 보냈을 것이다. 그녀에겐 활기가 넘치던 시절이었다.

1935년 나치가 독일을 집어삼키면서 어려움이 시작됐다.

첫째, 수입 도서에 대한 평가를 담당하는 특별부서의 지침을 따라야 했다. 때로는 경찰이 나타나 블랙리스트에 있는 일부 프랑스어 책과 신문을 압수하기도 했다. 공인된 프랑스 출판물의 수는 점점 더 제한되었고 금지된 작품을 보급할 경우 강제 수용소에 끌려갔다. 다시금 도미티아누스의 전략이 등장한 것이었다.

뉘른베르크의 인종법이 통과되자 울타리가 더욱 강화되었다. 프랑수아즈는 게슈타포의 심문을 받았다. 어둠 속 침대 위에서 그녀는 히틀러를 찬양하는 노래를 들어야 했다. 그들은 힘과 전쟁과 증오를 찬양하는 노래를 불렀다.

'깨진 유리의 밤'에 베를린은 불타는 유대교회의 불빛으로 어지러웠다. 새벽에 서점 계단에 앉아 있던 프랑수아즈는 쇠몽둥이로 무장한 두 사람이 다가오는 걸 목격했다. 그들은 어느 상점으로 향하더니 진열창을 부쉈다. 유리가 산산조각 났다. 그들은 안으로 들어갔다. 뒤이어 메종 뒤 리브르 서점 앞에 다다른 그들이 목록을 살펴보더니 "목록에 없군"이라고 말하며 지나갔다. 프랑스 대사관의 잠정적인 보호 덕에 서점이 공격받지 않았다. 프랑수아즈는 만약 그들이 그날 밤에 서점을 강탈했다면 온 힘을 다해 책을 지켰을 것이라고 생각했다. 자기 직업에 대한 애정뿐 아니라 혐오감과 "죽음에 대한 무한한 향수 때문에" 그렇게 했을 것이라 생각했다.

그러나 1939년 봄의 베를린에 프랑스 책을 파는 작은 오아시스 같은 공간은 허락되지 않았다. 그녀는 탈출할 수밖에 없었다. 그녀는 고객들이 스스로를 위안하고 자유롭게 숨을 쉬던 선반을 바라보며 독일에서의 마지막 밤을 보냈다. 파리에 도착해서 가구뿐 아니라 책과 수집품이 인종적인 이유로 독일 정부에 의해 압수되었다는 소식을 들었다. 그녀는 모든 것을 잃었다. 그리고 전쟁이 터졌다. 프랑수아즈가 독일에서 목격한 괴물 같은 인간 벌레들이 유럽 전역으로 퍼질 위기에 놓여 있었다. 짐도 집도 쉴 곳도 없는 그녀는 거대한 대양 같은 유럽 피난민 속의 물방울 하나에 지나지 않았다. 그녀는 은밀하게 스위스 국경을 넘을 때까지 생명의 위협을 느꼈다.

히틀러가 메종 뒤 리브르 서점의 문턱을 넘었을 것 같지는 않다. 그러나 문학은 그에게도 도피처였다. 그는 청소년기에 폐 질환을 앓았고 그로 인해 강박적인 독자가 되었다. 그의 젊은 시절 친구들에 따르면 그는 서점과 도서관을 자주 찾았다고 한다. 특히 독일 영웅의 역사와 무용담에 대한 책을 많이 읽었다고 한다. 그는 사망하면서 1500권이 넘는 도서를 소장한 도서관을 남겼다. 『나의 투쟁』은 1930년대에 그를 위대한 독일 베스트셀러 작가로 만들었다. 그 10년 동안 그의 책은 성경 다음으로 많이 팔렸다. 성공과 돈을 통해 그는 술집의 허풍쟁이라는 이미지를 지울 수 있었다. 쿠데타 실패 후, 그는 글쓰기를 통해 자존감을 회복했다. 『나의 투쟁』이 출판된 1925년부터 그는 소득세 신고서에 자신의 직업을 작가로 기입했다. 집단 지도력, 협박, 대량 학살은 무보수 취미였던 셈이다. 종전 후, 그의 책은 16개 언어로 번역되어 약 1000만 부가 배포되었다. 이 책의 저작권이 소멸된 2015년 이래로 독일에서만 10만 부가 팔렸다. 이 판본을 낸 사람들은 "판매 부수에 압도되었"음을 인정한다.

1920년, 프랑수아즈가 베를린에서의 모험을 시작하고 히틀러가 특유의 소요를 일으키며 첫 대중 연설을 하고 있던 순간, 마오쩌둥은 창사시에 서점을 열었다. 사업이 잘되자 그는 여섯 명의 직원을 고용했다. 그의 자본주의 모험은 놀라울 정도로 수익성이 좋았으며 이를 통해 그는 혁명가로서 경력을 시작하던 시기에 수년간 자금을 조달할 수 있었다. 그 전에 그는 대학 도서관에서 일했는데, 그곳에서는 독서광으로 기억되고 있다. 46년 후, 그는 잔혹한 문화대혁명을 일으켰고, 그 결과 책이 불타고 지식인들이 굴욕적인 자아비판을 하고 투옥되거나 암살되었다. 호르헤 카리온이 지적하듯, 현대 세계에서 가장 효과적인 통제, 억압, 집행 시스템을 설계한 사람들, 책을 가장 효율적으로 검열한 사람들은 문화연구자이거나 작가이거나 훌륭한 독자였다.

서점은 급변하는 세상에서 멀리 떨어진 고요한 공간처럼 보이지만 그 안에서는 매 세기마다 투쟁이 맥박치고 있다.

| **19** |

3년 전,《에랄도 데 아라곤》신문사가 기념 부록의 문화면을 위한 기사를 써달라고 의뢰한 적이 있다. 나는 서점에 관해 쓰기로 했다. 서점의 조용한 방사선에 대해, 거리에서 서점이 생성해내는 자기장에 대해서 말이다. 출발점은 『서점에 대한 기억(*Memoria de libréria*)』을 쓴 서적상 파코 푸체(Paco Puche)에 대한 이야기였다. 그는 이렇게 쓴다. "서점이 길거리에 퍼트리며 주민들에게 전달하는 에너지나 도시에 미치는 영향을 측정하기란 불가능하다. 고객의 수, 매출, 상업적 수치만

으로는 충분치 않다. 도시에서 서점의 영향력은 미묘하고 은밀하며 파악하기 어렵기 때문이다."

나는 두 도시에서 다섯 명의 서적상을 인터뷰했다. 그들은 보로가 갔던 서점을 물려받은 사람들이었다. 그들을 택한 이유는 사적인 것이었는데, 나는 살아오면서 각기 다른 시기에 그들로부터 읽는 법을 배웠기 때문이다. 나는 어릴 때부터 서점의 문턱을 넘어 무수히 많은 책 속에서 파수꾼처럼 서 있는 서적상을 만나는 게 좋았다. 그곳에선 책장을 넘겨보고 냄새를 맡고 쓰다듬을 수 있으며, 정돈된 책들, 정돈되지 않은 책들, 성공한 책들, 버려진 고아 같은 책들을 볼 수 있었다. 나는 선반 등반가가 되어 종이와 먼지로 뒤덮인 산맥을 바라볼 때마다 깊이 숨을 들이쉰다. 북적거리는 것 같아도 서점은 넉넉한 공간을 준다.

질문을 하고 긴장된 손으로 메모장에 답변을 받아 적는 건 신나는 일이었다. 나는 지금 그 메모장을 살펴보고 있다. 화살표와 괄호, 찻잔의 흔적, 밑줄, 접힌 모서리, 삭제된 내용 등이 보인다. 작은 마법의 탑 같은 아노니마 서점의 주인 체마는 내가 잃어버린 동기를 찾아준 것 같다고 했다. 완고한 낭만주의의 문학적 정맥을 거부하기는 불가능하다. 인터뷰한 다섯 명의 목소리에선 아이러니와 열정이 짙게 묻어났다. 지금이 어려운 시기라는 건 분명하다. 그중에는 복사기가 미친 피해를 아직도 기억하고 있는 사람도 있었다. 또 인터넷 서점을 한탄하기도 했다. 그들은 좌초한 자신들의 기획을 떠올리며 지금이 가장 위기라고 했다. 마오쩌둥은 서점에 여섯 개의 일자리를 만들고 어렵지 않게 자본주의 파괴를 계획할 수 있었지만, 오늘날엔 성공하기 어려운 사업이다.

신비로운 숲 같은 안티고나 서점의 홀리아와 페피토는 자신들이 독서라는 약을 처방하는 주치의 같다고 했다. 집요하고 쾌활한 선원이 조종하는 배의 분위기를 풍기는 신화적인 파리스 서점의 파블로는 "카운슬러"라는 말을 되풀이했다. 놀랍게도 그들의 관점은 동일했다. 책-약국을 운영하는 일은 독자의 취향과 경향을 이해하는 것이며 독자의 감탄과 열정과 행복 혹은 불만의 이유를 파악하는 일이자 개인의 변덕과 집착의 영역에 잠입하는 일이었다. 또 매일 셔터를 올리고 장시간 일을 해야 하며 등이 아프도록 책을 옮겨야 했다. 1934년에서 1936년 사이에 서점에서 시간제로 근무했던 조지 오웰은 『서점의 추억』에서 서점에서 일해보지 않은 사람이라면 서점을 존경받는 노인들이 송아지 가죽으로 묶인 책 사이를 영원히 배회하는 일종의 낙원으로 표현할 것이라고 말한다. 그러나 실제로 고객들은 에릭 블레어(조지 오웰의 본명)가 바랐던 만큼 흥미롭지도 다정하지도 않았으며, 그는 자신이 아끼는 책이 주인을 만나지 못한 채 시들어가는 것을 보고 이를 갈았다고 한다. 하지만 친구들은 그를 거만하고 비사교적인 판매자로 기억하고 있다. 에릭은 자신의 종이 왕국을 우아하게 지켜줄 카리스마 넘치는 사람이 되기엔 창의력이 부족했던 것 같다. 그는 서적상이 환상적 무대의 마술사라는 걸 이해하지 못했던 것 같다.

빛의 폭포가 평화와 말의 공간으로 들어오는 것 같은 로스 포르타도레스 데 수에뇨스 서점의 에바와 펠릭스는 서점이 오래된 카페처럼 예술적, 문학적 모임의 장소가 될 수 있도록 애쓰고 있다고 했다. 그들은 그 안에서 수줍음 많은 사람들과 활기찬 사람들이 함께 참여하면서 다양한 일들(만남과 재회, 전시, 계획, 활기, 문화적 공간을 만드는 아이디어 등)이 일어나길 바랐다. 그들은 출판사와 일러스트레이터와 작가가 태어나고 부상하는 길을 닦는 걸 서점의 소명으로 생각했다. 이런 서점이 문을 닫으면 우리는 불안하고 낯선 고독을 경험하게 된다.

나는 혹독한 기후와 친절한 서점이 있는 도시에 살고 있다. 독자라는 구제 불능의 종족에겐 행운의 장소다. 우리는 새로운 발견을 위해 좋은 책을 골라 읽고, 여행하고, 어루만지고, 질문을 던지고, 찾아다니며 시간을 보내야 한다. 우리가 스페인에서 가장 독서량이 많은 지역에 속하게 된 것은 북풍(겨울에 태어나 우리를 채찍질하고, 나무를 뒤흔들고, 머리가 헝클어지게 하고, 유리를 요동치게 하고, 우리의 눈에 먼지를 뿌리고, 보이지 않는 것에 익숙해지게 하는) 때문인지도 모른다.

자료 수집을 마치고 기사가 거의 작성되었을 때, 빠뜨린 부분이 떠올랐다. 칼라모 서점에서 파코와 얘기를 나누던 막바지엔 내용을 적지도 녹음을 하지도 않았다. 그가 가꾼 책과 종이의 정원에서 파코는 책을 통해 도시의 삶에 참여하고자 했던 30년 전의 열망과 두려움을 떠올렸다. 그 덕분에 나는 우리도 '깨진 유리의 밤'을 보냈다는 것을 인지하게 되었다.

독재와 민주주의 이행기를 떠올릴 때면 어머니는 늘 한 손을 가슴에 얹는다. "심장마비의 시절." 어머니는 당시를 설명할 때면 늘 이 표현을 쓴다. 서점은 그 역사의 최전선에서 고통을 겪었다. 수개월 동안(1976년부터 1977년 봄이 정점이었다.) 마드리드, 바르셀로나, 사라고사, 발렌시아, 팜플로나, 테네리페, 코르도바, 톨로사, 게초, 바야돌리드 등 여러 도시에서 서점이 표적이 되었다. 프랑수아즈 프렝켈의 마지막 베를린 시절의 분위기를 떠올리게 하는 일련의 공격이 감행된 것이다. 그 강습을 감행한 자들 중에는 '코만도 아돌프 히틀러'라는 그룹도 있었다. 그들은 성명서를 내서 서점에 마르크스주의, 자유주의, 좌익 책이 있기 때문이라며 자신들의 행동을 정당화했다. 당시의 신문 헤드라인엔 "2주마다 공격받는 서점"이라는 제목도 있다. 200개 이상의 서점이 공격을 받았고 사라고사의 포르티코 서점처럼 사상자가 발생하기도 했다. 공격은 다양한 방식으로 전개됐다. 익명의 구두 위협, 폭파를 경고하는 전화, 방화, 기관총 난사, 권총 테러, 폭발물 설치, 배설물이나 페인트 투척 등.

포르티코 서점은 발타사르 그라시안가(街)의 모퉁이에 있었다. 1976년 11월 어느 날 밤 강력한 폭발이 발생했다. 서점의 문과 창문을 보호하던 셔터가 산산조각 나면서 파편이 사방으로 튀었다. 그 충격으로 광장을 따라 늘어선 건물들의 외벽이 손상됐다. 몇 달 사이에 벌어진 다섯 번째 공격이었다. 체포된 사람은 없었다. 서점 주인이던 호세 알크루도는 언론을 통해 이렇게 선언했다. "나는 책만 팔 뿐입니다. 그러니 이런 식의 공격은 내가 피해를 입긴 하지만, 나에 대한 공격이 아니라 문화에 대한 공격입니다. 명확한 조치가 취해지지 않는다면 결국 문을 닫아야겠지요. 폭탄에 대해서는 방어나 차폐가 불가능하다는 걸 모두가 알고 있으니 말입니다."

그러나 그 연약한 서점은 폭력에서 살아남았다. 몇 년 후, 나는 그때 누군지도 몰랐던 찰리 파커의 음악을 들으며 복잡한 책들의 섬에서 숨바꼭질을 하고 있었다. 그 사이 아버지는 팔꿈치까지 소매를 걷어 올리고 호세 알크루도와 긴 대화를 나누고 있었다. 아직 어렸던 나는 주문을 외우는 것처럼 느리고 이상하고 해독할 수 없는 대화를 들었다. 말하기는 어른들의 존재 목적인 것 같았다.

서점은 언제나 포위된 피난처였다. 지금도 그렇다. 서적상은 가운을 입지 않은 의사지만, 어려운 시기엔 방탄조끼를 입고 출근해야 한다. 살만 루슈디가 1988년 『악마의 시』를 출판하자 검열과 폭력의 소용돌이가 몰아쳤다. 인도의 한 장관은 이 작품을 신성모독이라고 비난했다. 일주일 후, 가장 공격적인 구절이 포함된 수천 장의 사본이 이슬람의 연구센터들에 유통되기 시작했다. 1989년 1월, 텔레비전에선 이슬람교도들이 거리에서 그의 작품을 불태우는 모습이 방송됐다. 이 사건은 전 세계로 퍼졌고 몇 주 뒤, 저자는 런던 자택에서 살해 위협을 받았다. 폭도들은 이슬라마바드에 있는 미국 정보센터를 습격했고 다섯 명이 총격으로 사망했다. 군중들은 "루슈디, 넌 죽은 목숨이야."라고 외쳤다. 이슬람의 아야톨라이던 호메이니는 저자와 책의 출판과 보급에 관련된 사람들을 최대한 신속히 제거함으로써 불경스러움에 종지부를 찍기로 결정했다. 버클리의 서점에선 폭발이 발생했고 런던과 호주에선 서점들이 화염병 공격을 받았다. 이 책의 일본어 번역가 이가라시 히토시는 암살당했다. 이탈리아 번역가 에토레 카프리올로는 칼에 찔렸고, 노르웨이의 출판업자 윌리엄 니고르는 자택에서 세 발의 총탄을 맞았다. 여러 서점이 파괴되고 약탈당했다. 또 어떤 시위에서는 서른일곱 명이 사망했다. 펭귄 출판사는 방탄조끼를 입을지언정 책을 없애지는 않았다. 루슈디는 11년 동안 숨어 살았다. 1997년에 그의 목숨에 걸린 현상금은 200만 달러였다.

『악마의 시』가 서점에 진열되기 며칠 전, 판촉 행사가 진행되는 가운데 인도의 한 언론인이 루슈디에게 물었다. "앞으로 닥칠 혼란스러운 상황을 알고 있습니까?" 작가는 단호하게 대답했다. "책이 폭동을 일으킬 거라는 건 터무니없는 생각이죠. 세상을 보는 방식이 이상하시네요!"

사실, 책의 파괴에 대한 역사를 돌이켜보면 오히려 표현의 자유가 세상을 보는 기이한 방식(오아시스, 특이한 낙원, 샹그릴라, 로슬로리엔의 숲 등)임을 알 수 있다. 문자는 수 세기 동안 가혹한 박해를 받아왔다. 깃발을 흔드는 사람도, 비난하는 사람도, 서점의 창문을 깨뜨리거나 불을 지르는 사람도, 금지하려는 격렬한 열정에 빠진 사람도 없는, 그저 평온한 방문객만 있는 평화로운 시대의 서점이 오히려 낯설다.

| **20** |

서점의 혼돈은 기억의 혼돈과 흡사하다. 서점의 복도, 선반, 문지방은 집단의 기억과 개인의 기억이 깃든 공간이다. 그곳에서 우리는 삶의 진실을 밝히는 전기, 증언, 허구를 만난다. 두꺼운 역사책은 더딘 캐러번을 끄는 낙타처럼 과거로 가는 길을 안내한다. 연구, 꿈, 신화, 연대기가 하나의 어둠 속에 함께 잠들어 있다. 그곳은 늘 발견이나 구조가 가능한 곳이다.

제발트(W. G. Sebald)의 『아우스터리츠』에 등장하는 주인공은 서점에서 어린 시절의 억압된 기억을 회복한다. 웨일스의 작은 마을에서 출생의 비밀을 숨기고 있는 연로한 양부모 밑에서 자란 자크 아우스터리츠는 늘 설명할 수 없는 슬픔을 안고 있다. 각성을 두려워하는 몽

유병자처럼 그는 수년 동안 찢긴 비극에 대한 모든 지식을 차단했다. 그는 신문을 읽지 않고 정해진 시간에만 라디오를 들음으로써 과거 사와의 접촉으로부터 자신을 안전하게 지켜줄 수 있는 격리 시스템을 완성한다. 그러나 기억에 대한 면역을 얻으려는 시도는 환각과 고통스러운 꿈을 동반하게 되고 마침내 신경쇠약을 일으킨다. 런던의 어느 봄날, 그는 낙담한 채 도시를 산책하던 중 대영박물관 근처의 서점에 들어간다. 페넬로페 피스풀이라는 신화적 이름을 지닌 서점 주인은 서류와 책이 놓인 책상 옆으로 몸을 기울인 채 앉아 있다. 그리고 그 과묵한 여행자는 자신도 모르는 사이에 이타카로 돌아가는 길을 알게 된다.

서점은 고요하다. 페넬로페는 이따금 고개를 들어 자크에게 미소를 짓고는 고개를 돌려 생각에 잠긴 듯 거리를 내다본다. 주인공은 지글거리긴 하지만 부드러운 목소리가 나오는 라디오에 사로잡힌다. 그는 라디오 방송을 하나도 놓치지 않으려는 듯 그 자리에서 꼼짝도 하지 않는다. 라디오에선 두 여성이 1939년 여름, 어렸을 때 나치의 박해를 벗어나기 위해 중부 유럽에서 영국으로 보내졌다는 기억을 언급한다. 겁에 질린 아우스터리츠는 그 여성들의 단편적인 기억이 자신의 기억과 동일함을 깨닫는다. 그는 항구의 잿빛 바닷물, 닻의 밧줄과 사슬, 집보다 높은 뱃머리, 머리 위로 날아가는 갈매기의 울음소리를 다시 보게 된다. 기억의 자물쇠가 절망적으로 열려버린 것이다. 그는 유대인 난민으로 어린 시절을 프라하에서 보냈으며 네 살 때 가족과 영원히 헤어졌다. 그는 그 모든 상실의 흔적을 찾는 데 남은 인생을 바칠 것임을 직감한다.

괜찮아요? 페넬로페가 굳어버린 그의 표정을 보고 걱정스러운 듯 묻는다.

아우스터리츠는 마침내 땅도 나침반도 없이 어디서나 길 잃은 쓸쓸한 행인처럼 느껴졌던 이유를 알게 된다.

그날 아침 서점에서부터 우리는 빼앗긴 정체성을 추적하며 유럽의 도시를 헤매는 주인공을 따라간다. 자크는 배우였으며 테레지엔슈타트 강제수용소에서 살해된 어머니의 모습을 재구성하기에 이른다. 프라하에선 부모님의 오랜 친구를 만나 얘기를 나눈다. 그리고 낡은 사진을 복원한다. 그는 나치의 선전용 다큐멘터리를 천천히 살펴보고 자신의 기억에 상처로 남은 한 여인의 얼굴을 찾는다. 도서관, 박물관, 문서고, 서점을 뒤진다. 사실 이 소설은 망각의 영토에 대한 서사이다.

이 소설에선 허구와 사실의 경계가 불분명하다. 등장인물들이 그 경계에 있는 것 같은 느낌을 준다. 아우스터리츠가 실존 인물인지 일종의 상징인지는 알 수 없지만, 우리는 그의 말에 담긴 공포와 슬픔을 함께하게 된다. 어쨌든 작가는 작중인물과 마찬가지로 바람에 흩어지는 안개처럼 사라져가는 지옥 같은 시대에 대한 증언을 남기고 있다. 역사가 낳은 고통은 회복할 수도, 그 공백을 메울 수도 없지만, 기록하고 증언하는 일은 결코 헛되지 않을 것이다. 우리가 과거를 기록하려는 이타적인 노력을 기울이지 않는다면 망각이 모든 것을 삼켜버릴 것이다. 미래 세대는 우리에게 과거의 역사를 요구할 권리가 있다.

책에는 목소리가 있고 시대와 생명을 구하는 이야기가 있다. 서점은 마술적 영역이며, 우리는 그곳에서 알려지지 않은 기억의 부드러우면서도 지글거리는 메아리를 듣는다.

페이지 책의 성공

| **21** |

비관론자들은 오랫동안 최악의 징조를 경고해왔다. 책이 멸종 위기에 처했으며 식인적인 인터넷과 새로운 즐길 거리와의 경쟁에서 밀려나 머잖아 사라질 것이라고 말이다.

이러한 예측은 21세기를 사는 우리의 예감과 일치한다. 모든 것이 매일 더욱 빠르게 움직이고 있다. 최신 기술이 이미 어제의 참신한 승리를 밀어내고 있다. 노후화의 기간이 갈수록 짧아지고 있다. 옷장은 계절의 트렌드에 따라 새로워지고 핸드폰은 최신 모델로 대체되고 있다. 프로그램과 어플은 지속적으로 업데이트를 요청한다. 최신의 것이 선행하는 것을 집어삼키고 있다. 경계하고 긴장하지 않으면 세상이 우리를 앞지를 것이다.

현기증 나는 대중매체와 소셜 네트워크가 우리에게 그런 인식을 심고 있다. 그것들은 파도를 타는 서퍼처럼 빠른 속도로 혁신을 전개하며 우리를 감탄하게 만든다. 그러나 역사학자나 인류학자는 물속 깊은 곳의 변화는 더디다는 사실을 상기시킨다. 빅토르 라푸엔테 히네(Víctor Lapuente Giné)는 현대사회가 미래지향적 편향성에 시달리고 있다고 한다. 오래된 것과 새로운 것을 비교할 때(예컨대 책과 태블릿 또는 지하철에서 채팅하는 10대와 그 옆에 앉아 있는 수녀) 우리는 새로운 것이 더 미래적이라고 믿는다. 그러나 실제로는 그 반대이다. 사물이나 관습이 우리 안에 오래 머물수록 더 많은 미래가 있다. 평균적으로 최신의 것이 더욱 빨리 소멸된다. 22세기에도 수녀와 책은 있겠지만 왓츠앱과 태블릿은 없을 수도 있다. 미래에도 탁자와 의자는 있을 것이지만 플라즈마 스크린이나 휴대폰은 없을 수도 있다. 우리는 더 이상 자외선A로 태닝을 하지 않는 시대에도 겨울날 동지(冬至)를 맞아 파티를 열 것이다. 돈과 같은 발명품은 3D 영화, 드론, 전기자동차보다 살아남을 가능성이 높다. 멈추지 않는 소비주의에서 소셜 네트워크에 이르기까지 의심의 여지가 없어 보이는 다양한 경향이 사라질 것이다. 하지만 음악에서 영성에 대한 탐구에 이르기까지 태곳적부터 우리와 함께해온 오래된 전통은 결코 사라지지 않을 것이다. 세계에서 가장 사회경제적으로 발전된 국가를 방문하면 (군주제에서 사회적 의식과 신고전주의 건축 또는 오래된 노면전차에 이르기까지) 그들이 지닌 의고주의에 대한 사랑에 놀랄 것이다.

시인 마르티알리스가 오늘 오후에 타임머신을 타고 우리 집에 온다면 그가 알아볼 수 있는 물건은 얼마 되지 않을 것이다. 그는 엘리베이터, 초인종, 라우터, 유리창, 냉장고, 전구, 전자레인지, 사진, 플러그, 환풍기, 보일러, 변기, 지퍼, 포크, 병따개를 보고 깜짝 놀랄 것이다. 압력솥의 쉭쉭거리는 소리에 놀라고 세탁기 소리에 몸을 움츠릴 것이다. 라디오 소리에 놀라 숨을 곳을 찾을지도 모른다. 자명종 소리에 나처럼 짜증을 낼 것이다. 테이프, 스프레이, 코르크 따개, 걸레, 헤어드라이어, 레몬 압착기, 레코드판, 면도기, 스테이플러, 립스틱, 선글라스, 유축기, 탐폰 등이 어디에 쓰이는 것인지 감도 잡지 못할 것이다. 하지만 나의 책을 보면 편안함을 느낄 것이다. 그는 책을 알아볼 것이다. 그는 책을 펼치고 페이지를 넘길 것이며 집게손가락으로 글을 따라가며 안심할 것이다. 우리 세계에서 그들의 물건을 보게 될 것이다.

그렇기에 나는 책의 미래에 대한 묵시록적 예언 앞에서도 이렇게 말한다. 책을 존중하라. 우리에겐 고대 유물이 그리 많지 않다. 아직 남아 있는 것들(바퀴, 의자, 숟가락, 가위, 잔, 망치, 책 등)은 제거하기 어려운 생존자로 판명됐다. 그 사물들이 지닌 디자인과 세련된 단순성은 더 이상의 개선을 요구하지 않는다. 그 사물들은 재료나 구성 요소에 있어 더 나은 것으로 대체되지 않은 채 수많은 테스트를 통과한 것들이다. 그것들은 실용주의적 영역에서 거의 완벽에 가깝다. 그렇기 때문에 나는 책이 독서의 필수적 지주가 될 것이라고 생각한다. 책은 인쇄기가 발명되기 전부터의 제 모습을 그대로 유지하고 있다.

더욱이 수 세기 동안 우리와 함께 장수한 사물들은 새로운 것을 만드는 바탕이 되었다. 고대의 책은 개인용 컴퓨터의 모델이 되었다. 1960년대 말에는 컴퓨터가 방 전체를 차지할 정도로 컸고 비용도 비쌌다. 괴물같이 큰 그 물건은 천공카드를 통해 프로그래밍되었다. 컴퓨터는 군사 및 산업용으로 설계되었다. 제록스의 팔로알토 연구소(PARC)에 고용된 젊은 컴퓨터 과학자 앨런 케이(Alan Kay)는 우리의 삶을 극적으로 바꿀 수 있는 비전을 지니고 있었다. 그는 인간이 컴퓨터와 맺을 수 있는 관계를 고심하면서 보다 친밀한 매개체로서 컴퓨터의 가능성을 감지했다. 그는 컴퓨터가 수많은 사람이 거실에서 사용하는 대중적 현상이자 기술이 될 수 있음을 알았다. 그러려면 책처럼 작고 휴대가 간편하고 저렴하고 사용하기 쉬워야 했다. 그는 몇 년 안에 컴퓨팅 성능이 자신의 아이디어를 실현할 수 있을 정도로 발전할 것이라고 확신하면서 모델을 만들었다. 그는 팔로알토 연구소에서 이 비전을 발전시켰다. 그리고 자신의 발명품을 다이나북(Dynabook)이라 불렀다. 명칭만으로도 그것이 '역동적인 책'이라는 걸 알 수 있다. 즉, 구식 코덱스와 유사하지만 독자가 상호작용을 제어할 수 있는 것이다. 그의 발명품은 최근 몇 세기 동안 책과 인쇄 매체가 그랬던 것처럼, 컴퓨터라는 새로운 매체의 장점을 더하여 인지적 발판을 제공했다.

최초의 다이나북은 '알토'로 불렸으며 1970년대 후반에 이미 활발히 상용화됐다. 팔로알토 연구소를 비롯해 대학과 미국 상원과 의회, 백악관 등에서 거의 1000개에 달하는 알토가 활용되었으며 이는 모두 제록스가 제공한 것이었다. 이로써 새로운 세상이 열리고 있었다. 알토에는 다양한 기능이 있었지만, 당시에는 주로 워드프로세싱, 디자인 및 커뮤니케이션에 사용되었다. 그것의 본질은 '컴퓨터 책'이었다. 1979년 스티브 잡스가 팔로알토 연구소를 방문했다. 그는 자신이 목격한 것에 놀라움을 금치 못했다. 알토의 모양과 미학은 이후에 애플 컴퓨터에 통합되었으며 최신 제품들에도 알토의 기본적 외양이 담겨 있다. 마치 책처럼 휴대성이 좋고 가벼운 컴퓨터를 추구하면서 노트북, 태블릿, 스마트폰이 생산되었다.

1984년 섬너 스톤(Sumner Stone)은 어도비에서 캘리그래피 분야를 담당하게 된다. 그는 새로운 글꼴을 만들기 위해 디자이너들을 고용하고 그들에게 과거의 전통을 참조해달라고 했다. 그리하여 어도비 오리지널 프로그램은 세 가지 스타일을 선택하게 된다. 먼저 그리스적 전통을 따른 '리토스(Lithos)'는 프리에네에 있는 아테나 신전의 비문(대영박물관 소장)에서 영감을 얻은 것이었다. 다음으로 '트라얀(Trajan)'은 로마에 있는 트라야누스 원주에 새겨진 글자에서 영감을 받은 서체였다. 마지막으로 '샬러메인(Charlemagne)'은 (이름은 프랑스식이지만) 앵글로색슨의 성 애설월드의 축도서(Benedictional of St. Æthelwold)의 대문자에서 영감을 받았다. 그리하여 서구의 육필서 전통이 디지털 시대로 진입하게 되었다. 어도비는 또한 1980년대에 포스트스크립트(PostScript) 프로그래밍 언어를 개발하여 종이의 페이지와 매우 유사한 컴퓨팅의 모습을 제공하였다. 이후 1993년 휴대용 문서 포맷인 PDF를 출시하면서 어도비는 한 발짝 더 나아갔다. 타자나 손으로 쓴 원고처럼 전자문서에 마킹을 할 수 있게 된 것이다. 그리고 고서에서 영감을 얻어 문서의 전체적인 구조를 이해하는 방식을 더욱 공고히 했다.

현명한 결정이었다. 그렇게 빨리 신세계(화면)의 모양과 감각이 구세계(종이)와 어떤 면에서나마 대응하지 않았다면 초기 사용자들에게 낯설고 혼란스러운 인공물처럼 보였을 것이다. 익숙한 시각적 구성과 일상적으로 쓰는 문서 같은 느낌이 없었다면 사람들은 그 새로운 매체가 얼마나 유용한지 그렇게 빨리 파악할 수 없었을 것이다. 기술 진보의 역설이 아닐 수 없다. 종이 페이지의 구조, 인쇄 방식, 문자 형식, 제한된 레이아웃과 같은 전통적인 좌표가 디지털 영역의 변화를 만드는 열쇠였던 것이다. 새로운 것이 전통을 제거하고 대체해야 한다는 생각은 오류다. 미래는 늘 과거를 바라보며 진보한다.

| 22 |

1976년 보스니아 작가 이제트 사라일리치(Izet Sarajlić)은 「2176년에 보내는 편지」라는 시에서 이렇게 썼다. "뭐라고? / 아직도 멘델스존의 노래를 들어? / 아직도 데이지를 고르니? / 아직도 어린이날을 축하해? / 도로명을 아직도 시인의 이름을 따서 지어? / 2세기 전, 1970년대엔 아이들의 놀이, 별 헤기, 로스토브 씨 집에서 춤추기가 사라지듯이 시의 시대가 저물 것이라고 했는데. / 나는 바보같이 그걸 믿을 뻔했어!"

| 23 |

책등이 지붕처럼 펼쳐지고, 책갈피가 없으면 쪽 모서리를 접어두고, 언어로 만든 석순처럼 수직으로 쌓아두는 우리의 책은 약 2000년의 역사를 지녔다. 책은 누구에게 감사해야 할지 모르는 익명의 발명품이다. 책은 수 세기에 걸쳐 실험과 시행착오를 겪었다. 책은 아주 힘든 여정을 거쳐 간명한 해결책에 도달했다.

문자가 발명된 이후로 우리의 선조들은 어떤 표면(돌, 흙, 나무껍질, 갈대, 가죽, 나무, 상아, 천, 금속 등)이 글자의 자취를 가장 잘 보존할 수 있는지 궁금해했다. 그들은 완벽하고 휴대 가능하며 내구성 있고 편안한 책을 만들어 망각의 힘에 맞서고자 했다. 중동과 유럽에서 이 초기 단계의 주인공은 파피루스나 양피지 두루마리, 견고한 서판이었다. 우리가 사용하는 종이가 발명되기 전까지 그들은 그 두 가지 방법을 모두 사용했다.

두루마리는 사치스럽고 값비싼 상품이었다. 고대인들은 일상적인 글쓰기(학교, 편지, 공식 문서, 기록, 초안 등)를 위해서는 서판에 의지했다. 그들은 서판을 가방이나 상자에 넣어 보관하거나 모서리에 구멍을 뚫어 고리나 끈으로 묶어 사용했다. 이 서판 세트를 '코덱스'라고 불렀다. 나무판이나 금속판을 두루마리의 재료인 유연한 양피지나 파피루스로 대체하는 것은 혁명적 아이디어였다. 아주 초보적인 메모장에 지나지 않았지만, 미래를 담고 있었다.

파피루스나 가죽을 이용한 시트는 진보된 코덱스의 길을 열었다. 로마인들은 여러 시트를 묶고자 했으며, 이로써 제본의 기술이 탄생했다. 그들은 나무에 가죽을 입힌 덮개로 책을 보호하는 방법을 고안해냈다. 그렇게 '책등'이 생겨났다. 그 이후로 우리는 책등에 작품의 제목을 썼고, 이로써 우리는 도서관의 선반을 따라 빠르게 시선을 옮길 수 있게 되었다.

우리는 코덱스를 발명한 누군지 모를 사람들에게 빚을 지고 있다. 그들 덕분에 텍스트의 기대 수명이 늘어났다. 새로운 방식의 제본은 두루마리보다 내구성이 강하고 훼손도 덜했다. 또 평평했기에 선반에 편리하게 보관할 수 있었다. 크기도 작고 운송도 편리했다. 게다가 각 시트의 양면을 사용할 수 있었다. 코덱스의 용량은 두루마리의 여섯 배에 달했을 것으로 추정된다. 재료의 절약으로 가격이 조금이나

마 낮춰졌으며 유연성 덕분에 오늘날의 작은 수첩의 모태가 만들어질 수 있었으며 크기도 소형화되었다.(키케로는 호두 껍데기에 들어갈 정도로 작은 호메로스의『일리아스』를 본 적이 있다고 한다.)

새로운 발명과 물질적 진보는 위대한 지식의 혁명을 수반하곤 한다. 로마에서 책의 가격이 내려가면서 독서에서 배제됐던 많은 사람들이 독서를 할 수 있게 됐다. 1세기에서 3세기 사이에 귀족층 외의 독자들에게 문화가 확장되었다. 서기 70년 베수비오 화산 폭발로 용암에 뒤덮인 폼페이의 벽과 집에서 고고학자들은 외설, 농담, 정치적 슬로건, 성매매 광고가 포함된 비문을 발견했다. 이런 낙서들은 문자를 이해할 수 있는 중산층 및 중하층 사람들이 있었다는 것을 입증한다. 또 당시의 모자이크나 프레스코화 또는 부조에도 독서하는 장면이 있다. 그 시기에 로마의 공공도서관도 번성했다. 오늘날 백과사전을 파는 사람들이 그렇듯 집집마다 방문하여 책을 파는 서적상도 있었다.

수치를 추정하기는 어렵지만 독자가 급격히 증가한 것은 분명하다. 첫 몇 세기는 전도를 위한 팸플릿이 황금기를 맞았던 시대이다. 특히 전복적인 텍스트들은 로마의 지배에 주목했다. 전통적인 장르 외에도 기분전환과 소비의 문학(조리법, 운동법, 노골적인 삽화가 삽입된 에로틱한 이야기, 마법이나 꿈의 해석에 대한 텍스트, 운세, 허구, 만화 형식의 이야기 등)이 생겨났다. 일부 작가들은 잡스러운 작품이나 상류 문화와 하류 문화를 뒤섞은 작품을 쓰기도 했다. 오비디우스는 여성을 위한 화장법을 담은 소책자를 출판하기도 했다. 수에토니우스는 황제들의 전기를 쓰면서 역사와 연대기를 뒤섞기도 했다. 페트로니우스는 불량하고 부도덕한 인물을 통해 사회를 비판하기도 했다. 이 세 작가는 자유롭고 귀족적이지 않으면서 즐거움을 찾아 책을 읽는 독자에게 우호적이었다.

| **24** |

마르티알리스는 히스패닉 이민자였다. 64년, 스물다섯 살에 제국의 모든 사람이 몰려드는 기회의 땅('아메리칸 드림'의 선조 같은)에 정착했다. 그러나 그는 도시가 가혹한 곳이라는 걸 깨닫는다. 그는 시를 통해 굶주림으로 고통받는 사람들을 이야기했다. 부자가 되기는커녕 생계를 꾸려나가기도 어려웠다. 한 풍자시에서 그는 많은 법률가가 집세를 내지 못할 정도였고 옷이 없어서 추위에 떠는 시인들도 많았다고 말한다. 모두가 번영을 원했지만 경쟁은 치열했다. 사람들은 부자들을 부러워했다. 그들은 상속받은 재산을 사냥하고 늙은 권세가를 추종했다. 시인은 이렇게 말한다. "파울라는 나와 결혼을 원하지만 나는 결혼을 원치 않는다. 그녀는 늙었다. 그녀가 더 늙었다면 결혼했을지도 모른다."

그는 낡은 튜닉을 입고 로마의 겨울 추위를 견뎠을 것이다. 추위와 열악한 숙소와 곤궁함은 그의 문학을 특징짓는 요소가 되었다. 그는 돈을 조롱하는 시를 쓰기로 결정한다. 그리하여 인색한 후원자, 후원자를 갈취하는 지식인, 사치와 과시와 외모에 대한 사회적 욕망, 부자의 허영심, 거장과 아첨꾼의 네트워크를 풍자하기 시작한다.

마르티알리스는 경건하지도 감상적이지도 않은 희극 시인이었다.

그는 사물의 물질적 차원과 그 사물을 소유하고 있는 사람들에게 관심을 기울였다. 그가 작품에서 책을 언급할 때, 그것은 문학적 재능에 대한 추상적 상징이 아니라 사회적 출세를 위한 기증이나 판매를 목적으로 한 구체적 대상이었다. 호라티우스와 오비디우스의 작품에서 책은 창조적 행위의 불멸성을 구현한 것으로 나타나지만, 마르티알리스에게 책은 사고파는 물건이자 결국엔 사라질 사물이었으며 종종 필사자의 실수에서 온 결함을 지닌 것이었다. 파피루스나 양피지로 된 책이든, 휴대가 가능한 두루마리나 코덱스이든, 자유민 판매자가 돈을 버는 상품으로서의 책이든, 누구나 읽고 싶어 하지만 돈을 지불할 의사가 없는 성공적인 책이든, 참치를 포장하거나 후추를 보관하기 위해 사용되는 독자를 잃은 책이든 마르티알리스에겐 그 모든 책이 그러했다.

마르티알리스는 새로운 코덱스의 급습에 관심을 가진 최초의 작가였다. 그는 자신의 초기 작품 중 하나에 『아포포레타(Apophoreta)』라는 아이러니한 제목을 붙이는데, 이는 '선물'을 의미하는 그리스어였다. 그는 음식, 책, 화장품, 염색약, 의류, 속옷, 주방용품, 장식품 등에 대해 운문으로 쓰인 이 카탈로그를 선물 시즌인 12월에 맞춰 출판하고자 했다. 마르티알리스는 풍자시를 통해 독자에게 각 선물의 재료, 가격, 특성, 용도를 알려줬다. 선물의 순서는 비싼 물건(부자를 위한)과 값싼 물건(인색한 부자를 위한)이 교차하도록 설정했다. 예컨대 황금 브로치와 귀이개, 조각상과 브래지어, 카디스 출신의 여자 노예와 늙은 노예, 최근 유행하는 사치품과 점토 변기 같은 식이다. 고대의 일상을 엿볼 수 있는 이 작품에는 마르티알리스의 자연스러운 뻔뻔함이 묻어난다. 예컨대 그는 브래지어를 설명하면서 "당신의 피부가 당신의 가슴을 떠받쳐주지 못하니 황소 가죽으로 가슴을 받쳐주세요."라고 쓴다. 카디스 출신의 여자 무용수에 대해서는 "그녀의 몸짓은 너무 충격적이어서 가장 순결한 남자도 자위하게 만든다."라고 쓴다.

『아포포레타』는 결정을 미루는 사람을 위한 유쾌한 매뉴얼이었고 일상생활에 필요한 물건을 다루는 작품이었다. 시인은 크리스마스 광고 캠페인을 고안한 것이지만, 이는 통렬한 문학적 제언이었다. 그가 살던 시대에 이 작품은 범법적이고 저급하고 경박한 작품이었다. 이 책-카탈로그를 통해 마르티알리스는 쉬운 시, 허위가 제거된 시, 개방적인 유머, 사실적이고 참신한 시를 책의 세계에 갓 들어온 대중 독자에게 선보였다.

마르티알리스는 『아포포레타』에서 구매자에게 열네 편의 문학작품을 제안했다. 그중 다섯 편은 양피지로 만든 휴대용 코덱스로 선물용으로 쓰였다. 이는 1세기 80년대에 이미 포켓용 책이 저렴한 가격에 시장에 나왔음을 의미한다. 경제적 이점 외에 다른 이점도 있었다. 두루마리에 비해 코덱스의 용량이 크다는 사실이 여러 비문에 나타나 있다. "이 작은 양피지가 엄청난 양의 베르길리우스 작품을 담아내다니!", "이 작은 가죽에 위대한 리비우스가 담겼다." 마르티알리스는 열다섯 개의 두루마리 분량인 오비디우스의 『변신 이야기』가 한 권의 코덱스에 실렸다고 말한다. 이러한 응축을 통해 공간과 비용이 절약되었고 하나의 작품이 분산되지 않고 하나로 묶여 있을 수 있게 했다. 이로써 텍스트의 생존 가능성이 월등히 높아졌다. 책의 험난한 미래를 위한 결정적 진보였다.

마르티알리스는 코덱스가 편안하고 휴대 가능하다는 걸 알고 있었다. 그는 "양피지에 실린 키케로. 이 양피지와 함께한다면 당신은 키케로와 함께 긴 여행을 하고 있는 것이다."라고 말한다. 수년 후, 그는 동일한 주장을 하면서 자신의 작품을 홍보한다. 그는 "내 작은 책이 어디에서나 당신과 함께하고 긴 여행의 동반자가 될 테니, 양피지 책을 구매하십시오. 큰 책은 도서관에 두십시오. 내 작품은 한 손이면 충분합니다."라고 말한다.

그렇게 현재 형태의 페이지 책이 시장에 나왔다. 마르티알리스와 같은 작가들은 이를 열렬히 받아들였다. 그러나 고지식한 지식인들은 귀족적인 파피루스 두루마리를 고집하며 시대가 퇴보하고 있다고 한탄했다. 우리는 대부분의 로마인들이 다양한 형식으로 공존했다고 생각한다. 서점에서는 고객의 기호에 따라 두 가지 형식의 책이 제공되었다.

이후 수 세기 동안 마르티알리스처럼 주의 깊고 호기심 많으며 참신함에 개방적인 작가는 없었다. 기독교인들은 두루마리보다 코덱스를 선호했다. 수 세기 동안 박해를 받은 기독교인들은 모임을 중단한 채 은신처를 찾아야 하는 상황에서 비밀스러운 조직을 만들어야 했다. 포켓용 책은 튜닉 속에 숨기기가 용이했다. 이러한 형태의 책은 원하는 부분을 찾아내고 내용을 확인하는 데도 용이했다. 이는 매우 중요했다. 왜냐하면 실수는 영혼의 구원을 위태롭게 할 수 있었기 때문이다. 여백에 주석을 달거나 중요한 구절에 책갈피를 남길 수도 있었다. 사도들이 여행 중 비밀스럽게 휴대하기도 편리했다. 은밀한 독자들에겐 큰 이점이었다. 기독교인들은 자신들의 고유한 정체성을 확인하고자 했다. 그로 인해 책이 중하층 문화의 대중들의 손에 더욱 급속히 유통되기 시작했으며 개종을 확장하는 데 기여할 수 있었다. 신자들은 새로운 형태의 성서에 깊은 유대감을 형성해갔다. 이들은 비밀스러운 모임에서 성서를 낭독할 수도 있었고 개인적으로 읽을 수도 있었다. 수 세기 후에 코란은 "책을 읽는 사람들"이라는 존경과 경이가 혼합된 표현으로 기독교인을 묘사한다.

한밤중에 담요를 뒤집어쓰고 손전등을 켠 채 책을 읽다가 누군가 오는 것 같으면 불을 끄던 어린 시절의 우리는 그 은밀한 독자의 직계 후손이다. 현재 우리가 읽고 있는 형태의 책이 승리할 수 있었던 건 박해 속에서 은밀한 독서를 선호한 결과다.

| **25** |

코덱스의 형태는 3세기와 5세기 사이에 서양을 시작으로 동양에 이르기까지 점차 확립되어갔다. 기독교 세계 외부에선 법률가가 변화의 개척자였다. 법률의 특정 항목을 찾기에 페이지 책이 유용했기 때문이다. 유스티니아누스 황제가 편찬한 법전(code)의 이름 역시 코덱스에서 왔으며, 이 용어는 현재까지 이어지고 있다. 코덱스는 그 용량과 내구성 때문에 학습서로도 매우 유용했고 의사들의 처방 편람으로도 채택되었다. 목차의 발명은 검색을 용이하게 했다. 시간이 지남에 따라 코덱스는 문학, 특히 장대한 서사, 비극이나 희극 세트, 선집을 출판할 때 선호되는 형식이 되었다. 독자들은 두 손을 사용해야 하는 두루마리보다 페이지 책을 선호했다. 코덱스는 어디에서든 독자와

함께할 수 있었다. 다양한 출처를 통해 우리는 로마인들이 언제든 자유롭게 책을 읽었다는 사실을 알고 있다. 사냥감이 그물에 들어오기를 기다리는 중에도, 불면의 밤을 보낼 때도 책을 읽을 수 있었다. 책을 읽으며 길을 걷는 여자, 마차에서 책을 읽는 여행자, 누워서 책을 읽는 사람, 화랑에서 책을 읽는 소녀 등 책에 몰두하고 있는 사람에 대한 다양한 묘사가 전해지고 있다.

그러나 낡은 것을 새로운 것으로 대체하려는 강박적 충동은 없었다. 오늘날 종이책과 전자책이 공존하듯이 두루마리와 페이지 책은 수 세기 동안 공존했다. 명예나 외교와 관련된 무게감 있는 문서는 고대의 글쓰기 전통을 유지했다. 이는 중세까지 이어졌다. 수도회는 고대의 엄숙함을 유지하기 위해 그와 같은 방식에 의존했다. 기도문과 연대기도 과거의 형식을 따랐다.

망자를 위한 두루마리(rotuli mortuorum)는 명망 있는 사람의 죽음을 알리는 양피지 두루마리였다. 전령이 이 두루마리를 가지고 때로는 1000킬로미터가 넘는 거리를 운반하며 고인의 생전에 인연이 있었던 사람들을 찾아가면 그들은 그 두루마리에 기도나 애도의 글을 남겼다. 정복자 윌리엄 1세의 부인이자 프랑스 캉에 있는 삼위일체 수녀회의 수도원장이던 마틸드의 두루마리는 그 길이가 20미터에 달했다고 한다. 그러나 이 두루마리는 프랑스혁명 중에 파괴되었다. 잉글랜드와 웨일스의 왕실 기록 보관자는 여전히 기록보관관(Master of the Roll)으로 불린다. 프롬프터가 없던 중세 연극배우들은 공연에서 두루마리를 기억의 보조 수단으로 활용했다. 여기에서 배우의 '역할(role)'이라는 말이 파생되었다.

두루마리가 완전히 사라진 건 아니다. 두루마리는 우리의 전통 속에, 우리의 말 속에, 컴퓨터와 인터넷에 기억으로 살아남아 있다. 일부 대학에서는 아직도 두루마리 형태의 졸업장을 수여하고 있다. 우리가 '긴' 책을 언급할 때, 그것은 무의식적으로 두루마리를 지시하는 행위이다. 우리는 구어에서 코덱스를 라틴어의 volvo(돌다, 회전하다)에서 유래한 volume(권, 책, 크기)이라고 부르고 있다. 더 이상 되감을 필요가 없는데도 말이다. 우리는 구어에서 지루한 무언가를, 절대 끝나지 않고 펼쳐지고 또 펼쳐지는 무언가를 rollo(장광설)라고 말한다. 오늘날 영어의 scroll은 마치 두루마리를 볼 때 그랬듯 화면 위의 글을 상하로 움직이는 동작을 일컫는다. 또 혁신적인 기술을 개발하는 회사들은 사용하지 않을 때 말아서 보관할 수 있는 TV 스크린을 개발하고 있다. 형식의 변화사를 보면 하나의 형식은 다른 형식으로 대체되는 게 아니라 공존하고 전문화되었다. 최초의 책은 멸종되기를 거부했다.

| 26 |

마르티알리스와 프랑스 소설가 조르주 페렉(Georges Perec)이 옳았다. 사물과 사물의 재료와 그 특질은 사소한 것이 아니라 결정적인 것이다. 연약한 공기 조각에 불과한 말을 살려내기 위한 투쟁에서 책의 형식과 재료는 늘 결정적인 역할을 해왔다. 책의 수명, 재료, 가격, 사본 제작 주기를 결정하는 데서 말이다.

형식의 변경은 엄청난 희생을 낳았다. 낡은 매체에서 새로운 매체로 갈아타지 못한 것은 모두 사라졌다. 이 위험은 오늘날에도 지속적으로 우리를 위협하고 있다. 1980년대 최초의 컴퓨터가 등장한 이후, 8인치 플로피 디스크에서 3.5인치 디스켓으로, 그리고 CD로, 이후엔 USB로 변해오면서 우리는 전반적으로든 부분적으로든 데이터를 상실해왔다. 이젠 컴퓨터의 선사시대에 속하는 최초의 플로피 디스크를 읽을 수 있는 컴퓨터가 없다.

20세기 들어 영화는 미디어의 변화로 인한 연속적인 파괴를 경험해야 했다. 아구스틴 산체스 비달(Agustín Sánchez Vidal)은 그 손실에 관해 다음과 같이 말한다. "가장 영향을 받은 자료는 1920년 이전의 자료이다. 그 시점을 기준으로 영화는 하나 또는 두 개의 릴 필름(10분에서 30분)에서 1시간 30분짜리 필름으로 대체되었으며, 그로 인한 손실은 80퍼센트였다. 1930년대에는 무성영화에서 유성영화로 전환되면서 70퍼센트가 손실되었다. 그리고 1950년대에 가연성 니트로셀룰로오스 필름을 아세테이트가 대체함으로써 세 번째 손실이 발생했다. 이 경우엔 손실량을 측정하기가 쉽지 않다. 예를 들어 스페인은 1954년까지 유성영화 중 50퍼센트만 보존되어 있다." 이렇듯 발전의 단계마다 손실이 발생했다.

마틴 스코세이지는 「휴고」(2011)를 통해 그 같은 상황을 재현했다. 특히 조르주 멜리에스(Georges Méliès) 영화의 셀룰로이드가 신발 뒷굽을 만드는 데 재사용되는 장면은 우울하기 그지없다. 영화를 개척한 사람들의 마음에 깃들어 있던 아름다움이 결국엔 빗이나 힐로 재활용되었다. 1920년대, 익명의 사람들이 예술 작품 위를 밟고 지나갔다. 그들은 예술 작품을 신고 길 위의 물웅덩이를 디뎠다. 예술 작품으로 머리를 빗었다. 그 위에 머리 비듬이 붙었다. 자신이 쓰고 있는 도구들이 실은 조그만 무덤이라는 것, 파괴의 일상적인 추모비라는 것은 꿈에도 상상하지 못했을 것이다.

고대의 두루마리가 교체되면서 우리는 시, 연대기, 모험, 허구, 사상의 보물을 영원히 잃어버렸다. 수 세기 동안 부주의와 망각은 검열이나 광기로 인한 파괴보다 훨씬 많은 책을 파괴해갔다. 그러나 우리는 말의 유산을 구하기 위한 많은 노력을 알고 있다. (얼마나 많았는지 알 수 없는) 도서관은 소장한 자료를 꼼꼼하게, 처음부터 끝까지, 획 하나하나, 문장 하나하나, 책 하나하나를 모두 복사하는 참을성 있는 작업에 착수했다. 4세기의 철학자이자 고위 관료이던 테미스티오스(Themistius)는 "낡은 책에 담긴 사상을 새로운 책으로 옮길" 능력이 있는 장인들이 콘스탄티노플 도서관에서 콘스탄티누스 2세를 위해 일하고 있다고 기록한 바 있다. 5세기에 신학자 히에로니무스(Hieronymus)는 (오늘날 텔아비브와 하이파 사이의 이스라엘 지중해 연안에 위치한) 로마 도시 카이사레아의 도서관이 모든 책을 코덱스 형태로 바꾸고 있다는 기록을 남겼다.

태블릿과 디지털 도서가 등장하기 전까지 20세기 동안 독자들은 엄청나게 큰 형식적 변화를 겪지는 않았다. 1세기에 마르티알리스가 열광하던 페이지 책들은 21세기에도 우리의 기억을 보존하고 지혜를 전달하고 폭력적 시간을 견디면서 우리와 함께하고 있다.

물의 궁전에 있는 공공도서관

| 27 |

기원전 44년 3월 15일(로마력의 이두스(idus)), 율리우스 카이사르가 그의 오랜 적수 폼페이우스의 동상 앞에서 암살당했다. 자유라는 이름 아래 한 무리의 의원들이 쉰여섯 살 카이사르의 목과 등과 가슴과 배에 수차례에 걸쳐 단검을 찔렀다. 수많은 칼을 마주한 카이사르가 마지막으로 보인 행동은 품위였다. 죽음의 문턱에서 피로 눈이 먼 채, 그는 자신의 성별이 드러나지 않도록 튜닉을 다리 위로 늘어뜨리며 쓰러졌다. 단검은 계단 옆에 무기력하게 쓰러져 있는 그를 계속해서 공격했다. 수에토니우스에 따르면, 그는 스물세 곳의 자상을 입었지만 단 하나만이 치명적이었다고 한다.

공모자들은 자신들을 "해방자"로 칭했다. 그들은 카이사르를 왕이 되려는 폭군으로 판단했다. 아마도 역사상 가장 유명한 범죄일 이 정치적 살인은 경탄과 혐오를 동시에 불러일으켰다. 1900년 후, 링컨이 존 윌크스 부스(John Wilkes Booth)의 총에 맞고 사망한 날이 15일이라는 건 우연이 아니다. 그는 링컨을 저격하고 라틴어로 이렇게 외쳤다.

"이것이 폭군의 운명이다."

율리우스 카이사르는 폭군이었는가? 의심의 여지 없이 그는 카리스마 넘치는 장군이자 파렴치한 정치가였다. 동시대인 일부는 갈리아에서 벌어진 카이사르의 전투를 대량 학살로 묘사했다. 말년에 그가 자신의 야망을 감추지 않은 것은 사실이다. 그는 독재자로 임명되었고 언제든 (자신의 민머리를 감춰줄 실용적인 월계관과 함께) 승리의 의복을 입을 권리를 주장했다. 후대에 그의 이름은 늘 권위주의적 권력(카이저, 차르)을 상징했다. 그러나 그의 암살이 공화국을 구하지는 못했다. 암살은 그 어떤 목적도 달성하지 못한 잔인한 유혈사태였으며, 긴 내전과 더욱 많은 죽음과 새로운 파괴를 촉발했다. 그리고 마침내 아우구스투스가 연기가 자욱한 폐허 속에서 군주국을 수립하게 되었다. 이 젊은 황제는 범죄현장을 표시함과 동시에 폐쇄하기 위해 단단한 구조물을 설치했다. 수 세기가 지난 오늘날, 카이사르가 사망한 라르고디토레아르젠티나(Largo di Torre Argentina)엔 로마의 길고양이들이 머물고 있다.

카이사르 사망의 여파는 가난한 독자들에게까지 미쳤다. 그는 로마 최초의 공공도서관을 건설할 계획을 세우고 마르쿠스 바로(Marcus Varro)에게 책을 구입하고 분류하는 작업을 일임했다. 그는 이 임무를 임명받기에 적임자였는데, 바로가 『도서관에 관하여』라는 책(비록 몇 부분만 전해지고 있지만)을 썼기 때문이다.

몇 년 후, 카이사르를 추종하던 가이우스 폴리오는 약탈 원정으로 그의 꿈을 실현했다. 그는 상징적으로 자유의 여신을 모시는 신전에 도서관을 개관했다. 그러나 이 최초의 공공도서관은 흔적도 없이 사라졌고 오직 몇몇 작가들의 언급을 통해서만 전해지고 있다. 도서관 내부는 그리스어로 된 작품을 보관하는 곳과 라틴어로 된 작품을 보관하는 곳으로 나뉘어 있었다. 이 구분은 이후 로마 도서관에서 지속되었다. 국가적 자부심과 결부되어 있었기에 양자는 동일한 비율로 구분되어야 했다. 그러나 한쪽은 넘치고 다른 한쪽은 비어 있는 상태였다. 약 7세기에 걸친 그리스의 텍스트에 비해 2세기에 걸친 로마의 문학은 빈약했다. 어쨌거나 폴리오가 세운 도서관의 메시지는 이중적이었다. 그 도서관은 그리스의 작품이 로마인의 지식에 통합되었음을 의미했다. 그러나 그 대신 로마 제국의 지도자들은 뛰어난 그리스의 신하들만큼이나 자신들이 훌륭한 척해야 했다. 사실 로마의 식민자들은 정복된 그리스 영토의 압도적 지적 유산에 열등감을 느꼈다.

로마의 모든 도서관의 또 다른 특징은 유명한 작가들의 조각상을 세웠다는 것이다. 로마에서 공공장소에 세워진 흉상은 할리우드 명예의 거리에 새겨진 스타의 이름 같은 것이었다. 그러한 경의의 표시를 받은 작가는 정전이 되었다. 폴리오는 자신이 세운 도서관에 작가 바로의 흉상을 세웠다. 수십 년 후, 로마인들의 허영에 찬 품평에 관심이 많던 마르티알리스는 늘 그렇듯 뻔뻔하게 자신의 흉상이 일부 귀족들의 저택을 장식하고 있다고 자랑했다. 사실 그는 공공도서관의 유명인 갤러리에 자신의 동상이 세워지길 바랐다. 그러나 그는 노벨상을 간절히 바라지만 늘 탈락하는 사람이었다. 그의 비문에는 명예와 아첨과 돈을 바라는 후렴구가 풍부하지만, 그가 유머와 아이러니를 활용하여 말했듯, 그의 희망은 늘 기대에 어긋났다.

폴리오의 도서관은 새벽부터 정오까지 독자에게 열려 있었다. 아마도 그곳엔 작가, 학자, 지식 애호가, 사본을 만들라는 명령을 받은 필사가 들이 있었을 것이다. 책을 검색하는 전문 인력도 있었을 것이다. 그 도서관에서는 책을 대출할 수도 있었다. 작가 아울루스 겔리우스(Aulus Gellius)의 일화가 이를 증명한다. 그는 몇몇 친구들을 만나 저녁식사를 하며 담소를 나눴다. 식사 중에 녹인 눈이 음료로 제공되자 아리스토텔레스에 정통한 한 손님이 아리스토텔레스의 말을 인용하며 건강에 해로운 음식이라고 말했다. 누군가 그 말을 부인하자, 자존심이 상한 손님은 도서관에 가서 문제의 단락이 포함된 아리스토텔레스의 책 한 권을 가지고 돌아왔다. 인터넷 검색이 존재하기 전에는 이런 방식으로 토론에 종지부를 찍었다. 마르쿠스 아우렐리우스 황제와 그의 스승 마르쿠스 코르넬리우스 프론토(Marcus Cornelius Fronto)의 서신에는 책을 빌려 집으로 갔다는 내용이 언급되어 있다. 이러한 증언과 더불어 아테네에는 대출이 금지되었다는 내용의 비문이 있는데, 이는 대출이 가능하던 때가 있었음을 의미한다. 그 비문에는 이렇게 쓰여 있다. "우리는 어떤 책도 여기서 나갈 수 없음을 맹세했다."

로마 최초의 도서관에 이어 아우구스투스는 두 개의 공공도서관을 건립했다. 하나는 팔라티노 언덕에, 다른 하나는 옥타비아 포르티코에 있다. 고고학자들이 팔라티노 도서관의 유적을 발견한 덕분에 건축 설계와 내부의 형태를 추측할 수 있게 되었다. 두 개의 언어로 분리되어 있었음을 입증하듯 동일한 크기의 두 개의 방이 인접해 있었다. 이 두 개의 방에 있는 선반에 책이 꽂혀 있었다. 사다리가 필요했을 정도로 선반이 높았다. 이 건축물은 독자를 위한 시설이 없었던 그리스 도서관보다는 현대의 도서관과 유사했다. 그리스 독자들은 선반에서 두루마리를 골라 인접한 주랑 현관으로 향했다. 반면에 로마의 열람실은 넓고 아름다우며 고급스러운 환경을 제공하고 있었다. 책은 선반에서 쉽게 꺼낼 수 있게 설계되어 있었고 통행을 방해하지 않는 구조였다. 탁자, 의자, 조각된 나무, 대리석이 있었다. 보기 좋은 공간 낭비였다.

책이 늘어남에 따라 새로운 선반이 필요했다. 그러나 책장의 배치가 건물의 구조와 통합되어 있었기에 책을 보관하는 문제는 쉽게 해결되지 않았다. 그로 인해 새로운 도서관이 필요했다. 티베리우스 황제는 재위 기간 동안 한두 개의 도서관을 추가했던 것으로 보인다. 베스파시아누스 황제는 평화의 신전에 도서관을 지었는데, 이는 제1차 유대-로마 전쟁에서 유대인을 무력으로 굴복시킨 것을 기리기 위한 것으로 보인다.

가장 잘 보존된 유물은 112년 트라야누스의 명으로 지어진 쌍둥이 도서관이다. 그리스 방과 라틴 방이 마주하고 있으며 중앙에 있는 주랑 현관에는 트라야누스의 기둥이 세워져 있다. 고고학자들은 다키아 전쟁을 그려 넣은 38미터에 달하는 그 기념비적인 기둥이 돌로 된 두루마리를 상징하는 것으로 해석한다. 전쟁에 대한 묘사는 나선형을 이루며 위로 향한다. 그 기둥에 있는 155개의 장면에는 수천 명의 로마인과 다키아인이 행진하고, 건설하고, 싸우고, 항해하고, 잠입하고, 협상하고, 탄원하는 장면이 새겨져 있다.

두 도서관의 내부는 대중에게 개방된 구조이며 그지없이 호화롭다. 거기엔 두 개의 층으로 된 책장들, 기둥들, 갤러리, 처마 장식, 소아시아의 다양한 색상의 대리석과 조각상이 있다. 당시의 평범한 독자들은 약 2만 권의 책을 소장하고 있는 그 도서관에, 귀족의 특권이던 미적 아름다움과 안락함을 경험할 수 있다는 사실에 감탄했을 것이다. 최초의 히스패닉 황제 덕분에 이젠 책을 읽기 위해 부유한 사람에게 아첨할 필요가 없어졌다.

| **28** |

트라야누스의 도서관은 그런 종류의 마지막 도서관이었다. 2세기부터 새로운 열람실은 공중목욕탕에 통합되었다. 뜨거운 방, 사우나, 냉탕, 마사지실 등을 갖추고 있던 공중목욕탕은 요즘의 쇼핑센터처럼 다양한 것을 제공하는 복합시설이 되었다. 212년에 개장한 카라칼라 목욕탕에는 체육관, 독서 공간, 대화 공간, 목욕탕, 정원, 운동 및 놀이 공간, 식당, 별도의 그리스 및 라틴 도서관이 있었다. 비용은 국가가 댔다.

황제는 웅장하고 자유로운 목욕탕을 건설함으로써 신민을 정복했다. 마르티알리스는 "네로보다 나쁜 게 있을까?"라고 자문하며 "온천보다 더 좋은 게 있을까?"라고 언급한다. 남녀노소, 부자와 빈자를 가리지 않고 모든 로마인이 그곳에 갔다. 어떤 이는 목욕을 하고, 어떤 이는 마사지 침대에서 기지개를 켜고, 어떤 이는 공놀이를 하거나 게임을 구경하고, 어떤 이는 모임을 하고, 어떤 이는 친구들과 수다를 떨고, 어떤 이는 공무원에 대해 불평했으며, 어떤 이는 소시지를 먹거나 도서관에서 도서를 검색했다. 철학자 세네카는 온천 위에 위치한 집 필실에서 어렵사리 글쓰기에 집중하며 목욕탕의 즐거움에 대해 이렇게 썼다. "선수들이 역기를 들며 헐떡이는 소리가 들린다. 누군가의 등을 마사지하는 안마사의 손가락이 딸깍거린다. 공놀이하는 사람이 점수를 매기는 소리가 들린다. 싸움꾼 소리, 도둑이 붙잡히는 소리도 들린다. 큰 소리를 내며 수영장으로 뛰어드는 사람들도 있다. 겨드랑이 털을 면도하는 사람이 제모의 시작을 알리는 소리도 들린다. 뒤이어 음료수 장수, 소시지 장수, 빵 장수를 비롯해 자신의 상품을 알리며 장사를 하는 사람들의 소리가 들린다." 세네카의 『영혼의 고요함(De Tranquillitate Animi)』에 나오는 대목이다.

도서관과 달리 목욕탕의 열람실은 광범위하고 이질적이고 경박한 대중의 취향을 지향했다. 독자들은 즐거움을 찾는 호기심 많은 사람들이었을 것이며, 공놀이나 무의미한 대화 대신 책으로 눈을 돌렸을 것이다. 당대의 컬렉션에는 두 언어로 된 유명한 고전, 당대의 유행 작가의 작품, 철학자의 글이 포함되어 있었을 것이다. 붐비는 목욕탕 안에 도서관을 만든 건 큰 성과였다. 그럼으로써 문화, 여가, 비즈니스, 교육을 한 지붕 아래 통합했다. 그들은 독자에게 위압감을 주지 않는 편안한 환경에 책을 보관함으로써 책을 보편화하려고 노력했다.

또 목욕탕의 도서관은 제국 전역의 독서를 불러왔다. 목욕탕이라는 여가 센터는 수도에만 국한되지 않고 제국 전체로 번져갔다. 일부 학자들은 욕실 문화가 멀리 떨어진 곳의 시민들을 하나로 묶는 유일한 공공기관이라고 주장한다.

물의 즐거움을 즐기는 행위는 이교도 문화와 로마 문명의 특징이 되었다. 엄격한 기독교인은 목욕을 싫어할 정도로 목욕을 쾌락주의와 영적 부패의 증상으로 이해했다. 5세기 어느 수도사의 서신에는 "우리는 목욕탕에서 씻고 싶지 않다."라고 기록하고 있다. 성자들은 악취를 금욕의 척도로 이해했다. 그들은 로마인의 생활 방식에 반해 욕실을 거부했다. 시메온 스틸리테스는 물에 닿는 걸 거부했다. "그의 악취가 너무 심하고 냄새가 나서 계단의 절반도 올라가지 못할 정도였다. 그를 보러 계단을 올라야 했던 몇몇 제자들은 향수를 뿌리고 코에 향유를 발라야 했다." 성인 시케온의 테오도레는 동굴에서 2년을 지낸 뒤 "누구도 견디지 못할 악취를 풍기며" 나타났다. 알렉산드리아의 티투스 클레멘스는 훌륭한 기독교 영지주의자는 좋은 냄새를 원치 않는다고 기록했다. 그는 "후각을 자극하는 향수나 혀를 유혹하는 와인의 유혹 혹은 영혼을 약화시키는 다양한 꽃으로 된 화환과 같은 화려한 쾌락과 사치의 즐거움을 거부하라."라고 주장한다. 당시에 "성결의 냄새"는 악취를 풍겼다.

그러나 엄격한 소수를 제외한 제국의 지방 주민들은 목욕의 즐거움에 열광했으며 온천은 다양한 취미와 사치 속에서 책의 물결을 가져왔다.

| 29 |

서기 350년으로 기록된 로마의 상징적 건물 목록에는 '스물아홉 개의 도서관을 갖춘 도시'라는 수치가 언급되어 있다. 하지만 수도를 제외한 지역 도서관의 수량을 추적하기는 어렵다. 우리가 가진 정보는 변덕스럽고 불완전하며 때로는 우리를 당혹스럽게 한다. 폼페이에서 고고학자들이 열람실 유적을 발견했다. 오늘날 코모(Como)로 불리는 도시의 비문에는 플리니우스가 자신의 고향에 도서관을 기증하고 이를 유지하기 위해 10만 세스테르티우스를 헌납했다는 기록이 있다. 나폴리에서 멀지 않은 해안에서 발견된 또 다른 비문에는 하드리아누스 황제의 장모인 마티디아가 도서관 비용을 댔다는 내용이 있다. 지금의 이탈리아 티볼리와 움브리아에도 기증된 컬렉션의 흔적이 남아 있다.

일반적으로 이러한 컬렉션에 조달된 자금은 공공의 세금이 아니라 관대한 기부자의 금고에서 나왔다. 고대의 부자들은 서커스, 원형극장 건설, 도로 포장, 수로 건설과 같은 일에 자신의 부를 제공하는 의무를 암묵적으로 떠맡고 있었다. 발자크가 엄청난 재산 뒤에는 항상 범죄가 있다고 지적하듯이, 고대인에게 집단적 개선을 위한 투자는 자신의 잘못에 대해 사회에 배상하는 가장 좋은 방식이었다. 공공건물에는 시민의 이름 옆에 DSPF(de sua pecunia fecit, 자신의 돈으로 세움)이라는 약어가 사용되었다. 그러나 이러한 자선 행위가 항상 자발적인 것은 아니었다. 기여를 꺼리는 권력자들은 압력을 받았고 명예를 상실할 수 있는 위험에 처해 있었기에 기부를 거부할 수 없었다. 인색한 백만장자가 기부에 소극적이면 평민들은 그의 집 앞에 모여들어 그를 비꼬고 조롱했다. 일부 지방 도서관은 그 고대의 항변을 통해 세워졌을 가능성이 다분하다.

로마 제국의 그리스어권 지역에는 헬레니즘 시대부터 공공도서관이 존재했다. 로마 황제들은 알렉산드리아와 페르가몬 도서관에 투자함으로써 학문의 중심지를 지원했다. 유서 깊은 도시인 아테네에는 2세기에 두 개의 새로운 도서관이 생겼는데, 그중 하나는 하드리아누스의 선물이었고 다른 하나는 한 시민의 기부로 지어진 것이었다. 에 페소스에선 티베리우스 율리우스 켈수스(Tiberius Julius Celsus)가 책을 사랑하던 아버지를 기리기 위해 도서관을 지었다.

반면 서구는 일견 거대한 도서관의 황무지로 보인다. 오늘날 영국, 스페인, 프랑스 및 아프리카 북부 지역에서 도서관이 있었다는 증거 는 튀니지의 카르타고와 알제리의 팀가드, 이렇게 두 곳뿐이다. 카르 타고 도서관의 존재는 어느 작가의 언급으로 전해지고 있으며, 팀가드 의 도서관은 고고학자들 덕분에 알려졌다.

당시의 고정관념에 따르면, 문명의 중심은 동양이었으며 서구인은 야만, 저개발, 무지에 휩싸인 존재였다. 어느 시대건 가장 강력한 세력 은 지리적인 대립(남과 북, 동과 서)을 구성하고 있었고 편견이 깨지는 걸 용납하지 않았다. 고대에 서유럽은 매우 정교한 문화를 알게 되었 으나 그 문화는 문명화된 침략자들에 의해 파괴되었다. 어쨌든 제국 의 시대가 시작될 무렵 로마의 세계화는 영토 간의 차이를 완화했다. 로마의 건축가와 기술자들은 의식적으로 서구를 도시화하였으며 원 주민 마을들을 하수도, 수로, 사원, 포럼, 목욕탕 등이 갖춰진 소도시 네트워크로 변화시켰다. 그 안에 책이 있었다. 그 기간 동안 문자 문화 가 그리스만큼 깊게 뿌리내리지는 않았지만 로마화된 공동체 내에서 확장되고 있었던 것은 사실이다. 주요 도시에는 라틴어를 가르치는 학 교와 교사가 있었고 중등 교육과 수사학 교육도 진행되었다. 카르타고 나 마르세유와 같은 도시에서 부유한 주민들은 대학과 동등한 수준 의 교육을 받을 수 있었다. 히스파니아의 빌빌리스에서 태어나 20대 에 로마로 이주한 마르티알리스는 뛰어난 라틴어 구사력을 갖추고 있었다. 그의 고향에 도서관이 없었더라도 그는 현재의 사라고사나 타라고나에 있는 도서관을 접했을 수 있다. 빌빌리스나 사라고사가 그렇듯, 서구의 수십 개에 달하는 주요 중심지는 부와 문화적 야망, 책에 대한 열망을 지닌 사람들의 고향이었다.

내가 사는 도시에 있는 로마식 거리를 걸을 때면 마법 같은 옥스퍼드에서 그랬듯이 이곳 지하에 거대한 도서관이 잠들어 있는 것 같은 느낌이다. 북적거리는 사람들에 짓눌리고 수천 번 짓밟히고 약탈당한 이 거리에는 우리의 먼 조상들이 경험한 책의 마지막 파편들이 아직 존재하고 있다.

두 명의 히스패닉:
첫 번째 팬과 성숙한 작가

| 30 |

아이돌에 비명을 지르고 흐느끼고 기절하는 10대들의 이미지는 엘비스 프레슬리나 비틀스에서 태어난 게 아니다. 그 현상은 로큰롤이 아니라 클래식에서 생겨났다. 이미 18세기에 카스트라토는 관객을 열광하게 만들었다. 19세기의 콘서트홀에서는 헝가리 피아니스트 프란츠 리스트가 건반 위로 머리를 흔들어댐으로써 일명 리스토마니아(Lisztomania) 혹은 '리스트 열병'이라는 집단적 망상을 불러일으켰다. 록스타의 팬들이 자신의 속옷을 가수의 얼굴을 향해 내던졌다면, 프란츠 리스트의 팬들은 그에게 보석을 던졌다. 그는 빅토리아 시대의 에로틱한 아이콘이었다. 당시에 그의 자세와 자태는 관객들에게 신비로운 황홀감을 선사했다고 한다. 처음에는 신동으로, 그다음에는 연극적인 청년으로 수백만 달러에 달하는 돈을 벌어들이며 대륙을 주유했다. 리스트가 공개 석상에 모습을 드러내면 그의 팬들은 비명을 지르고 큰 숨을 몰아쉬었으며 현기증을 느꼈다. 팬들은 그가 공연하는 도시들을 따라다녔다. 그들은 리스트의 스카프와 장갑을 훔치려

했고 그의 초상화를 넣은 브로치를 하고 다녔다. 여자들은 그의 머리카락을 자르려 했고 피아노 현이 끊어지면 그 현으로 팔찌를 만들려고 싸움이 벌어졌다. 일부 여성들은 거리와 카페에서 그를 스토킹하면서 그가 마신 커피잔을 가져갔다. 어떤 여성은 피아노 페달 옆에 떨어진 시가의 잔해를 주워 목걸이의 작은 갑에 넣어 죽는 날까지 보관했다고 한다. '셀러브리티'라는 단어는 그를 지칭하기 위해 처음 사용되었다.

그러나 시간을 더 거슬러 올라가보면, 최초의 국제적 스타는 로마 제국의 작가들(티투스 리비우스, 베르길리우스, 호라티우스, 프로페르티우스, 오비디우스)이었음을 알게 될 것이다.

사실 역사상 첫 팬은 역사가 티투스 리비우스를 우상으로 생각하여 그를 만나는 데 집착한 가데스(오늘날의 카디스)의 히스패닉인이었다. 그는 1세기 초에 자신이 가장 좋아하는 예술가를 직접 보고자 "세상에서 가장 먼 구석"이던 스페인의 가데스에서 로마로 향하는 위험한 여행에 뛰어들었다고 한다. 육로를 이용했다고 가정했을 때 약 40일 이상 걸렸을 것으로 추정된다. 그는 먼지투성이 여관에서 끔찍한 식사와 이의 고통을 겪어야 했다. 여윈 말이나 덜거덕거리는 수레를 타고 노상강도를 만나지 않을까 걱정하며 길을 나아갔다. 처형된 도적들의 썩어가는 시체가 즐비한 제국의 길을 걸었다. 밤이면 그는 자신을 호위하는 종들이 도망치거나 자신을 해하지 않게 해달라고 기도했다. 여행이 계속되면서 돈도 떨어져갔다. 열악한 수질로 설사를 하며 살이 빠졌다. 그렇게 로마에 도착한 그는 리비우스를 찾아갔다. 그는 먼발치에서 리비우스를 봤다. 아마도 그는 리비우스의 머리 모양과 옷에 주의를 기울여 관찰하고 그를 따라 했을 것이다. 그러나 그는 감히 말조차 걸어보지 못하고 다시 40일간의 여행길에 올라 집으로 돌아왔다. 플리니우스는 자신의 서신에 이 일화를 남겼지만, 그가 최초의 유명인 스토커에 대한 기록을 남기고 있다고는 생각지 못했을 것이다.

로마의 세계화는 도시에서 멀리 떨어진 지역에도 독자를 생성했다. 호라티우스는 자신의 책이 보스포루스 해협, 리비아, 캅카스, 헝가리, 라인강 유역의 나라들과 스페인에 알려졌다고 자랑했다. 프로페르티우스(Propertius)는 자신의 영광이 오늘날의 드네프르강 유역에 이르렀다고 확신했다. 오비디우스는 노골적으로 "전 세계적으로" 자신의 작품이 읽히고 있다고 썼다. 일반적으로 로마인들은 제국의 경계와 지구의 경계를 혼동하는 경향이 있다. 이는 제국적 관점의 전형적 특징이다. 이미 오래전 아카드의 사르곤 대왕은 페르시아만에서 지중해까지 영토를 확장하면서 전 세계를 정복했다고 자랑했다. 로마 작가들의 경우, 지리학적 부정확성과 오만함은 차치하고라도 독서의 경계가 놀라울 정도로 확장됐다는 건 사실이었다. 성공적인 책들이 대륙과 바다와 사막과 산과 정글을 횡단하기 시작했다. 그들의 사상과 말이 로마의 길을 따라 퍼져갔다. 비엔나와 영국에서도 마르티알리스의 책을 살 수 있었다. 리옹의 서점에는 플리니우스의 책이 있었다. 포용적이고 새롭고 글로벌한 문화를 꺼리던 보수주의자 유베날리스는 칸타브리아의 야만인이 로마의 철학책을 읽는 상상을 하며 분개했다. "이제 전 세계에 그리스와 로마 문화가 퍼졌다. 웅변적 갈리아인은 브리타니아인을 변호사로 만들었고, 툴레에서는 수사학 교사 고용을 고려하고 있다. 메텔루스(Metellus)의 시대에 금욕적 칸타브리아인이 있었는가?"

로마의 수도에서는 내국인이나 외국인이나 유명한 작가를 알아볼 수 있었으며 우리 시대의 광팬처럼 그들을 추종했다. 병적인 수줍음에 시달린 베르길리우스는 자신을 포위하는 팬들로부터 여러 번 도망쳐야 했다. 그러나 단점만 있었던 건 아니다. 로마 귀족들 사이에는 유산의 일부를 공동체를 위해 중요한 사람에게 유증하는 풍습이 있었는데, 저술가도 그 대상에서 빠지지 않았다. 실제로 라이벌 작가인 타키투스와 플리니우스는 서로 물려받은 유산의 액수로 명성을 가늠했다고 한다. 판매 부수를 놓고 경쟁할 수 없을 때(신뢰할 수 있는 추정을 하기란 불가능했다.), 문학계의 상위 열 명은 귀족이 남긴 유산으로 측정됐다. 리비우스에서 리스트에 이르기까지 명성, 맹목적 숭배, 압도된 팬과 고전을 향한 넘치는 열정은 알려지지 않은 오랜 역사를 지니고 있다.

| **31** |

이번 여행은 그대의 마지막 여행이 될 것이다. 예순 살이 된 그대는 로마를 뒤로하고 모험에 대한 열정에 휩싸인다. 오스티아에서 스페인의 타라고나까지의 항해는 원활하다. 파도와 선선한 바람이 균형을 이루는 배에서 그대는 기억의 바다로 들어간다. 그대는 로마에서 35년을 살았다. 그대는 아주 어린 나이에 제국의 수도에 갔으며, 그곳에서 책을 쓰며 부자들의 돈으로 살아왔다. 그대는 고귀한 저택에선

상냥하고 재치 있는 더부살이였고, 그들의 파티에서는 꼭 필요한 재미있는 사람이었다. 그들은 그대를 집사보다 조금 더 잘 대해줬지만 그들의 친구만큼 대해주진 않았다.

눈부신 푸른 날, 배가 별 탈 없이 히스파니아에 도착한다. 타라고나에서 그대는 수레와 두 마리 노새가 있는 가이드를 고용한다. 그대는 서두르지 않고 길을 나선다. 그리고 고향에 도착하려면 엿새가 걸린다.

어느 날 오후, 갑작스레 폭풍우가 몰아친다. 계속해서 진흙탕에 빠지는 수레를 끌며 나아가야 한다. 지저분해진 옷에 충혈된 눈으로 사라고사의 성벽을 지날 때, 그대는 로마의 유명인이라기보다는 딱한 거지처럼 보인다. 그대는 목욕탕으로 가서 땀을 흘리고 대화를 하고 선잠을 잔다. 샛노란 물이 흐르는 강변의 번잡한 나루를 돌아다니다가 경매에서 두 명의 노예를 살 기회가 생긴다. 해외에서 성공한 사람은 어깨가 넓고 가슴이 두꺼운 덩치 큰 사내의 호위를 받으며 돌아와야 한다. 카요산(수 세기 후 이 산은 몽카요(Moncayo)산으로 불리게 되는데, 베케르(Gustavo Adolfo Bécquer), 마차도와 같은 작가의 피난처이자 영감을 주게 된다.)의 쓸쓸한 그림자에 감동하며 다시 길을 나선다. 할론강에 가까워지자 그대는 어린 시절에 얕은 물에서 친구들과 놀던 때를 회상한다. 도로의 먼지를 뒤집어쓴 그대는 (훗날 이슬람교 이름인 알하마(Alhama)로 불리게 될) 아쿠아이 비빌리타노룸(Aquae Bibilitanorum, 칼라타유드 사람들의 물)의 따뜻한 온천에 돌아가는 꿈을 꾼다. 그대는 어릴 적에 본 풍경을 다시 보게 된다. 언덕, 구불구불한 강, 철광산, 추수기가 된 이삭들, 소나무, 떡갈나무, 포도나무 그림자. 한 마리 토끼가 덤불 뒤로 사라지자 사냥하고 싶은 마음이 생긴다. 마침내 가파른 빌빌리스, 경사진 곳에 지어진 집들의 지붕, 사원의 실루엣, 추억이 떠오른다. 심장이 뛴다. 영광의 월계관이 기다리고 있을까, 아니면 질투의 이빨이 기다리고 있을까? 이웃들이 누구인지 아는데도 오히려 경멸적인 말이 입 밖으로 나온다. 적어도 로마에서의 불면, 한밤중 마부들의 욕지거리, 일찍 일어나 땀을 흘리며 권력자의 집으로 달려가야 하는 의무, 거짓말들은 끝날 것이다. 나의 친구 마르티알리스여, 켈티베리아의 고요한 하늘 아래에서 푹 쉬시게.

그대는 아직 모르지만, 그대는 그대를 존경하는 마르셀라라는 부유하고 성숙한 여인을 만나게 될 것이다. 로마의 유명인을 연인으로 두고 있다는 생각에 기분이 좋아진 그녀는 그대에게 초원, 장미 덤불, 물의 시를 속삭이는 분수, 뱀장어가 헤엄치는 지붕 덮인 연못, 채소밭, 흰색 비둘기장이 있는 농장을 선물할 것이다. 강하고 따뜻한 몸을 지녔으며 침대 위의 마지막 파트너이자 가장 관대한 후원자인 그녀 덕분에 로마에서는 온전히 벗어날 수 없었던 불행의 위협에서 벗어날 것이다. 그대는 훌륭한 음식을 먹을 것이며 빈둥거리게 될 것이다. 구름 한 점 없는 여름을 피해 나무 그늘 아래서 긴 낮잠을 잘 것이다. 겨울에는 난로의 최면과 같은 불의 춤에 매료되어 몇 시간을 보낼 것이다. 그리하여 마침내 평온을 찾게 되겠지만 글쓰기를 멈출 것이다. 배가 부르면 분노가 가라앉을 것이고 악동 같은 면모는 사라질 것이다.

로마에서 그대는 주변에서 목격한 인위적인 삶과 위선에 분노했다. 그대는 권력자에게 아첨하는 데 지쳤다. 그때, 그대는 향수에 휩싸여 그대의 땅에 있는 거친 이름을 열거하며 시를 썼다. 이제 그대는 평온하고 작은 낙원으로 돌아왔다. 이내 그대는 모임, 극장, 로마의 도서관, 사교계의 신랄한 말들, 수도의 쾌락과 분주함을 고시랑대며 투덜거리기 시작할 것이다.

헤르쿨라네움:
보존하는 파괴

| 32 |

히스파니아의 마르티알리스의 향수 어린 꿈이 서린 로마의 장엄한 도서관은 재난과 약탈과 화재와 사고로 무너지게 된다. 역설적이게도 우리가 보존하고 있는 유일한 고대 도서관은 파괴 덕분에 살아남을 수 있었다.

로마 황제 티투스(Titus) 치하 79년 10월 24일, 나폴리만에 있는 두 개의 도시, 폼페이와 헤르쿨라네움의 시간이 멈췄다. 로마의 부자들은 그곳에 저택을 지었다. 태양은 빛나고, 물은 맑은 푸른색이었고, 도금양 꽃의 향기는 공기를 달콤하게 했으며, 휴가객의 즐거움을 위한 파티가 연이어 열렸고, 삶은 편안했다. 그러나 그 가을날 이른 아침, 베수비오 화산 분화구에서 하늘을 향해 한 줄기 검은 연기가 거세게 치솟았다. 곧이어 화산재가 헤르쿨라네움의 길거리에 쏟아지기 시작했다. 화산재는 지붕을 뒤덮으며 창을 뚫고 들어왔다. 마침내 600도의 용암이 모든 것을 쓸어버렸다. 주민들은 뼈만 남았다. 폼페이는 유황 연기에 뒤덮여 숨을 쉴 수가 없었다. 미세한 화산재가 내린 후, 작은 화산석이 쏟아졌고 마침내 몇 킬로그램에 달하는 돌들이 날아들었다. 사람들은 공포에 질려 탈주를 시도했지만 이미 늦은 뒤였다.

화산재 속에 1000년 가까이 묻혀 있던 도시는 일종의 타임캡슐이 되었다. 300도의 온도는 주민들의 뒤틀린 몸 주위로 화산재 껍질을 생성했다. 19세기 고고학자들은 시체를 품고 있는 잿더미의 구멍 속으로 석고를 주입했다. 이 석고를 통해 우리는 폼페이 사람들의 삶의 마지막 모습을 살펴볼 수 있게 되었다. 영원히 포용하고 있는 한 쌍의 사람들, 손으로 머리를 감싸 쥔 채 죽은 사람, 목줄에서 벗어나려는 경비견, 배 속으로 돌아가려는 듯 어머니의 품에 웅크린 소녀. 그들은 2000년이 지난 지금도 두려움에 몸부림치는 것처럼 보인다. 이탈리아 영화감독 로베르토 로셀리니(Roberto Rossellini)의 「이탈리아 여행」에서 위기에 처한 어느 부부가 이탈리아를 여행하며 용암에 휩싸여 함께 죽음을 맞은 두 연인의 석고상을 마주하는 장면이 나온다.

대재앙이 있기 몇 세대 전, 율리우스 카이사르의 장인인 루시우스 칼푸르니우스 피소(Lucius Calpurnius Piso)는 헤르쿨라네움에 전면이 200미터에 달하는 별장을 짓게 했다. 18세기 중반, 고고학자들이 호화로운 거주지의 유적을 발견하는데, 거기에는 여든 개 이상의 청동 및 대리석 조각상과 고전 세계에서 유일하게 살아남은 도서관이 있었다. 도서관에는 2000개의 그을린 두루마리가 포함되어 있었다. 폭발과 동시에 파괴되고 보존된 두루마리였다. 이 전례 없는 발견으로 피소의 저택은 '파피루스의 별장'으로 알려지게 되었다. 석유 사업가 진 폴 게티(Jean Paul Getty)는 용암에 묻힌 그 로마 건축물에서 영감을 받아 말리부에 같은 모양의 별장을 지었는데, 오늘날 게티 미술관으로 쓰이고 있다.

수십 년 동안 루시우스 칼푸르니우스의 별장은 베르길리우스를 비롯한 유명한 에피쿠로스 철학자들의 모임 장소였다. 피소는 강력한 행정관이자 그리스 사상에 열광하는 독자였다. 그의 정적인 키케로는 부유한 귀족인 피소가 "자기가 사랑하는 그리스인들의 악취와 수렁 속에서" 음란한 시를 읊조리고 알몸으로 일광욕을 한다고 묘사한 바 있다. 피소가 난교를 조직했는지는 확인할 수 없지만, 그의 서재 내용으로 판단할 때 그곳에 온 손님들은 헤르쿨라네움에서 덜 관능적일지는 모르지만 흥미진진한 여가를 즐겼을 것으로 보인다.

공화정 말기와 제국 초기의 로마인들은 지적 여가를 특권으로 여겼다. 그들 중 많은 이가 신, 지진, 천둥, 일식, 선과 악의 정의, 삶의 목적, 죽음의 예술에 대해 진지하게 논의하며 오랜 시간을 보냈다. 그들은 노예들의 환대를 받으며 우아한 저택의 안락함 속에서 도서관의 보물과 문명화된 지적 대화에 매달렸다. 그들은 내전, 폭력, 사회적 긴장, 폭동, 곡물 가격 상승, 베수비오에서 뿜어져 나오는 연기 기둥에도 불구하고 옛 세계가 여전히 손상되지 않았다고 믿으려 했다. 세계에서 가장 강력한 힘의 진원지에 살던 특권층 사람들은 호화로운 저택으로 피신하여 다가올 모든 위험을 잊고 무시하면서, 예컨대 아리스토텔레스가 관심을 기울이던 주제인 비버의 고환에 대한 사색적 대화에 몰두했다. 로마 귀족들은 편안한 소파(트리클리니움이나 테이블 침대)의 보라색 쿠션에 누워 음료와 진미를 나누며 차분하게 "오랫동안 이야기를 나눴다."

파피루스의 별장 발굴을 통해 피소의 책이 3×3미터 방에 보관되어 있었음이 밝혀졌다. 벽면에는 선반이 있었고 중앙에는 삼나무 책장이 있었다. 마당으로 나가면 호화로운 조각상들 사이에서 빛을 받으며 두루마리를 읽을 수 있었다. 이는 건축가가 그리스의 선례를 따른 것이었다.

10월 24일, 화산 폭발로 파피루스 두루마리는 까맣게 타버렸고 도시는 화산재에 묻혀버렸다. 18세기 발굴자들과 보물 사냥꾼들은 두루마리 잔해를 불에 탄 숯 조각으로 착각했고, 실제로 숯 조각 같은 두루마리를 횃불로 사용했다. 마침내 그들은 무슨 짓을 했는지 깨닫고 두루마리를 읽어내려 했다. 그러나 섬세하지 못했다. 두루마리를 잘라내려고 손톱이나 정육용 칼을 사용했으나 그 결과는 유감스러웠다. 머지않아 이탈리아에서 섬세하게 두루마리를 펼칠 수 있는 기계를 발명했다. 첫 번째 두루마리를 펼치는 데 4년이 걸렸다. 어쨌든 기계로 뜯어낸 파편은 부서지기 쉬웠고 그만큼 보관도 어려웠다.

그 이후로 연구자들은 까맣게 타버린 피소의 두루마리에 숨겨진 비밀을 풀기 위한 기술적 도구들을 모색했다. 어떤 파편에는 식별해 낼 수 있는 게 전혀 없었고, 또 어떤 파편에서는 현미경으로 몇 개의 글자만 식별할 수 있을 뿐이었다. 부주의하게 다뤘다가는 검은 가루로 부서질 수 있었다. 1999년 미국 브리검 영 대학교의 학자들이 적외선으로 파피루스를 조사했다. 그들은 특정 파장을 통해 종이와 잉크의 대비를 식별해냈다. 그렇게 글자를 찾아냈다. 이로써 전문가들은 텍스트를 재구성할 가능성을 눈에 띄게 향상시켰다. 2008년, 다중 분광 이미징은 새로운 기술 발전을 이끌었다. 그러나 지금까지 확인된 두루마리(모두 그리스어로 되어 있다.)에는 우리가 기대하던 파괴된 보물이 들어 있지 않았다. 알려지지 않은 사포의 시도, 아이스킬로스와 소포클레스의 비극도, 아리스토텔레스의 잃어버린 대화도 없다. 다시 세상에 나온 텍스트들은 대부분 고도로 전문화된 주제에 대한 철학적 논고들이었다. 아마도 가장 주목할 만한 발견은 에피쿠로스의 에세이 『자연에 관하여』일 것이다. 그러나 여러 전문가들은 피소의 저택에 아직 발견되지 않은 라틴어 도서관이 있을 거라고 생각한다. 한편 헤르쿨라네움 위에 세워진 현대의 도시 에르콜라노는 세밀한 발굴을 어렵게 하고 있다. 언젠가는 잃어버린 매혹적인 책을 그곳에서 만날 수 있을 것이다. 수십 년 안에 우리는 화산 속에서 작은 문학적 기적을 경험하게 될 것이다.

헤르쿨라네움을 발굴하던 초기 고고학자들은 파피루스의 별장 주변에 흩어져 있던 상당량의 두루마리를 발견했다. 땅바닥에 혹은 여행용 가방에 들어 있었는데, 이는 그 당시 소유자가 20미터에 이르는 화산 파편에 묻히기 전에 파피루스를 옮기려고 노력했던 흔적으로 보인다. 2000년 전, 누군가는 600도의 온도와 초속 30미터의 속도로 날아드는 불덩이 속에서 책을 구하려고 한 것이다. 그리하여 종말론적 도서관은 지워진 광대한 지도 위에서 우리에게 남겨진 유일한 생존자가 되었다. 역사적 아이러니가 아닐 수 없다.

| **33** |

과거의 유적지는 새로운 추종자들을 매료시켰다. 18세기 나폴리의 왕이자 장차 스페인 왕이 될 카를로스 3세는 고대 유물에 대한 열

망으로, 베수비오 화산 폭발로 사라진 폼페이, 헤르쿨라네움, 스타비아이를 발굴하라고 명했다. 대재앙 덕분에 보존된 도시들은 유럽에서 새로운 열정을 불러일으켰다. 상상만 하던 세계가 시야에 들어왔고 고대 문명이 대륙의 최신 유행이 되었다. 잃어버린 시대에 대한 열망은 관광, 과학적 학문으로서의 고고학, 폐허의 조각상들, 권력의 중심인 신고전주의 건축물, 빙켈만(Johann Joachim Winckelmann)의 미학적 유토피아, 계몽된 자들의 혁명적 영혼 속에서 맥박 치는 그리스-라틴에 대한 소명과 같은 근대성의 특성을 생성해갔다.

검열에 대항한 오비디우스

| **34** |

오비디우스는 성공한 작가로서 자신의 성공을 즐겼다. 그는 귀족성이 없는 독자들을 부끄럽게 여기지 않았다. 그는 재미있고 사교적이며 쾌락주의적이었다. 그는 (때로는 저속하고 호화롭고 탐욕스러우며, 때로는 우울하고 시적이며 깨지기 쉬운) 로마의 '달콤한 삶'을 좋아했다. 그는 고통 없이 편안하게 글을 썼으며 눈부신 작가가 되는 길을 알고 있었다. 용서하기 힘들 정도로 행복한 사람이었다.

그는 야심 찬 지주 가문에서 태어났다. 그의 아버지는 그를 위대하고 부유하며 존경받는 변호사로 키우려고 로마에 보냈지만 오비디우스는 아버지의 희망을 좌절시켰다. 그는 법보다 시를 좋아했다. 법원에 싫증 난 그는 유망한 직업을 포기하고 문학에 전념했다. 그는 시를 씀으로써 아버지를 실망시켰을 뿐만 아니라 로마인의 상징적인 아버지인 아우구스투스 황제의 심기를 건드렸다. 그는 황제의 심기를 불편하게 한 일로 값비싼 대가를 치러야 했다. 그러나 절벽에서 추락하기 전까지는 엄청난 영광과 박수를 맛봤다.

오비디우스는 새로운 문학 영역의 탐험가이자 독자에게 각별한 관심을 보인 최초의 작가였다. 앞서 말했듯 그는 화장품과 화장에 관한 글을 썼다. 그가 쓴 『사랑의 기술』은 이성을 유혹하는 매뉴얼로, 작품의 3분의 1에 달하는 긴 장에서 여성을 정복하기 위한 조언과 여성을 사랑으로 속이는 방법을 설명하고 있다. 그는 당시까지는 볼 수 없었던 작가와 여성 독자 사이의 친밀감을 형성했다. 독서의 지평이 급속히 확장되던 시기에 오비디우스는 과거의 가치와 오래된 규범을 위반하는 데 뛰어들었다. 그의 젊고, 비순응적이며, 에로틱한 문학은 당시의 로마 여성들을 매료시켰다. 그는 그것을 알고 있었고 한계점까지 밀어붙였다. 그는 자신이 심연을 걷고 있다는 걸 알지 못했다.

일부 동시대인들은 경망스러움이 전복적일 수 있다는 사실을 간과한 채 그를 비난했다. 오비디우스는 기원전 1세기의 로마의 본질적 문제에 대해 혁명적 관점을 제시했다. 쾌락과 공감과 아름다움에 대해서 말이다. 그 당시 결혼은 성숙하고 유력한 남성에게 사춘기 소녀를 보내는, 가족과 가족 간의 결합이었다. 남녀 노예는 주인의 욕구에 좌우되던 시대였다. 성적 관계는 상호적이거나 평등하지 않았다. 거기에는 매우 복잡한 구분과 규칙과 제한이 있었다. 늘 그렇듯, 중요한 것은 특권의 문제였다. 부자에게 허용된 건 가난한 자에겐 허용되지 않았고, 남성에게 허용된 것은 여성에게 허용되지 않았다. 낮은 계층의 사람(노예, 외국인, 시민이 아닌 사람)과의 소아성애가 허용되었다. 마르티알리스는 여섯 살에 사망한 에로티온이라는 자신의 노예에 대해 느낀 욕망과 매력을 부끄러움 없이 드러냈다. 그런데 오비디우스는 소녀가 아니라 성숙한 여성을 좋아한다는 글로 당시의 관습과 진부함을 깨뜨렸다. 그는 자신의 에로틱한 쾌락에는 파트너의 쾌락이 필요하다고 했다. 오비디우스는 『사랑의 기술』에서 이렇게 말한다. "나는 새치가 생기기 시작한 서른다섯 살 이상의 여성을 선호한다. 나는 자신의 즐거움을 아는 성숙한 여자가 좋다. 그런 여자는 경험이 풍부하여 1000가지 방식을 알고 있다. 그녀의 풍만함은 가짜가 아니다. 여자가 연인과 동시에 즐길 때, 쾌락의 절정에 도달한다. 온전히 껴안지 못하는 포옹은 싫다. 두 사람을 모두 지치게 하지 못하는 성관계는 싫다. 나는 해야 하기 때문에 자신을 바치는 여자, 젖지 않는 여자, 성관계를 자신의 일로 생각하는 여자는 싫다. 나는 의무로 나에게 즐거움을 주는 여자를 원치 않는다. 어떤 여자도 의무로 나를 사랑하지 않기를! 나는 즐거움의 목소리를 듣는 걸 좋아한다. 속도를 늦추라는, 조금 더 기다려달라는 중얼거림이 좋다. 나는 지쳐서 더 이상의 애무가 필요치 않은 순간, 즐거움에 휩싸인 연인의 눈을 보는 게 좋다."

전통적인 규범은 자유인에게 감정은 약점이며, 타인의 입장에 서려는 의지는 광기라고 규정한다. 프랑스 작가 파스칼 키냐르(Pascal Quignard)가 지적하듯, 오비디우스는 상호적 욕망의 첫 번째 기수이자, 여성의 쾌락을 위해 남성의 조급성을 지배할 줄 알아야 한다고 주장한 최초의 로마인이었다.

『사랑의 기술』은 위험하고 부도덕한 책으로 간주되었다. 몇 년 후, 오비디우스는 불행의 시작을 떠올리며 그 책으로 인해 사람들이 그를 "음란한 간음의 선생"이라고 불렀다고 기록했다. 그가 가르친 성관계는 부부 관계 밖의 일이었다. 당연히 그럴 수밖에 없었다. 욕망과 쾌락은 부부생활의 지평에 들어오지 않았다. 부유한 로마인의 결혼식은 무엇보다 가문의 결정이었고 가문 간의 계산적 동맹이었다. 부모는 딸을 정치적 책략의 수단으로 삼았고, 결혼하여 임신한 상태에서도 정치적 이해관계에 부합하면 이혼하고 다른 사람과 결혼할 수도 있었다. 두 명의 귀족이 우호적으로 아내를 교환하는 일도 드물지 않았다. 미덕의 전형으로 기억되는 마르쿠스 포르키우스 카토 우티켄시스(Marcus Porcius Cato Uticensis)는 자신의 부인인 마르키아를 친구에게 '대여'했다. 즉 새로운 구혼자를 위해 이혼을 요청했고 그녀가 사별하자 다시 결혼해 막대한 유산을 얻었다. 카토는 그런 결정을 하면서 마르키아의 아버지와는 상의했지만 그녀에겐 의견을 묻지 않았다. 야심에 찬 부모에겐 남편과 아내 사이의 애정이나 성실성이 중요하지 않았다. 그런 상황에서 부부 관계 밖의 열정이 폭발했다. 오비디우스는 작품을 통해 그러한 현실을 포착했다. 그러나 그는 아우구스투스 황제의 도덕화 프로그램, 그리고 기원전 18년과 기원후 9년 사이에 승인된 율리우스 법과 직접적으로 충돌했다. 율리우스 법은 가족과 고대 전통을 수호하려는 것으로, 간통하는 자는 유배를 보내고 자녀가 없는 자에겐 벌금을 부과하는 법이었다.

쉰 살이 되던 기원후 8년, 오비디우스는 황제의 칙령에 따라 오늘날 루마니아의 콘스탄차로 유배되었다. 그의 세 번째 아내는 로마에 남아 재산을 관리하며 사면을 요청했다. 시인은 혼자 떠났으며 두 사람은 다시 만나지 못했다. 아우구스투스의 가혹하고 잔인한 처벌은 계산된 것이었다. 보통은 지중해 섬으로 유배를 보냈으나 아우구스투스는 오비디우스를 제국의 경계에 위치한 미지의 땅에 내던진 것이다. 오비디우스는 친구, 사랑, 책, 대화, 평화와 같이 삶을 가치 있게 하는 모든 것과 분리된 채 살아야 했다. 적대적인 기후의 추위에 노출된 그 황량한 곳에서 유목민의 습격을 두려워하며 알아들을 수 없는 언어를 구사하는 사람들과 살아야 했다. 그리고 사형 선고를 받았다. 그는 그곳에서 끊임없이 탄원서를 보내며 9년을 살았다. 그 사이 그는 『트리스티아(*Tristia*)』를 쓰게 되는데, 이 책은 오스카 와일드의 옥중기 『심연으로부터』의 선례라 할 것이다.

유배의 이유에 대해 오비디우스는 자신의 몰락이 "시와 실수"라는 두 가지 범죄 때문이었다고 단언한다. 그는 상처를 건드리길 원치 않는 듯, 그 실수가 무엇인지 설명하지 않는다. 어쩌면 고위 권력자의 난교를 목격했거나 정치적 음모에 연루되었을 수도 있다. 시의 경우는 의심의 여지가 없다. 그의 책이 연인들을 위한 매뉴얼이었으니 말이다. 그는 유배 생활 중에 "나는 더 이상 사랑의 선생이 아니다. 그 책은 이미 처벌받았다."라고 쓴다. 2세기 후, 한 역사가는 이렇게 말한다. "아우구스투스가 시인 오비디우스를 추방한 건 사랑의 기술에 관해 쓴 세 편의 작품 때문이었다." 오비디우스는 유배 중에 자신의 작품이 보복당하고 있다는 사실을 알고 눈물을 흘렸다. 아우구스투스는 오비디우스를 유배 보내고 공공도서관에 있던 그의 작품들을 폐기했다.

이 에피소드는 유럽에서 도덕적 검열이 시작되었음을 의미했다. 그러나 통제에 대한 집착은 실패했다. 제국의 황제가 외설적이고 추잡하다는 이유로 금지한 『사랑의 기술』이 우리의 도서관에 있으니 말이다. 그의 작품은 오비디우스를 신뢰하는 독자들의 손에 의해 수 세기 동안 구원되었다. 전복적인 생각은 고전을 만들어낸다.

달콤한 관성

2세기 초, 로마는 유머 감각이 없는 황제들이 지배했다. 검열과 공포가 사회적 분위기를 지배했다. 그러나 역사가 타키투스는 삭제가 남기는 상처를 감지하고 이를 드러내기로 했다. 알 수 없는 과거에 향수를 느끼던 그는 "원하는 대로 생각하고 생각하는 대로 말할 수 있는 시대의 행복"을 상상했다. 그는 권력자들에게 위해가 되는 게 무엇인지, 스캔들에 시달리는 사람이 자주 스캔들에 빠지는 이유가 무엇인지, 그들의 금기와 공포가 무엇인지, 그들이 침묵하는 이유가 무엇인지, 그리고 삭제된 텍스트 뒤에 숨겨진 것이 무엇인지 조사하기로 했다.

타키투스는 유배 중이던 오비디우스가 사망한 이후, 티베리우스가 통치하던 시기에 발생한 억압에 대해 자세히 기록한다. 공화주의 사상가인 역사가 크레무티우스 코르두스(Cremutius Cordus)는 대담한 표현을 했다는 이유로 기소됐다. 그는 자신의 연대기에서 율리우스 카이사르의 암살자인 브루투스와 카시우스가 "마지막 로마인"이라고 썼다. 황제에 대한 모욕이라는 이유로 그는 원로원에 출두해야 했다. 그는 용감하게 자신을 변호했지만, 원로원을 나오면서 법적 처벌을 받느니 차라리 굶어 죽겠다고 결심했다. 그러나 피고인이 사망했음에도 불구하고 관례에 따라 절차는 계속되었다. 결국 그의 작품을 모두 소각하라는 평결이 내려졌다. 로마에선 사법관이 이 일을 맡았으며 그 외 지역에선 지방 판관에게 맡겨졌다.

타키투스의 『연대기』는 크레무티우스 코르두스의 딸 마르키아가 위험을 무릅쓰고 한 권의 사본을 숨김으로써 소각을 피할 수 있었다. 마르키아는 그 책의 가치를 알고 있었다. 그녀는 철학에 각별한 열정을 지닌 훌륭한 독자였다. 세네카는 그녀에게 에세이를 헌정하면서 "여성은 남성과 동일한 지적 능력을 갖고 있으며 고귀하고 관대한 행위를 할 수 있는 능력이 있다."라고 말했다. 그는 복종을 거부한 젊은 마르키아를 존경했다. 그녀는 집을 수색할 때마다 목숨이 위태로웠음에도 불구하고 새로운 황제 칼리굴라가 금지령을 해제할 때까지 마지막 원고를 숨겨두었다. 이후 마르키아는 작품의 사본을 주문하여 다시 배포했다. 그렇게 다음 세대는 권력을 불쾌하게 했던 역사적 연대기를 읽을 수 있게 되었다. 논란의 여지가 있는 일부 단편이 지금까지 전하고 있다.

어떤 시대든 검열은 역설적으로 역효과를 낳을 위험이 있다. 그들이 숨기고자 하는 것에 초점이 맞춰지기 때문이다. 타키투스는 이렇게 썼다. "검열자들은 당대의 권력으로 후세의 기억마저 지워버릴 수 있다고 생각하는 바보들이다. 처벌받은 재능은 오히려 높이 평가되고 가혹하게 처벌한 자는 불명예와 처벌받은 자의 영광 외에는 아무것도 얻지 못한다." 오늘날 인터넷과 소셜 네트워크는 권력이 금지하는 메시지에 즉각적으로 반응한다. 예술작품이 철거 명령을 받으면 모두가 그것에 대해 언급하기 시작한다. 래퍼가 모욕죄로 유죄 판결을 받으면 다운로드가 급증한다. 책이 금서가 되면 사람들이 서둘러 책을 사려 한다.

검열이 제거하고자 하는 사상을 없애는 경우가 거의 없는데도(대부분은 오히려 날개를 달아준다.), 통치자들은 퇴보적 행보를 보여왔다. 칼리굴라는 플라톤의 생각을 추종하여 호메로스의 작품을 제거하고자 했다. 콤모두스는 수에토니우스가 쓴 칼리굴라의 전기를 읽지 못하게 했다. 알렉산드로스를 열렬히 추종하던 카라칼라는 아리스토텔레스가 알렉산드로스의 죽음과 연관이 있다고 생각하고 그의 작품을 불태우고자 했다. 4세기 초, 디오클레티아누스는 1934년의 나치에 필적할 정도로 기독교를 박해하며 기독교 서적을 불태웠다. 그러나 수많은 순교자들이 성경을 지켜냈다. 테살로니카의 세 자매인 아가페, 키오니아, 이레네는 집에 불법 서적을 숨겼다는 이유로 화형에 처해졌다. 필립보, 에우플리오, 빈첸시오, 펠릭스, 다티보, 암펠리오는 성경의 양도를 거부한 순교자들이었다. 그런데 훗날 기독교가 국교가 되자 이교도의 책에 대한 폭력적 화형이 똑같이 실행됐다.

그러나 파괴적인 노력은 거의 효과가 없었다. 황제들은 자신들이 보호하는 작가들에게 성공적인 영향을 미쳤지만, 오비디우스의 에로틱한 시나 타키투스의 연대기가 파괴되지 않았듯이 그들의 금지령은 성공하지 못했다. 유통업자나 출판사가 없는 고대의 책 유통 체계는 통제가 어려웠기에 검열에 성공할 수 없었다. 책을 베끼는 노예나 전문 필사가를 통해 금서를 은밀히 유통하는 일은 어렵지 않았다.

타키투스가 언급했듯이, 박해의 가장 강력한 효과는 용기가 없는 사람들을, 그들의 창의성을 가로막는 데 있었다. 타키투스는 그것을 "달콤한 관성"이라 불렀다. 즉, 수용적 포기 혹은 갈등이나 우려를 피하기 위해 시행 중인 가치를 위반하지 않으려는 욕망을 말한다. 바로 창작자를 포섭하는 위험한 비겁함 말이다. 타키투스는 반역자조차도 침묵하고 복종하는 시대를 목격했다. 그는 이렇게 쓴다. "우리는 의심의 여지 없이 대단한 인내심을 보여줬다. 만약 우리가 침묵하는 능력만큼이나 망각하는 능력을 갖고 있었다면 우리는 목소리와 더불어 기억도 잃었을 것이다." 그의 글은 고통스러운 상처를 만지고 우리의 눈을 뜨게 한다. 어느 시대든 우리는 권력의 검열뿐만 아니라 우리 내면에 있는 두려움과 싸워야 했다.

책 속으로의 여행,
그리고 책의 이름 짓기

| **36** |

인쇄술이 발명되기 전까지 책은 힘들게 손으로 만든 독특하고 통제할 수 없는 사물이었다. 독자가 자신의 집에서 노예의 손을 빌려 사본을 만든다면 그 어떤 명령이 책의 확산을 막을 수 있었겠는가?

고대 필사본과 대조적으로 오늘날의 전자책은 값싸고, 가벼우며, 무한대로 증식하고, 전 세계의 데이터 센터의 서버와 저장 장치에 보관된다. 하지만 전자책은 엄격하게 통제된다. 2009년, 아마존은 저작권 문제를 제기하며 고객의 킨들에서 조지 오웰의 『1984』를 조용히 삭제했다. 수천 명의 독자들이 사전 통지 없이 갑자기 책이 사라졌다고 항변했다. 학술 논문을 준비하던 디트로이트의 한 학생은 파일과 함께 자신이 써오던 독서 노트가 사라졌다고 항의했다. 아마존이 그 작품에 내포된 문학적 상징주의를 인지하고 있었는지는 알 수 없다. 『1984』에서 정부 검열관은 빅 브라더를 위해 모든 문학의 흔적을 "기억의 구멍"이라고 부르는 소각로에 던져버리니 말이다.

인터넷 포럼에는 다양한 제목의 디지털 에디션이 사라진 것을 비난하는 댓글이 넘쳐난다. PDF 형식의 새 책을 계정에 추가하려고 '지금 구매' 옵션을 선택한다고 해서 우리가 손으로 만질 수 있는 사물을 얻는 것은 아니다. 우리는 화면에 떠 있는 텍스트에 대한 권리가 거의 없다. 메모리는 언제든 가상의 라이브러리를 삼켜버릴 수 있다.

나는 어렸을 때 모든 책이 나를 위해 쓰였고 세상에서 유일한 판본이 집에 있다고 생각했다. 그래서인지 나는 고대의 필사본을 이상화하고 싶은 유혹에 쉽게 빠진다. 사실 고대의 책은 지금의 책보다 환영받지 못했다. 고대에는 단어가 구분되지 않고 나열됐으며, 대소문자의 구분도 없었고, 구두점이 엉뚱하게 찍혀 있는, 그야말로 복잡한 정글 같았다. 독자는 글을 의심하고, 돌이켜보고, 길을 잃지 않으려고 노력하면서 빽빽한 내용을 헤쳐나가야 했다. 고대인들은 왜 텍스트를 숨 쉬지 못하게 했을까? 우선 그들은 파피루스나 양피지와 같은 값비싼 재료를 최대한 활용하려고 했다. 더불어 초기의 책들은 소리 내어 읽는 사람들을 위해 만들어졌기에 눈으로 보기엔 기호의 연속이지만 귀로는 그 기호들을 풀어낼 수 있었다. 마지막으로 문화적 우월성을 자랑스러워하는 귀족들은 교육에 접근성이 낮은 새로운 독자들이 책의 독점적 영역에 진입하는 것을 어렵게 했다.

독서를 단순화하는 과정은 더디고 점진적으로 진행됐다. 알렉산드리아 도서관의 학자들은 강세와 구두점 체계를 발명했다. 이 두 가지는 비잔티움의 대단한 기억력의 소유자, 아리스토파네스 덕분이었다. 단어가 분리되지 않은 상태일 때, 길의 경로를 표시하는 것 같은 몇 개의 강세는 독자에게 엄청난 도움이 되었다.

단어와 문장을 분리하는 작업은 더디게 진행됐다. 온전한 의미가 담긴 행들을 분리하여 쓰는 방식도 있었는데, 이는 자신감이 부족한 독자가 목소리를 높이거나 낮출 수 있도록 하기 위함이었다. 4세기 말에 히에로니무스가 데모스테네스와 키케로의 책에서 이 체계를 발견하고 처음으로 그 체계를 추천했다. 그러나 여전히 구두법은 정착되지 않았다. 7세기에는 점과 선의 조합으로 요점을 표시했다. 글자 위에 찍는 점은 지금의 쉼표와 같았고, 세미콜론은 오늘날과 동일하게 사용됐다. 9세기에 이르러서는 소리 내어 읽지 않는 독서가 일반화되면서 필사자들이 단어를 띄어쓰기 시작했다.

필사본에 삽입된 삽화도 손으로 그려졌다. 이집트의 『사자(死者)의 서』에서 기원한 삽화는 장식적 의도보다는 설명적 의도가 짙었다. 텍스트를 읽기가 어려웠기 때문에 텍스트 이해를 보완하는 시각적 보조 장치로 삽화가 태어났다. 과학적인 내용에는 도표가 활용되었고 내용이 문학적이면 서사적 장면이 삽입되었다. 그리스-라틴 전통에서는 저자를 표시하기 위해 작가의 머리나 흉상이 그려졌다. 그 첫 번째 사례는 바로가 쓴 『이미지들』이다. 이 작품은 유실되었으나 플리니우스가 이 작품의 그리스인과 로마인 700명의 삶에 관해 서술한 바 있다. 기원전 39년경에 출판된 이 야심 찬 책은 유명인을 서술하면서 초상화를 삽입했다. 이는 로마인들이 책을 팔기 위해 어떤 방법을 사용했는지 보여준다.

신학적 상징으로서 이 책을 기독교적으로 전유함으로써 새로운 장식의 길이 열렸다. 단어 자체가 장식적 형태로 그려지게 된 것이다. 보랏빛 페이지에 금색과 은색 잉크로 글이 쓰였다. 책은 더 이상 단순한 독서를 위한 사물이 아니라, 소유자를 구별해주는 예술작품이 되었다. 작업은 전문화되었다. 서기가 삽화가 들어갈 공간을 비워두면 삽화가가 두루마리의 빈 공간에 그림을 삽입했다. 13세기가 되면서 페이지는 복잡하고 유토피아적인 공간이 되었다. 거기에 주변부적인 만화의 기원이 있다. 역사상 최초의 삽화는 고대 필사본의 여백에 그려졌다. 글자 주위로 용, 뱀, 덩굴식물 등 놀랍고 다채로운 그림이 그려졌다. 삽화가들은 인간, 동물, 풍경, 생생한 장면들을 채워 넣었다. 작은 삽화는 식물 테두리로 프레임을 만들었다. 덩굴 잎의 줄무늬가 사각형을 이뤘으며, 이를 '비네트(vignette, 장식 도안)'라 칭했다. 중세 고딕 시대부터 화자의 입에서 나오는 말이 기록되는데, 이는 훗날 어린이 만화에 나오는 말풍선으로 발전한다. 경이로움에 대한 인간의 욕구는 텍스트를 넘어 만화를 탄생시켰다. 공상이나 실제 삶에서 추출하거나 상상으로 꿈꿔온 이 삽화들은 예술적 형태가 어떻게 태어나는지, 그리고 어떻게 종속적인 것으로 시작하여 승리할 수 있는지를 보여준다. 과거의 우아한 그래픽을 계승한 만화는 그 기원을 상기시키는 기능을 보존하고 있다. 과거의 원고에 그려진 존재들처럼 오늘날 만화에 등장하는 인물들은 종종 경계지대의 이상하고 왜곡된 세계에 속하곤 한다. 그리고 고대의 책에 그려진 삽화처럼 만화는 우리의 시선을 빼앗으며 소외되지 않으려고 싸우고 있다.

페이지 구성에 큰 변화가 발생하며 민첩한 독서가 가능해졌다. 텍스트가 단락으로 구성되기 시작했으며 제목, 장, 쪽 번호는 독서를 안내하는 나침반 역할을 했다. 새로운 참조 도구인 목차, 각주, 구두점의 규칙이 통일성을 갖춰갔다. 인쇄된 책은 점점 읽기 쉬워졌다. 목차는 책이 담고 있는 내용을 파악하는 데 도움이 됐다. 독자는 보다 자유롭게 책을 탐색할 수 있게 되었다. 수 세기 동안 진땀을 흘리며 읽어야 했던 폐쇄적인 글자의 정글은 평화로운 보행자를 위한 질서정연한 단어의 정원이 되었다.

| 37 |

책이 일종의 여행이라면, 제목은 모험을 떠난 사람을 위한 나침반이자 천체 관측기라 할 것이다. 그러나 늘 제목이 있었던 건 아니다. 아주 먼 과거에는 책이 이름도 세례도 없이 세상에 전해졌다. 우리 조상들은 이렇게 말했을 것이다. 엄마, 바구니에 산을 넣은 소녀 얘기 해줘요. 또는, 꿈을 훔친 학 얘기 해줘요.

초기 시와 서사에는 제목이 없었다. 고대 동양사에서 가장 오래된 도서관의 책 목록은 책을 주제별로 분리했음을 보여준다. 청동기 시대 히타이트 제국의 수도이던 하투사스에서 발견된 점토판에는 "폭풍의 신에게 기도하는 방법"이라고 쓰여 있다. 다음 항목은 "살인자의 정화에 관하여"라고 되어 있다. 그러나 가장 일반적인 방법은 텍스트의 첫 단어를 사용하는 것이었다. 그 오래된 점토 카탈로그와 마찬가지로 알렉산드리아 도서관의 장서목록 『피나케스』도 텍스트의 첫 문구를 사용했다. 1세기 로마에서도 책의 이름은 유동적이었다. 『오디세이아』는 20세기 후 조이스의 작품을 예견하듯 『율리시스』로 불리기도 했다. 마르티알리스는 베르길리우스의 『아이네이스』를 『무기와 인간의 노래』로 칭했으며, 오비디우스는 『도망자 아이네이스』로 불렀다. 물론 첫 구문을 사용하는 분류 방식은 거의 사라졌지만 특정 분야에선 아직도 활용되고 있다. 예컨대 교황의 회칙은 여전히 텍스트의 첫 구절을 제목으로 정하고 있다.

『일리아스』의 첫 구절은 "노래하소서, 여신이여!"이다. 첫 구절을 제목으로 활용하여 이야기를 시작하는 고대의 방식은 마치 의도치 않게 마법에 이끌려 이야기를 시작하는 것처럼 아름답다. 이탈로 칼비노는 자신의 소설 중 하나에서 첫 구절을 제목으로 삼았다. 바로 『어느 겨울밤, 한 여행자가』라는 작품이다.

유일하고 고정적인 제목은 극작품에 처음으로 사용되었다. 아테네의 극작가들은 작품의 제목을 정하는 데 있어 선구적 역할을 했다. 그들은 공개적으로 경쟁해야 했기에 자신의 작품을 발표할 때 혼란을 피해야 했다. 『결박된 프로메테우스』, 『오이디푸스왕』, 『트로이아 여인들』은 다른 제목으로 불리지 않았다. 반면 산문의 경우, 『펠레폰네소스 전쟁사』, 『변신』, 『갈리아 전쟁』, 『연설가에 대하여』 등의 작품들은 확고하고 영구적인 제목을 얻는 데 오랜 시간이 걸렸다.

일반적으로 그리스인과 로마인이 작품에 붙인 제목은 간결하고 야망이 없어 보인다. 단조롭고 독창성이 없어 보이며 관료적으로 느껴진다. 당시의 제목들은 기본적으로 식별 기능을 수행했다. 거의 대부분 접속사나 동사를 쓰지 않고 고유명사나 보통명사에 의존했다. 체스터턴의 『목요일이었던 남자』, 포크너의 『내가 죽어 누워 있을 때』와 같은 형식의 제목은 없다. 그들이 쓴 명사나 형용사도 밀도가 낮았으며 시적인 성격도 결핍되어 있었다. 진 리스의 『광막한 사르가소 바다』나 보르헤스의 『불한당들의 세계사』와 같은 제목도 찾을 수 없다. 그럼에도 불구하고 그들은 단조롭지만 신비하고 번뜩이는 몇 가지 제목을 우리에게 물려주었다. (아르헨티나 시인 알레한드라 피사르니크 (Alejandra Pizarnik)가 시집 『일과 밤(*Los trabajos y las noches*)』(1965)으로 다시 쓰기를 시도한) 헤시오도스의 「일과 날」, 플루타르코스의 『대비열전』, 오비디우스의 『사랑의 기술』(심리학자 에리히 프롬이 1956년 동일 제목의 책을 출판했다.), 아우구스티누스의 『신의 도시』(브라질의 영화감독 페르난두 메이렐리스(Fernando Meirelles)가 리우데자네이루 빈민가에 대한 영화에 동일한 제목을 사용했다.) 등이 그러하다.

피피루스 두루마리가 사용되던 시대에 제목과 저자의 이름은 가장 잘 보호되는 부분, 즉 본문의 끝부분에 기재되었다. 원통 바깥쪽은 쉽게 훼손되었기 때문이었다. 그러다 코덱스가 사용되면서 책 제목이 책의 맨 앞과 책등에 쓰이게 되었다. 아우구스티누스는 4세기에 이미 책의 '첫 쪽'에 제목을 붙이는 게 일반적이었음을 입증하고 있다. 오늘날 우리는 책의 내용을 알 수 없음에도 불구하고 열 단어 미만의 제목으로 우리가 책의 내용을 짐작할 수 있다. 우리는 제목을 보고 책을 선택하는 경향이 있다.

사실 19세기가 되어야 제목을 통해 독서를 유인했다. 신문, 시장, 경쟁이 강화되면서 독자의 관심을 끌 필요성이 생겼고, 작가는 책 표지를 통해 유혹을 시작했다. 19세기와 20세기에 걸쳐 아름답고 대담한 제목이 나타났다. 여기에 그 목록을 간략히 제시해본다.

고밀도의 시적 제목들: 카슨 매컬러스(Carson McCullers)의 『마음은 외로운 사냥꾼』, 마르셀 프루스트의 『잃어버린 시간을 찾아서』, 스콧 피츠제럴드의 『밤은 부드러워』, 가르시아 마르케스의 『백년의 고독』, 하비에르 마리아스(Javier Marías)의 『내일 전쟁터에서 나를 생각하라』,

이스마일 카다레(Ismail Kadaré)의 『죽은 군대의 장군』.

아이러니한 제목들: 아우구스토 몬테로소(Augusto Monterroso)의 『전집 (그리고 나머지 이야기)(Obras completas (Y otros cuentos))』, 존 케네디 툴(John Kennedy Toole)의 『바보들의 결탁』, 조르주 페렉의 『인생 사용법』, 앙헬리카 고로디스체르(Angélica Gorodischer)의 『나쁜 밤과 암컷 낳기(Mala noche y parir hembra)』, 레이먼드 카버의 『제발 조용히 좀 해요』.

불안을 낳는 제목들: 오에 겐자부로의 『새싹 뽑기』, 제프리 유제니디스의 『처녀들, 자살하다』, 체사레 파베세(Cesare Pavese)의 『죽음이 다가와 네 눈을 가져가리(Verrà la morte e avrà i tuoi occh)』, 하퍼 리의 『앵무새 죽이기』, 레일라 게리에로(Leila Guerriero)의 『세상 끝의 자살(Los suicidas del fin del Mundo)』, 마르타 산스(Marta Sanz)의 『거짓말쟁이(Perra mentirosa)』.

뜻밖의 수수께끼 같은 제목들: 엘리자베스 스마트(Elizabeth Smart)의 『중앙역에 앉아서 울다(By Grand Central Station I Sat Down and Wept)』, 테네시 윌리엄스의 『욕망이라는 이름의 전차』, 나탈리아 긴츠부르그의 『우리들의 어제(Tutti i nostri ieri)』, 후안 가브리엘 바스케스(Juan Gabriel Vásquez)의 『추락하는 모든 것들의 소음』, 필립 K. 딕의 『안드로이드는 전기양의 꿈을 꾸는가?』.

비밀이 감지되는 제목들: 후안 헬만(Juan Gelman)의 『나는 당신을 사랑한다고 말해야 했다(Debí decir te amo)』, 아나 마리아 마투테(Ana María Matute)의 『사람이 살지 않는 낙원(Paraíso inhabitado)』, 이시도로 블라이스텐(Isidoro Blaisten)의 『우울함에 간힌(Cerrado por melancolía)』,

이디스 워튼의 『순수의 시대』, 루이스 란데로(Luis Landero)의 『뒤늦은 나이의 장난(*Juegos de la edad tardía*)』, 로사 몬테로(Rosa Montero)의 『너를 다시 보지 않겠다는 우스꽝스러운 생각(*La ridícula idea de no volver a verte*)』.

좋은 제목이 어떻게 만들어지는지는 미스터리다. 때로는 "태초에 말씀이 있었다."라는 표현처럼 제목이 먼저 떠오르고, 이후에 책 전체가 언어의 빅뱅처럼 확장되기도 한다. 또 때로는 작가의 우유부단함 속에서 오랫동안 괴로움을 당하기도 하고, 어쩌다 들은 구절에서 예상치 못한 제목을 발견하기도 하고, 영감을 받은 제삼자가 제안하는 경우도 있다. 제목을 둘러싼 여러 가지 유명한 일화가 있기도 하고, 친구나 편집자 등의 도움으로 제목을 찾는 경우도 있다. 톨스토이는 『전쟁과 평화』 대신에 "끝이 좋으면 다 좋다"라는 제목을 붙이고 싶어 했다. 보들레르는 『악의 꽃』을 "레즈비언"으로 부르고자 했다. 오네티(Juan Carlos Onetti)는 『더 이상 상관없을 때(*Cuando ya no importe*)』 대신에 "대저택"을 고려했다. 볼라뇨(Roberto Bolaño)는 "개떡 같은 폭풍" 대신에 다른 이들의 충고를 받아들여 『칠레의 밤』이라는 제목을 사용했다. 드물긴 하지만, 자유로운 번역을 통해 작가도 생각지 못한 제목이 나타나기도 한다. 존 포드는 영화와 소설에서 동일한 제목으로 쓰인 「수색자」라는 작품을 고전으로 만들었다. 그런데 익명의 스페인 배급사는 새로운 영감을 얻어 「사막의 켄타우로스」라는 기막힌 제목으로 작품을 개봉했다. 레일라 게리에로는 책 제목은 기발한 단어의 연속체가 아니라 "이야기의 심장에서 뗄 수 없게 접합"되어 있기에 적확한 제목을 찾아낼 때면 행복감을 느낀다고 했다.

수 세기에 걸친 무관심의 여정 끝에 제목은 기압계, 엿보는 구멍, 열쇠 구멍, 네온사인, 음악적 열쇠, 주머니 거울, 문지방, 안개 속의 등대, 예감, 풍차의 날개를 돌리는 바람이 되었다.

고전이란 무엇인가?

현대 예술가는 독창적이어야 한다. 본 적 없는 새로운 것을 제공해야 하는 것이다. 작품이 전통과 규범에 비해 획기적일수록 더 좋은 평가를 받을 것이다. 누구나 그렇듯, 창작자는 자신만의 전복적 방식을 추구한다. 우리는 자유가 진정한 예술가의 산소이며, 문학에서 중요한 건 관습에서 벗어나는 자유로운 언어로 독자적인 세계를 구축하는 것이라는 낭만적인 생각을 갖고 있다.

그러나 로마인에겐 그렇지 않았다. 그들은 가능한 한 그리스의 것에 가까운 문학을 원했다. 그리하여 서사시, 서정시, 비극, 희극, 역사, 철학, 웅변 등 그리스의 장르를 하나씩 베꼈다. 그들은 그리스의 작시법을 채택했으나, 이는 그들의 언어에 잘 맞지 않았기에 초기 시는 인위적이고 인공적이었다. 그들이 쌍둥이 빌딩처럼 도서관을 이중으로 지었던 이유가 그것이다. 그들은 모방을 통해 최고의 작품들을 극복할 수 있다고 믿었기에 자발적으로 그리스의 형식을 받아들였다. 놀라운 점은 그리스의 엄격한 규칙을 바탕으로 한 그들의 정신분열적 문학이 경이로운 작품을 생산했다는 것이다.

이 강박적인 경쟁심은 퀸틸리아누스라는 흥미로운 문학비평가에게서 잘 드러난다. 그는 현재의 스페인 칼라오라에서 태어났다. 내가 사는 이곳에서 약 120킬로미터 떨어진 곳이다. 그는 기원후 35년에 로마로 건너갔다. 제국의 변방 출신이라는 사실이 성공에 방해가 되진 않았다. 부유한 가문 출신이라면 출신지는 중요치 않았다. 퀸틸리아누스는 이내 성공가도를 달린다. 그는 변호사이자 웅변학 선생으로 역사상 처음으로 국고로 봉급을 받는다. 베스파시아누스 황제는 그에게 전례 없는 영예를 안겼고 도미티아누스 황제는 자신의 증조카의 교육을 그에게 맡겼다. 퀸틸리아누스는 아첨꾼이었다. 당시에는 아첨이 궁궐의 공식 언어였으며, 비굴해지지 않고 출세하기란 매우 어려운 일이었다. 어쨌든, 퀸틸리아누스는 권력의 편에 섰다. 그는 조용하고 보수적이었으며 자신의 성취에 만족했다. 그러나 열아홉 살의 어린 아내와 두 자식을 잃는 불행을 겪게 된다. 이에 대해 그는 "모종의 은밀한 시기가 우리의 희망의 실을 잘라버렸다."라고 썼다.

그는 교육자로서의 자신의 경험을 담은 열두 권의 에세이 『웅변가 교육론(In stitutio Oratoria)』을 펴냄으로써 선구적인 메시지를 전한다. 그는 교육 중에 발생하는 폭력적 처벌을 거부했다. 폭력보다는 칭찬이 더 효과적이며, 이로써 스승에 대한 사랑은 학업에 대한 사랑으로 바뀌어갈 수 있다고 생각했다. 그는 규율의 보편적 타당성을 신뢰하지 않고 개인의 상황과 능력에 맞춰 교육 방법을 조정했다. 그는 자신이 추구하는 교수법의 목적은 학생들이 스스로 답을 찾게 함으로써 교사를 불필요하게 만드는 것이라고 주장했다. 그는 평생교육을 옹호했고, 학업을 마친 후에도 가능한 한 많은 독서를 하도록 했으며 읽기가 말하기에 크게 도움이 된다는 걸 알고 있었다. 그리고 제자들을 문학의 길로 인도하기 위해 그리스와 로마에서 가장 뛰어난 작가들(서른한 명의 그리스 작가와 서른아홉 명의 로마 작가)의 목록을 작성했다.

퀸틸리아누스는 그 목록을 작성하면서 완벽한 대칭을 추구했다. 각 그리스 작가에는 라틴계 쌍둥이가 있어야 했다. 베르길리우스는 로마의 호메로스였다. 키케로는 데모스테네스이자 로마의 플라톤이었다. 티투스 리비우스는 헤로도토스의 부활이었고, 살루스티우스는 새로운 투키디데스였다. 그의 작품을 읽다 보면 국가적 자존심 때문에 그리스 작가에 로마의 작가를 대응시키고 있다는 인상을 받는다. 따라서 호메로스의 『일리아스』와 『오디세이아』의 주제를 빌려 쓴 베르길리우스의 『아이네이스』는 애국적 필요성 때문에 반드시 쓰였어야 하는 작품이었던 것이다. 마찬가지로 플루타르코스의 『대비열전』은 테세우스와 로물루스, 알렉산드로스와 율리우스 카이사르의 대응으로 이어졌다.

모방, 야망, 경쟁의 정신은 로마 사회 엘리트들의 사고방식을 드러낸다. 그러나 과도한 경쟁은 창작자를 지치게 만든다. 도전에 자극을 받은 작가가 있었다면 전통의 무게에 짓눌린 작가도 있었을 것이다. 비교는 질식할 정도로 지속되었고 창작자들은 늘 집단적 열등감의 그늘에서 일해야 했다.

그러나 로마인들은 독창적이었다. 그들은 전례 없는 혼합을 이뤄냈다. 로마는 외국 문학을 채택하고, 읽고, 보존하고, 번역하고, 보살피고, 국수주의적인 장벽을 넘어 사랑했다. 로마는 우리를 과거의 다른 문화, 다른 언어, 다른 지평과 엮어주는 매듭을 만들어냈다. 그 매듭을 통해 사상과 과학적 발견과 신화와 사유와 감정과 오류가 한 세기에서 다른 세기로 이어졌다. 미끄러지고 쓰러진 것들도 있지만 (고전처럼) 유지와 관리가 잘된 것들도 있다. 지금까지 이어지는 그 연결고리, 그 연속된 보존, 그 무한한 대화는 기적에 가깝다.

로마인들의 향수 어린 열정, 그들의 고통스러운 콤플렉스, 그들의 군사력, 그들의 시기심과 전유는 경이로운 현상이다. 욕망과 분노 위에 세워지고 여러 잔여물을 기워 만든 그 힘겨운 사랑이 미래의 우리를 위해 길을 열어줬기 때문이다.

| **39** |

아주 최근까지 문학은 부자나 부자의 위임을 받거나 그들의 돈을 좇는 사람들만의 것이었다. 심리학자 스티븐 핑커가 지적하듯, 역사는 승자가 쓰는 것이 아니라 부유한 사람들, 즉 자신을 반성할 수 있는 시간이 있고 여가를 즐길 수 있으며 교육을 받은 소수가 써왔다. 우리는 과거의 비참함을 잊는 경향이 있다. 부분적으로는 문학, 시, 전설이 잘살았던 사람들을 기념하는 반면에 빈곤에 빠진 사람들을 망각해버리기 때문이다. 결핍과 기근의 시대는 신화화되었고 그 시대를 목가적 황금기로 기억하기도 한다. 그러나 실은 그렇지 않았다.

문학적 고전, 가장 존경받는 작가와 상징적인 작품의 출처는 도대체 어디인가? '고전(클래식, classic)'이라는 단어는 부와 재산이라는 말에서 파생되었다. 애초에 그 단어는 창조나 예술과 전혀 관련이 없었다.

'고전'은 인구조사의 용어에서 비롯했다. 로마인들은 로마 사회의 부유한 계층을 '계급(클라시스, classis)'으로 불렀고 나머지 시민들을 '하위 계급(infra classem)'으로 불렀다. 인구조사는 시민의 권리와 의무를 정의하고 군대를 조직하는 데 사용했기 때문에 로마에서 아주 중요한 일이었다. 재산의 양은 개인이 사회에서 차지하는 위치를 결정했다.

인구조사는 세르비우스 툴리우스(Servius Tullius) 왕에 의해 실행되었으며 5년마다 실시되었다. 조사가 끝나면 재앙을 막아주고 신들의 축복을 받을 수 있도록 청하는 정화의식이 거행되었다. 그 의식을 '루스트룸(lustrum)'이라고 했는데, 이 때문에 5년의 기간을 루스트룸이라고 부른다. 각 가정의 가장은 가족을 데리고 의무적으로 참석해야 했으며, 자신의 자산과 가족 구성원, 즉 자녀와 노예의 수를 밝혀야 했다. 이 자료는 의회에 참여할 수 있는 사람을 결정했다. 재산이 없는 프롤레타리아가 지닌 유일한 소유물은 그들의 자손들이었다. 그들은 아주 위급한 상황이 아닌 이상 소집되지 않았고 세금 납부도 면제되었다. 이들은 투표를 통해 정치적 의사결정에 참여할 수 없었다. 자산을 신고한 사람은 '아드시두이(adsidui)'로 불렸으며, 이들은 군 복무와 의사결정에 참여할 수 있었다. 이들은 재산에 따라 여섯 개의 등급으로 나뉘었다. 시스템은 투명했다. 부자들은 세금을 내고 그 대가로 정치에 영향을 미쳤다. 반면에 가난한 사람들은 아무것도 내지 않았기에 아무 말도 할 수 없었다.

변호사이자 작가이던 아울루스 겔리우스는 '고전'이라는 말이 경제력, 재산, 귀족적 '푸른 피', 상류층이 독점한 사치품에 기인한다고 밝히고 있다. 이 말은 일종의 메타포로 문학에 적용되었다. 경제적 용

463

어가 예술로 옮겨지면서 몇몇 비평가들은 최고의 저자, 즉 신뢰할 수 있고 주의를 기울일 만하고 시간을 투자할 가치가 있는 작가가 있다고 판단했다. 계급의 반대편 끝자락에는 유산이나 후원자가 없는 '프롤레타리아' 작가가 있었다. 사실 고전이라는 용어가 일반적으로 사용되었는지는 알 수 없다. 현재까지 보존된 몇 개의 라틴어 텍스트에 나타나고 있을 뿐이기 때문이다. 이 단어는 1496년 여러 인문주의자들이 사용한 후 로망스언어권으로 유포되면서 보편화되었다. 그렇게 수 세기에 걸쳐 살아남은 이 용어는 다른 곳으로 영역을 확장했다. 이제는 문학뿐만 아니라 '엘 클라시코'라는 축구 용어로도 쓰이고 있다.

'고전'이라는 것은 그 이름에서 알 수 있듯이, 계급에 기원을 둔 용어다. 특권이라는 관념이 스며든 세계의 위계적 시대의 개념이 오늘날에 이르고 있다. 하지만 부동산이나 자본 같은 압도적 힘에 맞세워, 비록 은유적이긴 하지만, 말을 일종의 부로 인식한다는 것은 감동적이기도 하다.

부유한 자들의 혈통이 그러하듯, 고전은 고립된 책들이 아니라 지도이자 별자리와 같다. 이탈로 칼비노는 고전은 다른 고전들보다 앞선 책이라고 한다. 그러나 후자를 먼저 읽고 전자를 읽더라도 누구나 그 계보를 곧바로 파악할 수 있다. 덕분에 우리는 작품의 기원, 관계, 종속성을 인식할 수 있다. 호메로스는 조이스와 유제니디스와 계보를 이룬다. 플라톤의 동굴 신화는 『이상한 나라의 앨리스』와 「매트릭스」로 돌아온다. 메리 셸리의 『프랑켄슈타인』은 현대적인 프로메테우스로 상상되었다. 오이디푸스는 불행한 리어왕으로 환생했다. 에로스와 프시케의 이야기는 『미녀와 야수』로, 헤라클레이토스는 보르헤스로,

사포는 레오파르디(Leopardi)로, 길가메시는 슈퍼맨으로, 루키아노스는 세르반테스와 「스타워즈」로, 세네카는 몽테뉴로, 오비디우스의 『변신』은 버지니아 울프의 『올란도』로, 루크레티우스는 조르다노 브루노(Giordano Bruno)와 마르크스로, 헤로도토스는 폴 오스터의 「유리의 도시」로 환생했다. 핀다로스(Pindaros)는 "인간은 그림자의 꿈"이라고 노래했다. 셰익스피어는 그 노래를 "우리는 한낱 꿈을 빚어내는 재료로 만들어진 존재이며 우리의 짧은 삶은 꿈에 둘러싸여 있다."라고 표현한다. 칼데론(Calderón)은 "인생은 꿈"이라고 쓴다. 쇼펜하우어는 "인생과 꿈은 동일한 책의 페이지"라고 표현한다. 말과 메타포의 끈은 시대를 휘감으며 시간을 가로질러왔다.

문제는 고전에 어떻게 다가가냐이다. 고전은 학교와 대학 커리큘럼에 필독서가 되었다. 그런데 우리는 고전을 두려워하기도 한다. 마크 트웨인은 『문학의 소멸』에서 "고전은 누구나 읽고 싶어 하지만 아무도 읽고 싶어 하지 않는 책"이라는 아이러니한 표현을 썼다. 피에르 바야르(Pierre Bayard)는 그 유머를 빌려 『읽지 않은 책에 대해 말하는 법』이라는 에세이를 썼다. 이 작품에서 그는 위선적 독서에 대해 분석한다. 우리는 어린 시절 기대에 부응하지 못할까 봐 두려워, 대화에서 배제되지 않기 위해 허풍을 떨며 읽지도 않은 책을 읽었다고 하곤 한다. 또 바야르는 우리가 사랑에 빠지면 상대방이 좋아하는 책을 읽은 척하면서 가까이 가려 한다고 지적한다. 그런 거짓말은 되돌릴 수가 없다. 우리는 알지도 못하는 책에 대해 다른 사람들의 의견을 주워섬기며 아는 체하게 된다. 이런 사기는 그 대상이 고전이라면 더 쉬워지는데, 고전은 익숙하기 때문이다. 어떤 경로로든 마주친 적 없더라도 고전은 밖에서 들리는 소음이나 대기처럼 늘 우리 곁에 존재해왔다. 고전은 우리가 만든 집단적 도서관의 일부이다. 좌표를 알아야만 그 수렁에서 빠져나올 수 있다.

하지만 이탈로 칼비노의 지적처럼 고전은 우리가 주워들어서 많은 걸 알고 있다고 생각하지만 실제로 독서를 해보면 훨씬 새롭고 예상치 못한 내용이 실린 책이라는 걸 알게 된다. 고전은 제 말을 끝내지 않는다. 읽는 사람이 감동받고 깨우침을 얻을 때에야 비로소 그 말이 끝난다. 오랜 위험에서 고전을 부적처럼 보호해온 사람은 강제적으로 고전을 읽은 독자들이 아니라 고전을 사랑한 사람들이었다.

고전은 위대한 생존자다. 초현대적인 소셜 네트워크 시대에도 무수한 추종자가 있다는 사실은 고전의 힘, 그 풍요로움을 입증해준다. 고전은 집필된 지 100년, 200년, 2000년이 지난 지금까지 새로운 독자를 끌어들이는 책이다. 고전은 취향, 사고방식, 정치적 사상의 변화에도 제자리를 지키고 있다. 그리고 그 여정에서 고전은 다른 작가에게 영향을 미치고, 세계적 극장의 무대에 여전히 등장하고 있으며, 영화로 제작되고, 텔레비전에 방송되며, 인터넷에서도 빛을 보고 있다. 광고, 만화, 랩, 비디오게임 등 새로운 표현 방식들도 고전을 수용하고 있다.

가장 오랫동안 생존해온 고전의 뒤에는 우리가 몰랐던 이야기가 있다. 열정을 다해 연약한 언어의 유산을 보존한 익명의 사람들, 그들의 신비로운 충성심에 관한 이야기 말이다. 비옥한 초승달지대(메소포타미아와 이집트)에서 문자를 발명한 초기 문명의 언어와 텍스트가 세월이 흐르며 잊히거나 수 세기 뒤에야 해독되어야 했던 반면 『일리아스』와 『오디세이아』의 독자는 끊긴 적이 없다. 그리스에서는 시간, 거리, 경계를 초월하여 기억의 가능성을 지켜온 연계와 번역의 사슬이 시작되었다. 우리는 고전이 오랜 계보를 지녔으며, 우리가 환상적인 구원을 실행해왔다는 사실을 잊어서는 안 된다.

| 40 |

새로운 것이라고 해서 모두 가치가 있는 건 아니다. 화학무기는 민주주의보다 최근의 발명품이다. 또 전통이 항상 관습적이고 지루한 것은 아니다. 오늘날의 저항은 노예제 폐지 운동이나 참정권 운동처럼 과거의 역사적 사건에서 영향을 받았다. 과거에서 물려받은 유산은 퇴행적일 수도 있고 혁명적일 수도 있다. 고전은 과거의 세계에 대해서뿐 아니라 우리의 세계에 대해서도 비판적이다. 우리는 부패, 군국주의, 불의에 대한 고전의 충고를 여전히 받아들여야 한다.

기원전 415년 에우리피데스는 축제 기간에 극장에서 『트로이의 여인들』을 발표했다. 그는 이 작품에서 트로이 전쟁과 조상들의 애국적 승리를 다룬다. 빵, 치즈, 올리브를 먹으며 공연을 기다린 대다수 아테네인들은 우리가 2차 세계대전에서 나치즘을 물리친 것과 마찬가지로 트로이에서 아킬레우스가 이룩한 공적을 자랑스러워했다. 그러나 스필버그의 영화 「쉰들러 리스트」에서 그려지듯이 자신들이 올바른 역사의 편에 있을 것이라는 기대는 무너진다. 에우리피데스는 그들 앞에 치열한 학살, 복수와 파괴, 집단 강간, 성벽에서 심연으로 아이를 내던지는 냉혈한 살인, 패배한 여성에게 가해지는 전쟁의 공포를 펼쳐 보인다.

기원전 5세기, 그 불안한 오후에 아테네인들이 들은 것은 자신들이 잔인하다고 비난했던 적국 어머니들의 분노와 절망이었다. 마침내 트로이의 늙은 왕비 헤카베는 엄청난 희생자를 낳은 전쟁을 고발한다. "아, 화마가 높은 요새와 성벽과 도시 전체를 집어삼키는구나. 먼지와 연기가 바람의 날개를 달고 내 궁전을 훔쳐가는구나. 모든 것이 잊히듯 이곳의 이름도 잊힐 테지. 땅이 진동하며 트로이가 무너지는구나. 내 몸도 떨리는구나. 이제 우리는 노예로 살게 되겠구나."

에우리피데스는 그해 연극제에서 상을 받지 못했다. 전쟁의 시대에(고대는 영구적인 전쟁의 세계였다.) 공금으로 연극을 올리면서도 그는 감히 남성이 아니라 여성의 편에, 동포가 아니라 적의 편에, 승리자가 아니라 패자의 편에 섰다. 그는 상을 받지 못했다. 하지만 유럽에서 전쟁이 끝나면(최근에는 사라예보의 어머니들과 남편을 잃은 여인들을 기리기 위해) 그의 연극이 재연되었고, 그렇게 헤카베가 뜨거운 참호에서, 전쟁의 잔해 속에서 전쟁으로 피폐해진 자들의 이름으로 다시금 전쟁을 고발했다.

고전은 성스럽고 건드릴 수 없다는 이미지 때문에 몇몇 고전이 과거에 겪었을 엄청난 소요를 상상하기란 어렵다. 억만장자 세네카도 논란의 중심에 있던 인물 중 한 명이었다. 영리한 투자자인 그는 오늘날 우리가 신용은행이라고 부르는 것을 세우고 엄청난 이자를 징수하여 부자가 되었다. 그는 당시 부동산 투자의 천국이던 이집트에 땅을 샀다. 그는 자산을 늘려갔고 특권과 인맥을 통해 로마 제국 전체의 연간 세금 징수액의 10분의 1 이상을 차지할 정도의 재산을 축적했다.

그는 수천 개의 기와가 덮인(로마에서 주택의 크기는 대지를 제곱미터로 잰 수치가 아니라 소유자의 머리를 보호할 수 있는 기와의 숫자로 계산했다.) 거대하고 값비싼 저택에서 부를 과시하기 위해 골동품, 노예, 사냥 전리품을 수집했다. 그러나 그는 스토아 철학에 열정적이었다. 그는 자신의 생각을 엄청나게 많은 글로 남겼고, 한 글에서 수수하게 살 때 부자가 된다고 단언하기도 했다. 《포브스》 잡지의 목록 없이도 당시 사람들은 그의 재산이 엄청나다는 걸 알고 있었다. 결핍, 검소함, 거친 빵을 옹호하던 그는 농담의 대상이 되었다. 세네카는 절제 없는 자본주의적 방식으로 사업을 운영하면서 절약과 박애주의의 신념을 지니고 있다는 이유로 조롱받았다. 생각하는 것과 실제 살아가는 방식의 모순을 해결하지 못한 은행가이자 철학자인 그 양가적 인물로부터 뭘 기대할 수 있을까? 그러나 그토록 조롱받던 그의 글은 오늘날에도 읽을 만한 가치가 있다. 그가 쓴 『루킬리우스에게 보내는 편지』는 서구 평화주의의 역사에 한 획을 그었다. 그는 이렇게 쓴다. "우리는 개인의 자살을 단죄한다. 그런데 사람들을 몰살하는 영광스러운 범죄인 전쟁에 대해서는 어떠한가? 우리는 사형에 처해야 할 행위를 찬양한다. 장군의 휘장을 두른 자들이 저지른 일이라는 이유에서 말이다. 공권력은 개인에겐 금지된 것을 명령하고, 의회의 결정과 서민에 대한 법령을 수단으로 폭력이 행사된다. 인간은, 동물 중에 가장 사랑스럽지만, 전쟁을 하고 자식에게 그 전쟁을 물려주는 걸 부끄러워할 줄 모른다."

이 텍스트들은 수 세기가 지났음에도 놀라운 진실로 우리를 둘러싼 세계를 재창조한다. 어떻게 그런 일이 가능할까? 우리가 그리스와 로마 이래로 우리의 상징과 사유와 혁명을 끊임없이 재활용해왔기 때문이다. 세 명의 철학자, 즉 형이상학의 니체, 윤리학의 프로이트, 정치학의 마르크스는 고대 연구에서 출발하여 근대성으로 전환했다. 아주 혁신적인 창작물에도 과거의 아이디어가 부분적으로 내포되어 있다. 고전은 아직도 활동하는 나이 많은 로커들처럼 무대에서 나이를 먹어가면서도 새로운 유형의 대중에 적응한다. 고전에 열광하는 자들은 고전의 콘서트에 가려고 돈을 내며 불경한 자들은 고전을 패러디하지만, 결코 고전을 무시하지 않는다. 그들은 새로운 것이 과거의 것과 복잡하고 창조적인 관계를 유지하고 있다는 것을 알고 있다. 한나 아렌트가 지적하듯, "과거는 후퇴하지 않고 앞으로 나아가며, 예상과 달리 우리를 과거로 되돌아가게 하는 것도 미래다."

정전: 갈대의 이야기

| 41 |

이 이야기는 나무라고는 없이 작열하는 태양 빛을 받아내고 있는 어느 강의 갈대밭에서 시작한다. 물이 눅눅한 둑을 핥고, 수풀이 뒤얽혀 자라며, 귀뚜라미가 노래하고, 잠자리가 푸른 빛 궤적을 그리며 날아다니는 곳이다. 해 질 녘, 사냥감을 추적하는 사냥꾼이 약한 물살이 튀는 소리와 바람에 흔들리는 갈대 소리를 듣는다.

그곳에 사이프러스처럼 동양의 물대(arundo donax) 줄기가 곧게 자라고 있었다. 이 이름에는 고대 셈어의 어근이 포함되어 있다.(아시리아-바빌로니아어로는 qanu, 히브리어로는 aqneh, 아람어로는 qanja이다.) 이 외래어에서 '갈대처럼 곧은'이라는 의미의 그리스어 카논(정전, canon)이라는 말이 파생했다.

카논은 측정할 때 쓰던 막대기였다. 고대의 석공과 건축가들은 직선을 긋고 크기와 비율을 측정하기 위해 사용한 나무 막대기를 정전이라 불렀다. 상인과 손님이 서로 사기꾼이라며 큰 소리로 싸우던 아고라에는 돌에 도량형을 새겨 넣은 문양이 있었다. 어떤 이가 "이 천은 세 규빗이 아니잖아, 빌어먹을, 망할 판이구먼!"이라고 불평하자, 상대방이 "벼룩의 간을 빼먹지, 날 감히 도둑 취급해!"라며 항변한다. 카논이 있기 전에 그리스 조상들은 다툼과 흥정으로 거래를 해결했다. 조각가 폴리클레이토스(Polykleitos)는 이상적인 신체 비율에 관한 자신의 글에 『카논』이라는 제목을 붙였다. 그는 7등신을 가장 완벽한 인간의 모습으로 생각했다. 그의 조각품 도리포로스(Doryphoros)는 그런 남성의 예시다. 그로 인해 젊은이들은 자신의 몸을 그 조각품에 가깝게 만들고자 애썼다.

우리의 소박한 갈대는 아리스토텔레스를 통해 윤리의 영역에 이르렀다. 아리스토텔레스는 플라톤의 절대적이고 영원한 사상이 아니라 "정직하고 올바른 사람의 행동 방식"이 행동의 규범, 즉 도덕적 카논이 되어야 한다고 했다. 양심의 딜레마를 해결하는 아리스토텔레스의 이 처방은 영화 「홀리데이」(1938)에 나오는 케리 그랜트의 대사를 떠올리게 한다. "나는 빈궁할 때 이렇게 자문한다. 이 상황에서 제너럴 모터스는 어떻게 할까? 그리고 나는 그 반대로 행한다." 구시대적으로 보이지만, 아직도 우리의 민법은 "가정의 훌륭한 아버지와 같은 근면함"으로 우리의 의무를 다하라고 요구하고 있다.

그리스-로마 시대엔 최고의 작가와 작품의 목록을 카논(정전)으로 부르지 않았다. 논쟁의 여지가 있는 '문학 정전'이라는 개념은 기독교를 통해 오늘에 이르게 됐다. 복음서의 진위에 대한 열띤 토론이 벌어지는 가운데, 교회는 신약의 내용을 마가복음, 마태복음, 누가복음, 요한복음, 그리고 사도행전과 서신서로 정리해갔다. 외경으로 간주되는 텍스트를 제외하게 만든 기독교 공동체 간의 논쟁은 길고 치열했다. 4세기경, 신학자 에우세비우스(Eusebius)는 교회 당국이 신성한 영감을 주며 신자들이 그 속에서 삶의 길을 찾을 수 있다고 선언한 텍스트를 선별하여 "교회의 정전"이라고 불렀다. 그리고 1000년이 지난 1768년, 어느 독일 학자가 "정전 작가들"이라는 표현을 사용했으며 그 의미가 현재까지 이어지고 있다. 문제는 그 단어가 함축적이라는 것이다. 성서가 거쳐온 길을 통해 유추하면, 문학 정전은 선택된 특정 그룹의 권위로 지지받는 전문가들이 작성한 수직적 위계로 보였다. 따라서 자유를 옹호한 열성적 독자들이 제너럴 모터스를 대하는 케리 그랜트처럼 그에 반하는 독서를 하는 것은 놀라운 일이 아니다.

사실 수많은 고전이 권력자들을 상대로 승리함으로써 고전이 되었다. 예를 들어 오비디우스의 책은 아우구스투스를 이겼다. 사포의 시는 교황 그레고리우스 7세를 극복했다. 시인들에 대한 플라톤의 위협은 철학자가 정치적 영향력을 행사하던 당시에도 먹혀들지 않았다. 칼리굴라는 호메로스의 시를 파괴하지 못했고, 카라칼라도 아리스토텔레스의 작품을 없애지 못했다. 루크레티우스의 『사물의 본성에 관하여』, 라블레의 『가르강튀아와 팡타그뤼엘』, 프랑수아 드 사드의 작품처럼 이단적이고 위험한 것으로 간주되던 작품들도 정전으로 살아남았다. 나치는 유대인이 쓴 작품이 가치가 없다는 것을 세상에 확신시키는 데 실패했다.

문학적 정전은 종교적 정전과 공통점이 별로 없다. 믿음으로 지탱되는 성경의 레퍼토리는 불변하지만, 문학은 그렇지 않다. 문학적 정전은 로마의 인구조사 이미지와 더 어울린다. 계층 분류적이기는 하지만, 지속적으로 업데이트된다. 문학 정전이 유용한 도구가 될 수 있다면, 그것은 변화가 기록될 수 있는 유연함 덕분이다. 문화에는 완전한 단절도 절대적 연속성도 없다. 어떤 작품은 역사적 상황의 변화에 따라 더 좋게 혹은 더 나쁘게 받아들여지기도 한다. 계몽 시대의 비평가들은 교훈적이고 도덕적인 작품에 집착했기에 우리보다 셰익스피어에 무게를 두지 않았다. 반면 오늘날 우리는 과거의 주요 장르였던 설교나 연설을 읽는 데 관심이 없다. 18세기 지식인들은 거의 만장일치로 소설을 규탄했다. 그들은 소설이 오늘날 문학 정전이 될 것이라고는 전혀 상상하지 못했다. 아동문학은 유년기가 가치 있는 시대가 되기 전까지는 성과를 거두지 못했다. 스페인 황금세기에 마리아 데 사야스(María de Zayas)가 쓴 박해받는 여성에 대한 작품들은 주목받지 못하다가 페미니즘이 부상하면서 새로이 중요성을 인정받고 있다. 기업이 그렇듯, 대중적 감수성의 변화에 따라 성공 혹은 실패하는 작가들이 있다. 발타사르 그라시안(Baltasar Gracián)은 『세속적인 지혜의 기술』이 미국과 일본에서 베스트셀러가 된 1990년대까지 기다려야 했다. 노벨문학상 수상자 하신토 베나벤테(Jacinto Benavente)의 작품은 극장에서 거의 공연되지 않는 반면, 대중과 소원하고 성공하지도 못한 베나벤테와 동시대의 주변부 작가 바예잉클란(Ramón del Valle-Inclán)은 우리를 열광하게 한다. 마르티알리스는 너무 짧은 시를 썼다는 비난에 맞서 자신을 변호해야 했지만, 트윗의 시대인 이제는 간결함이 그에게 유리하게 작용하고 있다. 수 세기 동안 성황을 이루던 기사도 소설은 외면받게 되었지만, 그 패러디적 작품인 『돈키호테』는 정전의 사당에 모셔졌다. 이젠 유머와 아이러니가 제 영역을 차지했다. 오늘날 우리는 우리를 훈육하려는 책보다 모호한 책을 선호한다.

시간이 흐르면서 수많은 정전이 공존했다. 비평가들은 서로 다른 정전의 목록을 작성하며 충돌했다. 반대자는 늘 반대할 대상을 필요로 한다. 세대마다 좋은 취향(내 것)과 저속한 것(네 것)을 구별해왔다. 모든 문학적 흐름은 기존의 것을 비우고 제가 좋아하는 것으로 그 자리를 채워왔다. 그러니 결국엔 시간의 문제였다. 키케로는 혁신적인 카툴루스를 재능 없는 젊은이라고 생각했고, 카툴루스는 카이사르를 싫어했다. 그러나 세 사람은 다 같이 로마의 정전으로 들어왔다. 에밀리 디킨슨은 생전에 단 일곱 편만의 시를 출판했으며 편집자들은 그녀가 쓴 글의 구문과 구두점을 수정할 필요가 있다고 생각했다. 앙드레 지드는 갈리마르 출판사에 들어온 프루스트의 원고를 거부했다. 보르헤스는 잡지 《엘 수르》에 「시민 케인」에 대한 혹독한 비평을 써놓고 나중엔 쓰지 않았다고 부인했다.

모든 분류법이 그렇듯이, 정전은 그 정전을 공식화한 사람과 시대에 대해 많은 것을 드러낸다. 당시의 편견, 열망, 감정, 사각지대, 권력 구조, 자기 확신 등이 나타나는 것이다. 고전에서 빠져버린 작품들, 나중에서야 등장한 작품들, 영향력을 끊임없이 발휘해온 작품들에 관한 연구, 즉 수 세기에 걸친 정전의 변천사에 관한 연구는 우리의 문화적 삶에 대한 관점을 제공한다. 가변적인 맥락을 인식하는 것은 역사적 이해의 진보이며, J. M. 쿠체에 따르면 이는 과거를 현재를 형성하는 힘으로 이해하는 것이다. 이 남아공의 작가는 "고전이 남겨주는 게 무엇일까요? 고전이 역사화된 후에도 뭔가 남아 있다면, 여러 시대를 거치며 여전히 우리에게 이야기를 건네는 건 아닐까요?"라고 말한다. 고전은 시간적 한계를 초월하고, 다가올 시대를 위한 의미를 담고 있다. 고전은 매일 매일 시험받는 과정에서 온전히 출현한다. 암울한 시기를 지나도 그 지속성은 깨지지 않는다. 역사적 전환점을 극복하고, 심지어 파시즘과 독재에 의해 봉헌된 죽음의 입맞춤에서도 살아남는다. 소비에트 공산주의자들을 위한 예이젠시테인(Sergei Eisenstein)의 선전 영화도, 나치를 위한 레니 리펜슈탈(Leni Riefenstahl)의 선전 영화도 여전히 우리에게 뭔가의 인상을 남기고 있다.

문화연구는 정전이 권위주의적이고 억압적이라고 공격하면서 배제된 자들을 위한 대안적 정전을 제안했다. 1960년대에 시작된 이 논쟁은 20세기 말에 다시 불붙었다. 학계에서 다문화주의가 인식되면서 미국의 비평가 해럴드 블룸(Harold Bloom)은 비탄의 어조로 "분노의 학파"의 도덕주의적 초점을 비난하면서, 자기 버전의 서구 정전 목록(뻔뻔하게도 앵글로색슨, 백인, 남성을 강조하는)을 출판하였다. 지금만큼 비판과 정전화 작업이 활발하던 때도 없었다. 인터넷에는 책, 영화, 노래 목록이 끝없이 펼쳐져 있다. 문화적 산물들이 끊임없이 올해의 뉴스를 장식하고, 시상식과 축제에서는 최고의 작품을 선별하고 있다. 수없이 많은 책이 "최고의 100가지……"라는 제목으로 출판되고 있다. 소셜 네트워크에는 전문가든 아마추어 독자든 수백만 권의 작품을 포스팅하고 있다. 우리는 목록을 싫어하면서도 동시에 거기에 중독되어 있다. 필수적이지만 불완전한 '정전'은 그 모순적 열정의 표현이다. 그리고 우리는 책의 홍수 속에서, 헤아릴 수 없는 많은 것들의 혼란 속에서 벗어나고자 욕망한다.

하지만 이 여정이 시작된 갈대밭으로 돌아가자. 한데, 내가 갈대와 부들 사이에 끼어 불완전한 메타포를 선택한 것 같은 느낌이다. 뻣뻣한 갈대 줄기는 정전이 걸어온 구불구불한 길을 연상시키지 않으니 말이다. 정전의 여정은 오히려 변화하고, 굽이치고, 구불구불하며, 채우고 또 비우는 강과 같다. 쉼 없이 같은 노래를 부르는 것 같지만 늘 다른 물로 채워지는 강 말이다.

| **42** |

어디선가 마지막 사본이 불에 타거나, 물에 젖어 썩거나, 천천히 벌레에 갉아 먹혀 하나의 세상이 죽었다. 이젠 누구도 그 책을 읽고 복사하고 구원할 수 없다. 수 세기 동안, 특히 고대와 중세에 수많은 목소리가 영원히 소멸해버렸다. 어떤 작품은 유치하고 천박한데도 이상한 우여곡절을 통해 우리에게 전해졌고 어떤 작품은 파괴적인 시스템에 굴복해버렸다.

알렉산드리아의 현자들은 말의 연약함을 잘 알고 있었다. 애초에 모든 이야기와 메타포와 사유는 망각을 피할 수 없다. 하지만 인쇄술이 나오기 전까지 텍스트를 한 글자 한 글자 복사하고, 그것을 증식시키고 유통시키려는 엄청난 노력 덕분에 세월로부터 책을 구원할 수 있었다. 알렉산드리아 사서들의 규범은 무엇보다 구조 프로그램이었다. 모든 책의 생존을 보장할 수 없었기에 그들은 선별된 작품의 특정 이야기나, 구절이나, 사유에 에너지를 집중했다.

정전의 메커니즘은 생존의 문제였다. 당시에는 책이 멸종 위기에 처한 종이었다. 선택된 책은 더 많은 사본이 있었다. 책의 명성은 숫자로 환산되었는데, 판매 부수가 아니라 생존의 가능성을 의미했다. 이 책들은 공공도서관에 비치되어 보호받았다. 또 다른 피난처는 학교였다. 작문과 읽기에 활용된 텍스트는 제국의 전 지역에서 복사되었다. 그것은 책을 위한 생명보험과 마찬가지였다. 학계의 권위도 중앙집권적 통제도 없었기에 교사는 학생들과 함께 읽을 책을 자유롭게 선택할 수 있었다. 그런 개별적 결정의 총합은 정전에 의존했으며, 이는 또한 정전에 영향을 미치며 정전을 변화시켰다.

그리스와 로마에는 귀족적 혈통이나 문화적 욕망 없이도 접근할 수 있는 문학 장르가 있었으니, 바로 동물 우화였다. 그리스에 이솝이 있었다면 로마에는 우화 작가 파이드루스(Phaedrus)가 있었다. 고대 우화에서는 현실을 아래에서 위로 바라보았다. 가장 작고 겸손한 동물(양, 닭, 개구리, 제비 등)과 가장 강력한 동물(사자, 독수리, 늑대 등)의 대결을 통해서 말이다. 비유는 명쾌했다. 교활한 행동으로 약자가 이기는 경우를 빼면, 대부분 무력한 존재는 깎아내려졌다. 일반적으로 약자는 강자에게 쉽게 무너졌다. 이 비관적인 이야기 중 하나가 목에 박힌 뼈를 제거하기 위해 사자의 목에 머리를 박은 학의 이야기다. 하지만 학은 약속된 보상을 받지 못한다.(사자가 학의 머리를 씹어버리지 않은 것만 해도 다행인가?) 또 다른 우화에서는 어린 양이 늑대의 독단적인 비난에 반박하려 들지만 그의 반론은 자신을 포식자의 희생자로 만들 뿐이다. 이 장르의 최종적 교훈은 모든 사람이 자신의 팔자를 받아들여야 한다는 것이다. 약한 자는 법의 도움을 받지 못할 것이다. 거미줄이 파리는 붙잡아둘 수 있지만 새를 가두진 못하듯이 말이다. 어쨌거나 엘리트들과 상관없는 이 장르가 살아남은 것은 분명 수 세기 동안 교사들이 수업에서 우화를 사용했기 때문일 것이다.

그런 로마 교사 중 한 사람인 퀸투스 카이킬리우스 에피로타(Qu-intus Caecilius Epirota)는 제자들과 함께 생존 작가들의 작품을 연구하리라고 결정했다. 학교 덕분에 1세기 작가들은 죽기 전에 고전의 위상을 만끽하기 시작했다. 베르길리우스는 그들 중 가장 사랑받는 사람이었다. 메리 비어드에 따르면, 쉰 개의 베르길리우스의 시 인용문이 폼페이의 벽에 쓰여 있었다고 한다. 대부분의 구절은 『아이네이스』 1권과 2권의 첫 부분에 해당하는 것으로, 교사들이 선호했던 것으로 보인다. 79년에는 베르길리우스의 「무기와 인간의 노래」를 처음부터 끝까지 읽지 않고도 모든 사람이 그의 시를 알고 있었다. 오늘날 '라만차'라는 장소를 인용하려고 세르반테스 전문가가 될 필요가 없듯이 말이다. 어느 익살꾼은 폼페이의 세탁소 벽에 『아이네이스』를 패러디하여 주인을 조롱했다. 이 무명의 익살꾼은 세탁소 주인의 애완용 새를 언급하면서 이렇게 썼다. "나는 무기들과 한 전사가 아니라, 세탁소 주인과 올빼미를 노래한다."[『아이네이스』 1권 1행 "나는 무기들과 한 전사를 노래한다."에 대한 패러디.—옮긴이] 비어드는 이 사례가 고전 문학의 레퍼런스가 길거리에서도 공유되고 있었음을 함의한다고 지적한다. 어떤 불량배들은 폼페이의 선술집 벽에 오늘날 공중화장실에 쓰인 낙서처럼 직설적으로 "내가 여주인을 먹었지."라며 모욕적인 글을 써놓기도 했다.

기원전 1세기는 작가들에겐 희망찬 시절이었다. 선별된 책은 방대한 지역에 복사, 배포되면서 공립 및 사립도서관과 학교에 전파되었다. 당시 찬사를 받은 작가들은 역사상 처음으로 자기 책의 미래를 확신할 수 있었을 것이다. 그러기 위해선 목록에 들어가야 했다. 호라티우스는 후원자에게 자신의 이름을 최고의 연단에 포함시키라고 한다. 그는 "나를 서정시인들 사이에 끼워 넣으면 내 드높은 이마로 별을 만지게 될 것이다."라고 쓴다. 그는 inserere(끼워 넣다)라는 동사를 사용하여 그리스어 enkrínein(겨에서 밀을 분리하다, 체질하다)을 번역하는데, 이 비유는 알렉산드리아 사서의 언어로는 '저자를 선택하다'라는 의미였다. 자신의 작품이 낭송되는 걸 좋아했던 호라티우스는 자신을 그리스의 아홉 서정시인과 동급으로 간주했으며 독자들과 자신의 견해를 공유했다. 그는 부서지기 쉬운 파피루스에 쓰인 자신의 시가 금속과 석재에 쓰여 살아남을 것이라고 장담한다. "나는 청동보다 오래가고 피라미드 왕릉보다 더 높은 기념비를 완성했으니, 끝없이 쏟아지는 비도, 찬바람도, 세월도 무너뜨리지 못하리라. 나는 결코 죽지 않으리라." 몇 년 후, 오비디우스는 자신의 작품 『변신』에 대해 이렇게 말한다. "나는 유피테르의 분노도, 불도, 철도, 탐욕스러운 시간도 무너뜨릴 수 없는 작품을 완성했다." 놀랍게도 이 무모해 보이는 예언들은 오늘날까지 굳건하다.

모든 작가가 감히 자신의 작품이 그리 오래 연명하리라고 상상하진 않는다. 학교 교육을 받은 적이 없는 마르티알리스의 기대는 그다지 낙관적이지 않았다. 그는 『에피그램집』에서 정상에 서지 못하고 버려진 책의 운명에 관해 수많은 책이 결국에는 음식 포장지가 되거나 중후함이라고는 없는 다른 용도로 쓰일 거라는 농담을 던진다. 그리고 그의 책도 그렇게 될 것이라고 말한다. "내 책이 시키면 부엌에 끌려가 고등어 새끼를 싸거나 향료나 후추를 담는 용도로 쓰이지 않기를." 문학적 실패에 대한 유머러스한 이미지가 이어진다. 두루마리는 참치를 감싸는 가운이나 올리브를 담는 튜닉 혹은 치즈를 담는 두건이 될 것이라고 한다. 마르티알리스는 물고기 비늘의 흔적과 썩은 생선 악취 속에서 문학이 죽음을 맞고 저승에 떨어지는 걸 두려워했던 것 같다.

수 세기 동안 상인들은 낡은 책의 낱장으로 물건을 포장했다. 작가와 필사자의 꿈은 그렇게 사라졌다. 세르반테스는 『돈키호테』에서 마르티알리스처럼 서글픈 이야기를 하지만 그의 책은 해피엔딩으로 끝난다. 작품 초반에 톨레도의 알카나 거리를 헤매는 서술자를 만나게 되는데, 그는 한 소년이 비단 장수에게 몇 권의 책과 낡은 종이뭉치를 팔고 있는 걸 목격한다. 서술자는 소년이 파는 책더미에서 돈키호테에 관한 이야기를 담은 낡은 책을 찾아낸다. "나는 길바닥에 떨어진 종이쪽지라도 주워 읽기를 좋아하는 성품이라, 소년이 팔겠다고 하는 책 중에 한 권을 펼쳐보았다." 이 화자-독자의 호기심 덕분에 소설은 계속될 수 있게 된다. 사실 이 에피소드는 기사도 소설에서 자주 등장하는 원고의 발견을 패러디한 세르반테스의 문학적 놀이이다. 그러나 알카나 거리의 상점에서 헌 종이를 파는 소년의 이미지는 당시의 일상을 암시하는 것으로, 위대한 고전이 톨레도의 시장에서 한 장 한 장 파괴되었음을 엿볼 수 있다.

20세기 문턱에서 영국의 서지학자 윌리엄 블레이즈(William Blades)는 귀중한 책 한 권을 구원해냈다. 1877년 여름, 블레이즈의 친구가 브라이턴에 방을 빌렸는데, 그 집 화장실에서 화장지 대용으로 쓰던 몇 장의 종이를 발견했다. 그는 그 종이를 무릎에 놓고 고딕체로 쓰인 텍스트를 살펴보고 뭔가를 발견했다고 생각했다. 흥분한 그는 일어나 그런 종이가 더 있는지 물어보려고 밖으로 나갔다. 집주인은 골동품을 좋아하는 아버지가 한때 책으로 가득 찬 상자를 갖고 있었고, 아버지가 돌아가신 후로 자기가 보관하고 있었다고 했다. 하지만 집주인은 그 책들이 가치가 없을 것이라고 생각하고 상속받은 책을 화장실에 비치했다. 그들이 들고 있던 책은 바로 16세기 출판업자 윈킨 디 워드(Wynkyn de Worde)가 출판한 『로마인 이야기(Gesta Romanorum)』로, 셰익스피어 희곡의 원천이 되는 희귀한 사본이었다.

우리 시대에 들어서는 책을 합리적으로 파괴하고 있다. 알베르토 올모스(Alberto Olmos)가 지적하듯, 우리는 매년 진시황이나 나치나 종교재판 때문에 사라진 책만큼 많은 책을 파괴하고 있다. 스페인에서만 매년 수백만 권의 책이 사라지고 있다. 출판사의 창고는 서점으로부터 책을 반납받는 영안실이 되었다. 2016년 스페인에서는 2억 2400만 권이 출판되었으며 그중 거의 9000만 권이 연옥으로 향했다. 베스트셀러는 잘 팔릴 것이라는 기대로 독자들이 흡수할 수 있는 양보다 많은 책이 출판됐다. 잘못된 추정과 출판사의 헛된 희망은 수십만 권의 책을 장례식장으로 보내는 데 기여했다. 출판사들은 도서 보관비를 아끼기 위해 수백만 권의 책을 펄프로 만들고 있다. 그 펄프는 조용히 다른 책으로 변형되거나 테트라팩, 냅킨, 손수건, 컵받침, 신발 상자, 포장지, 화장지와 같은 유용한 제품으로 재활용된다. 마르티알리스의 참치용 가운의 현대적 버전인 셈이다.

체코 작가 보후밀 흐라발(Bohumil Hrabal)은 종이 재활용 업체에서 일한 바 있다. 그는 그 경험을 바탕으로 소설 『너무 시끄러운 고독』을 출판하는데, 이 작품에 등장하는 화자는 지하실에서 끊임없이 쏟아지는 폐지를 압축하는 일을 하고 있다. 그의 동굴은 축축하게 썩은 종이로 지옥 같은 악취를 풍긴다. 일주일에 세 번 트럭이 종이뭉치를 역으로 가져가 마차에 싣고 제지공장으로 운반한다. 그러면 그곳 작업자들이 종이를 녹이는 알칼리와 산이 든 탱크에 종이뭉치를 내던진다. 책과 사랑에 빠진 주인공은 훌륭한 작품이 사라진다는 것을 알고 있지만 파괴를 막을 길은 없다. 그는 자신에 대해 "나는 사랑 넘치는 정육점 주인일 뿐이다."라고 적는다. 그의 업무는 지하실에 들어오는 책의 마지막 독자가 되는 것, 그리고 책들의 무덤을 만드는 것이다. 그는 이렇게 기록한다. "나는 모든 종이뭉치를 꾸미고 내 서명을 넣고 있다. 지난달에는 거장들의 작품이 600킬로그램이나 내 지하실에 쏟아졌다. 나는 각각의 종이뭉치를 훌륭한 유럽의 그림들로 꾸민다. 해 질 녘에 그것들을 실어갈 지게차 앞에서 이송을 기다리며 나는 렘브란트의 「야경」, 「플로라」, 마네의 「풀밭 위의 점심 식사」 또는 피카소의 「게르니카」로 장식된 그 종이뭉치의 아름다움에 마음이 기꺼워진다. 그 뭉치의 심장, 정육점에서 피 흘리는 그 종이들 속에는, 『파우스트』, 『히페리온』, 『차라투스트라는 이렇게 말했다』가 자리하고 있다. 나는 예술가이자 유일한 관객이다." 흐라발은 공산주의 정권에 의해 자신의 작품이 금지되었을 때 이 작품을 썼다. 당시에 그는 창조와 파괴의 문제, 문학의 존재 이유와 고독의 이유에 사로잡혀 있었다. 늙은 노동자의 독백은 시간의 잔혹함에 대한 우화이다. 또 간접적으로는 책이 수천 년 동안 살아남을 수 있다는 환상적이고 불가능할 것 같은 모험에 대한 증언이다.

파편화된 여성의 목소리들

| 43 |

그녀의 몸과 목소리는 그림자 같은 풍경 속에 감춰져 있었다. 그녀는 로마에서 독보적인 존재였다. 사랑할 권리를 주장하는 독립적이고 교양 있는 여성이었고 남성을 매개로 하지 않고 자신의 삶과 감정을 자신의 말로 표현하는 시인이었다.

술피키아(Sulpicia)는 아우구스투스의 황금 세기를 살았다. 그녀는 여러 면에서 뛰어난 여성이었다. 그녀는 오늘날 엘리트 계층으로 계급 사회 최상위층의 상위 1퍼센트에 속하는 여성이었다. 그녀의 어머니는 강력한 장군이자 문학 후원자인 마르쿠스 발레리우스 메살라 코르비누스(Marcus Valerius Messalla Corvinus)의 누이였다. 그녀는 삼촌의 저택에서 오비디우스나 티불루스(Tibullus)처럼 당대를 대표하는 시인들을 만났다. 귀족의 혈통과 부를 물려받은 그녀는 자전적 시를 남겼는데, 이는 고대 로마 여성이 쓴 유일한 사랑시였다. 그녀의 시는 범상치 않았다. 여성의 목소리로 자유와 쾌락을 요구했으니 말이다. 무엇이든 표현할 수 있다고 생각한 그녀는 자신을 경계하는 삼촌에 대해

"영혼 없는 친척"이라며 불평했다.

현재까지 전해지는 시는 여섯 편밖에 없다. 40행으로 이뤄져 있으며 케린투스라는 남자에 대한 열정을 보여주는 여섯 개의 에피소드를 담고 있다. 그 남자는 가족이 택한 신랑이 아니었기에 그녀의 부모와 삼촌은 그녀가 그와 잠자리를 할까 봐 걱정했다. 그녀도 몇몇 사람들이 그녀가 "천한 침대"에 이끌려 갈까 봐 걱정했다고 기록한다. 따라서 케린투스가 다른 사회 계급에 속했거나 자유인이었을 가능성이 크다. 정확히는 알 수 없겠지만, 어쨌든 그는 술피키아에게 적합한 남자가 아니었던 것은 분명해 보인다. 그러나 술피키아는 이에 대해 전혀 걱정하지 않았다. 그녀가 괴로워한 이유는 다른 데 있었다. 그녀는 용기가 없다고 자책했으며, 교육 받은 사람으로서 자신의 욕망을 드러내기 어렵다는 것에 괴로워했다. 술피키아는 자신의 감정을 도발적이고 도전적이며 공개적으로 드러냈다. 다음은 그녀가 쓴 애가의 일부이다.

마침내 사랑이 왔군요!
너무나도 강렬하게 다가오니
내 자신에 대해 확신하는 것보다
당신을 부정하는 게
더 부끄럽군요.
사랑이라는 말을 온전히 지키고
내게로 다가오네요.
내 노래에 감동한 당신은

내 무릎에 사랑을 가져오네요.

이런 실수가 너무나도 기쁘네요.

사랑을 드러내고 사랑을 소리치죠.

내 노트에 적힌 어리석은 사생활에

내 기쁨을 맡기지 않을 거예요.

나는 규범을 무시하겠어요,

그들의 말에 둘러대기 싫어요.

우리는 서로에게 합당한 사람이었다고

그렇게 말할 거예요.

그리고 사랑의 이야기가 없는 이는

내 얘기를 하기를.

연인들은 어떻게 됐을까? 알 순 없지만 그들의 관계가 가문이라는 장애를 극복했을 가능성은 없다. 그녀는 포기해야 했을 것이다. 술피키아가 속한 상류층에서는 전략적으로 결혼을 결정했다. 열정이 아니라 사회적, 정치적, 경제적 편의에 따라 결혼시켰다. 술피키아가 원하던 케린투스는 거부되었고, "황량한 침대와 흐린 거울과 공허한 마음"이라는 마차도의 표현처럼 그녀에겐 기억과 시만 남았다.

비록 청춘기의 짧은 기간이었지만 성적 도덕성에 대한 반항은 술피시아에겐 벼랑 끝의 여정이었을 것이다. 그녀는 범죄를 저지르고 있었다. 불과 얼마 전에 아우구스투스가 (독신이든 남편이 사망했든 상관없이) 여성의 혼외 성관계를 정죄하는 간통죄를 통과시켰으니 말이다. 간통을 행한 남녀는 누구든 처벌받았다. 다만 성매매 여성과 첩은 예외였다. 그런 이유로 귀족층 여성이 성매매를 했다는 사실을 공개적으로 선언하기 시작했다고 한다. 이는 불복종 행위였으며 법원에 대한 공개적 도전이었다. 그런 저항으로 인해 간통죄는 거의 시행되지 못했다고 한다. 1세기 말, 유베날리스는 여성을 맹렬히 공격하며 격분하여 이렇게 말했다. "율리우스법은 대체 어디 있는 거야, 혹시 자고 있나?"

술피키아의 또 다른 죄는 글을 통해 감정과 저항을 대중에게 공개한 것이다. 그리스인과 마찬가지로 로마인들도 정치적 투쟁의 도구인 언어는 남성의 특권이라고 생각했다. 이런 생각은 '벙어리 타키타'라는 침묵의 여신 숭배를 통해 종교에도 반영되었다. 전설에 따르면 타키타는 말을 너무 많고 엉뚱한 때에 말을 하는 건방진 님프였다. 그런데 유피테르가 타키타의 입을 막고 발언권이 누구에게 있는지 보여주기 위해 그녀의 혀를 뽑아버렸다. 웅변의 상징이었던 타키타는 말을 할 수 없게 됐다. 로마의 여성은 공직을 맡거나 정치 활동에 참여할 수 없었다. 기원전 1세기 전반기에 여성 연설가의 존재가 확인되지만, 머지않아 법적으로 활동이 금지되었다. 귀족 가문의 로마 여성은 독서를 할 수 있었다. 그러나 연설가를 키우는 교사나 어머니 역할에 제한되었다. 교육받은 여성은 아이들을 위해 말을 잘하는 법을 배웠을 뿐 연설가가 될 수는 없었다. 그건 사적 영역의 한계를 뛰어넘어 남성의 지위를 찬탈하는 것을 의미했기 때문이었다. 집 밖에서 로마 여성의 말을 들을 기회는 거의 없었다. 작가 플루타르코스가 『대비열전』의 성공을 되풀이하고자 그리스, 로마 및 야만인 여성의 업적에 대한 작품을 구상했으나 그에 대한 반응은 싸늘했다. 사실 그 책은 최근까지도 거의 관심을 끌지 못했다.

술피키아의 작품이 살아남을 수 있었던 이유를 찾는 건 매우 중요한 일이다. 그녀의 작품은 그녀의 이름으로 전해진 게 아니라 삼촌과 친분이 있던 시인 티불루스의 작품에 삽입되어 전해졌다. 그녀의 작품은 원작자에 대한 의구심과 티불루스의 명성 속에서 수 세기 동안 보존될 수 있었다. 오늘날 일부 회의론자들은 로마 여성의 글로 판단하기에는 너무 대담하다면서 부정하고 있지만, 신중한 문헌학적 분석을 시행한 학자들은 거의 만장일치로 술피키아의 작품이라는 데 동의하고 있다. 또 몇 년 전까지만 하더라도 그녀를 단순한 애호가로 평가절하하는 견해가 일반적이었다. 그 당시에는 어떤 여성도 문학을 업으로 삼을 수 없었으니 말이다. 로마의 여성은 자신의 작품을 알리고 유포할 수단이 없었다. 그렇게 할 생각조차도 못했다. 더욱이 후손에게 물려줄 가치가 있는지 여부를 평가하는 사람들은 여성의 글을 고려조차 하지 않았다. 그러니 술피키아의 시가 다른 사람의 책에 삽입되어서야 살아남을 수 있었다는 사실은 놀라운 일이 아니다.

그러한 어려움에도 불구하고 술피키아가 유일한 여성 작가는 아니었다. 스물네 명의 여성 작가가 짧은 글이나 인용 등의 글을 남겼다. 그들 모두는 공통된 특성을 지니고 있었는데, 모두 부유했고 귀족 출신이었으며 권력자의 보호하에 글을 썼다는 점이다. 아우로라 로페스(Aurora López)가 지적하듯, 그들은 지참금, 재산, 노예를 소유하고 있었다. 또 자유시간도 있었으며 사적인 공간인 집을 관리했다. 버지니아 울프가 말했듯이, 그들에겐 여성이 작가가 되기 위한 필수 조건, 즉 돈과 자기만의 방이 있었다. 그들 중 게르마니쿠스의 딸이자 클라우디우스의 아내였으며 네로의 어머니인 율리아 아그리피나(Julia Agrippina)가 있는데, 그녀의 글은 인용을 통해서만 확인할 수 있다. 또 다른 작가로는 그라쿠스의 어머니인 코르넬리아(Cornelia)가 있는데, 부분적으로 손상된 두 편의 편지가 전하고 있다.

그러나 남성의 영역을 침범한 대담한 귀족층 여성은 특정 경계와 법칙을 준수해야 했다. 그들은 사소한 것이나 내면의 삶과 관련된 장르만 다룰 수 있었다. 서정시는 호스티아(Hostia)와 페릴라(Perila), 찬양시는 아코니아 파비아 파울리나(Aconia Fabia Paulina), 비문은 코르니피키아(Cornificia), 애가는 술피키아(Sulpicia), 풍자시는 동명의 술피키아, 서간문은 코르넬리아(Cornelia), 세르빌리아(Servilia), 클로디아(Clodia), 필리아(Pilia), 카이킬리아 아티카(Cecilia Ática), 테렌티아(Terentia), 툴리아(Tullia), 푸블릴리아(Publilia), 풀비아(Fulvia), 아티아(Atia), 옥타비아 미노르(Octavia Minor), 율리아 드루실라(Julia Drusilla), 회상록은 아그리피나(Agrippina) 등. 호르텐시아(Hortensia), 메시아(Mesia), 카르파니아(Carfania) 등은 짧은 기간 동안 연설가로 활동한 것으로 알려져 있지만 전해지는 글은 전무하다. 서사시, 비극, 희극을 쓴 여성 작가는 없었다. 그들은 결코 작품을 무대에 올릴 수 없었기 때문이다.

로마 여성이 쓴 텍스트는 파편적으로 전해지고 있기에 읽는 데 한두 시간이면 충분하다. 얼마나 많은 작품이 유실됐는지 알 수 있는 대목이다. 술피시아는 남자의 이름으로 작품을 남겼지만, 대부분은 조용히 파괴되었다. 정전 속에서 여성의 작품은 예외적이었다. 에우리디케가 그렇듯이, 누군가 그 작품들을 구해내려 애써도 또다시 어둠 속

489

으로 가라앉고 말았다. 그 지워진 흔적을 따라가는 일은 메아리와 대화하듯 그늘진 풍경을 더듬는 것과 같다.

| 44 |

그러나 여성은 고대부터 화톳불 곁에서 이야기를 들려주고 민요를 부르고 시를 엮어왔다. 내가 어렸을 때, 어머니는 속삭임으로 전승되어온 이야기의 우주를 내게 펼쳐 보여주셨다. 그리고 이는 우연이 아니다. 오랜 세월 동안 여성들은 밤에 이야기의 기억을 풀어내는 일을 맡아왔다. 그녀들은 이야기의 직조자였다. 수 세기 동안 여성은 물레를 돌리며 이야기의 실을 감았다. 그녀들은 그물망을 쳐서 세계를 붙든 최초의 사람들이었다. 그녀들은 기쁨, 환상, 고뇌, 공포, 내밀한 믿음을 엮어나갔다. 그녀들은 단조로운 세계에 색깔을 입혔다. 그녀들은 동사와 털실을, 형용사와 실크를 얽어 짰다. 그래서 텍스트(text)와 직물(textile)은 수많은 단어를 공유한다. 우리는 줄거리의 씨실과 날실을 엮고, 논쟁의 매듭을 짓고, 서사의 갈등을 풀어내며, 연설을 미려한 말들로 수놓는다. 그렇기에 고대 신화가 페넬로페의 천, 나우시카의 튜닉, 아라크네의 자수, 아리아드네의 실, 모에라이가 관장하는 목숨의 실, 셰에라자드의 마법의 양탄자 이야기를 우리에게 들려주는 것이다.

이제 어머니와 나는 내 아들에게 밤의 이야기를 속삭여준다. 이제 나는 소녀가 아니지만 이야기가 끝나지 않게 글을 쓰고 있다. 바느질도 뜨개질도 할 줄 모르니 말이다. 나는 자수를 배우진 못했지만 섬세한 단어의 씨줄과 날줄에 매료되었다. 그리하여 꿈과 추억으로 뒤덮인 환상을 이야기하고 있다. 나는 엮고 또 풀어내던 여성들의 후계자처럼 느낀다. 그리고 이제 그 오랜 목소리의 실이 끊기지 않게 글을 쓰고 있다.

영원하다고 믿는 것의 일시성

| **45** |

212년 어느 날, 3000만 명이 넘는 사람이 아침에 일어났을 때와는 다른 신분으로 잠자리에 들었다. 신체 강탈자의 대규모 침공이 아니라 로마 황제의 놀라운 결단 때문이었다. 그 변화가 어떻게 받아들여졌는지, 의심을 불러일으켰을지 기쁨을 가져다주었을지에 관한 기록은 없다. 그러나 그 놀라움은 압도적이었을 것이다. 전례 없던 사건이었으니 말이다. 21세기에도 그런 비슷한 사건은 본 적이 없다.

그 갑작스러운 소동의 원인은 카라칼라 황제가 스코틀랜드에서 시리아, 튀르키예의 카파도키아에서 모리타니에 이르기까지, 제국의 모든 자유민이 그 순간부터 로마 시민권을 취득했다고 선언했기 때문이었다. 원주민과 외국인의 구분을 단칼에 없애버린 혁명적 결정이었다. 기나긴 통합의 과정은 이 법령이 승인되면서 절정에 달했다. 이는 역사상 가장 광범위하게 시민권을 부여한 사건이었다. 최대 규모는 아닐지 모르나, 수천만 명의 지방민이 하룻밤 사이에 합법적인 로마인이 되었다. 이 갑작스러운 선물은 여전히 역사가들을 혼란케 한다. 왜냐하면 소수의 인원만을 점진적이고 제한적으로 시민으로 전환시킨다는 오랜 정책(그리고 현재에도 지속되는 원칙)을 파기했기 때문이다. 고대 정치가이자 연대기 작가인 디오 카시우스는 카라칼라 황제가 새로운 로마인들로부터 상속세와 노예 해방세를 걷어 돈을 모을 목적일 것이라고 의심했다. 메리 비어드가 지적하듯, 그게 목적이라면 그렇게 복잡하게 할 필요가 없었다. 나는 세수가 아무리 늘어난다 해도 3000만 명의 개인에게 단번에 시민권을 부여하는 현대 국가는 없을 거라고 생각한다. 당연히 카라칼라 황제의 결정에는 중요한 상징성이 있었다. 위기의 시대에 더 많은 사람에게 로마의 정체성을 부여한 행위는 현명한 조치였을 수 있다.

당연하게도 시민권 확장은 시민권의 가치를 떨어뜨렸다. 특권적 장벽 하나가 무너지자 또 다른 장벽이 그 자리를 차지했다. 3세기 내내 부유한 엘리트와 퇴역 군인처럼 '명예로운 사람'과 그 외의 일반인의 구분이 더욱 중요해진 것이다. 법률은 이 두 그룹의 불평등한 권리를 인정했다. 명예로운 자는 십자가형이나 채찍질 같은 굴욕적이고 잔인한 형벌을 면제받았지만, 그 외 사람은 노예나 비시민권자에게 행해지던 굴욕에 계속 노출되어 있었다. 그리하여 지리적 경계는 부의 경계로 대체되었다.

편견과 마찰과 탐욕이 넘치던 로마였지만, 로마는 그 기원부터 통합에 대한 소명을 가지고 있었다. 카라칼라 황제는 1000년 전에 로물루스가 로마에 들어온 모든 외부인을 환영함으로써 개시한 진화를 정점으로 끌어올렸다. 그 새로운 도시의 특징은 절망적인 도피자들과 망명자들을 받아들인다는 것이었다. 실제로 로물루스의 후예들은 혈통의 순수함을 무의미하게 여겼으며 피부색에 신경 쓰지 않았고 간단한 절차로 노예를 해방시켰다. 또 자유민은 시민과 거의 동등하게 인정됐다. 이제껏 그다지 다뤄지지 않은 문제이기에 로마 인구가 얼마나 다문화적이었는지는 알 수 없다. 그러나 현대 이전 인종적으로 가장 다양한 사회였을 것임은 분명하다. 물론 로마에는 노예가 애국심의 본질을 훼손할 것이라고 주장하는 사람도 있었고 외국인들이 통합을 위해 노력하지 않는다고 비난하는 사람도 있었다. 그러나 완고한 로마인조차도 '불법 이민자'나 '서류가 없는 사람'이라는 현대적 개념을 이해하지 못했을 것이다.

상인, 군인, 관료, 노예 무역상, 수도에서 성공을 꿈꾸는 부유한 지방 관료 등 무수히 많은 사람이 로마 영토 전역을 이동했다. 영국에는 북아프리카 출신의 상류층 시민이 있었다. 해마다 고위 관리들이 먼 곳으로 파견되었다. 군대는 다양한 출신의 군인으로 채워졌다. 빈곤한 사람들도 이주에 합류했다. "가난한 사람들은 짐이 가벼워 다른 도시로 이동이 용이하다."라는 말이 있을 정도다.

황제들은 세계적 제국을 만드는 데 집착했고 이를 선전했다. 그들은 로마를 세계의 지배자이자 인류 공동의 조국으로 선포했다. 멀리 떨어진 지역의 사람들이 환영받을 수 있는 위대한 세계도시를 구상했던 것이다. 아엘리우스 아리스티데스(Aelius Aristides)는 그 이상을 이렇게 찬양한다. "바다 건너든 육지의 먼 지방이든 어디서든 시민권을 받을 수 있다. 이곳에는 유럽과 아시아의 구분이 없다. 모든 이에게 모든 것이 개방되어 있다. 로마에서는 신뢰할 수 있다면 누구도 이방인이 아니다." 당시 철학자들은 헬레니즘에서 물려받은 그 꿈을 실현했다고 주장했다. 212년 카라칼라는 안토니누스 칙령을 선포함으로써 그 이상의 정점을 찍는다. 이는 통치자로서 그가 남긴 거의 유일한 업적일 것이다. 변덕스럽고 살인적이던 그는 메소포타미아의 길가에서 소변을 보다가 자신의 경호원에게 살해되었다. 그 당시 그의 나이는 스물아홉 살이었다. 그는 알렉산드로스를 존경했고 세계시민권을 기반으로 한 제국을 꿈꿨다. 지금의 리옹에서 태어난 그는 혼혈인이었다. 아버지 셉티미우스 세베루스(Septimius Severus)는 베르베르 혈통의 후손으로 피부가 검은색이었다. 어머니 율리아 돔나(Julia Domna)는 지금의 시리아 홈스 출신이었다. 혈통 면에서 그가 예외적이진 않았다. 상당히 오래전부터 로마 혹은 이탈리아 출신이 아닌 황제가 임명되었으니 말이다. 로마의 권력 엘리트들은 그들의 석상처럼 하얀 피부의 백인이 아니었다.

인종, 피부색, 출신지가 아닌 무엇으로 스코틀랜드, 갈리아, 히스파니아, 시리아, 카파도키아, 모리타니 주민을 하나로 묶을 수 있었을까? 방대한 확장을 통해 로마인들이 서로를 이해하고, 열망을 공유하고, 하나 된 공동체의 구성원이 될 수 있었던 건 무엇 때문이었을까? 그건 언어, 사상, 신화, 책이라는 날실이었다.

로마인들은 직각으로 교차하는 도로로 구성된 도시에 사는 것으로 자신이 로마인임을 느꼈다. 체육관, 목욕탕, 포룸, 대리석 사원, 도서관, 수로, 하수도를 이용하고, 아킬레우스, 헥토르, 아이네이아스, 디도(Dido)가 누군지 알며, 두루마리와 책을 읽는 것과 세금 징수원에게 세금을 납부하는 일에서 자신을 로마인으로 느꼈다. 또 극장 계단에서 플라우투스의 농담에 웃으며 티투스 리비우스가 말하는 원시 로마의 이야기를 알고 있다는 데서 로마인임을 느꼈다. 그들은 스토아 철학자의 절제에 관한 얘기를 들으면서, 혹은 군대에 대해 알거나 군에 복무함으로써 로마인임을 느꼈다. 모자이크, 연회, 조각상, 의식, 승리와 고통의 전설, 우화, 희극, 비극 등은 상상할 수 없는 한계까지 확장된 로마의 정체성을 형성하는 데 기여했다.

세계화된 제국의 길을 통해 에세이와 픽션이 끝에서 끝으로 전파되었다. 그 책들은 전혀 알려지지 않았던 도서관에 비치되었으며, 브린디시, 카르타고, 리옹, 랭스와 같은 먼 도시의 서점에서 복사되고 판매되었다. 책은 로마 학교에서 글을 읽는 법을 배운 다양한 출신의 사람들을 유혹했다. 수도의 귀족들처럼 부유한 지방 사람들도 텍스트를 전문적으로 복사하는 노예를 구했다. 이집트 땅을 가진 한 부자 시민의 자산 목록에는 쉰아홉 명의 노예에 다섯 명의 공증인, 두 명의 필사가, 한 명의 서기, 한 명의 책 복원가가 포함되어 있었다. 그만큼 개인이나 상인을 위해 일하는 필사자가 많았다. 이들은 책상 앞에 앉아 잉크병과 자와 단단한 갈대로 만든 펜을 들고 긴 시간을 보냈다. 이전에는 이처럼 여러 대륙에 걸쳐 같은 책을 읽는다는 사실로 결속된 독자 공동체는 없었다. 물론 그들이 수십만 명에 이르진 않았을 것이다. 아마도 호시절에도 수만 명 정도에 불과했을 것이다. 그러나 그 당시 상황에선 엄청난 수였다.

스티븐 그린블랫(Stephen Greenblatt)이 지적하듯, 고대 세계에는 문화의 핵심이 책의 무한한 생산이던 시절(아주 긴 시절)이 있었다. 그들은 그 많은 책을 어디에 뒀을까? 어떤 방식으로 선반에 정리했을까? 그 방대한 지식을 어떻게 기억하고 있었을까? 이런 환경에서 살았던 사람들은 그 풍요로움이 사라질 것이라고는 생각지 못했을 것이다. 그리고 그들의 책은 점진적으로 대량 멸종을 맞이했다. 끝나버렸다. 그리하여 안정적으로 보이던 것은 깨지기 쉬웠음이, 영원하다고 믿었던 것은 일시적이었음이 드러났다.

| **46** |

발밑의 땅이 흔들렸다. 수 세기에 걸쳐 무정부 상태, 분열, 야만인의 침략, 종교적인 지진이 발생했다. 상황의 심각성을 가장 먼저 감지한 사람은 필사자들이었을 것이다. 점점 더 주문량이 축소되었을 테니 말이다. 그러다 마침내 사본 제작이 완전히 중단되었다. 도서관은 쇠퇴했고, 전쟁으로 약탈당하거나 방치되었다. 책은 수십 년에 걸쳐 야만인의 약탈과 광적인 기독교인의 손에 의해 파괴되었다. 4세기 말, 역사가 암미아누스 마르켈리누스(Ammianus Marcellinus)는 로마인들이 진지한 독서를 포기하고 있다고 불평했다. 그는 도덕적인 관점에서 제국이 무너지고 문화적 유대가 끊어지고 있으며 로마인들이 하찮은 일에 뛰어들고 있다며 분개했다. 그는 이렇게 말한다. "한때 진지한 학문의 배양으로 존경받던 소수의 가문이 이젠 게으름과 쾌락에 휩쓸려 가고 있다. 철학자 대신 가수를, 연설가 대신 유희의 전문가를 부르고 있다. 도서관은 무덤처럼 늘 닫혀 있는데, 배우들을 위한 피리와 수레처럼 보이는 거대한 리라를 만들고 있다." 더불어 마차가 사람들이 붐비는 거리를 엄청난 속도로 질주하고 있다고 말한다. 배가 난파되기 전의 분위기가 대기에 가득했던 것이다.

5세기에 고전 문화 공동체는 끔찍한 타격을 입는다. 야만인의 침략으로 로마의 학교 시스템은 점차 파괴되었다. 도시는 무너지기 시작했다. 교양을 갖춘 인구는 소수로 줄어들었다. 독자가 줄어들자 그들 간의 접촉도 끊기기 시작했다.

길고도 더딘 단말마 끝에 로마 제국은 476년 마지막 황제인 로물루스 아우구스툴루스가 퇴위하면서 막을 내렸다. 지방 권력을 물려받은 게르만인은 독서에 끌리지 않았다. 공공건물을 습격하고 개인의 저택을 징발한 야만인들은 과학과 학문에 아주 적대적이진 않았지만, 지식과 창조의 무형적 보물인 책을 보관하는 데는 조금의 관심도 없었다. 추방되거나 노예로 전락한 로마인들은 잃어버린 도서관에 대한 향수보다 생존에 필요한 물품이 더욱 절실했다. 불안정, 질병, 흉작, 가난한 자를 쥐어짜는 징세관, 전염병, 식품 가격 상승, 생계의 문턱에서 잘못된 편에 서게 될지도 모른다는 두려움이 독자를 괴롭혔다.

새로운 시대가, 우리를 정의하던 사상들이 심연의 벼랑 끝에 몰린 수백 년의 긴 여정이 시작되었다. 병사들의 횃불과 책을 좀먹는 벌레들로 인해 알렉산드리아의 꿈은 다시금 위험에 처했다. 인쇄기가 발명될 때까지 수천 년에 걸친 지식을 보존하던 극소수의 사람들은 영웅적이면서도 거의 불가능한 구조 작업에 착수했다. 모든 것이 파멸되지 않은 이유, 그리스인과 로마인의 사상과 과학적 업적과 상상력과 법률이 살아 있는 이유는 수 세기에 걸친 탐색과 실험 끝에 얻은 책이라는 단순한 완벽함 덕분이었다. 책 덕분에, 그리고 어둠 속의 여행에도 불구하고 유럽의 역사는, 스페인의 철학자 마리아 삼브라노(María Zambrano)가 지적하듯, 언제나 재탄생을 위한 길을 지니고 있었다.

로마 제국이 무너지면서 책은 위험한 시대를 살게 되었다. 529년, 유스티니아누스 황제는 "이교도의 광기"에 사로잡힌 사람들이 "제자의 영혼을 타락시키지 못하도록" 교육에 종사하는 걸 금지했다. 그의 칙령으로 인해 1000년을 거슬러 올라가는 역사를 지닌 아테네의 아카데미가 폐쇄됐다. 길을 잃은 영혼들은 이교도의 문헌이 지닌 위험으로부터 당국의 보호를 받아야 했다. 4세기 초부터 열성적인 관리들은 목욕탕과 주택에 침범하여 "이단적이고 마법적인" 책을 몰수하여 불태웠다. 그로 인해 고전 텍스트의 양이 급락했다.

버림받은 한 철학자가 유령 같은 아테네를 우울하게 걸어가는 걸 상상해본다. 그는 비관적일 수밖에 없다. 이교도 사원은 무너진 채 방치되었고 멋진 조각상들은 훼손되거나 제거되었다. 극장은 고요해졌고 도서관은 먼지와 벌레의 왕국이 되었다. 빛의 수도에서 소크라테스와 플라톤의 마지막 제자들은 철학을 가르칠 수 없게 되었다. 그들은 생계를 꾸려갈 수 없었다. 세례를 받지 않으면 유배를 떠나야 했다. 오래된 제국을 약탈하는 야만인들은 고대 문화의 경이로움을 잔인하고 무관심하게 불태웠다. 불의 단죄를 기다리는 책, 더 이상 가르칠 수 없는 사상들 앞에는 어떤 운명이 기다리고 있을까?

그 철학자는 모든 게 끝났다고 생각한다.

그때, 마치 꿈결처럼, 이상한 환영이 철학자를 덮친다. 글을 모르는 군벌이 지배하는 유럽의 쇠퇴가 불가피해 보이는 순간, 역설적으로 로마의 우화, 사상, 신화는 수도원에서 도피처를 찾는다. 학교와 도서관과 필사실을 갖춘 수도원은 쇠퇴하는 알렉산드리아 도서관의 모습을 담고 있다. 일부 수녀와 승려가 지칠 줄 모르는 독자이자 책의 장인으로 변모한다. 그들은 한 글자씩 이교도의 최고의 책을 복사하고 보존한다. 심지어 그들은 중세의 책을 스테인드글라스 창으로 변형시키며 다양한 색으로 인물을 밝히는 조명 예술을 발명한다. 그렇게 소수 필사가와 세밀화가의 인내 덕분에 지식은 격리된 채 혼돈의 공격을 견뎌낸다.

그러나 철학자는 그런 일은 불가능하며, 그저 꿈일 뿐이라고 생각한다.

갑자기 철학자의 눈앞에 소란스러운 풍경이 들이닥친다. 수 세기 후 볼로냐와 옥스퍼드에 생긴 최초의 대학들, 되살아난 아카데미다. 즐거움과 아름다움에 목마른 교사와 학생이 고향으로 돌아가듯 옛 고전의 언어를 다시 찾는다. 그리고 새로운 서점들은 그들에게 책을 공급하기 위해 작업장 문을 활짝 연다.

이슬람의 길과 국경 지역을 따라 믿을 수 없이 먼 거리를 이동하여 상인들이 도착한다. 이들은 중국과 사마르칸트에서 이베리아반도로 진기한 물건을 소개한다. 바로 종이다. 양피지보다 훨씬 저렴하고 대량생산이 수월한 이 신소재는 서구 문화에 혁명을 일으킬 인쇄기의 발명을 촉진한다.

그러나 철학자는 이 환상이 소화불량으로 발생한 환각일 뿐이라고 느낀다. 곰팡이 핀 치즈나 썩은 생선 스튜를 먹어서 생기는 이미지라고.

그런데 그 순간 새의 깃털을 꼭 쥐고 고대의 영광을 회복하기로 결

500

심한 인문주의자들이 나타난다. 그들은 접근 가능한 이교도 텍스트를, 그 난파선의 잔해를 열정적으로 읽고, 사본을 만들고, 편집하고, 주석을 붙인다. 용감한 자들은 말을 타고 외딴 길, 눈 덮인 계곡, 어두운 숲을 헤매며 고립된 중세 수도원이 지키고 있는 책을 찾아 모험을 떠난다. 그들은 난파된 고대의 지혜로 유럽의 근대화를 시도한다.

한편 구텐베르크라는 세공업자가 결코 멈추지 않는 이상한 금속 인쇄기를 발명한다. 책이 다시 늘어난다. 유럽인들은 무한한 도서관과 지식을 꿈꾼 알렉산드리아의 꿈을 되찾는다. 두려움과 죄책감에서 해방된 종이, 인쇄기, 호기심은 우리를 근대의 문턱으로 이끈다.

그러나 철학자는 이 모든 상상은 터무니없는 일이라는 비관론에 빠진다.

철학자의 상상력이 몇 세기 더 나아가면, 그는 이상한 가발을 쓴 몇몇 사람들이 고대의 파이데이아(paideia)를 기리며 지식 파괴를 막고 지식을 전파하고자 백과사전을 집필하는 모습을 떠올린다. 그리하여 18세기의 혁명적 지식인들은 고대의 화려함을 기반으로 이성, 과학, 법에 대한 믿음의 건축물을 축조할 터였다.

그리고 21세기 사람들은 참신함과 기술, 특히 손끝으로 만지는 희귀한 발광 태블릿을 숭배하겠지만, 그러면서도 고전이 말을 거는 책과의 대화 속에서 권력, 시민권, 책임, 폭력, 제국, 사치와 아름다움에 대한 개념을 계속 형성해갈 터였다. 이로써 우리가 사랑하는 모든 것들은, 완전히 사라질 수도 있다는 위협을 몇 번이나 마주하고도, 힘겹고 모험적인 길을 통해 구조될 것이다.

그러나 철학자는 이 모든 게 헛꿈처럼 말이 안 되고, 제정신이라면 누구도 그런 기이한 가설을 믿지 않을 것이라고 한다. 그는 기적(혹은 기독교인들이 스스로를 속여온 기적)만이 우리의 지혜를 구하고 미래의 불가능한 도서관에 그 지혜를 보관할 수 있을 것이라고 생각한다.

기억하라

| **48** |

책의 발명은 파괴에 저항한 우리의 끈질긴 투쟁에서 가장 큰 승리일 것이다. 우리는 잃지 않고 싶은 지혜를 갈대, 가죽, 천, 나무, 빛에 맡겼다. 그것들의 도움으로 인류는 발전과 진보라는 경이로운 역사를 경험했다. 우리의 신화와 지식이 담긴 책은 세계 각지에서 수 세기에 걸쳐 이어진 여러 세대의 독자를 통합하여 협력의 가능성을 배가한다. 슈테판 츠바이크(Stefan Zweig)는 「책벌레 멘델」에서 이렇게 말한다. "책은 우리의 숨결을 초월하여 인간을 하나로 묶어내고 무상과 망각에 맞서 우리를 지켜내기 위해 존재한다."

우리는 연기, 돌, 흙, 나뭇잎, 갈대, 천, 가죽, 나무로 된 책을 사용했으며 이젠 빛으로 된 책(컴퓨터와 전자책)을 쓰고 있다. 책을 여닫는 방식이나 텍스트를 따라 여행하는 방식은 시대별로 다양했다. 책의 모양, 표면의 거칢과 부드러움, 미로 같은 내용, 내구성, 독서 방식 등도 변해왔다. 책은 여러 형태로 바뀌어왔지만 새로운 형태가 탄생할 때마다 압도적으로 성공했다.

인류가 창안한 최고의 아이디어가 생존할 수 있었던 건 책 덕분이었다. 책이 없었다면 우리는 시민에게 권력을 넘겨주기로 결정한 소수의 무모한 그리스인을 잊었을 것이다. 우리는 그 대담한 실험을 '민주주의'라 한다. "환자의 상황을 고려하라. 경우에 따라서는 무료로 치료하라. 경제적 어려움에 처한 외국인에게도 전폭적인 도움을 주라."라며 가난한 자와 노예를 동등하게 치료할 것을 약속한 히포크라테스적 의사들도 잊었을 것이다. 최초의 대학을 설립하고 제자들에게 지혜로운 자와 무지한 자의 차이는 산 자와 죽은 자의 차이라고 말한 아리스토텔레스도 잊었을 것이다. 막대기와 낙타를 사용하여 겨우 50마일의 오차 범위로 지구의 둘레를 계산한 에라토스테네스(Eratosthenes)도 잊었을 것이다. 거대한 제국의 모든 주민에게 시민권을 인정한 로마인의 법전도 잊었을 것이다. 또한 "유대인도, 그리스인도, 노예도, 자유인도, 남자도, 여자도 없다."라는 평등주의적 연설을 한 기독교 그리스인 사도 바울로도 잊었을 것이다. 이 선례들에 대한 이해를 통해 인권, 민주주의, 과학에 대한 신뢰, 건강, 의무 교육, 공정한 재판을 받을 권리, 약자를 위한 사회적 관심과 같은 생각이 피어나게 되었다. 수 세기 동안 이집트와 메소포타미아 문명에 대한 언어와 지식을 잊어버렸듯이, 이 모든 발견에 대한 기억을 잃어버린다면 어떻게 되겠는가? 독일어로 작품활동을 한 영국 작가 엘리아스 카네티(Elias Canetti)는 이렇게 답했다. "한 시대가 이전 시대와 단절되고 세기가 탯줄을 끊어버린다면 우리는 미래가 없는 우화밖에 만들지 못할 것이다. 질식 상태에 빠지는 것이다."

나는 이 이야기의 어두운 이면에 대해서도 말하고 싶다. 사실 '협력'이라는 말에는 어두운 현실을 가려버리는 이타적 분위기가 담겨 있다. 협력 네트워크는 종종 타인을 착취하고 억압하는 역할을 하기도 한다. 많은 사회가 노예제적 시스템을 유지하기 위해 애썼고, 나치는 그 정점이었다. 마찬가지로 책은 해로운 아이디어를 전달하는 수단이 될 수도 있다. 환생을 믿었던 플라톤은 여성이라는 성의 존재를 설명하기 위해, 전생에 부정의하게 산 남자들이 그 벌과 속죄로써 여성으로 태어나게 되는 것이라는 신화를 창조했다. 아리스토텔레스는 노예가 천성적으로 열등하다고 썼다. 마르티알리스가 잔인한 황제를 찬양하거나 신체적 결함이 있는 사람을 희생시키며 농담을 던질 때는 도덕적 감정이라고는 없어 보인다. 검투사의 싸움은 로마 작가들에 의해 문명의 일부로 간주되었고, 대중은 검투사의 고뇌를 지켜보며 즐거워했다. 책은 우리를 최고 혹은 최악의 이야기, 모호한 이야기, 문제가 있는 이야기, 양날의 칼 같은 이야기 등 모든 이야기의 상속자로 만든다. 그 모든 이야기를 갖고 있다는 건 사유에 도움이 되며, 우리로 하여금 선택할 수 있게 해준다. 유럽의 토대를 마련한 문명들의 특징이 창의성, 화려함, 폭력, 분노의 이상한 조합이라는 사실에 놀라지 않을 수 없다. 이 불안은 거의 후기 근대성의 공리이다. 유럽 역사상 가장 암울했던 해 중 하나였던 1940년, 점령당한 프랑스에서 탈주한 발터 베냐민은 이렇게 썼다. "문화에 대한 기록은 동시에 모두 야만에 대한 기록이다." 이성의 영역에서 야만이 지속되고 계몽이 악을 쫓아내지 못했다는 뼈아픈 증거에 직면한 슈테판 츠바이크는 1942년 자살로 생을 마감했다.

우리는 문화에 대한 달콤한 혹은 경건한 이미지가 순진할 뿐만 아니라 쓸모없다는 걸 알고 있다. 고대 로마에 대한 감상적인 동경에 눈이 멀었던 페트라르카는 늘 영혼의 동반자로 생각했던 키케로의 서간을 발견하고 분노했다. 그는 그의 분신이 야심 차고 때로는 비열하고 냉소적이었으며 정치적 책략에 있어서는 통찰력이 없었다는 것을 알게 됐다. 페트라르카는 죽은 키케로에게 비난으로 가득 찬 설교조의 편지를 쓰는 것으로 문제를 해결했다. 우리는 누구든 불완전한 선조를 정당하게 비난할 수 있고, 또 우리는 우리 안에 존재하는 모순과 둔감함을 진단하게 될 후손의 공격을 받을 것이다. 그러나 우리가 문학을 흑백 잣대로 단순화하려는 충동을 물리친다면 문학을 훨씬 잘 읽어낼 수 있을 것이다. 역사를 이해하는 통찰력을 키울수록 우리가 소중하게 여기는 것들을 잘 보존할 수 있을 것이다. 시인이자 여행가인 페르난도 산마르틴(Fernando Sanmartín)은 이렇게 썼다. "과거는 우리를 정의하고, 우리에게 정체성을 부여하고, 우리를 정신분석이나 위장으로, 마약이나 신비주의로 이끌기도 한다. 독자인 우리에게 과거는 책 속에 있다. 좋건 나쁘건 말이다. 우리가 읽는 옛 책들은 오늘날에는 당혹스럽기도 하고 지루하기도 하다. 그러나 우리는 여전히 열정이나 확신을 불러일으키는 페이지를 마주하기도 한다. 한 권의 책은 언제나 하나의 메시지이다."

책은 끔찍한 사건을 정당화하기도 했지만, 과거에 인류가 건설한 최고의 이야기, 상징, 지식, 발명을 뒷받침하기도 했다. 『일리아스』를 읽으며 우리는 한 노인과 그의 아들을 살해한 살인자 사이의 가슴 아픈 화해에 관해 깊이 생각해본다. 사포의 시에서 우리는 욕망이 저항의 한 형태임을 발견한다. 헤로도토스의 『역사』에서 우리는 타자의 관점을 배우게 되고, 『안티고네』에서 우리는 국제법의 존재를 엿본다. 『트로이아 여인들』에서 우리는 우리가 지닌 야만성에 직면하며, 호라티우스의 글에서 우리는 "감히 알려고 하라."라는 문장을 만난다. 오비디우스의 『사랑의 기술』에서 우리는 쾌락을 엿보고, 타키투스의 책을 통해 우리는 독재의 메커니즘을 이해하며, 세네카의 목소리에서 우리는 최초의 평화주의자의 외침을 듣는다. 책은 우리에게 시들지 않는 선례를 물려주었다. 인간의 평등, 지도자 선택의 가능성, 아이들에게 노동보다 교육이 낫다는 직감, 병자와 약자와 노인에 대한 국가적 차원의 지원 등, 이 모든 발명은 고대의 발견, 즉 불확실한 경로를 통해 우리에게 전해진 고전을 통해 가능했다. 책이 없었다면 우리 세계의 가장 좋은 것들은 망각 속으로 사라졌을 것이다.

에필로그:
망각된 자들과 무명작가의 작품들

소규모 집단이 말과 노새에 책을 싣고 매일 애팔래치아산맥의 미끄러운 비탈과 계곡을 모험한다. 그들 대부분은 여성이다. 문자를 사랑하는 아마존의 전사 같다. 세계는 물론이고 미국 내에서도 고립된 계곡에 사는 켄터키 동부 주민들이 의심스러운 눈으로 그들을 쳐다본다. 제정신이라면 그 누구도 심연 위로 흔들리는 허약한 다리와 동물도 미끄러져 자갈 속에서 허우적대는 계곡물을 건너며 길이 없는 땅을 추위에 맞서며 여행하지 않을 것이다. 그들은 눈을 부릅뜨고 거칠게 침을 뱉는다. 오래전에 광산이나 제재소에서 일하려는 외부인이 온 적은 있지만, 그것도 대공황 이전 얘기다. 그들은 어느 먼 곳의 권력자를 위해 봉헌하는 사냥꾼처럼 다가오는 젊은 여성들의 심상치 않은 분위기가 낯설기만 하다. 그들 중 한 명이 다가오자 위협적인 분위기가 감돈다. 산속에 사는 그들은 낯선 사람들에게 막연한 두려움을 느낀다. 그들은 가난하며 범죄자만큼이나 권력을 두려워한다. 이 시골 사람들은 3분의 1이 글을 읽을 줄 알지만 낯선 사람이 건네는 종이 한 장에도 겁을 먹는다. 갚지 못한 부채나 악의적인 고발 혹은 알 수 없는 소송으로 인해 얼마 되지 않는 재산을 빼앗길 수도 있다. 인정하기는 싫지만, 말을 탄 그들은 두려움의 대상이다. 그들이 말에서 내려 안장 가방을 열어 책을 꺼내자 그들의 두려움이 놀라움으로 변한다.

미스터리가 풀렸지만, 시골 주민들은 믿을 수 없다는 표정이다. 정말로? 말을 탄 사서라니? 문학 작품을 준다고? 그들은 여성들이 사용하는 '연방 프로젝트', '뉴딜', '공공서비스', '독서 촉진 계획' 등의 전문용어를 잘 이해하지 못한다. 그들은 안도감을 느낀다. 세금이나 법원이나 퇴거에 대한 얘기는 없다. 더욱이 사서들은 친절해 보이고 하느님과 선을 믿는 것처럼 보인다.

미국은 문화 전파를 통해 실업과 위기를 극복하고 비문해를 퇴치하려고 했다. 그것이 공공사업진흥국의 과업이었다. 그 프로젝트가 구상된 1934년경, 통계에 따르면 켄터키주에서는 1인당 1권의 책이 제공되었다. 도로도 전기도 없는 빈곤한 동부 산악지대에선 다른 지역에서 성공적이었던 이동도서관 시스템을 구현할 수 없었다. 유일한 대안은 사서들을 애팔래치아산맥으로 보내 고립된 지역에 책을 보급하는 방법뿐이었다. 그들 중 한 명인 낸 밀런(Nan Milan)은 말의 한쪽 다리가 짧아서 가파른 산길에서도 미끄러지지 않는다는 농담을 했다. 그들은 매주 서너 개의 경로를 여행했고, 하루에 최대 32킬로미터를 이동했다. 기부된 책은 우체국, 판잣집, 교회, 법원, 개인 주택 등에 보관되었다. 열정적인 우편배달부처럼 진지하게 일하던 여성들은 여러 곳에서 책을 모아 시골 학교, 커뮤니티 센터, 농가 등에 나누어주었다.

그들의 쓸쓸한 여행은 서사시 같았다. 기록에 따르면 여행 중에 말이 죽으면 여자들이 상상의 세계가 담긴 무거운 가방을 들고 걸어서 길을 나아갔다고 한다. "읽을 책을 주세요." 아이들은 외지인들을 보고 그렇게 외쳤다. 1936년, 5만 가구에 155개 학교를 순회했고, 한 달간 총 8000킬로미터를 달렸지만, 켄터키의 기마 사서는 요청 건수의 10분의 1밖에 처리하지 못했다. 산악지대 사람들은 첫 만남의 불신을 극복하고 열렬한 독자가 되었다. 휘틀리 카운티에선 서른 명으로 구성된 환영 위원회가 그녀들을 맞이했다. 다른 카운티에 도서관이 없다는 이유로 이사 가지 않은 사람들도 있었다. 어느 흑백 사진에는 노인의 침대 옆에서 책을 읽어주는 젊은 기마 사서의 모습이 있다. 책이 유입되면서 건강과 위생도 개선되었다. 예컨대 배앓이를 예방하는 데 손 씻기가 우유 한 숟가락에 담배 연기를 불어 넣어 마시는 것보다 효과적이라는 사실을 알게 됐다. 어른들과 아이들은 마크 트웨인의 유머를 사랑했지만 지금까지 가장 수요가 많은 책은 『로빈슨 크루소』였다. 고전은 그 새로운 독자를 마법으로 이끌었다. 글을 읽을 줄 아는 학생은 글을 모르는 부모에게 책을 읽어줬다. 한 청년은 사서에게 이렇게 말했다. "당신이 가져온 책이 우리의 생명을 구했습니다."

이 프로그램은 10년 동안 1000명에 이르는 사서들에 의해 진행되었다. 1943년 자금 지원이 종료되면서 공공사업진흥국은 해체되었다. 그리고 세계대전이 문화를 대체하며 실업의 해독제로 작용했다.

우리는 이야기를 통해 어둠을 몰아내고, 이야기를 통해 혼돈과 공생하는 법을 배우고, 언어의 공기로 모닥불을 부채질하며, 낯선 사람들에게 이야기를 전하기 위해 먼 거리를 여행하는 유일한 동물이다. 그리고 같은 이야기를 공유할 때 우리는 더 이상 낯선 사람이 아니다.

우리가 수천 년 전에 태어난 픽션을 보존할 수 있었다는 사실에는 놀라운 점이 있다. 누군가가 최초로 『일리아스』에 대한 이야기를 한 이후로 트로이 해변에서 아킬레우스와 헥토르의 결투는 결코 잊히지 않았다. 유발 하라리가 말하듯, 2만 년 전의 고대 사회학자라면 신화가 생존할 가능성이 거의 없다고 결론지었을 것이다. 그렇다면, 이야기란 무엇인가? 그건 말의 연속체이다. 폐를 떠나 후두를 통과하는 공기의 흐름이 성대에서 진동하고 혀가 입천장, 치아, 입술을 어루만지며 최종적인 형태를 만들어낸다. 그렇게 깨지기 쉬운 것을 구해내기는 불가능해 보인다. 그러나 인류는 글과 책을 발명함으로써 절대적 파괴에 맞섰다. 그 발견 덕분에 타인과 만날 수 있는 거대한 공간이 생성됐고 사상의 기대 수명이 엄청나게 늘어났다. 책에 대한 사랑은 신비롭고 자연스러운 방식으로 서로 모르는 사람들 사이에 보이지 않는 사슬을 만들어냈으며, 세월을 따라 훌륭한 이야기와 꿈과 사유의 보물을 구해냈다.

이 글은 아직 완성되지 않은 이야기다. 이 이야기는 음유시인, 발명가, 필사가, 도안가, 사서, 번역가, 서점 운영자, 노점상, 선생, 현자, 스파이, 반역자, 여행자, 수녀, 노예, 모험가, 인쇄업자가 만들어낸 놀라운 집단적 모험이자 신비로운 충성심으로 단결한 그들의 가려진 열정이다. 사교 클럽에서, 집에서, 요란한 바다에 인접한 산봉우리에서, 에너지가 집중된 도시에서, 혼돈의 시기에 지식의 피난처가 된 외딴 지역에서 책을 읽는 독자들. 역사에 기록되지 않은 평범한 사람들. 잊힌

사람들. 익명의 사람들. 그들 모두가 우리를 위해 그리고 미래를 살아
갈 사람들을 위해 투쟁했다.

감사의 말

이 글을 쓰며 많은 이들의 도움을 받았다. 그들 모두에게 감사의 말을 전한다.

나보다 먼저 이 책을 상상하고 이 여행을 실현할 수 있는 지도를 내게 보여준 라파엘 아르구욜.

내 손을 잡아준 훌리오 게레로.

책이 출판될 수 있도록 놀라운 마법을 발휘해준 시루엘라 편집부.

나를 관대하게 대해준 알폰소 카스탄과 프란시스코 누니스.

빛과 신호로 나를 인도한 카를로스 가르시아 구알.

나와 지식을 공유하며 핵심적인 열쇠를 쥐어준 아구스틴 산체스 비달.

날카로운 관점을 갖게 해준 루이스 벨트란.

인터뷰 전에 정원 밖까지 나와 나를 반겨준 아나 마리아 모익스.

역사와 저널리즘과 아이러니를 가르쳐준 기예르모 파타스.

오랜 우정을 쌓으며 내게 기회를 준 엔카르나 사미티에르.

나의 연약한 글쓰기를 지지해준 안톤 카스트로.

내게 시간 여행과 옥스퍼드의 문을 열어준 퍼거스 밀러.

나를 환대하며 지혜를 나누고 관심을 가져준 마리오 시트로니.

엄격함을 가르쳐준 앙헬 에스코바르.

책을 탐험하도록 도와준 옥스퍼드, 케임브리지, 피렌체, 볼로냐, 로마, 마드리드, 사라고사 도서관의 관계자들.

잊을 수 없는 스승인 필라르 이란소, 카르멘 로메오, 이노센시아 토레스, 카르멘 고메스 우르다녜스.

언어의 지평을 확장하고 있는 안나 카바예.

내게 영감을 준 카르멘 페냐, 아나 로페스 나바하스, 마르가리타 보르하, 마리페 산티아고.

웃음과 미래에 관한 얘기를 함께 한 안드레스 바르바.

나를 믿어준 루이스 란데로.

신비로운 우정을 나누며 대화를 나눈 벨렌 고페기.

모자를 공유해준 유쾌한 헤수스 마르차말로.

디오니소스적 시간을 함께한 페르난도 로페스.

먼 곳에 있는 스테파니아 페르체다우와 나탈리 체르네츠카.

창의적인 나의 친구들, 아나 알콜레아, 파트리시아 에스테반, 리나 빌라, 산드라 산타나, 라우라 보르도나바.

삶을 더욱 행복하게 해주는 마리아 앙헬레스 로페스, 프란시스코 간, 테레사 아스코나, 바예 가르시아, 레예스 람베아, 레티시아 브라보, 알바노 에르난데스, 마리아 루이사 그라우, 크리스티나 마르틴, 글로리아 라바르타, 필라르 파스토르, 마리아 헤수스 파르도스, 마리아 가

514

몬, 릴리아나 바르가스, 디에고 프라다, 훌리오 크리스텔리스, 리카르
도 야도사.

첫 번째 독자인 서점인 페페 페르난데스, 훌리야 미얀, 파블로 무
니오.

열정의 씨를 뿌려준 교수인 추스 피콧, 아나 부뇰라, 파스 에르난
데스, 다비드 마요르, 베르타 아메야, 라우라 라오스, 페르난도 에스
카네로, 호세 안토니오 에스크리그, 마르코스 기엔, 아마이야 수빌라
가, 에바 이바녜스, 크리스토발 바레아, 이레네 라모스, 필라르 고메스,
메르세데스 오르티스, 펠릭스 가이, 호세 안토니오 라인.

우리에게 수많은 생명을 선사했으며 아이들의 생명을 위해 오늘도
온 힘을 다해 싸우고 있을 사라고사 미겔 세르벳 병원의 신생아 소아
과 간호사님들과 간병인 에스테르, 필라르, 크리스티나, 사라, 누리아,
그리고 마리아.

혼돈의 상황을 정리해주는 나의 어머니 엘레나.

나의 등대이자 나침반인 엔리케.

희망이 무엇인지 내게 가르쳐준 박사과정의 '리틀' 페드로.

나의 가족, 나의 친구들, 그리고 또 다른 가족이 될 독자 여러분께
감사드립니다.

옮긴이의 말

　『갈대 속의 영원』은 인간의 지적 활동의 보고인 책에 관한 이야기이다. 스페인의 작가이자 문헌학자 이레네 바예호는 연구자로서 탐색한, 오늘날까지 전해지는 다양한 고문에 대한 전문적인 고증에 더해, 책에 얽힌 개인적 삶의 경험을 한데 녹여내며 서구의 책의 역사를 거시적이면서도 세밀하게 담아냈다. 그 과정에서 작가는 서구 세계의 문자, 책, 도서관, 박물관의 생성과 변천 과정뿐만 아니라 철학, 역사, 종교, 문화적 관점에서 다양한 사건들과 고전 텍스트 안팎의 콘텍스트를 자유롭게 넘나들며 호기심을 자아내는 흥미진진한 이야깃거리를 선물하고 있다. 이 작품은 책의 역사와 더불어 고대 서구인의 사유와 상상과 문화적 삶의 양태에 접근하는 길잡이로도 유용할 것이다.

　기실 책과 독서 행위는 참으로 특권적이다. 전 세계에서 사용되는 언어는 7000여 종에 이르지만 문자를 보유한 언어는 전체 언어의 4퍼센트 정도에 지나지 않으니 말이다. 인간의 사유와 직접적인 상관성을 지닌 언어가 인류의 위대한 발명품이라는 견해에 이견이 없듯이,

그 사유와 상상을 기록하는 수단인 문자와 그 문자의 산물인 책 또한 그에 뒤지지 않는 놀라운 발명품인 것이다. 아르헨티나 작가 보르헤스는 책에 대해 이렇게 말한 바 있다. "인간이 지닌 모든 도구 중에서 가장 경이로운 도구는 바로 책이다. 그 외의 것은 인간의 육체를 확장한 것에 지나지 않는다. 현미경이나 망원경은 인간의 시각을 확장한 것이고, 전화는 목소리의 확장이며, 쟁기와 검은 팔의 확장이다. 하지만 책은 기억과 상상의 확장이라는 점에서 완전히 다른 사물이다." 점토판, 갑골, 죽간, 파피루스, 코덱스, 양피지, 종이, 그리고 책에 대한 전통적 정의를 확장한 전자책에 이르기까지 책은 제 형태를 혁신해가며 기억과 상상과 지식의 기록물로서 망각의 세계에서 우리를 구원하고 새로운 상상을 위한 토대로 작동해왔다.

그러나 책은 그지없이 위험한 발명품이기도 하다. 인간의 역사가 상상과 꿈의 세계를 언어로 구체화하고 그 가상의 세계를 현실화하려는 돈키호테들의 역사라면, 책은 상상의 현실화를 추동하는 근간이었다. 그러니 책은 어제와 오늘의 기억과 상상에 대한 기록임과 동시에 내일에 대한 기록이다. 하지만 상상의 기록이 언제나 평화와 공존과 인류애를 위한 것은 아니었다. 우리는 역사의 노정에서 책의 무자비한 파괴성을 무수히 겪어왔으며 지금도 예외는 아니다. 그러니 이젠 우리의 꿈과 그 꿈의 담지자인 책이 더 이상 공포와 폭력으로 얼룩진 악몽이 아니길 간절히 바란다.

끝으로 졸역에 세심한 주의를 기울이며 애써주신 최예원 선생님께 진심으로 감사드린다.

주

프롤로그

Apuleyo, *El asno de oro*, III 28 (고대의 도적에 관한 이야기); Horacio, *Sátiras*, I 5, 7 (오염된 물을 먹고 설사하는 여행자들의 이야기); L. Casson, *Las bibliotecas del mundo antiguo*, Editorial Bellaterra, Barcelona, 2003, pág. 44 (이집트 왕들의 명으로 책을 구하러 떠난 사람들); *Carta de Aristeas*, 9 (세상의 모든 책을 수집하려는 알렉산드리아 도서관); Galeno, *Comentario a «Sobre los humores de Hipócrates»*, XVII, pág. 607, ed. Kühn (비극 작품의 원본을 손에 넣으려 아테네인들을 속이는 사건); Galeno, *Comentario a «Sobre los humores de Hipócrates»*, XVII, pág. 601, ed. Kühn (배에서 찾은 자산); Epifanio, *Sobre medidas y pesos*, XLIII, pág. 252, Migne, *Patrologia Graeca* (지상의 모든 통치자에게 보내는 서신); Galeno, *Comentario a «Sobre los humores de Hipócrates»*, XV, pág. 109, ed. Kühn (위조); Marcelino, *Vida de Tucídides* 31-34 (투키디데스가 말하지 않은 것들); *Carta de Aristeas*, 10 (우리에게 책이 몇 권이나 있는가?).

1 미래를 상상한 그리스

1절: Herodas, *Mimiambos*, I, 26-32 (알렉산드리아의 불륜에 대한 뚜쟁이의 이야기).

2절: Plinio el Viejo, *Historia natural*, IX, 58, 119-121 (식초에 녹은 진주); Plutarco, *Vidas paralelas. Antonio*, 58, 5 (20만 권에 달하는 마르쿠스 안토니우스의 책 선물) y 27 (클레오파트

라에 관한 묘사).

3절: Plutarco, *Sobre la fortuna o virtud de Alejandro*, I, 5 = *Moralia* 328C (일흔 개의 도시를 세운 알렉산드로스); Plutarco, *Vidas paralelas. Alejandro*, 8, 2 (베개 밑에 『일리아스』를 두고 잔 알렉산드로스) y 26, 5 (호메로스적 꿈과 알렉산드리아 건설); Homero, *Odisea*, canto IV, 351-359 (파로스섬); Estrabón, *Geografía*, XVII, 1, 8 (알렉산드리아 설계).

4절: Plutarco, *Vidas paralelas. Alejandro*, 21 (다리우스 황제의 가족에 대한 포용성); 26, 1 (『일리아스』가 보관된 보물 상자).

5절: Arriano, *Anábasis de Alejandro*, V, 25-29 (진군을 거부한 마케도니아의 군인들).

6절: Arriano, *Anábasis de Alejandro*, VII, 4 (수사의 집단혼).

8절: Antiguo Testamento, Libro de los Macabeos, 1, 1-9 (성경 속 알렉산드로스); Asura XVIII, versículos 82-98 (코란 속 알렉산드로스); Diodoro Sículo, *Biblioteca histórica*, XVII, 72 (페르세폴리스를 불 지른 알렉산드로스); Estrabón, *Geografía*, II, 1, 9 (알렉산드로스에 관한 글을 쓰는 모든 이들이 진실보다는 경이로움을 선호함).

9절: *Astronomical Diaries from Babilonia*, vol. I, 207, ed. A. J. Sachs y H. Hunger (알렉산드로스의 죽음을 기록한 바빌로니아인); Diodoro Sículo, *Biblioteca histórica*, XVIII, 1, 4 y ss. (알렉산드로스 사후에 벌어지는 전투들); Plutarco, *Vidas paralelas. Alejandro*, 77 (록사네의 임신과 경쟁자 및 친족 살해); Estrabón, *Geografía*, XV, 2, 9 (500마리의 전투 코끼리를 받고 인도를 팔아버린 셀레우코스).

10절: *Greek Historical Inscriptions 404-323 BC 433*, ed. P. J. Rhodes y R. G. Osborne (세상의 모든 땅이 자신의 것이라 천명한 알렉산드로스); Diodoro Sículo, *Biblioteca histórica*, XVIII, 4, 4 (아시아와 유럽 사이에 공동체를 만들고자 한 알렉산드로스); Tzetzes, *De comoedia*, pág. 43, ed. Koster (알렉산드리아 도서관을 위해 모든 도시의 책을 번역); *Carta de Aristeas*, 30 y ss. (『70인역』); Plinio el Viejo, *Historia natural*, XXX, 2, 4 (조로아스터교 텍스트 번역); Flavio Josefo, *Contra Apión. Sobre la antigüedad del pueblo judío*, I, 14 (이집트 역사가 마네토); Flavio Josefo, *Antigüedades judías*, III, 6 (칼데아인 베로수스에 관한 이야기); Arriano, *Anábasis de Alejandro*, V, 6, 2 (메가스테네스가 쓴 인도에 관한 에세이).

12절: Lawrence Durrell, *Justine*, parte tercera (캄신); Plinio el Viejo, *Historia natural*, XIII, 22, 71 (파피루스에 관한 묘사); Antiguo Testamento, Éxodo 2, 3 (파피루스 바구니에 버려진 모세).

13절: Enciclopedia bizantina *Suda*, sub voce Leonatos (알렉산드로스의 외모를 모방한 장군); Pausanias, *Descripcción de Grecia*, I, 6, 2, y Teócrito, *Idilio XVII. Encomio de Ptolomeo*, 20-34 (프톨레마이오스가 알렉산드로스의 이복형제라는 설); Plutarco, *Vidas paralelas. Eumenes*, 13, 6-8 (에우메네스가 꿈에서 알렉산드로스와 대화를 나눔); Diodoro Sículo, *Biblioteca histórica*, XIX, 15, 3-4 (죽은 알렉산드로스가 주재하는 회합) y XVIII, 26-28 (알렉산드로스의 시신이 담긴 관을 탈취); Olaf B. Rader, *Tumba y poder. El culto político a los muertos desde Alejandro Magno hasta Lenin*, editorial Siruela, Madrid, 2006, págs. 165-186 (알렉산드로스의 시신을 둘러싼 사건들); Suetonio, *Vida de los doce Césares. Augusto*, 18, 1 (알렉산드로스의 묘를 방문한 아우구스투스); Dion Casio, *Historia romana*, LI, 16, 5 (미라의 코를 부러뜨린 아우구스투스); *Vita Marciana*, 6 (아리스토텔레스, "독자"); Estrabón, *Geografía*, XIII, 1, 54 (아리스토텔레스는 처음으로 책을 수집한 사람이며 이집트의 왕들에게 도서관을 운영하는 방법을 가르침).

14절: *Carta de Aristeas*, 29 (도서관이 보유한 책에 관해 왕에게 보고하는 데메트리오스), 35-40 (엘르아살에게 보내는 서신), 301-307 (『70인역』 번역).

15절: Plutarco, *Sobre la fortuna o virtud de Alejandro*, I, 5 = *Moralia* 328D (아시아에서 호메로스가 읽혔으며 페르시아, 수사, 게드로시아에서 비극이 읽힘); Flavio Josefo, *Contra Apión*, II, 35 (알렉산드리아에서 가장 좋은 곳을 점유한 유대인); Diodoro Sículo, *Biblioteca histórica*, XL, 3, 4 (유대인의 배외 감정을 한탄한 헤카타이오스), y I, 83, 8-9 (고양이를 죽였다는 이유로 살해된 외국인).

16절: Tucídides, *Historia de la guerra del Peloponeso*, II, 41 (아테네, 그리스의 학파); Plutarco, *Non posse suaviter vivi secundum Epicurum* 1095d (프톨레마이오스 1세의 박물관 건립); Estrabón, *Geografía*, XVII, 1, 8 (박물관 묘사); Dión Casio, *Historia romana*, LXXVIII, 7 (박물관 구성원의 특권); Ateneo, *Banquete de los eruditos*, I, 22D (뮤즈의 새장을 쪼아대는 현자들); Calímaco, *Yambos* I (박물관 구성원 간의 불화).

17절: Judith McKenzie, *Architecture of Alexandria and Egypt 300 B.C. to A.D. 700*, pág. 41 (파로스에 대한 아랍인들의 묘사).

18절: Estrabón, *Geografía*, XVII, 1, 6 (알렉산드리아의 제방, 항구, 파로스); Sinesio, *Elogio de la calvicie*, 6 (알렉산드리아 박물관에 세워진 형상들).

19절: Agustín, *Confesiones*, VI, 3 (암브로시우스의 소리 없는 독서).

20절: Estrabón, *Geografía*, XVII, 1, 8 (알렉산드로스의 황금관을 값싼 것으로 교체); Aftonio, *Progymnásmata* XII (세라페움 도서관에 관한 묘사); Tzetzes, *De comoedia*, XX (알렉산드리아 도서관에 소장된 책들); Epifanio, *Sobre medidas y pesos*, 324-329 (알렉산드리아 도서관에 소장된 5만 4800권의 책); *Carta de Aristeas*, 10 (20만 권 소장); Aulo Gelio, *Noches áticas*, VII, 17, 3, y Amiano Marcelino, *Historias*, XXII, 16, 13 (70만 권 소장).

21절: http://www.bodleian.ox.ac.uk/bodley/news/2015/oct-19 (보들리언 도서관은 매일 1000권의 새 책을 보관할 장소를 마련); http://www.oxfordtoday.ox.ac.uk/

features/oxfordunderground (옥스퍼드 지하 터널에 보관된 책). http://www.cherwell. org/2007/11/16/feature-the-bods-secret-underbelly/ (터널 방문).

22절: H. M. Vernon, *A History of the Oxford Museum*, pág. 15 (근대적 의미의 최초 박물관).

23절: L. Casson, *Las bibliotecas del mundo antiguo*, Editorial Bellaterra, Barcelona, 2003, pág. 23 (고대 근동의 도서관들).

24절: Diodoro Sículo, *Biblioteca histórica*, I, 49, 3 (도서관, "영혼을 돌보는 곳"); F. Báez, *Los primeros libros de la humanidad. El mundo antes de la imprenta y el libro electrónico*, editorial Fórcola, Madrid, 2013, pág. 108 (이집트에서 서기의 사회적 영향력); *Bulletin de la Société Française d'Égyptologie*, 131, 1994, págs. 16-18 (마지막 상형문자); http:// rosettaproject.org (로제타 프로젝트).

25절: Plinio el Viejo, *Historia natural*, XIII, 23, 74-77 (여덟 종류의 파피루스); N. Lewis, *Papyrus in Classical Antiquity*, pág. 92 (파피루스 거래); Enciclopedia bizantina *Suda*, *sub voce* Aristophanes Byz. (페르가몬으로 가려다가 투옥된 사서); Plinio el Viejo, *Historia natural*, XIII, 21, 70 (페르가몬 도서관으로의 파피루스 공급 중단과 페르가미노의 탄생).

26절: Heródoto, *Historia*, V, 35, 3, y Polieno, *Estratagemas* I, 24 (문신 메시지).

27절: P. Watson, *Ideas, historia intelectual de la humanidad*, 2006, pág. 601 (책 한 권에 필요한 가죽의 양).

28절: P. Nelles, «Renaissance Libraries», en: D. H. Stam, *International Dictionary of Library History*, 2001, pág. 151 (산마르코 도서관과 근대적 공공도서관의 개념).

29절: Quintiliano, *Instituciones oratorias*, I, 8, 20 (책을 망각하는 자 디디무스); Séneca, *Epístolas a Lucilio*, 88, 37 (4000권의 책을 쓴 디디무스); Plinio el Viejo, *Historia natural*, pref. 25 (아피온의 과업).

30절: Heródoto, *Historia*, II, 53, 2 (호메로스는 9세기 인물); B. Graziosi, *Inventing Homer*, 2002, pág. 98 y ss. (호메로스의 태생과 장소, 시대에 대한 논쟁); Ateneo, *Banquete de los eruditos*, VIII 277E (호메로스를 둘러싼 일화들); Platón, *La República*, X, 606d-607a (이상국가에서 호메로스를 내친 플라톤); Vitrubio, *Arquitectura*, VII, prefacio 8-9 (호메로스를 비판한 조일로스); *Ilíada*, XXIV, 475 y ss. (아킬레우스와 트로이 왕의 눈물); Homero, *Odisea*, V, 1-270 (칼립소를 떠난 율리시스).

31절: Robin Lane Fox, *El mundo clásico. La epopeya de Grecia y Roma*, pág. 52 (유럽에 알려진 가장 오래된 무훈시는 흑인 영웅의 업적); Matías Murko, *La poésie populaire épique en Yougoslavie au début du XXᵉ siècle*, París, 1929 (슬라브인 음유시인).

34절: Homero, *Odisea*, I, 356-359 (어머니의 말을 막은 텔레마코스); Homero, *Ilíada*, I, 545-

550 (헤라를 힐책한 제우스); Mary Beard, *Mujeres y poder. Un manifiesto*, editorial Crítica, Barcelona, 2008, pág. 15 (공공장소에서 발언이 금지된 여성들); Homero, *Ilíada*, II, 212 y ss. (테르시테스를 벌하는 율리시스).

35절: Eric A. Havelock, *La musa aprende a escribir*, 1994, pág. 135 y ss. (글쓰기는 의식과 사유와 구문과 어휘를 변화시킨다); Evangelio según san Juan, 8, 8 (예수는 모래 위에 글을 썼다); Albert B. Lord, *The Singer of Tales*, 1960, págs. 272-275 (1933년 음유시인 밀로반 보히식은 「밀먼 패리의 노래」를 작곡했다); Daniel Sánchez Salas, *La figura del explicador en los inicios del cine español*, Biblioteca Virtual Miguel de Cervantes, 2002 (해설자에 대한 설명); Varios autores, *No lo comprendo, no lo comprendo. Conversaciones con Akira Kurosawa*, editorial Confluencias, 2014, pág. 41 y ss. (구로사와 헤이고, 무성영화 변사).

38절: Fernando Báez, *Los primeros libros de la humanidad*, editorial Fórcola, Madrid, 2013, pág. 36 (글쓰기의 다양한 기원).

39절: Ewan Clayton, *La historia de la escritura*, editorial Siruela, Madrid, 2015, pág. 19 y ss. (글쓰기의 토대).

40절: Chinua Achebe, *Me alegraría de otra muerte*, editorial Debolsillo, Barcelona, 2010, pág. 146 (문자에 감탄하는 어느 나이지리아 비문해자).

41절: Sergio Pérez Cortés, «Un aliento poetico: el alfabeto», *Éndoxa*: Series filológicas n.º 8, 1997, UNED, Madrid (페니키아인의 글쓰기 체계를 수용한 그리스인).

42절: Sergio Pérez Cortés, «Un aliento poetico: el alfabeto», *Éndoxa*: Series filológicas n.º 8, 1997, UNED, Madrid (가장 오래된 그리스어 문구); Homero, *Odisea*, VIII, 382 (연회의 춤 경연).

43절: Hesíodo, *Trabajos y días*, 633-640 (헤시오도스는 자신의 고향에 대해 얼버무린다); Hesíodo, *Teogonía*, 22 y ss. (헤시오도스를 찾아온 뮤즈); Hesíodo, *Trabajos y días*, 27 y ss. (형제인 페르세스와의 다툼).

44절: Eric A. Havelock, *La musa aprende a escribir*, 1994, pág. 123 (더디게 진행된 그리스의 문자 교육); Platón, *Fedro o de la belleza*, 274d y ss. (문자를 비판한 소크라테스); B. Sparrow, J. Liu y D. M. Wegner, «Google Effects on Memory: Cognitive Consequences of Having Information at Our Fingertips», *Science*, agosto de 2011, vol. 333, págs. 776-778; http://science.sciencemag.org/content/333/6043/776 (구글 효과).

45절: Jorge Luis Borges, *Borges oral*, Madrid, 1999, pág. 9 (기억과 상상의 확장으로서의 책).

46절: Hölderlin, «Grecia», *Poesía completa. Edición bilingüe*, Barcelona, 1995, pág. 37 (고대 아테네를 꿈꾼 횔덜린).

47절: Fernando Báez, *Nueva historia universal de la destrucción de libros*, Barcelona, 2011, págs. 50 y 102 (페르세폴리스 화재와 진시황의 분서갱유); Anna Caballé, *El bolso de Ana Karenina*, Barcelona, 2009, pág. 27 (안나 아흐마토바의 시를 구하려고 그의 시를 암기한 친구들); Agustín de Hipona, *Naturaleza y origen del alma*, IV, 7, 9 (뛰어난 암기력을 지닌 심플리키오스).

48절: Tucídides, *Historia de la guerra del Peloponeso*, I, 6, 3 (그리스인과 무기); Pausanias, *Descripción de Grecia*, VI, 9, 6 (도데카니소스 제도의 학교에서 벌어진 살인 사건); Alberto Manguel, *Una historia de la lectura*, Alianza Editorial, Madrid, 2002, pág. 109 (독서에 대한 유대인의 제의); Herodas, *Mimiambos*, III, 59-73 (학생을 체벌하는 선생).

50절: Arquíloco, fragmento 6 Diehl (버려진 문장); fragmento 72 Diehl (성적 욕망); fragmento 64 Diehl (죽은 뒤에는 존경받지 못한다); Richard Jenkyns, *Un paseo por la literatura de Grecia y Roma*, Barcelona, 2015, pág. 45 (유럽 최초의 가래톳 같은 사람).

51절: Diógenes Laercio, *Vidas de los filósofos ilustres*, IX, 5 (아르테미스 신전에 책을 보관한 헤라클레이토스와 그에 관한 여러 이야기들); IX, 5-6 (수수께끼 같은 철학자 헤라클레이토스); Cicerón, *Del supremo bien y del supremo mal*, II, 5, 15 (어두운 철학자 헤라클레이토스); Heráclito, fragmentos 111 y 62 DK; Platón, *Crátilo*, 402a (같은 강물에 두 번 목욕할 수 없다고 말한 헤라클레이토스); Jorge Manrique, *Coplas por la muerte de su padre*, 25-27 ("우리의 삶은 강이다……"); Jorge Luis Borges, *Obra poética*, Madrid, editorial Alianza, 1993, pág. 322 (헤라클레이토스를 위한 시);

52절: Estrabón, *Geografía*, XIV, 1, 22; Valerio Máximo, *Hechos y dichos memorables*, VIII, 14, ext. 5; y Eliano, *Historia de los animales*, VI, 40 (에페소스의 방화범); Plutarco, *Vidas paralelas. Alejandro*, 3, 5 (아르테미스 신전이 불타던 날 알렉산드로스가 태어났다).

53절: Aristómenes, fr. 9K; Teopompo, fr. 77K; Nicofonte, fr. 19, 4K (아테네의 서적상을 언급한 희극 작가들); Éupolis, fr. 304K y Platón, *Apología de Sócrates*, 26 d-e (광장 시장에서 행해진 도서 판매); Luciano, *El solecista*, 30 (750드마크라에 팔린 책); Aristófanes, *Las ranas* 943 (책에 관한 관심); Alexis, fr. 135K (요리책을 선택한 헤라클레스); Jenofonte, *Anábasis*, 7, 5, 14 (난파선에서 발견된 책들); Zenobio, 5, 6 (시칠리아에서 플라톤의 책을 판매한 플라톤의 제자); Diógenes Laercio, *Vidas de los filósofos ilustres*, IV, 6 (스페우시포스의 도서관을 사들인 아리스토텔레스); Estrabón, *Geografía*, XIII 1, 54 (아리스토텔레스는 책을 모은 최초의 서구인. 그는 이집트의 왕들에게 도서관을 조직하는 방법을 가르쳤다.).

54절: Aristóteles, *Retórica*, 1413b, 12-13 (널리 유통된 책); Dionisio de Halicarnaso, *Sobre los oradores antiguos. Sobre Isócrates*, 18 (수레에 책을 싣고 다닌 서점상들); http://elpais.

com/elpais/2014/11/24/eps/1416840075_461450.html (이동 서점, 호르헤 카리온의 글).

55절: Aulo Gelio, *Noches áticas*, XIII, 17, 1 ('인간다움'이라는 말로 번역된 '파이데이아'); Pseudo Platón, Axiochos, 371 cd (저승에서 연극, 노래, 공연, 연회를 즐기며 초원에서 살 게 될 것이다); H.-I. Marrou, *Historia de la educación en la Antigüedad*, editorial Akal, 2004, 136-137 (문화라는 종교); Pseudo Plutarco, *La educación de los hijos*, 8 (삶에서 유일하게 가치가 있는 것은 교육); http://elpais.com/diario/1984/06/27/ cultura/457135204_850215.html (1984년, 미셸 푸코가 죽음을 목전에 두고 삶을 예술이라고 언급).

56절: P. E. Easterling y B. M. W. Knox (eds.), *Historia de la literatura clásica*, editorial Gredos, 1990, págs. 36-39 (헬레니즘 시대의 문자 해독률); W. Dittemberger, *Sylloge inscriptionum Graecarum*, 577-579 (밀레토스와 테오스의 교육법).

57절: P. E. Easterling y B. M. W. Knox (eds.), *Historia de la literatura clásica*, editorial Gredos, 1990, págs. 36-39 (헬레니즘 시대의 문자 해독률); Vitrubio, *Arquitectura*, VII, prefacio 4-7 (아리스토파네스와 표절자들); Enciclopedia bizantina *Suda, sub voce* Kallímachos (120개의 두루마리로 구성된 『피나케스』 카탈로그).

58절: Diógenes Laercio, *Vidas de los filósofos ilustres*, III, 4 (플라톤의 본명); R. Pfeiffer (ed.), *Callimachus I. Fragmenta*, 1949, Oxford (칼리마코스의 『피나케스』); Fragmento 434- 435 (잡문에 포함된 네 권의 제과 기술 관련 책); G. Murray (ed.), *Aeschylus: The Creator of Tragedy*, 1955, Oxford, pág. 375 (알파벳 순으로 정리된 아이스킬로스의 작품 목록).

59절: Bibliotecas públicas españolas en cifras: http://www. mecd.gob.es/cultura-mecd/ areas-cultura/bibliotecas/mc/ebp/portada.html; F. Báez, *Nueva historia universal de la destrucción de libros*, Barcelona, 2011, pág. 49 (고대 근동의 도시에 존재했던 도서 관의 수); Ángel Esteban, *El escritor en su paraíso*, Cáceres, 2014 (사서로 일한 작가들); E. Rodríguez Monegal, *Borges por él mismo*, Barcelona, Laia-Literatura, 1984, pág. 112 (눈먼 상태로도 부에노스아이레스 국립도서관을 잘 알고 있었던 보르헤스); Julia Wells, «The female librarian in film: Has the image changed in 60 years?», *SLIS Student Research Journal*, 2013, 3(2) (영화에 등장하는 여성 사서의 전형들); Rosa San Segundo Manuel, «Mujeres bibliotecarias durante la II República: de vanguardia intelectual a la depuración», CEE Participación Educativa, número extraordinario 2010, págs. 143-164 (스페인 내전 이후의 여성 사서들); Inmaculada de la Fuente, *El exilio interior. La vida de María Moliner*, editorial Turner, Madrid, 2011, págs. 175-198 (마리아 몰리네르 에게 가해진 탄압); http://www.mecd.gob.es/revista-cee/pdf/extr2010-san-segundo- manuel.pdf (제2공화정 기간의 여성 사서들: 지적 전위주의에서 숙청으로).

60절: Gabriel Zaid, *Los demasiados libros*, editorial Debolsillo, Barcelona, 2010, pág. 20 (1분마다 출판되는 책); Enciclopedia bizantina *Suda, sub voce* Deínarchos y Lykourgos; Focio, *Biblioteca*, 20b 25 ('엄선된'); Enciclopedia bizantina *Suda, sub voce* Télephos (『책을 알기』라는 제목의 매뉴얼); Enciclopedia bizantina *Suda, sub voce* Philón (『책 선택과 구매』라는 제목의 메뉴얼).

61절: Ateneo, *Deipnosofistas*, IX, 379E (그리스의 전설적인 요리사 7인); Plutarco, *Moralia*, 841f (대표적인 세 명의 비극작가).

62절: Alberto Bernabé Pajares y Helena Rodríguez Somolinos (eds.), *Poetisas griegas*, Ediciones Clásicas, Madrid, 1994 (여성 작가들의 시).

63절: Gwendolyn Leick, *The A to Z of Mesopotamia*, 2010, *sub voce* Enheduanna (제사장이자 시인이던 엔헤두안나); Clara Janés, *Guardar la casa y cerrar la boca*, editorial Siruela, Madrid, 2015, pág. 17 y ss. (최초의 여성 시인 엔헤두안나); Demócrito, fragmentos B110 y B274 DK (여성은 최대한 말을 아껴야 한다); Platón, *La República*, IX, 575d ("어머니"라고 불린 '조국'); Heródoto, *Historias*, VII, 99 (할리카르나소스의 아르테미시아), y VIII, 94 (수급에 대한 현상금); Plutarco, *El banquete de los siete sabios*, 3 = *Moralia*, 148 c-e (현자들의 연회에 참여한 클레오불리나); Enciclopedia bizantina *Suda, sub voce* Kleoboulíne (수수께끼 같은 클레오불리나의 책); Diógenes Laercio, *Vidas de los filósofos ilustres*, I, 89 (크라티누스의 희극 『클레오불리나들』); Carlos García Gual, *Los siete sabios (y tres más)*, 2007, pág. 117 (수수께끼를 통해 표현한 그리스 여성들).

64절: Séneca, *Epístolas a Lucilio*, 88, 37 (사포를 창녀로 의심하는 디디무스의 에세이); Fernando Báez, *Nueva historia universal de la destrucción de libros*, editorial Destino, Barcelona, 2011, pág. 441 (사포의 모든 작품을 파괴하라고 명한 교황 그레고리우스 7세).

65절: Pseudo Demóstenes, *Contra Neera*, 122 (헤타이라, 첩, 부인); Plutarco, *Vidas paralelas. Pericles*, 24, 8 (페리클레스와 아스파시아); Platón, *Menexeno*, 236b (망자를 위해 글을 쓴 아스파시아); Tucídides, *Historia de la guerra del Peloponeso*, II, 36 y ss. (망자를 위한 글); Juan Carlos Iglesias-Zoido, *El legado de Tucídides. Discursos e historia*, Coimbra, 2011, pág. 228 (오바마와 케네디의 연설문이 아스파시아의 글에서 영감을 얻었을 수 있다); Eurípides, *Medea*, 230 y ss. (메데이아의 불평); 1088-1089 (우리가 지혜를 찾도록 돕는 뮤즈); Platón, *Timeo*, 90e-91d (불공평한 남성과 다음 세대의 여성들); Platón, *La República*, V, 455c-456b (여자라는 이유로 여자가 해야 할 일은 없다); Diógenes Laercio, *Vidas de los filósofos ilustres*, III, 46 (아카데미의 여성 철학자들); VI, 96-98 (히파르키아); X, 4-6 (에피쿠로스의 연인 레온티온); Cicerón, *Sobre la naturaleza de los dioses*, I, 93 ("레온티온 같은 매춘부"); José Solana Dueso, *Aspasia de Mileto y la emancipación de las mujeres:*

Wilamowitz frente a Bruns, Amazon E-book, 2014 (아테네에서의 해방 운동).

67절: Pseudo Plutarco, *Vidas de los diez oradores. Licurgo*, 10 = *Moralia*, 841F, y Pausanias, *Descripción de Grecia*, I, 21, 1-2 (아테네 아크로폴리스에 있는 세 명의 비극작가의 형상); Pausanias, *Descripción de Grecia*, I, 14, 5 y Ateneo, *Deipnosofistas*, XIV, 627C (아이스킬로스의 비문).

68절: Jacques Lacarrière, *Heródoto y el descubrimiento de la tierra*, editorial Espasa-Calpe, Madrid, 1973, pág. 56 (문명과 야만의 경계); Heródoto, *Historias*, I, 1-5 (동양과 서구의 적대성의 근원).

69절: Emmanuel Levinás, *Totalidad e infinito. Ensayo sobre la exterioridad*, Salamanca, ed. Sígueme, 2006, pág. 100 (타자는 사물을 밝히는 결정적 계기이다).

70절: Ovidio, *Metamorfosis*, II, 833 (에우로파 납치와 카드모스의 추적); Hatem N. Akil, The *Visual Divide between Islam and the West*, 2016, pág. 12 ('유럽'이란 말의 어원).

71절: Ryszard Kapuściński, *Viajes con Heródoto*, 2006, págs. 56, 292 y 305 (헤로도토스의 부활); Heródoto, *Historias*, III, 38 (관습의 힘); Luciano Canfora, *Conservazione e perdita dei classici*, págs. 9 y 29 (두루마리 관리와 보관의 중요성); Plinio el Viejo, *Historia natural*, XIII, 26, 83 (파피루스 두루마리의 유용성); J. M Coetzee, «¿Qué es un clásico?, una conferencia», en *Costas extrañas. Ensayos 1986-1999*, 2004, pág. 27 (고전은 그 어떤 야만적 행위에도 살아남는다).

72절: Umberto Eco, *El nombre de la rosa*, editorial Lumen, Barcelona, 1983, págs. 574-577 (악마적 불꽃); Luis Beltrán, *Anatomía de la risa*, 2011, págs. 14-25 (원시 문화는 본질적으로 평등하고 즐거웠다); Andrés Barba, *La risa caníbal*, 2016, pág. 35 (아리스토파네스는 정치적 무기로 유머를 활용했다); Ortega y Gasset, *Meditaciones del Quijote, Obras completas I*, 1983, pág. 396 (희극은 보수파의 장르이다);

73절: Isócrates, *Panegírico*, 50 (문화시민); Juliano el Apóstata, *Contra los galileos*, 229 E (고대 그리스 학생이 갖게 될 직업); W. Dittenberger, *Sylloge Inscriptionum Graecarum*, Leipzig, 1917, 578.2-13 (테오스 묘사) y 577.4-5, 50-53 (페르가몬 묘사).

74절: E. G. Turner, *Greek Papyri: An Introduction*, Oxford, 1980, pág. 77 (영원을 위해 『일리아스』를 간직한 미라); Plutarco, *Vidas paralelas. Nicias*, 29, 2 (에우리피데스의 시구를 암송하는 그리스인의 목숨은 거두지 않음); L. Casson, *Las bibliotecas del mundo antiguo*, editorial Bellaterra, Barcelona, 2003, págs. 61-67 (헬레니즘 시대의 도서관들).

75절: Plutarco, *Vidas paralelas. Nicias*, Demóstenes, 4 y 11 (데모스테네스의 극복기); Quintiliano, *Instituciones oratorias*, X, 3, 30 (파도 소리 속에서 집중하는 법을 익힌 데모스테네스); Aristófanes, *Las avispas*, 836 y ss.(치즈를 먹은 개에 대한 판결); Heródoto,

Historias, VIII, 74-83 (살라미나 전투 전날 밤 벌어진 싸움); Pseudo Plutarco, *Vida de los diez oradores*, I, 18 (위로해주는 가게를 연 안티폰); H.-I. Marrou, *Historia de la educación en la Antigüedad*, editorial Akal, Madrid, 2004, pág. 248 (고대의 순회 컨퍼런스); Gorgias, *Encomio de Helena*, 8 (말은 엄청난 힘); Evangelio según san Mateo, 8 (너의 말이 나를 치유하리라).

76절: https://www.nytimes.com/roomfordebate/2011/01/05/does-one-word-change-huckleberry-finn (『허클베리 핀의 모험』과 『톰 소여의 모험』을 둘러싼 논쟁); James Finn Garner, *Cuentos infantiles políticamente correctos*, Barcelona, 1995, pág. 15 (『빨간 두건』의 새로운 버전); Pausanias, *Descripción de Grecia*, I, 30, 1 (플라톤의 아카데미에 대한 묘사); Platón, *La República*, VI, 514a-517a (동굴의 알레고리); Platón, *La República*, III, 386a-398b (검열에 대한 플라톤의 생각); Platón, *Leyes*, VII, 801d-802b (시인은 시(市)가 합법, 정의, 미와 선으로 판단하는 것에 위배된 시를 쓸 수 없다); George Orwell, *1984*, Barcelona, 2000, págs. 58-60 (2050년, 문학은 완전히 다시 쓰일 것이다); Platón, *Leyes*, VII, 811 c-e (고유한 작품으로서의 교육 프로그램); Flannery O'Connor, «La esencia y el alcance de la ficción» en *El negro artificial y otros escritos*, Madrid, 2000, pág. 12 (모범적인 책은 안전한 길이지만 희망이 없다); Santiago Roncagliolo, «Cuentos para niños malos», artículo publicado en *El País* el 15/12/2013 (문학 검열과 플레이스테이션); http://www.independent.co.uk/news/uk/home-news/soas-university-oflondon-students-union-white-philosophers-curriculum-syllabus-a7515716.html (런던대학교 학생회는 플라톤, 데카르트, 칸트, 러셀을 교과과정에서 삭제할 것을 주장).

77절: Calímaco, *Epigramas*, 25 (플라톤의 책을 읽고 죽은 클레옴브로토스); Ramón Andrés, *Semper dolens. Historia del suicidio en Occidente*, Editorial Acantilado, Barcelona, 2015, págs. 325-328 (베르테르가 야기한 자살들); H. P. Lovecraft, «Historia del Necronomicón» en *Narrativa completa. Volumen 2*, editorial Valdemar, Madrid, 2007, págs. 227-229 (『네크로노미콘』의 허구적 이야기와 작품 번역); Rafael Llopis Paret, prólogo a *Los mitos de Cthulhu*, editorial Alianza, Madrid, 1969, págs. 43-44 (『네크로노미콘』을 둘러싼 소문들); *Las mil y una noches* traducidas y anotadas por Juan Vernet, editorial Planeta, Barcelona, 1990, pág. 44 (의사 두반과 독이 스며든 책); Alexandre Dumas, *La reina Margot*, editorial Cátedra, Madrid, 1995, págs. 655-663 (독이 든 매사냥 책); Umberto Eco, *El nombre de la rosa*, editorial Lumen, Barcelona, 1983, pág. 572 (피해자가 읽을수록 자신을 독살하는 이야기); Fernando Báez, *Nueva historia universal de la destrucción de libros*, editorial Destino, Barcelona, 2011, págs. 390-391 (책폭탄).

78절: Galeno, XV, pág. 24, ed. Kühn (책을 파괴한 주요 원인이 된 화재와 지진); F. Báez,

Nueva historia universal de la destrucción de libros, editorial Destino, Barcelona, 2011, págs. 270 y 297 (나치의 분서갱유와 조이스의 작품 파괴); J. Marchamalo, *Tocar los libros*, editorial Fórcola, Madrid, 2016, pág. 92 (나치의 만행으로 인해 금세 연옥을 지날 것이라고 언급한 조이스); Heinrich Heine, *Almanzor*, versos 242-243 (책이 불타는 곳에서 사람이 불타게 될 것이다); Jorge Luis Borges, «El congreso» en *Obras completas* (tomo III), editorial Emece, Barcelona, 1989, pág. 31 (수 세기마다 알렉산드리아 도서관을 불태워야 한다).

79절: Plutarco, *Vidas paralelas. César,* 49 (양탄자 속에 숨은 클레오파트라); Lucano, *Farsalia*, X, 439-454 (알렉산드리아 궁전을 차지한 카이사르) y 486-505 (항구의 화재를 야기한 카이사르의 군인들); César, *Guerra civil*, III, 111 (불타는 선박들); Hircio, *Guerra de Alejandría*, 1 (알렉산드리아의 건물에는 목재가 없었다); Séneca, *Sobre la tranquilidad del espíritu*, 9, 5 (알렉산드리아에서 4만 개의 두루마리가 불탔다); Dion Casio, *Historia romana*, XLII, 38, 2 (화재는 곡물창고와 책을 불태웠다); Orosio, *Historias*, VI, 15, 31 (항구의 창고에 있던 두루마리가 불탔다).

80절: Dion Casio, *Historia romana*, LXXVII, 7, 3 (박물관의 현자들을 위협하고 공격한 카라칼라 황제) y 22, 1-23, 3 (알렉산드리아 내부의 베를린 장벽); Amiano Marcelino, *Historias*, XXII, 16, 15 (브루키온 지역의 도서관은 기원전 272년 파괴되었다), Paul Auster, *El país de las últimas cosas*, editorial Edhasa, Barcelona, 1989, págs. 106-132 (폐허가 된 국립도서관을 목격한 안나); Michael Holquist, prólogo a la edición de *The Dialogic Imagination* de M. Bajtín, Texas University Press, 1981, pág. 24 (자신이 쓴 원고로 담배를 말아 피운 바흐친).

81절: Amiano Marcelino, *Historias*, XXII, 16, 15 (상습적으로 싸움을 벌인 알렉산드리아 사람들); Rufino, XI, 22-30 y Sozomeno, *Historia eclesiástica*, VII, 15 (세라페움에서 발생한 소요와 약탈); Sócrates Escolástico, *Historia eclesiástica*, V, 16 (세라페움 파괴) y VI, 15 (히파티아 살해); Enciclopedia bizantina *Suda, sub voce* Théon (박물관의 마지막 손님); Damascio, *Vida de Isidoro*, fragmento 102 (제자에게 생리의 흔적을 보여주는 히파티아); Juan de Nikiu, *Crónica*, LXXXIV, 87-103 (요술과 사탄의 주문을 이용하는 히파티아); Páladas en *Antología griega*, IX, 400 (히파티아를 위한 시); Maria Dzielska, *Hipatia de Alejandría*, editorial Siruela, Madrid, 2004 (히파티아 전기).

82절: Eutiquio, *Anales*, II, pág. 316, ed. Pococke (알렉산드리아 정복을 알린 아므르의 서신); Ibn al-Kifti, *Crónica de hombres sabios* (기독교 학자를 만난 아므르와 책의 비극적 최후); Luciano Canfora, *La biblioteca desaparecida*, editorial Trea, Gijón, 1998, págs. 79-92 (아므르와 오마르); Fernando Báez, *Nueva historia universal de la destrucción de libros*, editorial Destino, Barcelona, 2011, págs. 78-81 (무슬림의 파괴에 관한 논쟁).

83절: http://news.bbc.co.uk/2/hi/middle_east/2334707.stm (새로운 알렉산드리아 도서관 개장).

84절: Ivan Lovrenovic, «The Hatred of Memory», *New York Times*, 28 de mayo de 1994 (사라예보 도서관 폭격에 대한 증언); Arturo Pérez Reverte, «Asesinos de libros», *Patente de corso* (1993-1998), editorial Suma de Letras, Madrid, 2001, págs. 50-53 (페허에 대한 인상들); Ray Bradbury, *Fahrenheit 451*, editorial Debolsillo, Barcelona, 2015, pág. 90 (검은 나비); Naciones Unidas, Comisión de Expertos de la ex Yugoslavia, 1994, anexo VI, parágrafos 183-193 (고의적인 문화재 파괴); Juan Goytisolo, *Cuaderno de Sarajevo, anotaciones de un viaje a la barbarie*, editorial El País Aguilar, Madrid, 1993, págs. 56-57 (도서관이 불타던 날); Jorge Carrión, *Librerías*, editorial Anagrama, Barcelona, 2014, pág. 111 (지붕을 덮은 『나의 투쟁』); L. D. Reynolds y N. G. Wilson, *Copistas y filólogos*, editorial Gredos, Madrid, 1995, pág. 18 y ss. (오늘까지 전해지는 알렉산드리아 학자들의 문자와 상징들).

85절: Jesús Marchamalo, *Tocar los libros*, editorial Fórcola, Madrid, 2016, pág. 51 (불행 속에서 읽힌 향기로운 책들의 목록); Leonora Carrington, *Memorias de abajo*, editorial Alpha Decay, Barcelona, 2017, pág. 68 (산탄데르 정신병원에서 우나무노의 책을 읽은 리어노라 캐링턴); Nico Rost, *Goethe en Dachau*, editorial ContraEscritura, Barcelona, 2016, pág. 35 (수용소의 도서관들), pág. 237 (비타민 L, 비타민 F), pág. 146 (독서 클럽), pág. 251 (나는 거부한다), pág. 56 (일종의 유럽 공동체); Monika Zgustova, *Vestidas para un baile en la nieve*, editorial Galaxia Gutenberg, Barcelona, 2017, págs. 13-14 y 215 (수용소에 갇힌 갈리아와 엘레나의 책); Viktor Frankl, *El hombre en busca de sentido*, editorial Herder, Barcelona, 1983, pág. 24 (파괴된 원고) y pág. 44 (역설적으로 지식인들이 다른 수감자들보다 아우슈비츠의 삶을 잘 견뎌냈다); Michel del Castillo, *Tanguy*, editorial Ikusager, Vitoria-Gasteiz, 2010, pág. 104 (아우슈비츠에 갇힌 톨스토이); Javier Barrio, «Eulalio Ferrer, la memoria de *El Quijote*», *El País*, 26 de abril de 1990 (담배와 바꾼 『돈키호테』).

87절: Amelia Valcárcel en conversación con Emilio Lledó en «Crisis de valores y ética democrática», charla celebrada el 22 de noviembre de 2013 dentro del ciclo titulado «El Mundo que Queremos», https://www.youtube.com/watch?v=c_gZcZFq-YE (우리처럼 이상하게 변하기 시작한 그리스인들); René Berger y Solange Ghernaouti-Hélie, *Technocivilisation*, EPFL Press, 2010, pág. 1 ('컴퓨터'라는 말의 어원); Paul Auster, *The invention of Solitude*, Sun Publising, 1982, pág. 136 (번역에 대한 생각들); Plutarco,

Sobre la fortuna o la virtud de Alejandro, I, 6, 329cd (로마를 인류 공동의 조국으로 선포); Luca Scuccimarra, *Los confines del mundo. Historia del cosmopolitismo desde la Antigüedad hasta el siglo XVIII*, KRK Ediciones, Oviedo, 2017, págs. 88-94 (알렉산드로스의 꿈, 에라토스테네스와 새로운 지도); George Steiner, *La idea de Europa*, editorial Siruela, Madrid, 2005, pág. 68 (그들은 우리가 누구인지 물어보려고 배를 보내지 않는다), Rafael Argullol, *Visión desde el fondo del mar*, editorial Acantilado, Barcelona, 2010, pág. 708 (그는 여행했다).

2   로마의 길

1절: Tito Livio, *Historia de Roma desde su fundación*, I, 7 (형제 살해), 8 (최초의 로마인, 불확실한 기원의 범죄자들) y 9 (사비니의 여인들을 납치); Mitrídates en Salustio, *Historias*, IV, 69, 17 (모두 애초에 약탈로 훔친 것).

2절: Orosio, *Historias contra los paganos*, IV, 12 (전쟁이 없었던 유일한 해); Mary Beard, *SPQR*, editorial Crítica, Barcelona, 2016, pág. 187 y ss. (호전적 로마인); Julio César, *La guerra de las Galias*, II, 33 (노예로 팔린 5만 3000명).

3절: Michael von Albrecht, *Historia de la literatura romana*, editorial Herder, Barcelona, 1997, pág. 78 (문화적 맥락); Mary Beard y John Henderson, *El mundo clásico: Una breve introducción*, Alianza Editorial, Madrid, 2015, pág. 38 (그리스가 발명하고 로마가 원하다); Horacio, *Epístolas*, II, 1, 156 (정복당한 그리스가 잔혹한 승자를 공격하다); Valerio Máximo, *Hechos y dichos memorables*, II, 2, 3 (그리스 대표단이 로마 원로원에서 그리스어로 연설하다); George Steiner y Cécile Ladjali, *Elogio de la transmisión*, editorial Siruela, Madrid, 2005, pág. 159 (카네티, 미래 없는 우화).

4절: Cicerón, *Bruto*, 72 (라틴 문학의 출현); Hipólito Escolar, *Manual de historia del libro*, editorial Gredos, Madrid, 2000, pág. 88 (에트루리아인의 알파벳을 수용한 로마인); Tito Livio, *Historia de Roma desde su fundación*, XXVII, 37, 7 (시인 리비우스 안드로니쿠스가 일을 맡다); Michael von Albrecht, *Historia de la literatura romana*, editorial Herder, Barcelona, 1997, pág. 127 (리비우스 안드로니쿠스의 생애); Jesús Marchamalo, *Tocar los libros*, editorial Fórcola, Madrid, 2016, pág. 62 (매 30초마다 출판되는 책).

5절: Plutarco, *Vidas paralelas*. Paulo Emilio, 28, 6 (마케도니아 도서관); Estrabón, *Geografía*, XIII, 1, 54 (술라의 도서관); Canfora, *La biblioteca desaparecida*, editorial Trea, Gijón, 1998, págs. 29-32 y 51-56 (아리스토텔레스 도서관의 부침); Isidoro, *Etimologías*, VI, 5, 1

(루쿨루스의 도서관); Plutarco, *Vidas paralelas. Luculo*, 42, 1 (루쿨루스의 도서관과 뮤즈 영역); F. Scott Fitzgerald, *El gran Gatsby*, editorial Plaza y Janés, Barcelona, 1975, pág. 56 (유럽에서 도서관을 옮겨온 개츠비); Juvenal, *Sátiras*, III, 60 (그리스인으로 가득한 도시는 견딜 수 없다); Terencio, *La suegra*, segundo prólogo (로마에서 연극은 검투사, 곡예사와 경쟁했다); Mary Beard, *SPQR*, editorial Crítica, Barcelona, 2016, pág. 215 (플라우투스는 자신을 '야만인'으로 칭했다).

6절: Francine Prose, *Peggy Guggenheim: The shock of the Modern*, Yale University Press, 2015, pág. 28 y ss. (파리를 떠나 마르세유로 도망친 페기 구겐하임); Serge Gilbaut, *De cómo Nueva York robó la idea de arte moderno*, editorial Mondadori, Madrid, 1990, págs. 86-93 (뉴욕을 새로운 문화 수도로 만들려는 욕망); Irving Sandler, *El triunfo de la pintura norteamericana*, Alianza Editorial, Madrid, 1996, pág. 65 (이민한 예술가들과 미국인들의 관계); Jackson Pollock, «My Painting», en Barbara Rose (ed.), *Pollock: Painting*, Nueva York, 1980, pág. 97 (위대한 유럽 예술가들이 우리와 함께하고 있다); Vladimir Nabokov, «Carta a Altagracia de Jannelli del 16 de noviembre de 1938», en Dmitri Nabokov, *Vladimir Nabokov Selected Letters, 1940-1977*, Harcourt Brace Jovanovich Ediciones, 1989 (미국의 문명이 날 사로잡은 것은 구세계에 대한 그들의 집착); Román Gubern, *Historia del cine*, Ediciones Dánae, Barcelona, 1971, pág. 117 (위대한 작품을 선보인 선구자들의 기원); Agustín Sánchez Vidal, *Historia del cine*, editorial Historia 16, Madrid, 1997, pág. 79 (미국 영화계에서 활동한 유럽 이민자들); Joseph McBride, *Tras la pista de John Ford*, T&B Editores, Madrid, 2004, pág. 40 (아일랜드인으로 가장한 존 포드).

7절: Diógenes Laercio, *Vidas de los filósofos ilustres*, III, 19 (노예로 팔린 플라톤); P. Hunt, *Ancient Greek and Roman Slavery*, Wiley-Blackwell editores, Hoboken, 2017, pág. 93 y ss. (그리스인 노예와 로마 문화); Mary Beard, *SPQR*, editorial Crítica, Barcelona, 2016, pág. 351 (노예의 수); L. Casson, *Las bibliotecas del mundo antiguo*, editorial Bellaterra, Barcelona, 2003, pág. 76 y ss. (키케로의 도서관에서 일한 노예들); Cicerón, *Epístolas a Ático*, 4, 4a, 1 (티로의 놀라운 도서관 운영 능력); Cicerón, *Epístolas familiares*, 13, 77, 3 (책 도둑, 디오니소스); Janet Duisman Cornelius, *When I Can Read My Title Clear: Literacy, Slavery, and Religion in the Antebellum South*, Columbia S. C., 1991 (미국 흑인 노예의 독서에 가해지는 처벌); Alberto Manguel, *Una historia de la lectura*, Alianza Editorial, Madrid, 2002, pág. 388 (말의 힘을 알고 있던 노예의 주인들은 독서를 금지함); Jesper Svenbro, «La Grecia Arcaica y Clásica: La invención de la lectura silenciosa», en G. Cavallo y R. Chartier (eds.), *Historia de la lectura en el mundo occidental*, editorial Taurus, Madrid, 2001, págs. 81-82 (비역 행위 같은 독서).

8절: Plinio, *Historia natural*, XIII, 21 (나무껍질에 쓰인 글); Calímaco, *Aitia*, fragmento 73 Pfeiffer (나무에 새긴 사랑의 메시지); Virgilio, *Églogas*, X, 53-54 (나무가 자라면서 함께 커 가는 연인들의 이름).

9절: Charles W. Hedrick Jr., «Literature and communication», en Michael Peachin (ed.), *The Oxford Handbook of Social Relations in the Roman World*, Oxford University Press, Nueva York, 2011, pág. 180 y ss. (책과 사회적 관계들); Plinio el Joven, *Epístolas*, IV, 7, 2 (레굴루스의 책 홍보); Marcial, *Epigramas*, V, 16, 10 (무료로만 내 책을 좋아하는군) y VI, 82 (왜 이렇게 초라한 코트를 입고 있소?); Catón citado por Aulo Gelio en *Noches áticas*, X, 2, 5 (시는 명예로운 지위를 주지 않는다.); Mario Alighiero Manacorda, *Historia de la educación, 1. De la antigüedad al 1500*, Siglo XXI Editores, México, 2006, pág. 131 y ss. (교육은 천박한 일); Tácito, *Anales*, III, 6, 4 (불확실한 기원).

10절: Cicerón, *Cartas a Ático*, XIII, 21a, 2 (카에렐리아의 해적판). Valerio Máximo, *Hechos y dichos memorables*, IV, 4 (자식 교육을 걱정하는 코르넬리아); Plutarco, *Vidas paralelas. Gayo Graco*, 19 (코르넬리아의 문학 수업); Salustio, *La conjuración de Catilina*, 25, 2 (라 틴어와 그리스어로 된 책을 읽은 셈프로니아); Cicerón en Lactancio, *Instituciones divinas*, I, 15, 20 (키케로의 박식한 딸); Plutarco, *Vidas paralelas. Pompeyo*, 55 (폼페이우스의 아 내는 리라를 연주했고 지리, 문학, 철학을 좋아했다); Suetonio, *Sobre los gramáticos ilustres*, 16, 1 (박식한 노예와 주인의 딸 사이의 의심스러운 관계); Juvenal, *Sátiras*, VI, 434-456 (남 성보다 많은 책을 읽은 여성들); Martha Asunción Alonso, *Wendy*, editorial Pre-Textos, Valencia, 2015, pág. 74 (언제나, 누구에게나 그런 것은 아니지만 / 신이나 다이아몬드처럼 / 파 괴할 수 없는 것이 있으니 / 바로 말이다).

11절: W. V. Harris, «Literacy and Epigraphy», *ZPE*, 1983, 52, págs. 87-111 (폼페이의 비 문해율); Ausonio, *Libro de exhortación a mi nieto*, 2, 15 y ss. (책쩍 소리가 들려도 두려 워 말거라); Agustín, *La ciudad de Dios*, XXI, 14 (죽음과 어린 시절로 돌아가는 것 중에 선택하라면 죽음을 택하지 않을 자가 있겠는가); H.-I. Marrou, *Historia de la educación en la Antigüedad*, editorial Akal, Madrid, 2004, pág. 347 (보수가 적은 초등학교 선생 님); Horacio, *Sátiras*, I, 6, 74 (아이들은 상자와 서판을 들고 학교에 갔다); Ovidio, *El arte de amar*, II, 395 (서판 그리고 부정); Persio, *Sátiras*, III, 10-14 (잉크 방울); Elisa Ruiz García, *Introducción a la codicología*, editorial Fundación Germán Sánchez Ruipérez, Madrid, 2002, págs. 96 y 122 (잉크와 고대 서판).

12절: Prudencio, *Peristephanon*, IX (제자들에게 살해된 초등학교 교사 카시안); Quintiliano, *Instituciones oratorias*, I, 3, 14-17 (학내 체벌에 대한 반대), Horacio, *Sátiras*, I, 25-26

(아이들이 글자를 배울 수 있도록 글자 모양의 쿠키를 선물); Petronio, *Satiricón*, IV, 1 (놀이를 통해 공부하는 아이들); H.-I. Marrou, *Historia de la educación en la Antigüedad*, editorial Akal, Madrid, 2004, págs. 352-353 (로마 학교에 등장한 자비로운 방식의 교육법).

13절: Yuval Noah Harari, *Sapiens: de animales a dioses. Una breve historia de la humanidad*, editorial Debate, Barcelona, 2014, pág. 15 (인류의 연대기); Ewan Clayton, *La historia de la escritura*, editorial Siruela, Madrid, 2015, pág. 328 (그래피티); Vladimir Nabokov, *Pálido fuego*, editorial Anagrama, Barcelona, 2006, pág. 143 (우리는 문자의 기적에 터무니없이 익숙해져 있다).

14절: Marcial, *Epigramas*, XIV, 5 (서판이 눈을 흐리게 한다); Quintiliano, *Instituciones oratorias*, X, 3, 31 (시력이 약한 독자를 위한 충고); Plinio el Viejo, *Historia natural*, XXXVII, 16, 64 (네로의 에메랄드); Edward Grom y Leon Broitman, *Ensayos sobre historia, ética, arte y oftalmología*, Caracas, 1988 (안경의 역사); Umberto Eco, *El nombre de la rosa*, editorial Lumen, Barcelona, 1983, pág. 95 (신비로운 안경의 놀라움); Plinio, *Historia natural*, XIII, 23, 74-77 (조잡한 파피루스와 질 좋은 파피루스); Marcial, *Epigramas*, I, 117, 16 (경석으로 다듬은 두루마리) y IV, 89, 2 (책의 배꼽); Vitrubio, *Arquitectura*, II, 9, 13 (유충을 막기 위한 삼나무 기름); Luciano de Samósata, *Contra un ignorante que compraba muchos libros*, Barcelona, 2013, págs. 46 y 67 (많은 책을 소장한 무식자에 대한 풍자).

15절: Marcial, *Epigramas*, II, 1, 5 (한 시간 만에 복사된 책); Catulo, *Poemas*, XIV (서점상에게 달려가리라); Marcial, *Epigramas*, I, 117, 9 (서점에 걸린 광고); I, 2 y 113, y IV, 72 (마르티알리스가 언급한 서점상들); Horacio, *Epístolas*, I, 20 (부끄러움 없이 게시된 책); Mario Citroni, *Poesia e lettori in Roma Antica*, ed. Laterza, Roma-Bari, 1995, págs. 12-15 (인맥을 통한 독서가 아니라 익명의 독자가 탄생).

17절: Jorge Carrión, *Librerías*, editorial Anagrama, Barcelona, 2014, págs. 53-54 (도서관과 서점의 대화); Suetonio, *Vida de los doce Césares. Domiciano*, 10, 1 (어느 역사가와 그의 책을 필사하고 판매한 사람들에 대한 처형); George Borrow, *La Biblia en España*, Ediciones Cid, Madrid, 1967, págs. 223, 234, 247, 289 y 300 (스페인 서점상들에 대한 이야기).

18절: Françoise Frenkel, *Una librería en París*, ed. Seix Barral, Barcelona, 2017, pág. 20 (서점상이 된 어느 여성의 이야기); Jorge Carrión, *Librerías*, editorial Anagrama, Barcelona, 2013, págs. 112-114 (히틀러와 마오쩌둥의 책에 대한 사랑과 증오); Jonathan Spence, *Mao Zedong. A Life*, Penguin Books, Nueva York, 2006 (서점을 운영하던 마오쩌둥이 사업 성공으로 자본주의를 무너뜨리는 과정); http://www.abc.es/ cultura/libros/abci-meinkampf-exito-ventas-alemania-201801180148 (베스트셀러 작가 히틀러).

19절: C. Pascual, F. Puche y A. Rivero, *Memoria de la librería*, Trama Editorial, Madrid, 2012 (서점의 에너지와 영향력); Jon Kimche, en Stephen Wadhams (ed.), *Remembering Orwell, vol. 1: An Age to Read*, Harmondsworth, 1984 (조지 오웰의 서점원 경험); *Barómetro de los hábitos de lectura y compra de libros en España en 2017* de la Federación de Gremios de Editores de España (아라곤 지역의 독자들); Aránzazu Sarría Buil, *Atentados contra librerías en la España de los setenta, la expresión de una violencia política*, en Marie-Claude Chaput, Manuelle Peloille (eds.), *Sucesos, guerras, atentados*, PILAR editores, París, 2009, págs. 115-144 (스페인 전이기의 서점 탄압); https://elpais.com/diario/1976/11/27/ultima/217897202_850215.html (1976년 11월 사라고사 포르티코 서점의 폭탄 테러); https://elpais.com/diario/1976/05/25/sociedad/201823203_850215.html (1976년 5월, 2주마다 공격받은 서점); Salman Rushdie, *Joseph Anton*, Barcelona, 2012, y Fernando Báez, *Nueva historia universal de la destrucción de libros*, Barcelona, 2011, págs. 300-301 (루슈디 사건).

21절: John W. Maxwell, *Tracing the Dynabook: A Study of Technocultural Transformations*, University of British Columbia, 2006 (책의 진화, 개인용 컴퓨터); Ewan Clayton, *La historia de la escritura*, editorial Siruela, Madrid, 2015, pág. 322 (디지털 시대의 육필 전통).

22절: Izet Sarajlić, *Después de mil balas*, editorial Seix Barral, Barcelona, 2017, pág. 90 (나는 바보같이 그걸 믿을 뻔했어).

23절: C. H. Roberts y T. C. Skeat, *The Birth of the Codex*, Cambridge University Press, Cambridge, 1987, pág. 76 (두루마리의 여섯 배에 해당하는 글을 실을 수 있는 코덱스); Plinio, *Historia natural*, VII 21, 85 (키케로는 호두 껍데기에 들어갈 정도로 작은 호메로스의 『일리아스』를 봤다고 한다); E. G. Turner, *Greek Papyri. An introduction*, Oxford, 1980, pág. 204 (고대 로마시대의 책 방문 판매); Guglielmo Cavallo, «Entre el *volumen* y el *codex*. La lectura en el mundo romano», en G. Cavallo y R. Chartier (eds.), *Historia de la lectura en el mundo occidental*, editorial Taurus, Madrid, 2001, pág. 111 y ss. (코덱스의 유포와 독자층 확대).

24절: Marcial, *Epigramas*, X, 8 (파울라는 나와 결혼을 원하지만 나는 결혼을 원치 않는다. 그녀는 늙었다. 그녀가 더 늙었다면 결혼했을지도 모른다); Marcial, *Apophoreta*, 183-196 (책에 관한 풍자); Marcial, *Epigramas*, I, 2 (코덱스 형식의 책에 대한 광고); Guglielmo Cavallo, «Entre el *volumen* y el *codex*. La lectura en el mundo romano», en G. Cavallo y R. Chartier (eds.), *Historia de la lectura en el mundo occidental*, editorial Taurus, Madrid,

2001, pág.143 (코덱스를 선호한 기독교도들).

25절: Elisa Ruiz García, *Introducción a la codicología*, editorial Fundación Germán Sánchez Ruipérez, Madrid, 2002, págs. 120-135 (두루마리에서 코덱스로); https://elpais.com/tecnologia/2019/01/07/actualidad/1546837065_279280.html (말아서 보관할 수 있는 텔레비전); Hipólito Escolar, *Manual de historia del libro*, editorial Gredos, Madrid, 2000, págs. 99-100 (두루마리 대체와 생존).

26절: Agustín Sánchez Vidal, *Historia del cine*, editorial Historia 16, Madrid, 1997, págs. 9-10 (빗으로 재활용된 영화들); Temistio, *Discursos*, IV 59d-60c, y Jerónimo, *Epístolas*, 141 (콘스탄티노플 도서관의 노력).

27절: Suetonio, *Vida de los doce Césares. Cayo Julio César*, 82, 2 (카이사르 살해); Barry Strauss, *La muerte de César*, ediciones Palabra, Madrid, 2016 (역사상 가장 유명한 살인); Suetonio, *Vida de los doce Césares. Cayo Julio César*, 44, 2 (로마 최초의 공공도서관 건립을 추진한 카이사르); Jerónimo, *Epístolas*, 33, 2 (도서관에 관한 책을 쓴 바로); Plinio el Viejo, *Historia natural*, VII, 30, 115 y XXXV, 2; Isidoro, *Etimologías*, 6, 5, 1 (가이우스 아시니우스 폴리오의 도서관에 관한 자료); T. Keith Dix, «Public Libraries in Ancient Rome: Ideology and Reality», *Libraries & Culture* 29, 1997, pág. 289 (공식적 인정이자 정전으로의 진입을 의미하는 도서관); Marcial, *Epigramas*, IX, prefacio (도서관 앞에 세워진 마르티알리스의 흉상); Aulo Gelio, *Noches áticas*, XIX, 5 (아리스토텔레스와 눈에 관한 한밤의 논쟁); Frontón, *Epístolas*, IV, 5, 2 (로마 도서관에서 책을 빌린 마르쿠스 아우렐리우스와 프론토); Filippo Coarelli, *La Colonna Traiana*, editorial Colombo, Roma, 1999 (돌로 된 두루마리 모양의 트라야누스의 기둥); L. Casson, *Las bibliotecas del mundo antiguo*, editorial Bellaterra, Barcelona, 2003, págs. 88-94 (로마 도서관 재건).

28절: L. Casson, *Las bibliotecas del mundo antiguo*, editorial Bellaterra, Barcelona, 2003, págs. 95-98 (로마 목욕탕의 도서관); Marcial, *Epigramas*, VII, 34, 4-5 (네로보다 나쁜 게 있는가? 온천보다 좋은 게 있는가?); Séneca, *Epístolas a Lucilio*, 56, 1-2 (목욕탕의 떠들썩함); *Vida de San Teodoro de Siqueón*, 20 (신성한 악취); Clemente de Alejandría, *Stromata*, VII, 7, 36 (훌륭한 기독교인은 좋은 향기를 원치 않는다); Jerry Tonner, *Setenta millones de romanos*, editorial Crítica, Barcelona, 2012, págs. 230-231 (로마 시대의 물의 즐거움).

29절: *Corpus Inscriptionum Latinarum (CIL)*, 5.5262 (고향에 도서관을 기증한 플리니우스); *CIL* 10.4760 (마티디아가 기증한 도서관); *CIL* 11.2704 (볼시니의 도서관); W. V. Harris, Ancient Literacy, Harvard University Press, Cambridge, Mass., y Londres, 1989, pág. 273 (서구에 알려진 두 개의 도서관); Apuleyo, *Florida* XVIII, 8 (카르타고 도서관); L. Casson, *Las bibliotecas del mundo antiguo*, editorial Bellaterra, Barcelona, 2003, pág.

113 y ss. (로마 밖의 도서관들).

30절: Oliver Hilmes, *Franz Liszt: Musician, Celebrity, Superstar*, Yale University Press, 2016 (리스트에서 시작된 팬 현상); Plinio el Joven, *Epístolas*, II, 3 (티투스 리비우스를 우상으로 생각한 한 스페인인의 여행); Horacio, *Odas*, II, 20; Propercio, *Elegías*, II, 7, y Ovidio, *Tristes*, IV 9 y 10 (성공한 작가들은 국제적 스타로 고려); Marcial, *Epigramas*, VII, 88 y XI, 3 (마르티알리스의 새 책은 비엔나와 영국에서도 판매); Plinio el Joven, *Epístolas*, IX, 11 (리옹의 서점); Juvenal, *Sátiras*, XV, 108 (금욕적 칸타브리아인이 있었는가?); Suetonio, *Vida de Virgilio*, 6, 11 (팬들로부터 도망친 베르길리우스).

31절: Marcial, *Epigramas*, XII, 31 (마르셀라가 마르티알리스에게 선물한 농장에 대한 묘사); Marcial, *Epigramas*, prefacio del libro XII (마르티알리스는 도서관, 연극, 모임, 사교계의 말들, 로마의 즐거움을 그리워한다).

32절: Cicerón, *Contra Pisón*, 22 (그리스인들의 악취와 수렁 속에 사는 피소); Stephen Greenblatt, *El giro*, editorial Crítica, Barcelona, 2014, pág. 65 y ss. (피소의 별장에서 진행된 철학적 대화들); Mary Beard, *Pompeya*, editorial Crítica, Barcelona, 2009, pág. 7 y ss. (멈춰버린 삶).

34절: Mario Citroni, *Poesia e lettori in Roma Antica*, ed. Laterza, Roma-Bari, 1995, págs. 459-464 (오비디우스와 독자층의 확대); Ovidio, *Tristia*, IV, 10, 21-26 (아버지의 충고: 시로 먹고살기 어렵다); Marcial, *Epigramas*, V, 34; V, 37 y X, 61 (여섯 살의 나이에 사망한 노예 소녀에 대한 마르티알리스의 열정); Ovidio, *Arte de amar*, II, 665 y ss. (나는 서른다섯 살 이상의 여성을 선호한다); Pascal Quignard, *El sexo y el espanto*, editorial Minúscula, Barcelona, 2014, pág. 15 (오비디우스는 욕망이 상호적이라고 생각한 최초의 로마인); Ovidio, *Tristia*, II, 212 (음란한 간음의 선생); Plutarco, *Vidas paralelas. Catón el Joven*, 25 (부인 마르키아를 친구에게 '대여'); Ovidio, *Tristia*, II, 207 ('시와 실수'라는 두 가지 범죄); Ovidio, *Tristia*, I, 1, 67 (나는 더 이상 사랑의 선생이 아니다. 그 책은 이미 처벌받았다); Aurelio Víctor, *Epítome de los Césares*, I, 24 (아우구스투스는 사랑의 기교에 관해 세 권의 책을 썼다는 이유로 오비디우스를 유배보냈다); Ovidio, *Tristia*, III, 1 (폐기된 시들).

35절: Tácito, *Historias*, I, 1 (원하는 대로 생각하고 생각한 대로 말할 수 있는 행복한 시대); Suetonio, *Vida de los doce Césares. Tiberio*, 45, y Tácito, *Anales*, IV, 34 (크레무티우스 코르두스 사건); Séneca, *Consolación a Marcia*, XVI, 1 (여성은 남성과 동일한 지적 능력을 갖고 있으며 고귀하고 관대한 행위를 할 수 있는 능력이 있다); Tácito, *Anales*, IV, 35 (처벌 받은 재능은 오히려 높이 평가된다); Luis Gil, *Censura en el mundo antiguo*, Alianza Editorial, Madrid, 2007, pág. 190 y ss. (로마 제국의 검열); Suetonio, *Vida de los doce Césares. Calígula*, 34 (호메로스의 작품을 없애고자 한 칼리굴라); Elio Lampridio, *Historia*

Augusta. Cómodo, 10, 2 (콤모두스는 수에토니우스가 쓴 칼리굴라의 전기를 읽지 못하게 했다); Dion Casio, *Historia romana*, LXXVIII, 7 (카라칼라는 아리스토텔레스의 모든 책을 없애려 했다); Tácito, *Vida de Agrícola*, 2 (우리가 침묵하는 능력만큼이나 망각하는 능력을 갖고 있었다면 목소리와 더불어 기억도 잃었을 것이다).

36절: K. Houston, *The Book: A Cover-to-Cover Exploration of the Most Powerful Object of Our Time*, W. W. Norton & Company, Londres, 2016, introducción; https://www.nytimes.com/2009/07/18/technology/companies/18amazon.html (아마존은 조지 오웰의 『1984』를 예고 없이 삭제했다); L. D. Reynolds y N. G. Wilson, *Copistas y filólogos*, editorial Gredos, Madrid, 1995, pág. 19 (구두점 체계를 창안한 아리스토파네스); Alberto Manguel, *Una historia de la lectura*, Alianza Editorial, Madrid, 2002, págs. 76-79 (구두점과 띄어쓰기 형성 과정); Elisa Ruiz García, *Introducción a la codicología*, Fundación Germán Sánchez Ruipérez, colección Biblioteca del libro, Madrid, 2002, pág. 283 (책에 삽입된 초기의 삽화들은 독서를 도왔다); Plinio, *Historia natural*, XXXV, 11 (바로가 쓴 『이미지들』); Marcial, *Epigramas*, XIV, 186 (책 표지에 그려진 베르길리우스의 초상); F. Báez, *Los primeros libros de la humanidad*, editorial Fórcola, Madrid, 2013, pág. 501 (삽화가 삽입된 원고).

37절: L. Casson, *Las bibliotecas del mundo antiguo*, editorial Bellaterra, Barcelona, 2003, págs. 19-20 (초기 도서관에서 도서명을 붙이는 방식); Xaverio Ballester, *Los mejores títulos y los peores versos de la literatura latina*, publicacions de la Universitat de Barcelona, 1998 y «La titulación de las obras en la literatura romana», *Cuadernos de Filología Clásica* 24, 1990, págs. 135-156 (고대 문학의 제목의 단순함); Agustín de Hipona, *Epístolas* II, 40, 2 (제목은 첫 페이지에); Leila Guerriero, «El alma de los libros», en http://cultura.elpais.com/cultura/2013/06/26/actualidad/1372256062_358323.html.

38절: Suetonio, *Vida de los doce Césares. Vespasiano*, 18 (최초의 교수, 퀸틸리아누스); Quintiliano, *Instituciones oratorias*, I, 3, 14-17 (학내 체벌에 관한 비판); X, 1, 4 (평생교육 옹호); II, 5, 13 (교사를 불필요하게 만들어야 한다); X, 1, 46-131 (위대한 작가들의 목록); VI, prefacio, 10 (모종의 은밀한 시기가 우리의 희망의 끈을 잘라버렸다).

39절: Steven Pinker, *En defensa de la Ilustración*, editorial Paidós, Barcelona, 2018, pág. 113 (역사는 승자들만큼이나 부자들이 써왔다); Aulo Gelio, *Noches áticas*, VI, 13, 1 (고전은 엄청난 부의 주인); Cicerón, *Academica Priora*, 73 (작가는 다섯 번째 등급); Frontón citado por Aulo Gelio, *Noches áticas*, XIX, 8, 15 (프롤레타리아에 속하지 않는 고전 작가들); Silvia Rizzo, *Il lessico filologico degli umanisti*, Edizioni di Storia e Letteratura,

537

Roma, 1973, pág. 379 (필리푸스 베로알두스(Philippus Beroaldus)가 1496년 '고전'이라는 용어를 다시 사용); Irene Vallejo, «Una fábula con porvenir», en Luis Marcelo Martino y Ana María Risco (compiladores), *La profanación del Olimpo*, editorial Teseo, Buenos Aries, 2018, págs. 335-355 ('고전'이라는 용어의 역사); Italo Calvino, *Por qué leer los clásicos*, editorial Siruela, Madrid, 2009; Mark Twain, *Disappearance of Literature*, https://www.gutenberg.org/ files/3188/3188-h/3188-h.htm#link2H_4_0053; Pierre Bayard, *Cómo hablar de los libros que no se han leído*, editorial Anagrama, Barcelona, 2007.

40절: Eurípides, *Troyanas*, 1295 y ss. (헤카베의 한탄); Séneca, *Epístolas a Lucilio*, 95, 30-31 (전쟁에 관하여); Hannah Arendt, *Entre el pasado y el presente*, editorial Península, Barcelona, 1996, pág. 16 (우리를 과거로 이끄는 미래).

41절: Herbert Oppel, «KANWN. Zur Bedeutungsgeschichte des Wortes und seiner lateinischer Entsprechungen (Regula-norma)», *Philologus Supplementband* XXX, 1-116 ('정전'이라는 용어의 역사); Plinio el Viejo, *Historia natural*, XXXIV, 19, 55 (폴리클레이토스는 이상적 신체 비율을 지닌 도리포로스 조각상을 만든다); Aristóteles, *Ética nicomaquea*, 1113a, 29 (정직하고 올바른 사람의 행동 방식); Eusebio, *Historia eclesiástica*, VI, 25, 3 (교회의 정전); David Ruhnken, *Historia critica oratorum Graecorum*, Leiden, 1786, pág. 386 ("문학 정전"이라는 개념의 출현); Terry Eagleton, *Cómo leer literatura*, editorial Península, Barcelona, 2016, págs. 195-227 (문학적 애호의 역사적 변화); J. M Coetzee, «¿Qué es un clásico?, una conferencia», en *Costas extrañas. Ensayos 1986-1999*, 2004, pág. 25: (현재를 만들어내는 힘으로서의 과거).

42절: Suetonio, *Sobre los gramáticos ilustres*, 16, 2 (퀸투스 케실리우스 에피로타가 제자들과 생존 작가 연구를 결정하다); Mary Beard, *SPQR*, editorial Crítica, Barcelona, 2016, pág. 503 (폼페이에 남아 있는 베르길리우스의 시); Horacio, *Odas*, I, 1, 35-36 (나를 시인들 사이에 끼워주면) y III, 30, 1 (청동보다 오래가는); Ovidio, *Metamorfosis*, XV, 871 (주피터의 분노도, 불도, 철도, 탐욕스러운 시간도 무너뜨릴 수 없는 작품); Marcial, *Epigramas*, III, 2 (향료나 후추를 담는 포장지); Miguel de Cervantes, *Don Quijote de la Mancha*, primera parte, 절 IX (알카나 거리의 비단장수에게 판매될 종이뭉치들); William Blades, *Los enemigos de los libros*, editorial Fórcola, Madrid, 2016, pág. 62 (화장지 대용으로 쓰인 훌륭한 책); https://www.elconfidencial.com/cultura/2015-06-27/asi-muerenlos-libros-que-no-se-venden_899696/ (팔리지 않는 책의 폐기와 재활용). Alberto Olmos, «Los nazis no quemaron tantos libros como nosotros», en https://blogs.elconfidencial.com/cultura/malafama/ 2016-07-20/nazis-quemar-destruirlibros_1235594/.

43절: Tibulo, *Elegías*, III, 13 (= IV, 7) y III, 14, 6 (자신의 열정을 드러내며 삼촌의 감시를 불평하는 술피시아); Suetonio, *Vida de los doce Césares*. Tiberio, 35, 2; Tácito, *Anales*, II, 85, 1, y *Digesto*, 48, 5, 11 (성매매를 한 사실을 공개적으로 선언한 귀족층 여성들); Juvenal, *Sátiras*, II, 37 (율리우스법은 어디 있는 거야? 혹시 자고 있나?); Ovidio, *Fastos*, II, 583-616 (여신 타키타 무타의 전설); Eva Cantarella, *Pasado próximo. Mujeres romanas de Tácita a Sulpicia*, Ediciones Cátedra, Universitat de València e Instituto de la Mujer, Madrid, 1997, págs. 181-188 (술피시아의 시는 오류로 인해 살아남았다); María Dolores Mirón, «Plutarco y la virtud de las mujeres», en Marta González González (ed.), *Mujeres de la Antigüedad: texto e imagen*, ediciones electrónicas de la Universidad de Málaga, 2012 (플루타르코스가 전하는 여성들의 공적); Aurora López, *No sólo hilaron lana. Escritoras romanas en prosa y en verso*, Ediciones Clásicas, Madrid, 1994 (책을 출판한 스물네 명의 여성).

44절: Agustín Sánchez Vidal, *La especie simbólica*, Universidad Pública de Navarra, Cátedra Jorge Oteiza, Pamplona, 2011, pág. 38 y ss. (텍스트와 직물).

45절: Dion Casio, *Historia romana*, LXXVIII, 9, 4 (로마 제국의 모든 자유민에게 시민권을 부여한 카라칼라 황제); Mary Beard, *SPQR*, editorial Crítica, Barcelona, 2016, pág. 561 (카라칼라의 칙령); Elio Arístides, *Encomio de Roma*, XXVI, 60 (믿을 수 있다면 누구도 외국인이 아니다); Luca Scuccimarra, *Los confines del mundo. Historia del cosmopolitismo desde la Antigüedad hasta el siglo XVIII*, KRK Ediciones, Oviedo, 2017, págs. 127-140 (코스모폴리스 로마); Stephen Greenblatt, *El giro. De cómo un manuscrito olvidado contribuyó a crear el mundo moderno*, editorial Crítica, Barcelona, 2014, pág. 81 (안정적인 것의 연약함).

46절: Amiano Marcelino, *Historias*, XIV, 6, 18 (무덤처럼 닫혀버린 도서관들); Erich Auerbach, *Lenguaje literario y público en la Baja Latinidad y en la Edad Media*, editorial Seix Barral, Barcelona, 1966, pág. 229 y ss. (고대와 중세 전이기 독자층).

47절: Catherine Nixey, *La edad de la penumbra. Cómo el cristianismo destruyó el mundo clásico*, Editorial Taurus, Barcelona, 2018, pág. 19 y ss. (이교도의 교육 종사를 금지하고 아카데미를 폐쇄한 유스티니아누스); L. D. Reynolds y N. G. Wilson, *Copistas y filólogos*, editorial Gredos, Madrid, 1995, pág. 81 y ss. (어둠의 세기와 수도원의 도서관); F. Báez, *Los primeros libros de la humanidad*, editorial Fórcola, Madrid, 2013, pág. 501 y ss. (원고에 삽화 삽입); S. Greenblatt, *El giro*, editorial Crítica, Barcelona, 2014, pág. 23 y ss. (책을 찾는 인문주의자들); L. D. Reynolds y N. G. Wilson, *Copistas y filólogos*, editorial

Gredos, Madrid, 1995, pág. 121 (고전을 갈구한 인문주의자들); Reinhard Wittmann, «¿Hubo una revolución en la lectura a finales del siglo XVIII?», en G. Cavallo y R. Chartier (eds.), *Historia de la lectura en el mundo occidental*, editorial Taurus, Madrid, 2001, págs. 497-537 (열정적인 독자와 비문해율).

48절: Stefan Zweig, *Mendel el de los libros*, editorial Acantilado, Barcelona, 2015, pág. 57 (책은 인간을 하나로 묶어내기 위해 쓰인다); Walter Benjamin, «Tesis de filosofía de la historia», en *Discursos interrumpidos I*, Taurus Ediciones, Madrid, 1973, pág. 182 (문화에 대한 기록은 동시에 모두 야만에 대한 기록이다).

에필로그

Jeanne Cannella Schnitzer, «Reaching Out to the Mountains: The Pack Horse Library of Eastern Kentucky», *The Register of the Kentucky Historical Society*, vol. 95, n.º 1, 1997, págs. 57-77 (말을 타고 켄터키를 내달리는 여성 사서들); Yuval Noah Harari, *Sapiens: de animales a dioses. Una breve historia de la humanidad*, editorial Debate, Madrid, 2014, pág. 122 (신화가 생존할 가능성이 희박했다).

참고 문헌

Adichie, Ch. N., *El peligro de la historia única*, traduccion de Cruz Rodriguez Juiz, editorial Random House, Barcelona, 2018 (edicion original: *The Danger of a Single Story*, 2009).

Aguirre, J., *Platón y la poesía*, editorial Plaza y Valdes, Madrid, 2013.

Altares, G., *Una lección olvidada. Viajes por la historia de Europa*, Tusquets Editores, Barcelona, 2018.

Andrés, R., *Semper dolens. Historia del suicidio en Occidente*, editorial Acantilado, Barcelona, 2015.

Argullol, R., *Visión desde el fondo del mar*, editorial Acantilado, Barcelona, 2010.

Auerbach, E., *Lenguaje literario y público en la Baja Latinidad y en la Edad Media*, traduccion de Luis Lopez Molina, editorial Seix Barral, Barcelona, 1966 (edicion original: *Literatursprache und Publikum in der lateinischen Spätantike und im Mittelalter*, 1957).

Báez, F., *Los primeros libros de la humanidad. El mundo antes de la imprenta y el libro electrónico*, editorial Forcola, Madrid, 2013.

—, *Nueva historia universal de la destrucción de los libros. De las tablillas sumerias a la era digital*, editorial Destino, Barcelona, 2011.

Bajtín, M., *La cultura popular en la Edad Media y en el Renacimiento. El contexto de François Rabelais*, traduccion de Julio Forcat y Cesar Conroy, Barral editores, Barcelona, 1971 (edicion original: *Tvoscerstvo Fransua Rable i narodnaja kul'tura srednevekov'ja Renessansa*, 1965).

Barba, A., *La risa caníbal. Humor, pensamiento cínico y poder*, editorial Alpha Decay, Barcelona, 2016.

Basanta, A., (ed.), *La lectura*, editorial CSIC y Los libros de la Catarata, Madrid, 2010.

—, *Leer contra la nada*, editorial Siruela, Madrid, 2017.

Bayard, P., *Cómo hablar de los libros que no se han leído*, traduccion de Albert Galvany, editorial Anagrama, Barcelona, 2008 (edicion original: *Comment parler des livres que l'on n'a pas lus?*, 2007).

Beard, M., *Mujeres y poder: un manifiesto, traduccion de Silvia Furio*, editorial Critica, Barcelona, 2018 (edicion original: *Women & Power*, 2017).

—, *SPQR. Una historia de la antigua Roma*, traduccion de Silvia Furio, editorial Critica, Barcelona, 2016 (edicion original: *SPQR. A History of Ancient Rome*, 2015).

Beard, M. y J. Henderson, *El mundo clásico: Una breve introducción*, traduccion de Manuel Cuesta, Alianza Editorial, Madrid, 2016 (edicion original: *Classics. A very Short Introduction*, 1995).

Beltrán, L., *Estética de la risa. Genealogía del humorismo literario*, Ficticia Editorial, Mexico, 2016.

—, *La imaginación literaria. La seriedad y la risa en la literatura occidental*, editorial Montesinos, Barcelona, 2002.

Benjamin, W., *Desembalo mi biblioteca. Un discurso sobre el coleccionismo*, traduccion de Fernando Ortega, Jose J. de Olaneta editor, Mallorca, 2015 (edicion original: *Ich packe meine Bibliothek aus. Eine Rede über das Sammeln*, 1931).

—, *Discursos interrumpidos I*, traduccion de Jesus Aguirre, editorial Taurus, Madrid, 1973.

Bernal, M., *Atenea negra, traduccion de Teofilo de Lozoya, editorial Critica*, Barcelona, 1993 (edicion original: *Black Athena. The Afroasiatic Roots of Classical Civilization*, 1987).

Blades, W., *Los enemigos de los libros. Contra la biblioclastia, la ignorancia y otras bibliopatías*, traduccion de Amelia Perez de Villar, editorial Forcola, Madrid, 2016 (edicion original: *The Enemies of Books*, 1896).

Blom, P., *El coleccionista apasionado. Una historia íntima*, traduccion de Daniel Najmias, editorial Anagrama, Barcelona, 2013 (edicion original: *To Have and to Hold*, 2002).

—, *Gente peligrosa. El radicalismo olvidado de la Ilustración europea*, traduccion de Daniel Najmias, editorial Anagrama, Barcelona, 2012 (edicion original: *A Wicked Company*, 2010).

Bloom, H., *El canon occidental, traduccion de Damian Alou*, editorial Anagrama, Barcelona, 1995 (edicion original: *The Western Canon: The Books and School of Ages*, 1994).

Boardman, J., J. Griff in y O. Murray, *Historia Oxford del mundo clásico. 1. Grecia*, traduccion de Federico Zaragoza, Alianza Editorial, Madrid, 1993 (edicion original: *The Oxford History of the Classical World*, 1986).

Brottman, M., *Contra la lectura*, traduccion de Lucia Barahona, Blackie Books, Barcelona, 2018 (edicion original: *The Solitary Vice. Against Reading*, 2008).

Caballé, A., *Una breve historia de la misoginia*, editorial Lumen, Barcelona, 2005.

Calvino, I., *Por qué leer los clásicos*, traduccion de Aurora Bernardez, editorial Siruela, Madrid, 2009 (edicion original: *Perché leggere i classici*, 1995).

Canfora, L., *Conservazione e perdita dei classici*, editorial Stilo, Bari, 2016.

—, *La biblioteca desaparecida*, traduccion de Xilberto Llano Caelles, Ediciones Trea, Gijon, 1998 (edicion original: *La biblioteca scomparsa*, 1990).

Cantarella, E., Pasado próximo. *Mujeres romanas de Tácita a Sulpicia*, traduccion de Isabel Nunez, Ediciones Catedra, Universitat de Valencia e Instituto de la Mujer, Madrid, 1997 (edicion original: *Passato prossimo: donne romane da Tacita a Sulpicia*, 1996).

—, *La calamidad ambigua: condición e imagen de la mujer en la antigüedad griega y romana*, traduccion de Andres Pocina, Ediciones Clasicas, Madrid, 1991 (edicion original: *L'ambiguo malanno. La donna nell'antichità greca e romana*, 1981).

Carrère, E., *El Reino*, traduccion de Jaime Zulaika, editorial Anagrama, Barcelona, 2015 (edicion original: *Le Royaume*, 2014).

Carrión, J., *Librerías*, editorial Anagrama, Barcelona, 2014.

Carson, A., *Eros. Poética del deseo*, traduccion de Inmaculada C. Perez Parra, editorial Dioptrias, Madrid, 2015 (edicion original: *Eros the Bittersweet*, 1986).

Casson, L., *Las bibliotecas del mundo antiguo*, traduccion de Maria Jose Aubet, editorial Bellaterra, Barcelona, 2003 (edicion original: *Libraries in the Ancient World*, 2001).

Cavallo, G. y R. Chartier (eds.), *Historia de la lectura en el mundo occidental*, traduccion de Maria Barberan y Mari Pepa Palomero, editorial Taurus, Madrid, 2001 (edicion original: *Histoire de la lecture dans le monde occidental*, 1997).

Cervelló, J., *Escrituras, lengua y cultura en el antiguo Egipto*, Ediciones UAB, coleccion El espejo y la lampara, Barcelona, 2016.

Citroni, M., *Poesia e lettori in Roma antica*, Ediciones Laterza, Roma-Bari, 1995.

Clayton, E., *La historia de la escritura*, traduccion de Maria Condor, editorial Siruela,

Madrid, 2015 (edicion original: *The Golden Thread. The Story of Writing*, 2013).

Coetzee, J. M., *Costas extrañas. Ensayos 1986-1999*, traduccion de Pedro Tena, editorial Debate, Barcelona, 2004 (edicion original: *Stranger Shores*, 2001).

Cribiore, R., *Gymnastics of the Mind: Greek Education in Hellenistic and Roman Egypt*, Princeton University Press, Princeton, 2001.

De la Fuente, I., *El exilio interior. La vida de María Moliner*, editorial Turner, Madrid, 2011.

Dzielska, M., *Hipatia de Alejandría*, traduccion de Jose Luis Lopez Munoz, editorial Siruela, Madrid, 2009 (edicion original: *Hypatia of Alexandria*, 1995).

Eagleton, T., *Cómo leer literatura*, traduccion de Albert Vito i Godina, editorial Peninsula, Barcelona, 2016 (edicion original: *How to Read Literature*, 2013).

Easterling, P. E. y B. M. W. Knox (eds.), *Historia de la literatura clásica. Cambridge University. 1. Literatura griega*, traduccion de Federico Zaragoza Alberich, editorial Gredos, Madrid, 1990 (edicion original: *The Cambridge History of Classical Literature. 1. Greek Literature*, 1985).

Eco, U., *El vértigo de las listas*, editorial Lumen, Barcelona, 2009(edicion original: *Vertigine della lista,* 2009).

Eco, U. y J.-C. Carrière, *Nadie acabará con los libros. Entrevistas realizadas por Jean-Philippe de Tonnac*, traduccion de Helena Lozano Miralles, editorial Lumen, Barcelona, 2010 (edicion original: *N'espérez pas vous débarraser des livres*, 2009).

Esc olar, H., *Manual de historia del libro*, editorial Gredos, Madrid, 2000.

Esteban, Á., *El escritor en su paraíso*, editorial Periferica, Caceres, 2014.

Fränkel, H., *Poesía y filosofía de la Grecia arcaica*, traduccion de Ricardo Sanchez Ortiz, editorial Visor, Madrid, 1993 (edicion original: *Dichtung und Philosophie des frühen Griechentums*, 1962).

García Gual, C., *La muerte de los héroes*, Editorial Turner, Madrid, 2016.

—, *Los siete sabios (y tres más)*, Alianza Editorial, Madrid, 2007.

Gentili, B., *Poesía y público en la Grecia antigua*, traduccion de Xavier Riu, editorial Quaderns Crema, Barcelona, 1996 (edicion original: *Poesia e pubblico nella Grecia antica*, 1984).

Gil, L., *Censura en el mundo antiguo*, Alianza Editorial, Madrid, 2007.

Gómez Espelosín, F. J. y A. Guzmán Guerra, *Alejandro Magno*, Alianza Editorial, Madrid, 2005.

Greenblatt, S., *El giro. De cómo un manuscrito olvidado contribuyó a crear el mundo moderno*, traduccion de Juan Rabaseda y Teofilo de Lozoya, editorial Critica, Barcelona, 2014 (edicion original: *The Swerve. How the World Became Modern*, 2011).

Harari, Y. N., *Sapiens: de animales a dioses. Una breve historia de la humanidad*, traduccion de Joandomenec Ros, editorial Debate, Madrid, 2014 (edicion original: *Sapiens: A Brief History of Humankind*, 2011).

Harris, W. V., *Ancient Literacy*, Harvard University Press, Cambridge, Mass., y Londres, 1989.

Havelock, E. A., *La musa aprende a escribir. Reflexiones sobre oralidad y escritura desde la Antigüedad hasta el presente*, traduccion de Luis Bredlow Wenda, editorial Paidos, Barcelona, 1996 (edicion original: *The Muse Learns to Write*, 1986).

—, *Prefacio a Platón*, traduccion de Ramon Buenaventura, editorial Visor, Madrid, 1994 (edicion original: *Preface to Plato*, 1963).

Houston, K., *The Book: A Cover-to-Cover Exploration of the Most Powerful Object of Our Time*, W. W. Norton & Company, Londres, 2016.

Hustvedt, S., *Vivir, pensar, mirar*, traduccion de Cecilia Ceriani, editorial Anagrama, Barcelona, 2013 (edicion original: *Living, Thinking, Looking*, 2012).

Janés, C., *Guardar la casa y cerrar la boca. En torno a la mujer y la literatura*, editorial Siruela, Madrid, 2015.

Jenkyns, R., *Un paseo por la literatura de Grecia y Roma*, traduccion de Silvia Furio, editorial Critica, Barcelona, 2015 (edicion original: *Classical Literature*, 2015).

Jullien, F., *De lo universal, de lo uniforme, de lo común y del diálogo entre las culturas*, traduccion de Tomas Fernandez y Beatriz Eguibar, editorial Siruela, Madrid, 2010 (edicion original: *De l'universel, de l'uniforme, du commun et du dialogue entre les cultures*, 2008).

—, *La identidad cultural no existe, traduccion de Pablo Cuartas*, editorial Taurus, Barcelona, 2017 (edicion original: *Il n'y a pas d'identité culturelle*, 2016).

Kapuściński, R., *Viajes con Heródoto*, traduccion de Agata Orzeszek, editorial Anagrama, Barcelona, 2006 (edicion original: *Podróze z Herodotom*, 2004).

Laín Entralgo, P., *La curación por la palabra en la antigüedad clásica*, editorial Anthropos, Barcelona, 2005.

Landa, J., *Canon City*, editorial Afinita, Mexico, 2010.

Landero, L., *El balcón en invierno*, editorial Tusquets, Barcelona, 2014.

—, *Entre líneas: el cuento o la vida*, editorial Tusquets, Barcelona, 2001.

Lane Fox, R., *Alejandro Magno. Conquistador del mundo*, traduccion de Maite Solana Mir, editorial Acantilado, Barcelona 2007 (edicion original: *Alexander the Great*, 1973).

Levinas, E., *Totalidad e infinito. Ensayo sobre la exterioridad*, traducido por Daniel E. Guillot, Ediciones Sigueme, Salamanca, 2006 (edicion original: *Totalité et infini*, 1971).

Lewis, N., *Papyrus in Classical Antiquity*, Clarendon Press, Oxford, 1974.

Lledó, E., *Los libros y la libertad*, editorial RBA, Barcelona, 2013.

—, *El silencio de la escritura*, editorial Austral, Barcelona, 2015.

—, *Sobre la educación*, editorial Taurus, Barcelona, 2018.

López, A., *No solo hilaron lana. Escritoras romanas en prosa y en verso*, Ediciones Clasicas, Madrid, 1994.

Loraux, N., *Los hijos de Atenea: Ideas atenienses sobre la ciudadanía y la división de sexos*, traducido por Montserrat Jufresa Munoz, editorial Acantilado, Barcelona, 2017 (edicion original: *Les enfants d'Athéna. Idées athéniennes sur la citoyenneté et la division des sexes*, 1981).

Lord, A. B., *The Singer Resumes the Tale*, Cornell University Press, Ithaca y Londres, 1995.

Madrid, M., *La misoginia en Grecia*, editorial Catedra, Madrid, 1999.

Manguel, A., *Una historia de la lectura*, traduccion de Jose Luis Lopez Munoz, Alianza Editorial, Madrid, 2002 (edicion original: *A History of Reading*, 1996).

Marchamalo, J., *Tocar los libros*, editorial Forcola, Madrid, 2016.

Marrou, H.-I., *Historia de la educación en la Antigüedad*, traduccion de Yago Barja de Quiroga, editorial Akal, Madrid, 2004 (edicion original: *Histoire de l'éducation dans l'Antiquité*, 1948).

Martino, G. y M. Bruzzese, *Las filósofas: Las mujeres protagonistas en la historia del pensamiento*, traduccion de Merce Otero Vidal, editorial Catedra, Madrid, 1996 (edicion original: *Le filosofe. Le donne protagoniste nella storia del pensiero*, 1994).

Ménage, G., *Historia de las mujeres filósofas*, traduccion de Monica Poole, editorial Catedra, Madrid, 2000 (edicion original: *Historia mulierum philosopharum*, 1690).

Morson, G. S. y M. Schapiro, *Cents and Sensibility. What Economics Can Learn from the Humanities*, Princeton University Press, Princeton, 2017.

Movellán, M. y J. Piquero (eds.), *Los pasos perdidos. Viajes y viajeros en la Antigüedad*, editorial Abada, Madrid, 2017.

Muñoz Páez, A., *Sabias*, editorial Debate, Barcelona, 2017.

546

Murray, S. A. P., *Bibliotecas. Una historia ilustrada*, traduccion de J. M. Parra Ortiz, editorial La Esfera de los Libros, Madrid, 2014 (edicion original: *The Library. An Illustrated History*, 2009).

Nixey, C., *La edad de la penumbra. Cómo el cristianismo destruyó el mundo clásico*, traduccion de Ramon Gonzalez Ferriz, editorial Taurus, Barcelona, 2018 (edicion original: *The Darkening Age*, 2017).

Ordine, N., *Clásicos para la vida*, traduccion de Jordi Bayod Brau, editorial Acantilado, Barcelona, 2017 (edicion original: *Classici per la vita*, 2017).

Otranto, R., *Antiche liste di libri su papiro*, Edizioni di Storia e Letteratura, Roma, 2000.

Padró, J., *Historia del Egipto faraónico*, editorial Alianza Universidad, Madrid, 1999.

Pascual, C., F. Puche y A. Rivero, *Memoria de la librería*, Trama Editorial, Madrid, 2012.

Pennac, D., *Como una novela*, traduccion de Joaquin Jorda, editorial Anagrama, Barcelona, 1993 (edicion original: *Comme un roman*, 1992).

Pfeiff er, R., *Historia de la filología clásica. De los comienzos hasta el final de la época helenística*, traduccion de Justo Vicuna y M.a Rosa La fuente, editorial Gredos, Madrid, 1981 (edicion original: *History of Classical Scholarship. From the Beginnings to the End of the Hellenistic Age*, 1968).

Pinker, S., *En defensa de la Ilustración. Por la razón, la ciencia, el humanismo y el progreso*, traduccion de Pablo Hermida Lazcano, editorial Paidos, Barcelona, 2018 (edicion original: *Enlightment Now*, 2018).

Popper, K. R., *La sociedad abierta y sus enemigos*, traduccion de Eduardo Loedel Rodriguez, editorial Paidos, Barcelona, 2010 (edicion original: *The Open Society and Its Enemies*, 1945).

Quignard, P., *El sexo y el espanto*, traduccion de Ana Becciu, editorial Minuscula, Barcelona, 2014 (edicion original: *Le sexe et l'effroi*, 1994).

Rader, O. B., *Tumba y poder. El culto político a los muertos desde Alejandro Magno hasta Lenin*, traduccion de Maria Condor, editorial Siruela, Madrid, 2006 (edicion original: *Grab und Herrschaft. Politischer Totenkult von Alexander dem Großen bis Lenin*, 2003).

Reynolds, L. D. y N. G. Wilson, *Copistas y filólogos*, traduccion de Manuel Sanchez Mariana, editorial Gredos, Madrid, 1995 (edicion original: *Scribes and Scholars*, 1974).

Roberts, C. H. y T. C. Skeat, *The Birth of the Codex*, Cambridge University Press, Cambridge, 1987.

Robinson, M., *Cuando era niña me gustaba leer*, traduccion de Vicente Campos Gonzalez, editorial Galaxia Gutenberg, Barcelona, 2017 (edicion original: *When I Was a Child I Read Books*, 2012).

Ruiz García, E., *Introducción a la codicología*, Fundacion German Sanchez Ruiperez, coleccion Biblioteca del libro, Madrid, 2002.

Sánch ez Vidal, A., *La especie simbólica*, Universidad Publica de Navarra, Catedra Jorge Oteiza, Pamplona, 2011.

Saunders, N. J., *Alejandro Magno: El destino final de un héroe*, traduccion de Emma Fondevila, editorial Circulo de Lectores, Barcelona, 2010 (edicion original: *Alexander's Tomb: The Two-Thousand Year Obsession to Find the Lost Conquerer*, 2007).

Scuccimarra, L., *Los confines del mundo. Historia del cosmopolitismo desde la Antigüedad hasta el siglo XVIII*, traduccion de Roger Campione, KRK Ediciones, Oviedo, 2017 (edicion original: *I confini del mondo. Storia del cosmopolitismo dall'Antichità al Settecento*, 2006).

Solana Dueso, J., Aspasia de Mileto. *Testimonios y discursos*, editorial Anthropos, Barcelona, 1994.

—, *Aspasia de Mileto y la emancipación de las mujeres*, Amazon e-Book, 2014.

Steiner, G., *La idea de Europa, traduccion de Maria Condor*, editorial Siruela, Madrid, 2005 (edicion original: *The Idea of Europe. An Essay*, 2004).

Straten, G., *Historia de los libros perdidos*, traduccion de Maria Pons, Pasado & Presente Ediciones, Barcelona, 2016 (edicion original: *Storie di libri perduti*, 2016).

Sullivan, J. P., *Martial: The Unexpected Classic*, Cambridge University Press, Cambridge, 2004.

Todorov, T., *La literatura en peligro*, traduccion de Noemi Sobregues, editorial Galaxia Gutenberg, Barcelona, 2009 (edicion original: *La Littérature en péril*, 2007).

Tonner, J., *Sesenta millones de romanos. La cultura del pueblo en la antigua Roma*, traduccion de Luis Noriega, editorial Critica, Barcelona, 2012 (edicion original: *Popular Culture in Ancient Rome*, 2009).

Turner, E. G., *Greek Papyri: An Introduction*, Clarendon Press, Oxford, 1980.

Valcárcel, A., *Sexo y filosofía. Sobre «mujer» y «poder»*, editorial Horas y Horas, Madrid, 2013.

Veyne, P., *Sexo y poder en Roma*, traduccion de Maria Jose Furio, editorial Paidos, Barcelona, 2010 (edicion original: *Sexe et pouvoir à Rome*, 2005).

Watson, P., *Ideas, historia intelectual de la humanidad*, traduccion de Luis Noriega, editorial Critica, Barcelona 2006 (edicion original: *Ideas: A History of Thought and Invention*, from Fire to Freud, 2006).

Zafra, R., *El entusiasmo. Precariedad y trabajo creativo en la era digital*, editorial Anagrama, Barcelona, 2017.

Zaid, G., *Los demasiados libros*, editorial Debolsillo, Barcelona, 2010.

Zambrano, M., *La agonía de Europa*, editorial Trotta, Madrid, 2000.

Zgustova, M., *Vestidas para un baile en la nieve*, editorial Galaxia Gutenberg, Barcelona, 2017.

인명 찾아보기

갈대 속의 영원

저항하고 꿈꾸고 연결하는 발명품, 책의 모험

1판 1쇄 펴냄   2023년 3월 20일
1판 3쇄 펴냄   2023년 7월 26일

지은이   이레네 바예호
옮긴이   이경민

편집   최예원 조은 최고은
미술   김낙훈 한나은 김혜수
전자책   이미화
마케팅   정대용 허진호 김채훈 홍수현 이지원 이지혜 이호정
홍보   이시윤 윤영우
저작권   남유선 김다정 송지영
제작   임지헌 김한수 임수아 권순택
관리   박경희 김지현 김도희

펴낸이   박상준
펴낸곳   반비

출판등록   1997. 3. 24.(제16-1444호)
(06027) 서울시 강남구 도산대로1길 62 강남출판문화센터
대표전화   515-2000   팩시밀리   515-2007
편집부   517-4263   팩시밀리   514-2329

한국어판 © (주)사이언스북스, 2023. Printed in Seoul, Korea.

ISBN   979-11-92107-89-9 (03900)

반비는 민음사출판그룹의 인문·교양 브랜드입니다.

만든 사람들
책임편집   최예원
디자인   박연미